新常态 新亮点 新机遇

郑新立 等著

中国社会科学出版社

图书在版编目（CIP）数据

新常态　新亮点　新机遇／郑新立等著 . —北京：中国社会科学出版社，2016.6
ISBN 978 - 7 - 5161 - 7966 - 6

Ⅰ.①新…　Ⅱ.①郑…　Ⅲ.①中国经济—经济发展—研究　Ⅳ.①F124

中国版本图书馆 CIP 数据核字（2016）第 070528 号

出 版 人	赵剑英	
责任编辑	许　琳	
责任校对	鲁　明	
责任印制	何　艳	

出　　版	中国社会科学出版社	
社　　址	北京鼓楼西大街甲 158 号	
邮　　编	100720	
网　　址	http://www.csspw.cn	
发 行 部	010 - 84083685	
门 市 部	010 - 84029450	
经　　销	新华书店及其他书店	

印刷装订	北京市兴怀印刷厂	
版　　次	2016 年 6 月第 1 版	
印　　次	2016 年 6 月第 1 次印刷	

开　　本	710×1000　1/16	
印　　张	23.75	
插　　页	2	
字　　数	354 千字	
定　　价	88.00 元	

凡购买中国社会科学出版社图书，如有质量问题请与本社营销中心联系调换
电话：010 - 84083683

序　言

郑新立

我国经济正在从高速增长转向中高速增长阶段。在速度减缓的同时，经济增长的质量和效益不断提升。突出表现在居民收入的增长速度连续几年高于经济增长速度，农民收入的增长速度超过城镇居民收入增长速度，消费对经济增长的拉动作用不断扩大；第三产业增长速度明显加快，对就业的吸纳能力增强，单位 GDP 的能源消耗不断下降；大众创业、万众创新在全国掀起热潮，2015 年全国新设立企业同比增长21.6%，技术创新成果开始成批涌现；城镇化成为推动经济发展的强大动力，"十二五"时期我国城镇化率年均提高 1.23 个百分点，每年新增城镇人口 2000 万人，2015 年城镇化率达到 56.1%。这些情况说明，转变经济发展方式已经迈出实质性步伐。

在充分肯定经济发展的成就和亮点的同时，也要看到经济运行中存在的问题。解决这些问题，本身就是发展的机遇。一是产能过剩严重。从消费资料到生产资料，处于严重全面过剩状态，产能利用率平均仅为70% 左右，大量生产能力闲置。二是经济下行压力加大。经济增长速度已连续几年下降，形成了巨大惯性和社会不良预期。三是通货紧缩加剧。工业生产者出厂价格已连续 48 个月为负，工业企业利润和国家财政收入增幅下降。

去年 7 月 30 日，中央政治局在分析上半年经济形势时指出，要"高度重视应对经济下行压力，高度重视防范和化解系统性风险"。应当说，去年国务院各部门在稳增长方面采取了许多措施，做出了很大努力，包括国家发展改革委启动 11 个工程包，拉动投资增长；财政部实施了减税、贴息、资本金补助等积极的财政政策，支持结构调整；央行五次降准降息，支持稳增长。但是，效果并不理想，经济下行的趋势仍未扭转。

2016年作为"十三五"的开局之年，在宏观经济管理上应当做好四件事：

第一，必须采取有效措施阻止经济下行。应当按照去年年底中央经济工作会议精神，积极的财政政策要加大力度，稳健的货币政策要适度灵活。应当多发一些长期建设债券，增强可用财力。货币政策要适度宽松。就M2的增长速度来看，1990—2010年的20年间，M2年均增长20.5%；2011—2014年的4年间，M2年均增长13.5%，比此前的20年平均每年下降7个百分点；2015年M2同比增长13.3%，又比前4年下降0.2个百分点。货币发行是总需求的闸门，M2的增速代表着总需求的松紧程度。没有M2增速的提高，稳增长的目标是难以实现的。

第二，大力推行PPP模式以增加公共产品供给。与个人消费品和生产资料的过剩相反，目前公共产品供给短缺，包括环境、交通、医疗、教育、养老、幼儿园、停车场、充电桩等。采取政府与企业合作的办法，把社会资金和银行贷款引入到公共产品的供给上来，既有利于改善民生，又有利于扩大内需，实现调结构、稳增长的目标。

第三，积极推进城乡一体化的改革和发展。加快推进农业现代化、新农村建设和农民工市民化，可以释放巨大的需求潜力，对消化过剩产能、缩小城乡差距、实现全面小康具有重大意义，也是保持经济持续健康发展的根本举措。必须按照习近平总书记去年4月30日在中央政治局集体学习时的讲话精神，努力实现城乡居民基本权益平等化、城乡公共服务均等化、城乡居民收入均衡化、城乡要素配置合理化。如果能以农村土地使用权为质押，撬动银行贷款和社会投资，投入到农业现代化和新农村建设上来，必将为我国经济发展注入新的强大活力。

第四，必须厘清几个糊涂认识：

一是认为调结构必然影响稳增长。调结构不能以牺牲稳增长为代价，稳增长应当通过结构的转换来实现。应当处理好调结构与稳增长的关系，使之相互促进和平衡。不能把调结构与稳增长对立起来。在宏观经济对策上，近期主要靠扩大需求，中期主要靠结构调整，长期要靠调整收入分配结构以扩大居民消费。

二是认为我国经济的货币化率已足够高，应当实行从紧的货币政策。我国金融结构是以间接融资为主、直接融资为辅，经济的证券化率明显低于发达国家，因此，经济货币化率高一些是正常的、合理的。根据国际经验数据，在经济快速成长期，M2 的增长速度保持在经济增长速度的 2 倍左右是必要的、合理的。

三是认为农村土地使用权的流转会导致雇佣劳动和侵犯 18 亿亩耕地红线。国外经验证明，所有发达国家在城市化过程中耕地都是增加的。因为居民由农村分散居住变为城市集中居住，占用的建设用地必然减少，我国也不会例外。转让土地使用权的农民，获得转让费，增加了财产性收入，还能拿到工资性收入，这同资本主义条件下失去生产资料的雇佣工人有着本质的区别。

四是认为反腐败影响了经济增长。有腐败行为的人在我们的干部队伍中只是极少数。清除腐败行为，减少行政审批，杜绝行贿受贿，将降低企业运营成本，有利于建立公平竞争的市场环境，对经济发展必将起到推动作用。

我国经济发展正进入一个关键时期，需要智库和经济研究工作者从实际出发，通过深入调研、独立思考，为宏观经济管理出谋划策。收入本书的论文，从不同角度论述了在经济新常态下的新亮点和新机遇。所谈观点，不一定都能得到广泛认同。希望本书的出版，能够活跃学术气氛，引起更多的人来关心和思考当前改革发展中所面临的诸多问题。

2016 年 4 月

目 录

把握新常态下新亮点新机遇[*]

郑新立

今年的《政府工作报告》（以下简称《报告》）指出，我国经济下行压力还在加大，发展中深层次矛盾凸显，今年面临的困难可能比去年还要大。同时，我国发展仍处于可以大有作为的重要战略机遇期，有巨大的潜力、韧性和回旋余地。对当前经济形势的这一科学判断，既使我们保持清醒头脑，又使我们充满信心。我们要把握新常态下经济发展的新亮点、抓住新机遇，贯彻落实《报告》提出的各项政策措施，顺利实现今年的各项预期目标，保持经济平稳健康发展。

一 认清和做大新亮点

过去一年，我国经济在新常态下呈现不少新亮点，比较突出的有三个。

一是居民人均可支配收入达 20167 元，实际增长 8%，超过经济增长速度 0.6 个百分点。其中，城乡居民收入分别增长 6.8% 和 9.2%，农村居民收入增长速度继续超过城镇居民，城乡收入差距缩小 0.06 个百分点。收入分配上的这两个"超过"，带来了居民消费率的提高。这是多年期盼的结构调整的重大成果。

二是第三产业增加值增长速度及其占 GDP 的比重均超过第二产业。由此带来新增就业人数的较快增长，城镇新增就业 1322 万人，成为居

---

* 本文原载《人民日报》2015 年 3 月 30 日。

民收入增长较快的重要原因。

三是研发投入强度超过2%，技术创新成果开始成批涌现。我国在国内申请的技术专利数量居世界第一位，国际专利申请量同美国的差距迅速缩小。企业已成为研发投入和技术创新的主体。科技创新加快，有力地带动了产业升级。

我国经济发展呈现的新亮点充分说明，经过多年坚持不懈努力，我们在转变经济发展方式上取得了明显成效。继续沿着这个方向前进，不断做大新亮点，取得转方式、调结构的决定性胜利，就能推动国民经济在质量、效益上迈上一个新台阶。

今年的《报告》没有回避矛盾，而是实事求是地分析了当前经济运行中存在的问题，并有针对性地提出了解决矛盾的办法，包括即将付诸实施的各项宏观政策和改革举措。这将为我国经济发展提供许多难得的机遇。抓住和用好这些机遇，我们就能向保持中高速增长和迈向中高端水平"双目标"坚实迈进。

二 用好宏观经济政策和投融资改革新机遇

财政货币政策将创造较为宽松的经济环境。经过30多年的改革发展，我国经济增长机理出现了一个重大变化，就是经济增长由供给约束为主转变为需求约束为主。需求不足成为当前经济运行中的主要矛盾，是经济下行压力加大的根本原因。围绕解决这一矛盾，《报告》提出积极的财政政策要加力增效，赤字率从去年的2.1%提高到2.3%。稳健的货币政策要松紧适度，广义货币M2预期增长12%左右，在实际执行中，根据经济发展需要也可以略高些。落实这些政策措施，将对缓解有效需求不足的矛盾发挥至关重要的作用。在宏观经济管理中，货币政策的主要功能是调节总需求，使之与总供给保持大体平衡，从而保持物价和经济稳定。财政政策的主要功能是优化结构。由于投资与消费比例长期失衡，我国出现了需求不足和产能过剩问题。我国工业生产者出厂价格指数已连续3年多为负，今年2月份居民消费价格指数下降到1.4%。《报告》关于财政货币政策的部署，对防止出现通货紧缩具有很强的针对性，将创造较为宽松的经济环境。

放宽准入等金融改革将降低企业融资成本。企业贷款利率高，中小微企业融资难，是长期存在的老大难问题。针对这个问题，《报告》根据党的十八届三中全会精神，提出"围绕服务实体经济推进金融改革。推动具备条件的民间资本依法发起设立中小型银行等金融机构，成熟一家，批准一家，不设限额"。放宽金融准入是金融体制改革的重大突破，不仅为企业带来新的发展机遇，而且可以通过强化竞争降低企业贷款利率，有效解决中小微企业融资难、融资贵问题。长期以来，金融体制改革滞后，直接融资市场发育不足，造成企业债务率偏高，资金流动性差，一些前景看好的项目和企业得不到金融支持。《报告》有针对性地提出，推进利率市场化，实施股票发行注册制改革，发展服务中小企业的区域性股权市场，推进信贷资产证券化，扩大企业债券发行规模，发展金融衍生品市场。这一系列改革措施的落实，将促进市场发挥配置资源的决定性作用，显著改善企业融资环境，提高资金使用效益，从而激发经济活力。

投资体制改革将为企业创造更多投资机会。目前，我国公共产品、公共服务处于供给不足状态，特别是中西部地区和农村基础设施、公共服务落后，满足不了人们的需要。引导社会资金投入这些领域，既能消除经济社会发展瓶颈，又能拉动投资需求，对稳增长发挥重要作用。《报告》提出在基础设施、公用事业等领域积极推广政府和社会资本合作模式。对一些社会急需而政府又缺乏建设资金的基础设施和公共服务项目，如铁路、公路、供水、供电、医院、学校、养老院、幼儿园、停车场、充电桩等，可以采取特许经营权的办法，由政府制定政策，使投资能得到合理回报，并通过招投标，选择有资质的企业承担投资建设任务。用这个办法替代政府融资平台和土地财政，能办成许多政府想办而办不了的事，同时也能为民间资本找到大量新的投资机会。大幅缩减政府核准投资项目范围，下放核准权限，大幅减少投资项目前置审批等，将有力调动社会投资的积极性。

三 用好农业现代化和新型城镇化新机遇

推进农业现代化将进一步释放农村劳动力潜力。从30多年的改革历程看，几乎每一次经济大发展都来自农村改革的新突破。当前，我们正处于从中高收入向高收入国家迈进的爬坡阶段，没有农业劳动生产率和农民收入的大幅度提高，没有农业的现代化，就很难扩大内需和进入高收入国家行列。再次聚焦农村改革，释放农村发展潜力，正当其时。我国农业经营规模小，农业劳动生产率低，是导致城乡居民收入差距大的根本原因。加快农业现代化、规模化、集约化，把富余劳动力从土地上解放出来，转移到第二、三产业，同时吸引较高素质的劳动力进入现代农业，是提高农业劳动生产率的必由之路。经过改革开放 30 多年的发展，加快农业现代化的条件基本具备，应不失时机地推进这一历史进程。《报告》提出了许多支持农业发展的政策措施，为社会资金投入农业现代化提供了难得机遇。近几年，一些农民工回乡创业，一些工商企业投资农业，已经取得成功，应继续鼓励支持。推进农业现代化，改革是关键。要在稳定家庭经营的基础上，支持种养大户、家庭农牧场、农民合作社、产业化龙头企业等新型经营主体发展，培养新型职业农民，推进多种形式的适度规模经营。

推进新型城镇化将释放新增城镇人口的巨大需求潜力。我国按户籍人口计算的城镇化率只有 30% 多，有 2.7 亿农民工、4.16 亿人口尚未真正在城镇安家。创造条件让农民工市民化，让他们和他们的家属在城里有房住、能上学、能养老，像城里人一样享受基本公共服务，这是城镇化的难点。《报告》没有回避这些矛盾，提出用改革的办法解决难题，如抓紧实施户籍制度改革，落实放宽户口迁移政策；对已在城镇就业和居住但尚未落户的外来人口，以居住证为载体提供基本公共服务，取消居住证收费；提升地级市、县城和中心镇产业和人口承载能力，稳妥建立城乡统一的建设用地市场，完善和拓展城乡建设用地增减挂钩试点。这不仅对 4 亿多农民工及其家属来说是一件大好事，而且由此带来的基础设施和房地产投资以及消费需求，将成为未来十几年我国经济发展的强大动力。

四　用好行政体制改革和国有企业改革新机遇

行政体制改革将为大众创业、万众创新提供强大支持。政府减少审批、简化企业开办手续、提高小微企业税收起征点、改善小微企业融资条件、加大对自主创新的扶持力度等改革措施，将进一步优化创业、创新环境，推动大众创业、万众创新。企业是财富的创造者，企业数量是经济发展水平的重要标志。鼓励大众创业，对中西部地区来说显得尤为重要。目前沿海地区与中西部地区的发展差距，主要体现在每单位人口拥有的企业数量上。例如，截至 2013 年年底，按常住人口计算，平均每千人拥有企业的数量，浙江为 10.4 个，河南为 2.7 个，湖南为 2.6 个，四川为 2.4 个，浙江分别是河南、湖南、四川的 3.85 倍、4.0 倍、4.3 倍。各地企业数量多寡的原因主要在于创业政策环境的差异。所以，中西部地区要缩小同东部的发展差距，首先要在鼓励大众创业上狠下功夫，在打造良好的创业环境上狠下功夫。自主创新是推动产业从中低端向中高端升级的根本途径。实施创新驱动发展战略，深圳作出了表率。深圳申请国际专利的数量在全国遥遥领先，2013 年占全国的48.4%，2014 年占全国的 48.6%。之所以如此，关键在于深圳具有鼓励创新和技术成果工程化、产业化的良好环境。现在，民营企业已成为自主创新的主力军，申请专利数量占全国的 2/3 以上。国有企业和大学技术创新的潜力还有待通过深化改革进一步释放。各级政府、企事业单位和科研人员应形成提高自主创新能力的合力，在创新中创造新的发展机遇。

国有企业混合所有制改革将带来新的发展空间和动力。深化国有企业改革，由管资产为主向管资本为主转变，加快国有资本投资公司、运营公司试点，有利于提高国有资本运营效率。《报告》提出，有序实施国有企业混合所有制改革，鼓励和规范投资项目引入非国有资本参股。对国有企业来说，这有利于扩大国有资本的控制力和影响力，建立规范的以股份制为基础的公司制度，增强企业活力；对民营企业来说，这将带来新的投资机遇和发展空间。各类所有制经济混合发展，有利于发挥各自优势，实现生产要素优化组合，从而创造新的生产力。

新常态是新认识新概括，不是一个筐[*]

郑新立

    当前，理论界出现研究经济新常态的热潮，这是好事。同时，也有泛化倾向，有的研究者把经济运行中出现的问题全都归结为新常态，有的甚至把经济的短期波动也归结为新常态，这值得商榷。

    经济新常态并不是一个随意提出的概念，而是有着深刻的战略内涵。它所提出的时代背景是，我国经济总量已经上升到世界第二位，处于工业化后期阶段，人均收入跨入上中等收入国家行列；我国仍处于可以大有作为的重要战略机遇期，但战略机遇期的内涵和条件发生了改变。我国经济在向形态更高级、分工更复杂、结构更合理的阶段演化进程中，呈现一系列趋势性变化。这些趋势性变化，就是我国经济发展的新常态。经济新常态是对我国经济发展阶段性特征的高度概括，是对经济转型升级的规律性认识，是制定发展战略和政策的重要依据。

    对经济新常态的判断和理解，直接影响我国经济工作的重点和基调，关系我国经济当前发展和未来走势。因此，形成对新常态的正确理解和科学认识十分必要。中央经济工作会议从消费、投资、出口和国际收支、产能和产业组织方式等九个方面对经济发展新常态作出全面深刻分析，对于我们正确认识、适应、引领新常态，具有重要指导意义。这九大特征的精神实质，就是集中体现了增速适度、结构优化、效益提高、民生改善的客观要求。增速适度，即经济保持7%左右的中高速增长。这一增速乃至增量，在全球依然名列前茅。结构优化，即最终消费

---

[*] 本文原载《人民日报》2015 年 1 月 7 日。

对经济增长的贡献率继续提高,第三产业发展明显滞后的状况得到改变,第一产业过低的劳动生产率得到提高,第二产业的产品结构由以劳动密集型、资源密集型为主向以技术密集型、知识密集型为主升级。效益提高,即企业利润和财政收入持续稳步增长。民生改善,即城乡居民收入特别是中低收入者的收入持续较快增长,公共服务水平迅速提高。提出新常态的概念,决不是要安于现状,而是要通过加快转变经济发展方式,推动我国经济在新的起点上实现持续健康发展,如期实现"两个一百年"奋斗目标和中华民族伟大复兴中国梦。所以,习近平同志明确指出:新常态将给中国带来新的发展机遇。

新常态当然也会伴随新矛盾新问题,但新常态的内容不宜泛化,不宜把发展中需要解决的矛盾和问题都纳入新常态,那样会失去解决矛盾、问题的时机和动力;也不宜把一些短期现象纳入新常态,那样会导致长期经济政策发生偏离;更不能把新常态当成一个筐,什么都往里装。

不能把经济下行视为新常态。经济下行压力较大,是当前我国经济运行面临的重大困难和严峻挑战,也是我们应当下大力气解决的问题,经济下行压力既来自外部,也来自内部,并非无药可解。从内部看,它源于我国正处于由中等收入向高收入国家前进的艰难爬坡阶段。综观世界,成功跨越中等收入陷阱的国家都在经济结构特别是城乡结构上实现了根本转变,完成了工业化、城市化和农业现代化的历史任务,使农业劳动生产率赶上社会平均劳动生产率,城乡居民人均收入水平大体接近。在追赶发达国家的过程中,我们应把经济下行压力转变为全面深化改革的动力。如果出现增长乏力,就应当从体制和政策上找原因,向改革和创新要动力。

不能把需求不足视为新常态。需求不足是当前经济运行中的主要矛盾,它不是经济发展的新常态,而是长期以来投资与消费比例严重失衡的结果。改革开放30多年来,我国投资率不断攀升,消费率不断下降,生产能力快速扩张而居民有支付能力的需求相对下降。产能过剩是需求不足这一矛盾的另一面。问题是,我们对计划经济下的"短缺"有着深切认识,并通过发展市场经济,有效解决了这个问题;但对市场经济下的"过剩"关注不够、理解不深,缺乏有效对策和经验。发达国家通过加强经济预测和宏观调控、发展福利社会，使生产过剩的危机得到一定缓解。我们应借鉴国际经验，从我国实际出发，通过扩大内需、淘汰落后，解决当前产能严重过剩问题。这样，既可为经济增长注入强大动力，缓解经济下行压力，又能使广大居民更多分享发展成果。

不能把通货紧缩视为新常态。通货紧缩是当前我国经济运行的主要风险，但一来我们并没有陷入通货紧缩；二来通货紧缩属于短期经济波动问题，我国财政政策和货币政策还有很大运作空间，如果措施得当，完全可以避免出现通货紧缩的局面。我国政府债务率在世界上处于较低水平。发行长期建设债券以引导社会资金投向，扩大投资需求，还有很大空间。我国经济的货币化率偏高一些，但证券化率远远低于发达国家，这是由我国以间接融资为主的金融格局所决定的。广义货币（M2）相对于国内生产总值的比例高一些，这是正常的、必要的。当前适当增加一些基础货币投放，松动一下银根，不仅不会引发通货膨胀，而且对扩大内需、克服经济下行压力将起到重要作用。

我们所说的经济新常态，与国际社会针对国际金融危机后世界经济低迷状态所说的新常态，以及不久前国际货币基金组织概括的新平庸，显然有着不同含义。正确认识我国基本国情和经济发展阶段性特征，从实际出发推进改革、谋划发展，这是我们过去的成功经验，也是今后发展的重要原则。

中国经济实现可持续发展的制度保障[*]

郑新立

中国经济的快速增长已经持续了 34 年，而且在未来一个较长时期内仍将保持下去。在一个 13 亿人口的大国实现经济的长期快速增长，根本的就在于我们确立了中国特色社会主义制度，并建立起了推动科学发展的较为完善的理论和制度体系。在这一体系中，中国共产党的正确领导是创造经济奇迹的根本保证，不断创新的中国特色社会主义理论体系为经济社会发展及时指明方向，社会主义民主政治制度既充分调动了全国人民发展经济的积极性，又保持了社会的和谐稳定。实践证明，中国特色社会主义制度是当代中国发展进步的根本保障，其中经济制度与体制发挥着基础性支撑作用。

一 公有制为主体、多种所有制经济共同发展的基本经济制度，是实现可持续发展的坚实基础

改革开放以来，我们党做出了我国仍处于并将长期处于社会主义初级阶段的重大历史判断，毫不动摇地巩固和发展公有制经济，毫不动摇地鼓励、支持和引导非公有制经济发展，努力为各类所有制经济平等竞争创造良好的政策环境。在党的一系列方针政策指引下，以私营、个体经济为主体的民营经济保持了高速增长态势。到目前为止，民营经济资本总量已占全社会经营资本总量的 3/5，民营经济创造的增加值占 GDP

---

* 本文原载《求是》2012 年第 16 期。

总量的 2/3，民营经济上缴的税收占税收总额的 60% 以上，申请的技术专利占国内专利申请总量的 68%，在民营经济就业的人数占城镇从业人员的 80% 以上。民营经济在国民经济中的分量越来越大，作用越来越重要。

与此同时，国有企业改革按照政企分开、责权明确、自主经营、科学管理的要求，建立起了现代企业制度，成为公有制实现形式的一个重大突破。一部分国有企业通过在海内外上市，形成了以股份制为基础的混合所有制经济，建立起由股东会、董事会、经营层三者之间相互协调、相互制衡的科学治理结构，在管理体制和运营机制上发生了根本性转变。近年来，国有经济逐步向关系国计民生和国家经济命脉的领域集中，企业的国际经营能力和盈利水平不断提高，国有资本通过在企业的控股地位扩大了控制力和影响力，成为国民经济的支柱，在保持经济稳定、保障社会公平、推动产业升级等方面发挥着骨干和带动作用。

集体经济、外资经济和股份制经济也得到迅速发展。特别是混合所有的股份制经济，已成为各类经济形式中增长最快的一部分。作为现代产权组织方式，股份制因其便于产权交易重组，更能适应结构调整和生产要素优化配置的要求，未来有可能成为企业主要的产权组织方式。在改革中涌现的股份合作制经济，把劳动者的资本联合与劳动联合结合起来，适应我国现阶段生产力发展的要求，成为对集体所有制经济实现方式的有益探索。

各类所有制经济平等竞争、共同发展，有利于发挥各自的优势，满足各类投资主体的利益要求；有利于形成相互补充、相互促进的格局，实现经济的全面协调发展；有利于形成整体竞争力，在国际竞争中立于不败之地。总之，公有制为主体、多种所有制经济共同发展的基本经济制度，已经并将持续为国民经济发展提供坚实的制度保障。

二 按劳分配与按要素分配相结合的收入分配制度,是实现可持续发展的动力保障

传统计划经济体制的主要弊端，是收入分配上的平均主义和"大锅饭"。在分配上"干多干少、干好干坏一个样"，严重挫伤了群众的

劳动积极性。针对这一问题，邓小平同志在改革初期就提出，允许一部分人、一部分地区通过诚实劳动和合法经营先富起来。这句朴实而又充满智慧的话，开启了收入分配制度改革的先河，逐步形成了以按劳分配为主体，资本、技术、管理等各类生产要素参与分配的制度，从而调动了亿万人民勤劳致富的积极性，汇聚成推动我国经济发展的强大动力。

按劳分配、多劳多得，是社会主义分配制度一个根本原则。在改革中，我们坚持这一原则，分配制度得到不断完善。改革之前，国家对企业实行统收统支，盈利企业得不到鼓励，亏损企业工资照发，企业失去了发展动力。经过承包经营、利改税等多轮改革，打破了企业吃国家大锅饭的局面，建立了奖勤罚懒的制度。目前，国有企业同其他所有制企业一样，在税收上一律平等。企业之间的收入水平拉开了距离，长期亏损的企业将面临破产。企业作为国民经济的细胞，开始有了活力。企业有了工资分配权，能够根据每个职工的劳动贡献确定工资标准，适度拉开了管理人员、技术人员和工人的收入差距，使按劳分配制度得到真正落实。同时，为了缩小收入差距，国家不断提高最低工资标准，建立起企业职工工资集体协商制度。不断改革公务员工资制度，建立起正常的工资调整制度和奖励制度，调动了公务员的积极性。

允许资本参与分配，使更多的人拥有财产性收入，是对原有收入分配制度的一大突破。随着收入增加，人们必然要求将部分个人储蓄转化为投资，以获取更高的回报。鼓励私营、个体经济发展，从本质上说，就是允许私人资本在投资经营中获得增值收益。在社会主义初级阶段，这不仅是调动各方面理财的积极性、促进经济发展的需要，也是尽快使人们富裕起来的一条有效途径。

随着科技进步和产业升级，技术对经济发展的贡献越来越大。允许技术参与分配，是对技术的市场价值的肯定，也是加快科技进步的客观要求。技术作为一种复杂劳动的成果，可以折合为若干简单劳动。改革开放以来，我们建立了知识产权保护制度，技术市场迅速扩大，去年交易额已达4764亿元。只有使技术成果获得应有的回报，才能补偿创造技术成果的投入，使技术创新活动进入良性循环。党的十七大提出，要把提高自主创新能力、建设创新型国家作为国家发展战略的核心。落实这一战略，需要建立自主创新的激励机制，允许技术参与分配，为形成自主创新的激励机制提供政策支持。

管理是一种复杂劳动。允许管理参与分配，是提高企业经营管理水平、培育壮大企业家队伍的需要。在实践中，一些企业实行期股制，把管理人员的收入同企业未来经营效果结合起来，对增强管理人员长远发展的责任感产生了明显的激励作用。但管理人员同职工平均收入水平的差距必须合理，以利于调动全体员工的积极性。

在改革中不断完善收入分配制度，是社会主义物质利益原则的具体体现。应当看到，随着平均主义被打破，解决收入差距过大问题已经上升为当前阶段的主要矛盾。先富帮后富，最终实现共同富裕，已成为收入分配制度改革亟待解决的新问题。如果低收入者特别是农民的收入不能得到较快提高，消费市场不能迅速扩大，经济持续发展必将受到需求的制约，先富起来的人和地区终将丧失发展的机遇和空间。对收入分配制度的改革应坚持进行下去。

三　优胜劣汰的市场竞争机制不断激发人们的创造精神，是实现可持续发展的活力源泉

竞争是市场经济的灵魂。建立社会主义市场经济体制，其核心内容就是要形成优胜劣汰的市场竞争机制，发挥市场配置资源的基础性作用。通过竞争，落后企业得以淘汰，他们占有的资源进行转让，使先进企业获得充分发展。解决现阶段我国社会的主要矛盾，即人民日益增长的物质文化需要同落后的社会生产之间的矛盾，必须借助于市场竞争机制。

这些年来，我们坚持不懈地进行改革创新，逐步确立了比较完善的市场竞争机制，包括市场竞争主体、市场体系、宏观调控体系和法律体系，构成了市场经济的四大支柱。

各类企业逐步成为独立核算、自负盈亏的市场竞争主体，它们根据市场和竞争的需要，进行独立的经营决策。政府不干预企业的正常经营活动，政策对企业决策起规范引导作用。在竞争压力下，企业为了生存和发展，努力追求技术进步，不断提高经营管理水平。到目前为止，企业已经成为我国技术研发投入的主体，研发投入已占全社会研发投入总

额的70%，达到国外的平均水平，研发成果开始成批涌现。去年，中兴、华为两个公司申请国际技术专利的数量已跃居世界企业的第一、第三位。这是一个巨大的历史进步。

市场竞争机制还激发了人们创业的热情。随着各项鼓励群众性创业活动的政策不断推出，新开办的企业成批涌现，尽管部分企业在竞争中被淘汰，但企业的数量在迅速增加，以创业带动就业已产生了巨大的经济和社会效益。

建立统一、公平、竞争、有序的市场体系，是形成竞争机制的基础。经过多年努力，我国市场体系已初步建立，但仍不完善。特别是全要素的市场体系尚有不少缺陷，如土地、资本等市场还不健全，区域市场分割的问题仍然存在，城乡市场之间各类生产要素双向自由流动的局面尚未形成，对假冒伪劣商品的打击力度不够，诚实守信的经营道德亟待在全社会大力提倡。当前，要加快法制建设步伐，主要通过法律渠道规范市场秩序，充分发挥竞争机制在激发全社会创新智慧和创业热情中的作用。

四 不断完善的宏观经济调控体系，是实现可持续发展的平衡机制

改革开放以来，我国经济能够长期保持较快发展，还取决于有一个平衡机制。这个平衡机制就是在社会主义市场经济实践中逐步建立起的计划、财税、金融相互协调的宏观调控体系。其中，计划确定年度宏观经济调控目标，包括经济增长、物价、投资、消费、财政预算、货币发行、就业、国际收支等，作为宏观调控的依据；财税政策运用预算和税收杠杆，促进结构的优化；金融政策利用货币杠杆，保持总需求与总供给的大体平衡。三大调控手段既相互制衡，又相互配套，形成调控合力，从而达到熨平波动、优化结构、稳定发展的目的。在20世纪90年代应对亚洲金融危机、近几年应对国际金融危机的过程中，在抑制通胀和扩大内需的实践中，我国宏观调控体系不断完善，调控水平不断提高，积累了一些宝贵经验：

一是宏观调控必须从实际出发，坚持不断创新。由于我国经济处于

快速发展中，经济体制也处于改革中，经济情况随时都在变化，因而宏观调控随时面临着新的矛盾和问题，必须用新的理念、新的办法去解决。要坚持有什么问题就解决什么问题，千万不能套用老经验、老办法。当前国民经济运行中出现增速持续下滑的问题，既有外需的影响，更是结构性矛盾长期积累的结果，主要问题是投资与消费的比例严重失衡，居民消费率过低。只有围绕这些深层次矛盾，来制定宏观经济政策，才能有效解决经济发展中遇到的各种问题。

二是宏观调控必须审时度势，善于化挑战为机遇。随着我国经济与国际经济的联系日益紧密，国际经济波动必然影响到国内。必须着眼于国际国内两个大局，进行适时适度调控。面对不利局面，要善于趋利避害，化危为机。在应对亚洲金融危机时，面对外需不振的严峻形势，我们着力扩大内需，加强基础设施建设，既保持了经济的较快增长，又为以后的发展打下了基础。进入新世纪后，国民经济出现了长达10年高增长、低通胀的局面，成为历史上最好的发展时期。

三是充分发挥我国的政治优势，形成调控合力。搞好宏观调控，关键在于统一认识，统一步调。围绕落实党中央的决策，各个部门、各级政府协同动作，政府、企业与居民团结一致，就能收获事半功倍的效果，再大的困难也能克服。

五　开放型经济体系有利于吸收一切人类
文明成果和充分利用国际市场资源，
是实现可持续发展的重要保证

对外开放是我国的基本国策。以开放促改革、促发展，是我们的一条重要经验。从改革初期兴办经济特区，到开放沿海沿边城市，再到开放内陆城市，形成梯次开放格局。党的十七大进一步提出建立开放型经济体系，实行"引进来"与"走出去"相结合，把我国对外开放推向了新阶段。

实行对外开放政策，使我们引进了大量资金、技术和管理经验，提升了企业的技术水平和管理水平，缩短了我国同发达国家的差距，大大加快了经济发展的进程。30多年来，我国对外贸易迅速发展，商品出口额已跃居世界第一位。外汇储备高达 3.2 万亿美元，国际交换能力大幅提高，国家综合经济实力不可同日而语。

对外开放打开了我们的眼界，使我们能够学习到世界各国经济发展的经验。无论是大国还是小国，无论是发达国家还是发展中国家，只要有值得我们学习的地方，我们就认真考察研究，请国外的专家来讲课，并根据我国的实际，创造性地吸收到我们的改革方案和发展的政策规划之中。这就使中国特色社会主义真正建立在吸收一切人类文明成果的基础之上。

当前，如何利用好外汇储备，把一部分货币储备转变为物质储备，是建立开放型经济体系所面临的新任务，也是未来一个较长时期实现经济持续发展的重要保障。一方面，要通过海外投资，拿到更多的海外能源资源的勘探权、开发权，满足我国经济长远发展对能源资源的需求；另一方面，要通过国际并购，利用国外企业的科技资源和营销网络，提高我国企业的技术创新能力和国际经营能力。此外，要通过到海外发展加工贸易和承包工程，带动机械装备、建筑材料和劳务出口，积极创造出口需求，支持国内经济增长。

社会主义初级阶段的基本经济制度与收入分配制度，优胜劣汰的市场竞争机制与不断完善的宏观调控，全方位的对外开放体系，共同构成了中国特色社会主义的经济制度与体制。这一经济制度体系，为中国全面建设小康社会、实现社会主义现代化提供了基础与支撑，是社会主义制度的自我完善与发展，是中国经济社会长期可持续发展的根本制度保障。在新的发展时期，我们要坚持把改革创新精神贯彻到治国理政各个环节，不断在制度建设和创新方面迈出新步伐，努力开创科学发展新局面。

中央如何统筹协调各领域各层级的改革[*]

——在"2014 中国共产党与世界对话会"上的发言

郑新立

中国共产党十八届三中全会关于全面深化改革的《决定》，系统提出了有关经济体制、政治体制、文化体制、社会体制、生态文明体制和党的建设制度改革的方案。改革覆盖范围之广、变革程度之深、改革力度之大，都是前所未有的。如何把这个庞大复杂的改革方案付诸实施，并保证在 2020 年之前完成这些任务，的确难度很大。提出并通过这一方案很不容易，把方案变成实际更不容易。

《决定》充分估计到了改革实施的难度，在最后一部分特别写上了如何加强和改善党对全面深化改革的领导。强调要充分发挥党总揽全局、协调各方的领导核心作用，建设学习型、服务型、创新型的马克思主义执政党，提高党的领导水平和执政能力，确保改革取得成功。

统一认识是落实《决定》的首要前提。我们党的经验证明，无论遇到什么大的困难，只要全党统一思想认识，上下共同努力，就一定能够克服。《决定》要求全党同志要把思想和行动统一到中央关于全面深化改革重大决策部署上来，正确处理中央和地方、全局和局部、当前和长远的关系，正确对待利益格局调整，充分发扬党内民主，坚决维护中央权威，保证政令畅通，坚定不移实现中央改革决策部署。过去的经验也证明，有的同志思想僵化、因循守旧，对改革有不同意见，我们的做法是，不争论，允许看，用实践来说明问题。但在改革的关键领导岗位

---

* 2014 年 9 月 6 日。

上，必须做到不换思想就换人，否则将贻误改革时机。

为了加强中央对改革的领导，根据《决定》要求，中央已经成立了全面深化改革领导小组，习近平总书记亲自担任组长，中央七名常委中有四名加入领导小组，有多名政治局委员也参加了领导小组。同时，还分别成立了若干专题小组。下设一个办事机构，与中央政策研究室合署办公。中央全面深化改革领导小组负责改革总体设计、统筹协调、整体推进、督促落实。目前，正在抓紧研究制定各方面的改革实施方案，经充分论证后出台。

中央要求各级党委要切实履行对改革的领导责任，完善科学民主决策机制，以重大问题为导向，把各项改革措施落到实处。完善干部教育培训和实践锻炼制度，提高领导班子和领导干部推动改革能力，引导广大党员积极投身改革事业，发扬"钉钉子"精神，抓铁有痕、踏石留印，为全面深化改革做出贡献。这些掷地有声的宣示，充分表达了党中央改革的决心。

在推进改革中，有的部门仍习惯于传统思维定式和工作习惯，有的留恋审批权力，有的怕承担责任。对此，将通过吸收各方面人员和专家参加改革方案的研究论证，保证《决定》精神的全面贯彻落实，避免改革方案受部门利益影响。一般来说，党的组织没有自己的部门利益。这次由党中央领导改革的实施，是避免改革受局部利益掣肘的重要保证。

在中央与地方的关系上，特别是涉及发达地区与欠发达地区的关系上，这次改革强调建立规范透明的转移支付制度，保证地方事权与财权相统一，加大对中西部地区的扶持力度，并尽可能用增量调节的方法。对城乡差距拉大的问题，《决定》提出了农村土地三权分离的改革举措，即土地所有权归村集体，承包权归农户，经营权放开，农民可通过有偿转让土地承包权获得财产性收入。农户的宅基地可以抵押、担保、转让，具有了商品属性。建立城乡统一的建设用地市场。这些改革的突破，将使农民分享到城市化过程中土地增值的收益，从而将有效缩小城乡居民收入差距，使农业现代化跟上工业化、城市化的步伐，保证到2020年实现全面小康目标。

努力保持经济稳定增长[*]

郑新立

一 稳增长必须释放需求的巨大潜力

当前，我国经济增长的主要矛盾是需求不足。在传统计划体制下，供给不足是主要矛盾。其主要表现就是商品匮乏，根源在于投资权限的高度集中和分配上的大锅饭，严重制约了企业和劳动者积极性的发挥，束缚了生产力的发展。在市场经济条件下，需求不足则成为主要矛盾。市场经济的基本规律就是生产能力的无限扩张和广大居民有支付能力需求之间的矛盾不断发展，导致周期性的生产过剩的危机。"二战"以后，发达市场经济国家通过加强经济预测和宏观调控，积极推行福利社会，使生产过剩的矛盾大大缓解，现在甚至走向了反面：由于公共福利的负担超过了财力的承受能力，出现了债务危机。

从 1981 年到 2013 年，我国投资率从 32.5% 一路攀升至 47.8%，居民消费率则从 52.5% 一路下滑至 36.2%，分别上升了 15.3 个百分点和下降了 16.3 个百分点，投资与消费比例关系达到了失衡状态，导致了目前的产能过剩。我们自觉或不自觉地走上了生产能力无限扩张和广大居民有支付能力的需求相对下降的路子。解决当前经济下行、增长乏力问题，实现稳增长目标，必须对症下药，从扩大内需入手，破解需求不足的瓶颈。

扩大内需的重点应当放在提高居民消费率和扩大公共服务消费上。

---

* 本文原载《经济日报》2015 年 1 月 8 日。

这就必须调整收入分配结构，尽快增加中低收入者的收入，特别是农民的收入。要增加公共服务的供给，包括养老、医疗、教育、环境、交通、信息等。提高居民消费率是破解需求不足难题的根本出路。如果通过实施各项宏观经济政策，将居民消费率提高到20世纪80年代初的水平，每年将会有近10万亿元的商品由现在用于投资和出口转变为用于居民消费，不仅可使居民生活水平有一个大幅度的提高，而且将对经济增长产生强劲的拉动力。

中央经济工作会议指出，积极的财政政策要有力度，货币政策要更加注重松紧适度。这是扩大内需的重要举措。把积极的财政政策与松紧适度的货币政策结合起来，是实现调结构和稳增长双重目标的基本要求。目前，我国各级政府的债务率不到40%，在世界各国中属于最低的水平，实行积极的财政政策具有很大的空间。政府适当发行一些长期建设债券，引导社会资金投向，促进结构调整。我国工业生产者出厂价格指数已连续三年下降，居民消费价格上升幅度去年11月已下降到1.4%，说明通货紧缩已成为当前经济运行的主要风险。目前我国经济的货币化率略高一些，但经济的证券化率明显偏低，这是由我国以间接融资为主的金融格局所决定的。因此，现阶段M2的总量大一些，是正常的、必要的。在当前面临通货紧缩危险的情况下，适当增发一些货币，适度扩大总需求，不会引发通货膨胀，对稳增长将起到不可替代的重要作用。

二 稳增长需要有一批新增长点作为支撑

近几年，第三产业的增长速度明显加快。2013年，第三产业对经济增长的贡献率达到46.8%，已成为重要增长点。第三产业对就业的贡献更大。2013年，第三产业从业人员占全社会从业人员的比重提高了2.4个百分点，达到38.5%，是改革以来提高幅度最大的一年。同期，第一、第二产业从业人员比重分别下降2.2和0.2个百分点。这是经济结构的积极变化。应当看到，第三产业就业比重的提高还有很大空间。因为全世界平均水平为60%，发展中国家的平均水平为50%。我国要达到发展中国家的平均水平，还需提高12.5个百分点，可以增加近一亿个就业岗位。若提高到全世界平均水平，可增加 1.7 亿个就业岗位。第三产业中发展最快的是生产性服务业，需要具有专业技能的人才。为此，需要加大对专业技能人才的培养。同时，要继续推广"营改增"税制改革，进一步降低新办企业门槛，发展小额信贷，鼓励全民创业，为第三产业发展创造更好的政策环境。

大力发展战略性新兴产业，包括互联网产业、新能源、新材料、电动汽车、生物产业、先进制造业、海洋产业等。鼓励技术创新和技术成果的产业化，以自主创新带动战略性新兴产业的发展。目前，各个地区在自主创新上发展很不平衡。2012 年，深圳市申请国际专利数量占全国的 48.1%。如果能把深圳鼓励创新的经验在全国各个城市推广，必将极大地激发全国人民的创新潜能，用具有自主知识产权的技术转化为数量巨大的新增长点。

我国基础设施和公共服务仍然落后。铁路通车里程不到美国的 1/2，多数 200 万人口以上的城市仍没有地铁。各种管道总长度，美国有 50 万千米，我国仅有 5 万千米。道路和停车场建设远远满足不了群众的需要。污水处理、垃圾处理设施不足，烟囱脱硫脱硝除尘设备不适应治理大气污染的要求。运用特许经营权的方式，吸引社会资金进入基础设施和公共服务事业建设，可形成持久不衰的经济增长点。

三　稳增长需要重新聚焦农村改革发展

农村具有巨大的发展潜力。30 多年来，每一次大的改革发展的突破，都来自农村。我国实现现代化的过程，就是农村人口不断减少、农业劳动生产率不断提高的过程，是农业由一个弱质产业向具有国际竞争力的现代产业前进的过程。目前，实现农业现代化的条件已经成熟。一是农业劳动力向非农产业转移有出路；二是市场对有机、绿色食品的需求旺盛；三是农业机械、设备供给能力充足；四是财政、金融支持农业的能力强大。我们应紧紧抓住机遇，加快落实党的十八届三中全会《决定》有关农村改革的各项部署，释放农村劳动力、土地和消费的巨大潜力，改变农业现代化滞后于工业化、城镇化的局面，为稳增长作出重大贡献。

落实农村土地承包权可以抵押、担保、转让的政策，实现所有权、承包权、经营权三权分置。在自愿、有偿和不改变用途的条件下，允许承包地向合作社、农业公司、家庭农场集中，发展规模化、集约化、现代化农业。做好了这件事，有利于提高农业劳动生产率和土地产出率，有利于把大部分农业劳动力从土地上解放出来，有利于拉动农用工业发展，有利于把一部分素质较高的劳动力留在农村。据调查，在一些农村，由于实行土地集中耕种，富余农民进城打工或就地发展多种经营，人均收入增长数倍，一下子就跨入中等收入家庭。农民凭借对土地的承包权获得法人财产权收入，对土地的流转就会起到鼓励作用。

党的十八届三中全会提出，慎重稳妥推进农户宅基地制度改革，允许宅基地抵押、担保、转让，第一次赋予宅基地以商品属性。进城农民把农村的宅基地和房产有偿转让出去，就会为农民工在城市购买或租赁住房提供资金支持，加快农民工市民化。宅基地有偿退出后一部分转变为耕地，一部分转变为城市建设用地，可带来土地利用的节约。

十八届三中全会决定还提出，建立城乡一体化建设用地市场，允许农村经营性建设用地与国有土地同权同价，使农户从土地被征用中更多受益。这些改革，可使农民分享到城市化过程中土地增值的收益，有利于缩小城乡收入差距。

重新聚焦农村改革，释放农村发展的巨大潜力，就能使农民到2020年与城市人口一样同步实现小康。农民收入的增加和农民工的市民化，将增加他们的购买力，对工业品的需求扩大，将带动城乡经济的良性循环和国民经济的发展。

四 稳增长需要构建新的区域增长带和增长极

中央经济工作会议提出要完善区域政策，促进各地区协调发展、协同发展、共同发展。坚持西部开发、东北振兴、中部崛起、东部率先的区域发展总体战略。同时提出要重点实施"一带一路"、京津冀协同发展、长江经济带三大战略。提出要通过改革打破地区封锁和利益藩篱，全面提高资源配置效率。这些重大举措，将形成新的区域增长带和增长极，对稳增长发挥重要带动作用。

　　建设丝绸之路经济带和21世纪海上丝绸之路，是新时期党中央提出的对外开放的重大战略，是完善开放型经济体系的重大行动。"一带一路"涉及65个国家，总人口44亿，年产值21万亿元，分别占全球的62.5%和28.6%。显然，发展中国家居多数。历史上这些国家就同我国有着密切的经济往来。通过建设一批铁路、公路、港口，实现陆路、水路和空中互联互通，就能进一步密切中国同这些国家的贸易和投资关系，实现互通有无、优势互补、共同发展。沿线国家有着丰富的能源、矿产、农业资源，实现互联互通之后，他们的资源优势就能转变为经济优势，搭上中国这列快速前进的列车，同时对中国未来的可持续发展给予有力支持，以造福于各国人民。各国经济联系更加紧密，有利于周边地区的和谐稳定，将为各国创造更好的发展环境。

　　京津冀一体化发展是三地人民的强烈愿望。现在环京津地区尚有大量贫困人口，需要京津两市对河北的发展给予帮助、支持和带动。同时，京津两市人口过于集中、交通拥堵、房价过高、污染严重，需要向周边地区疏散非核心功能。长期以来，行政区划阻碍了生产要素的自由流动，造成了人为的发展差距。按照京津冀一体化战略，尽快使京津市区地铁同周边河北省的市县连接起来，形成半小时生活圈和一小时商务圈，减少中心城区的功能和人口，并为周边中小城镇创造较多的就业机会和优美宜居的环境，将能实现京津冀的同步发展，构建整体优势，力求成为全球具有重大带动力的都市群。

　　长江经济带人口密集、交通发达、土地肥沃、雨量充沛，地区生产总值占全国总量的40%以上。以长江黄金水道为纽带，全流域经济具有紧密的关联性。加强长江经济带的统筹规划，发挥上海自贸区的龙头带动作用，激发全流域的经济增长潜力，对带动全国经济发展，将起到举足轻重的作用。目前，沿江各地区的发展很不平衡，应主要通过发挥市场的作用，促进生产要素的自由流动和全流域的发展，带动东中西部的协调发展。

关键是保持稳增长和调结构之间平衡[*]

——学习贯彻习近平总书记在中央经济
工作会议上的重要讲话精神

郑新立

中央经济工作会议科学分析了当前经济形势，部署了今年的工作任务。习近平总书记在讲话中指出，实现经济稳定增长，关键是保持稳增长和调结构之间平衡。为我们准确把握两者关系指明了方向。稳增长作为短期调控目标，调结构作为长期战略目标，保持二者之间的平衡，必须正确把握短期调控与长期政策的关系，使短期调控措施符合长期发展战略的要求，以结构转换释放新的发展潜力，真正在转变发展方式上取得实质性进展，从而实现经济的持续健康发展。

一 稳增长是今年经济工作第一位的任务

关于今年的经济工作，中央经济工作会议共部署了五项任务。其中，努力保持经济稳定增长被摆在第一位，其他四项任务包括积极发现培育新增长极、加快转变农业发展方式、优化经济发展空间格局、加强保障和改善民生工作，也都是围绕着稳增长来部署的。落实中央经济工作会议精神，必须采取积极有效措施实现稳增长的目标。

稳增长必须积极实施扩大内需战略。中央经济工作会议之所以把稳增长摆在今年五项任务的首要位置，是基于近几年来经济运行的实际情

---

* 本文原载《求是》2015 年第 4 期。

况提出来的。由于受内外多种因素的影响，我国经济增长速度已连续 3年缓慢下降，经济下行已形成巨大惯性。虽然增速仍处于合理区间，但持续下降以致滑出合理区间的可能性是存在的。一旦出现这种局面，一些脆弱环节如煤炭、钢铁、房地产、中小企业的经营风险就会显露出来。2014 年，我国人均 GDP 已超过 7500 美元，正处于由中等收入国家向高收入国家跨越的艰难爬坡阶段。世界上有许多国家都是在这个阶段遇到了障碍，落入所谓中等收入陷阱。把稳增长作为今年经济工作第一位的任务，是实现经济持续健康发展的需要，是到 2020 年实现全面小康的需要。

经过 30 多年的改革发展，供给约束转变为需求约束是我国经济增长机理发生的一个最大变化，从 1981 年到 2013 年，我国投资率从32.5%一路攀升至 47.8%，居民消费率则从 52.5%一路下滑到 36.2%，分别上升了 15.3 个百分点和下降了 16.3 个百分点，投资与消费比例处于失衡状态，导致了目前的产能过剩。我们自觉不自觉地走上了生产能力迅速扩张和广大居民有支付能力的需求相对不足的路子。解决当前经济下行、增长乏力问题，实现稳增长目标，必须对症下药，从扩大内需入手，破解需求不足的问题。

扩大内需的重点应当放在提高居民消费率和扩大公共服务消费上。这就必须调整收入分配结构，尽快增加中低收入者的收入，特别是增加农民的收入。要增加公共服务的供给，包括养老、医疗、教育、环境、交通、信息等。提高居民消费率是解决这一难题的根本出路。如果通过实施各项宏观政策，将居民消费率提高到 20 世纪 80 年代初的水平，每年将会有 10 万亿元左右的商品由现在用于投资转变为用于居民消费，不仅可使居民消费水平有一个大幅度提高，而且将对经济增长产生强劲的拉力。

中央经济工作会议指出，积极的财政政策要有力度，货币政策要更加注重松紧适度。这是扩大内需的重要举措。把积极的财政政策与松紧适度的货币政策结合起来，可实现调结构和稳增长的双重目标。目前，我国各级政府的债务率不到 40%，在世界主要国家中属于最低的水平，实行积极的财政政策具有很大的空间。政府应适当发行一些长期建设债券，引导社会资金投向，促进结构调整。我国工业品出厂价格指数已连续 3 年下降，居民消费价格上升幅度 2014 年 12 月已下降到 1.5%。这在一定程度上说明当前经济运行中应防御的主要风险是通货紧缩，特别是由于我国的金融格局是以间接融资为主的。因此，现阶段广义货币（M2）的总量大一些，是必要的，不会引发通货膨胀，对稳增长将发挥不可替代的作用。

二 调结构是经济发展新阶段必须实现的重大战略

人无远虑，必有近忧。推动经济增长由主要依靠增加物质消耗向主要依靠技术进步、改善管理和提高劳动者素质转变，促进产业结构优化升级，是我国经济发展新阶段必须实现的历史任务，是保持经济持续健康发展的根本途径。中央经济工作会议强调要把转方式调结构放到更加重要的位置。

加快城乡结构调整。城乡发展差距拉大，是当前经济结构中最突出的矛盾。我国乡村人口尚有 6.3 亿人，占全国人口的比重为 46.3%，人均收入仅为城镇居民的 1/3。如果没有乡村人口比重和城乡居民收入差距的大幅度缩小，要想跨上人均 GDP 1.2 万美元的高收入国家的台阶，几乎是不可能的。世界上所有进入高收入行列的国家，都是在城乡收入差距大体消灭之后实现的。目前，我国大幅度减少乡村人口和缩小城乡收入差距，面临着千载难逢的历史机遇：第一，劳动力转移有出路；第二，市场对优质农产品需求旺盛；第三，农用工业能够提供充足的农用生产资料；第四，各级财政对"三农"的年投入已达几万亿元以上。通过推进农业现代化、规模化，把农业劳动生产率提高到社会平均水平，以消除城乡收入差距，条件已经成熟。同时，我国农民工总量达 2.6 亿人，农村留守儿童 6000 万人，留守妇女 4600 万人，留守老人 4000 万人，总计 4 亿多人。推进农民工市民化，把他们在农村的家人接入城市居住，条件也已成熟。做好这两件事，城市化率将会有一个明显提高，城乡收入差距将基本消除。由此激发出城乡建设和消费的巨大潜力，不仅对化解产能过剩将发挥决定性作用，而且足以带动我国经济到 2030 年以前以 7% 以上的速度持续增长。

加快产业结构调整。要以自主创新带动产业升级，加快战略性新兴产业发展，努力使目前以资源密集型、劳动密集型产品为主转变为以技术密集型、知识密集型为主，降低单位 GDP 的能源原材料消耗，提高产品的附加值和技术含量。为此，要加大创新驱动战略的实施力度。在这方面，各个城市都应当向深圳学习。2014 年，深圳申请国际专利的数量占全国的 48.5%。为什么深圳在技术创新上能遥遥领先，关键在于形成了鼓励创新的文化氛围，有一套有效的激励创新的体制机制，有容忍失败的社会环境，有一批风险投资企业，有吸引国内外人才的制度，政府对技术创新给予一视同仁的支持。如果各地能够创造出深圳这样的环境和机制，创新驱动战略就能落到实处。

调整区域结构。就全国来看，如果说沿海地区已进入工业化中后期阶段，那么，中西部地区尚处于工业化的中期或初中期阶段。区域发展上的差距，除历史原因外，主要在于行政区划阻碍了生产要素的自由流动。习近平总书记说，要打破自己一亩三分地的思维定式，就是针对行政壁垒讲的。缩小区域发展差距，要充分发挥市场对资源配置的决定性作用，同时运用行之有效的帮扶机制、合作机制。突出抓好"一带一路"、京津冀一体化和长江经济带的发展，带动区域经济协调发展。

调整经济社会发展结构。社会事业发展滞后于经济发展，是结构失衡的重要表现之一。突出的是养老、医疗等社会保障和教育的发展不适应经济发展的要求，不能满足广大人民的需要，必须加快发展。此外，环境污染问题严重，已成为突出的社会问题。特别是大气污染、水污染，已经严重影响到人民的生命健康。治理污染，要做到市场和法律手段并用。通过建立谁污染、谁付费和第三方治理制度，形成吸引社会资金投资环保产业的市场机制，把治理污染变成新的经济增长点。当前，治理污染的技术是成熟的，包括脱硫、脱硝、除尘、污水处理等。关键在于所有企业都要认真地去做，而不是敷衍了事、应付检查，特别是要加强对污染物排放的法律监督和对违法者的惩处。

三　把稳增长与调结构有机结合起来的关键在改革

历史经验证明，国民经济出现结构扭曲问题，根本原因在于体制和政策不合理。调整经济结构，首先应当从改革入手。

重新聚焦农村改革。改革开放以来，每一次改革发展的重大突破，都率先来自农村。必须通过真刀真枪的改革，冲破阻碍城乡之间生产要素自由流动的行政藩篱和认识上的思维定式。党的十八届三中全会《决定》在农村土地制度改革上有三大突破，包括允许农户对土地的承包权抵押、担保、转让；允许农户对宅基地的使用权抵押、担保、转让；允许集体经营性建设用地与国有土地同权同价，建设城乡一体化的建设用地市场。这三大改革第一次赋予农村土地以商品属性，农户凭借其法人财产权即用益物权，可以取得财产性收入，从而像城里人一样，分享到城市化进程中土地增值的收益。我们日前到河南新乡农村调研，进城农民将退出的宅基地在县级土地市场出售，价格在每亩 5 万元左右；在地级市场出售，每亩 20 万元左右。土地管理部门的同志预测，如果允许在郑州开放全省土地交易市场，每亩价格可翻番上涨。这项改革的落实，必将释放出农村巨大的土地供给和劳动力供给潜力。现在有两个认识误区：一是担心冲击 18 亿亩耕地红线。恰恰相反，如果宅基地的市场价值得以实现，宅基地占地可减少一半左右，除满足城市建设用地需要，还能增加耕地。世界上大多数国家在城市化过程中耕地面积都是增加的。二是担心农民工失业农村回不去怎么办？推进农民工的市民化，使其享受失业保险，这一问题就可以逐步化解。可以说，推进农村体制改革，是稳增长与调结构的一个重要平衡点，其所释放出来的需求潜力，是其他任何措施难以替代的。

改革行政审批制度。中央经济工作会议把审批制度改革列为今年重点推进的改革中的第一项，足见对这项改革的重视。实践证明，行政审批过多，阻碍了生产力发展。仅以钢铁和石化两个原材料行业来比较："以塑代钢"可以带来能源消耗的大量节约。能够代替相同功能的钢材所消耗的塑料，其生产过程耗能只有钢材的一半。由于钢铁行业允许民营企业进入，充分竞争使企业努力降低成本，增强了国际竞争力，2014年出口 9000 多万吨。石化行业由于限制民营企业进入，发展不足，导致每年进口石油化工产品 2000 多亿美元，加上进口石油 2000 亿美元，每年进口高达 4000 多亿美元。塑料的成本降不下来，导致钢材消耗过多，单位 GDP 能源消耗居高不下。减少审批，势在必行。

改革税收制度。我国第三产业发展滞后，主要原因在于第三产业的税负过重。最近两年，实行"营改增"的税制改革试点，加上简化新办企业登记手续，第三产业出现迅猛发展势头。2013 年末，第三产业从业人员占全社会从业人员的比重达到 38.5%，这是史无前例的。如能在第三产业全面推开改革，对稳增长和调结构都将起到重要作用。

改革投资体制。与一些物质产品产能的过剩不同，公共产品供给不足。原因在于过去公共产品主要依靠国家财政投入。只要推行政府与社会合作模式，赋予企业以特许经营权，就能把社会资金引入基础设施和公共服务建设项目上来，对稳增长和调结构将起到立竿见影的效果。

四　需要认真解决的认识问题

保持稳增长与调结构之间的平衡，不仅需要在实践中准确把控，还要在理论认识上廓清四个问题。

宏观调控是实现经济稳定发展的内在要求。针对经济运行情况，进行适时适度的宏观调控，是改革 30 多年来的成功经验，对当前稳增长仍然有效。在 20 世纪八九十年代，我国经济始终未能摆脱周期性大起大落的困扰。进入新世纪以来，我们总结了经验。每当经济偏热时，就踩一下刹车，适当收紧银根，控制投资总规模；每当经济偏冷时，就踩一下油门，适度松动一下银根，扩大内需，达到了熨平周期的作用。当前面临稳增长与调结构的双重任务。我们既不能为了实现年度增长目标而牺牲长期战略中调结构的任务，重回高投资、高消耗支持高增长的老路；也不能对调结构、转方式操之过急，要求在三两年之内就要明显见效，这将不可避免地造成经济下行、需求不足和通货紧缩。

着力探寻破解市场经济下"过剩"这一难题的途径。计划经济的主要特征是短缺，而市场经济的一个重要表现是过剩。对于如何解决短缺的问题，我们已经找到了有效的办法。但对市场经济下的过剩，由于我们实践不足、认识不深，缺乏有效对策。当前，需求不足或产能过剩已成为经济运行中的一个主要矛盾。要借鉴一些国家的经验，发展公共福利，包括扩大养老、医疗保障覆盖面，提高保障水平，发展教育事业，提高办学水平。工业化创造供给，城市化创造需求。发展城市群，重点发展中小城市，提高户籍城市化率，是破解过剩问题的良方。以自主创新带动产业升级，需要在增量调整中完成，并以增量调节带动存量调整。

研究开放型经济条件下如何保持总供求的大体平衡。2014年我国出口总额相当于GDP的22.6%。外商直接投资达1196亿美元。中国对外直接投资的规模也在迅速增加。进出口贸易和涉外投资对国内总供求平衡的影响作用越来越大。应研究如何利用国际贸易和投资来调节国内的供求关系。例如，2013年我国到海外旅游消费的支出达1200亿美元以上。在旅游消费支出中，购买奢侈品的消费又占了很大比例。如果适当降低奢侈品进口关税或减少奢侈品目录，许多消费就能留在国内，对平衡进出口贸易也有好处。

规划、财税、金融三大调控杠杆要形成合力。这是我国宏观调控的重要特色。三大杠杆协调动作，就能做到事半功倍。规划要发挥引领作用。经全国人大通过的规划，应成为财税调控和金融调控的依据。财政资金对信贷资金和社会资金应起到引导作用，通过贴息、减税、资本金补助等手段，发挥四两拨千斤的作用。金融调控主要是通过对货币总量的调控，调节总需求规模，保持币值稳定。根据国际经验，在经济快速成长期，广义货币（M2）的增长速度保持在经济增速的两倍左右比较合适，既能满足经济发展对货币的需求，又不会产生通货膨胀。

高度重视经济下行引发的系统风险[*]

郑新立

7月30日上午，中共中央政治局召开会议，分析上半年经济形势，提出要"高度重视应对经济下行压力，高度重视防范和化解系统性风险"。这是对当前经济运行主要风险做出的正确判断，是对当前宏观调控主要任务做出的重要部署。我们应当按照政治局会议精神来统一对当前经济形势的认识，并采取协调一致的行动。

一 总需求不足是当前宏观经济中的主要矛盾

经济下行已经持续了三年多时间。上半年，GDP 同比增速降为7%，固定资产投资同比增长 11.4%，社会消费品零售总额同比名义增长 10.4%，规模以上工业企业增加值同比增速为 6.3%，出口增长0.9%，CPI 降为 1.3%，PPI 已连续 41 个月为负。尽管就业情况仍比较好，整个经济运行仍处于可控范围，但一些脆弱的行业和企业，如煤炭、钢铁、房地产和一部分中小企业的运营困难加大，孕育着破产和金融不良资产增加的风险，显露出经济形势严峻的一面。统计数据表明，需求不足已成为宏观经济的主要矛盾，经济下行成为经济运行的基本趋势，通货紧缩则成为经济生活的主要风险。扩大需求特别是扩大内需，已成为当前宏观经济政策最重要的选择。

导致总需求不足的根本原因，是长期以来投资率不断上升，最终消

---

* 本文原载《中国经济时报》2015 年 9 月 8 日。

费率主要是居民消费率不断下降。改革开放 37 年来，我国经济增长机理发生的一个最大变化，就是由供给约束为主转变为需求约束为主。从 1981 年到 2014 年，我国投资率由 32.9% 一路攀升到 46.1%，居民消费率则从 53.4% 一路下滑到 37.7%，分别上升了 13.2 个百分点和下降了 15.7 个百分点，投资和消费处于严重失衡状态，导致了目前的产能过剩。我们自觉不自觉地走上了生产能力迅速扩张和广大居民有支付能力的需求相对不足的路子。（见图 1）解决当前经济下行、增长乏力问题，实现稳增长目标，必须对症下药，从扩大内需入手，破解需求不足难题。

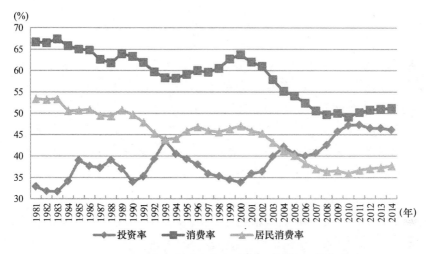

图 1　1981—2014 年中国居民消费、消费率和投资率

当前，由于经济下行已经形成巨大惯性，克服经济下行压力，仅靠正常情况下的需求拉动力是远远不够的。需求总量中还应包括克服经济下降惯性影响所需要的拉动力。转方式、调结构需要通过增量的调节才能完成，包括开发新产品、更新设备，都需要增加投资。关键在于保持稳增长和调结构之间的平衡。当前，在经济下行压力加大、通货紧缩显现的情况下，宏观调控的着力点应适时适度地转向扩大总需求特别是扩大内需。这是 20 世纪 90 年代后期应对亚洲金融危机的成功经验，也是保持经济持续健康发展的客观需要。

二 稳增长亟待货币政策的支持

实施扩大内需的战略，要求推行积极的财政政策和适度宽松的货币政策，主要应当发挥货币政策的作用。近4年多来，我们实际上实行了从紧的货币政策，这是导致连续三年多来经济下行的直接的、根本的原因。1991—2010年的20年间，我国M2的年均增长速度为20.5%，GDP的年均增长速度为10.3%，M2的增速为GDP增速的两倍。这是我国经济的长期实证数据，与国际历史上处于快速成长期的国家的数据是一致的。国外经验证明，在工业化、城市化快速推进的过程中，M2的增速保持在GDP增速的两倍左右是合理的。长期高于两倍，就会出现通货膨胀；长期低于两倍，就会出现通货紧缩。

反观近4年多来我国货币增长速度及其影响：2011—2014年，M2的年增速分别为13.6%、13.8%、13.6%、13.0%，年均增速为13.5%，比此前20年的年均增速下降了7个百分点；随之GDP的年增速分别为9.3%、7.7%、7.7%、7.4%，年均为8%，比前20年下降了2.3个百分点。今年上半年，M2的同比增速降至11.8%，比1991—2010年的增速下降了8.7个百分点，比前4年的增速下降了1.7个百分点。（见图2）根据经验，货币增速对经济增速影响的滞后期为半年，去年特别是今年上半年货币增速进一步下降，必将在下半年和明年显现出来。

应当看到，当前企业已经形成了经济下行的不良预期，制约了投资的积极性。今年前4个月，社会融资总规模仅增加5.7万亿元，比去年同期少增1.5万亿元，固定资产投资资金来源同比仅增长6.5%，比同期固定资产投资增速低5.5个百分点。企业缺乏投资意愿，银行贷款用不出去，以致不久前人民银行向部分金融机构进行定向正回购，回收了超过1000亿元流动性。经济下行惯性助推通货紧缩，通货紧缩加剧经济下行，如此恶性循环，是十分危险的。4月30日中央政治局会议提出要"高度重视应对经济下行压力"，7月30日中央政治局会议在继续强调重视经济下行问题外，又提出要"高度重视防范和化解系统性风险"。我们应认真贯彻落实中央政治局会议精神，采取强有力措施，克

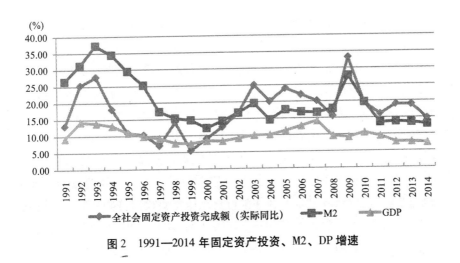

图2　1991—2014 年固定资产投资、M2、DP 增速

服经济下行惯性，使货币增速有一个大于正常情况下的增长速度。

判断一个国家经济的货币化率是否合理，关键应看货币供给量能否保持总需求与总供给的大体平衡。只要不造成通胀或通缩，货币供应都应当视为合理。需要指出的是，由于我国资本市场发育程度低，企业融资主要依靠银行贷款，经济货币化率高一些是正常的、合理的。也就是说，由于我国经济的证券化率偏低，企业对间接融资的需求较大，必然要求有较高的货币化率。发达国家股市市值总额一般相当于 GDP 的 100% 左右，而我国长期仅为 40% 左右，最近几个月才上升到 50% 以上。在判断货币供给总量是否合理时，只看经济的货币化率，不看经济的证券化率，只能得出错误结论。因此，对于目前 193% 的货币化率，不应过度担忧。相反，在人民币逐渐国际化的背景下，M2 的总量已成为衡量国家经济实力的重要指标。我国规模巨大的实体经济是人民币的强大支撑。

从国内外经验来看，由于我国工业化、城市化的任务尚未完成，经济仍处于快速成长期，M2 的增速保持在 GDP 的增速的 2 倍左右是必要的，既能满足经济发展的需要，又不会出现通货膨胀。同时，发展方式转变是一个历史过程，不能一蹴而就、急于求成。寄望于通过人为制造紧缩的环境，对企业施加转方式、调结构的压力，只能适得其反、欲速不达。当前在货币政策上实施降息降准，实行适度宽松的货币政策，是落实中央政治局会议精神的积极行动，是稳增长、调结构、防风险的正确举措。

在经济下行的情况下，为了避免银行贷款大量流入股市，制造资本泡沫，需要投资政策和财政政策的引导。我国债务率偏低，实施积极的财政政策还有较大空间。应扩大长期建设债券的发行规模，通过财政资金的贷款贴息、资本金补助、减税等措施，引导银行贷款投向，调动民间投资积极性。国家发改委近期推出总投资额近2万亿元的7个工程包，主要包括基础设施、公共服务类建设项目，以特许经营权的方式，鼓励社会资金投入。财政资金和银行贷款应主要投向这些领域，以达到优化结构、改善民生、促进发展方式转变的目的。为防止企业挪用信贷资金炒股，应加强对资金流向的跟踪监察，确保银行资金流向实体经济。过去曾实行过的点贷、窗口指导、定向宽松等成功经验，现在依然有效。

三　聚焦农村改革是实现稳增长的根本途径

截至2012年底，我国农村尚有6.4亿人，农业劳动力尚有2.6亿人。城镇居民消费水平为农村居民消费水平的3.2倍。第一产业的劳动生产率只有全社会平均劳动生产率的30.1%。农民收入水平和消费水平低，根源在于农业的劳动生产率低下。尽管国家对农业实行免税政策，并不断增加对农业和农村的财政投入，但这远远弥补不了农业劳动生产率低下对农民收入水平的决定性作用。能不能破解城乡二元结构难题，尽快缩小城乡居民收入差距，关系到2020年能不能实现全面小康的目标，关系到能不能顺利跨越中等收入区间，也关系到未来十几年能不能继续保持国民经济的持续健康发展。从国际上看，凡是跨入高收入行列的国家，即人均GDP达到1.2万美元以上，都是在成功地解决了城乡二元结构之后。也就是说，没有城乡居民人均收入的大体拉平，要想达到高收入国家的水平，是非常困难的。

当前，我国破解城乡二元结构、加快缩小城乡居民收入差距的时机已经成熟。一是许多城市都存在招工难，第二、第三产业劳动力成本上升，为第一产业劳动力继续向非农产业转移提供历史性机遇；二是农用工业具有充足的供给能力，可以满足农业现代化的需要，农业集约化发展的收益可以吸引高素质的劳动力进入；三是农村基础设施和公共服务落后，适当给予新农村建设以政策支持，就能引发巨大的投资需求；四是2.8亿农民工及其近2亿家属的市民化，既能圆4亿人以上的全家团圆梦，又能拉动城市房地产业、基础设施和公共服务的巨大需求。依托这四个条件，把农业现代化、新农村建设和农民工市民化三件事作为一个整体，进行系统部署，下大力气来抓，能够起到事半功倍的效果。

做好这三件事，关键在于按照党的十八届三中全会《决定》精神，深化农村土地制度改革，建立城乡一体化发展制度。

按照所有权、承包权、经营权三权分离的原则，允许农户对承包土地的经营权抵押、担保、转让，有利于发展土地规模化、专业化、现代化经营，提高农业劳动生产率。在东北地区，一个劳动力种100—120亩地；在中部和南方地区，一个劳动力种50—60亩地，其劳动生产率就能赶上第二、三产业的水平，农民就能成为一个体面的职业。

农村宅基地共有17万平方公里，折合2.2亿亩。30多年来，农村人口减少2亿多人，但农村宅基地不减反增，现在一个农村人口占有的建设用地是城市人口的3倍多。原因在于宅基地实行供给制，没有商品化，农户不占白不占。按照十八届三中全会《决定》提出的允许宅基地抵押、担保、转让的改革精神，赋予宅基地以商品属性，不仅能够使农户从退出宅基地中获得财产性收入，而且能够促进宅基地的集约节约利用。进城农民退出的宅基地不仅能够满足城镇新增建设用地的需求，而且能够将所退出的宅基地面积的50%左右用于新增耕地。所有的发达国家在城市化的过程中耕地面积都是增加的，我国也不会例外。在推行土地占补平衡的过程中，为了避免占好补坏，可建立由第三方监督的土地质量评价机构。不能以可能造成土地质量下降为由，拒绝实施宅基地制度的改革，这样就是因噎废食。推进这项改革，将有力地带动农民工市民化。进城农民有偿退出宅基地，就会有能力在城镇买房或租房。农民工在城镇有了房住，全家就能在城镇团聚，并享受城镇的各项公共服务，再也不会把打工挣来的钱用于在老家盖一栋无人居住的楼房，这将带来多么大的社会资源的节约！如果能够实行农民工退出宅基地与在城镇提供保障房挂钩的政策，对这项改革将起到更加有力的推动作用。

中国金融体制改革及其对
国际货币体系的影响*

郑新立

按照中国共产党十八届三中全会的部署，中国金融体制正在进行一场全面深刻的改革。这次改革不仅决定和影响中国经济的未来，而且对全球货币体系也将产生重大影响。

与现行体制相比，中国金融体制改革将实现四个方面的突破：

一是允许民间资本发起设立中小商业银行等金融机构。长期以来，由于限制民间资本进入，金融行业在一定程度上处于垄断经营局面，导致资金流动性差，金融资源错配，银行贷款集中投向大企业、重点项目、城市和沿海地区，小微企业、民营企业、农村和中西部地区获得贷款比较困难，贷款利率比美欧发达国家高 1 倍以上，金融业的净资产利润率比实体经济高出 1 倍。这次改革的最大突破，就是允许民间资本发起设立中小商业银行等金融机构，通过强化竞争，降低企业的融资成本，使金融行业过高的利润率降到社会平均资金利润率的合理水平。党的十八届三中全会《决定》提出要发挥市场对资源配置的决定性作用，放宽准入、增加金融市场竞争主体是其前提条件。只有通过充分竞争，人民币利率即资金价格才能降到与欧美发达国家大体一致的水平。人民币利率的下降不仅有利于支持国内实体经济的发展，而且将鼓励资金的流出，为扩大人民币海外流通量创造有

---

* 本文为郑新立在"G20 国际金融体系改革研讨会（2013 年南京）"上的发言。

利条件。与放宽准入相配套，需要建立地方性金融监管机构，实行双层监管体制；建立存款保险和贷款担保制度；只允许中小银行在本区域内开展存贷款活动。

二是推行利率市场化。利率市场化是实现市场决定金融资源配置的基本要求。目前我们已放开贷款利率的下限，下一步将放开存款利率的上限，逐步实现利率市场化。存贷款利率放开之后，短期内可能出现利率的上升，但当充分竞争局面形成之后，利率必然下降到正常水平，这是由供求规律所决定的。全面放开利率对现有商业银行将带来一定的冲击。因为长期以来我们的商业银行已经习惯于在固定利率下过着无风险的日子，缺乏市场竞争力，改革将把他们推到国际竞争的前沿。如何过好市场竞争这一关，是国内商业银行必须面对的最大的考验。顺利跨过这一关，我国商业银行将成为国际货币体系的一个有机组成部分，对国际货币的供求和稳定产生重要影响。

三是发展多层次资本市场。我国传统金融体系的一个重要特征，是以间接融资为主、直接融资为辅。这导致金融风险过度集中于银行，企业资本金筹集困难，过高的负债率加大了企业运营成本，降低了企业的国际竞争能力。发展多层次资本市场的改革，将为企业增加股本融资创造条件。中国的资本市场虽然经过 20 多年的发展，但远不是一个成熟的开放的市场。中国 30 多年改革的经验证明，开放是改革的催化剂和推动力。中国资本市场也必须在开放中逐步发展起来。最近出台的上海股票市场与香港股票市场可以异地购买、互联互通的改革，就是资本市场对外开放的重大举措。下一步还应鼓励实现与台北的股票市场互联互通，允许海外企业到中国内地上市，就像中国内地企业早已在海外上市一样。中国资本市场与国际资本市场的融合，不仅有利于完善自身的监管制度，强化企业评价、资金筹集和利润分配功能，而且将为全球股市增加新的活力，成为新的稳定因素。

四是推进人民币资本项目可兑换。随着中国对外贸易和投资的发展，人民币双边互换规模不断扩大，人民币在国际贸易投资中作为结算工具的比重不断提高，人民币完全可兑换已接近水到渠成。现在，影响人民币完全可兑换的主要担心是国外短期游资的冲击。根据国外的成功经验，可通过征收托宾税来防止短期资金的大规模流入流出。随着人民币在国外流通量的增加，人民币国际化程度不断提高，人民币成为国际储备货币也指日可待。人民币加入国际储备货币行列，将对建立新型、稳定的国际储备货币体系做出重要贡献。

自布雷顿森林体系解体之后，美元成为与黄金脱钩的主要国际储备货币。由于缺乏货币发行的制衡机制，导致美元及其衍生产品泛滥，这是爆发全球金融经济危机的根本原因。重建布雷顿森林体系，关键是要建立一个具有货币发行制衡机制的新型国际货币体系。从现实来看，应当是包括美元、欧元、人民币三足鼎立的国际储备货币体系。从几何学和力学的理论来看，三点可以形成一个平面，三角架构是一个任意放置皆能保持稳定的架构。三种货币既相互制衡又相互协调，哪种货币贬值，大家都争相抛售之；哪种货币升值，大家会争相购买之。这就能迫使货币发行国的政府对本国货币的币值稳定负责。以这种制衡机制代替黄金，就能起到稳定国际货币体系的作用。

作为国际储备货币，需要具备三个条件：有足够大的经济规模，在国际贸易投资中占有较高的比重，有一个负责任的政府或行政组织。纵观当今世界，只有美国、欧盟、中国具备这些条件。不足之处是，目前欧盟和中国在国际储备货币体系中所占比重过低。特别是中国，金融市场化的改革正在进行之中，人民币国际化刚刚起步。在美元占绝对优势的情况下，需要欧盟和中国两个弱势货币发行主体采取一些协调行动，以维护自身利益。这正如一个有三家股东组成的股份公司，为了避免大股东为所欲为，侵害小股东权益，两个小股东的股权之和必须大于大股东的比重，以形成有效的制衡机制。这是一个股份公司能够办好的成功之道。欧元和人民币加入国际储备货币体系，必然要求美元让出一些空间，适度降低一些在国际储备货币中的比重。这个过程应当是一个和平与平等的市场竞争的过程。在这个过程中，国际货币基金组织应当发挥重要的协调功能。

欧元和人民币要进入三足鼎立的国际储备货币体系，都要做好许多家庭作业，练好内功。特别是欧元，目前作为仅次于美元的全球第二大国际储备货币，理应尽快解决好债务问题，增强抗御风险和外部冲击的能力，并以人民币为伙伴，加大对人民币国际化的支持力度。否则，单靠欧元的力量与美元相抗衡，必然招致失败。欧元与人民币相互扶持，与美元兼容，是建立长期稳定国际储备货币体系的客观需要，是维护包括美国人民在内的全人类根本利益的需要。经济学家应探寻和尊重客观经济规律，而不能感情用事，也不能固守已经过时的思维定式。

建立多元制衡的国际储备货币体系[*]

郑新立

现行以美元为本位的国际货币体系，是在美元脱离金本位宣告布雷顿森林体系解体后形成的。美元作为一种主权货币，它的发行是根据美国国内经济需要所决定。而美元作为一种主要的国际储备货币，从有利于全球经济稳定发展的角度来看，其供给量理应既要满足国际经济活动对货币的需求，又要避免过度虚拟化而引发国际金融体系波动。美元在全球经济中的重要功能同其发行决策的国家主权性质，不可避免地产生了矛盾。如何解决这一矛盾？重回金本位是不可能的，发行一种超主权货币也面临诸多现实难题，建立具有约束机制的多元国际储备货币体系，即由美元、欧元、人民币为主，组成三足鼎立的国际储备货币体系，再加上其他若干货币，可能是一种正确选择。本文就此提出一些设想，以期引起讨论。

一 以多元储备货币取代单一储备货币是历史的必然选择

2008 年，由美元引发的席卷全球的金融经济危机，对各国经济带来沉重打击。总结这次危机产生的原因，找到避免危机再次发生的办法，是当今有责任心的经济学家们绞尽脑汁要解决的问题。人们可以找出引发危机的许多原因，但是，不可否认的是，由于美元金融衍生产品

＊ 本文原载《全球化》2014 年第 8 期。

过度泛滥导致经济过度虚拟化，是引发全球金融经济危机的根本原因。长期以来，美国利用全球主要储备货币发行国的地位，滥用国家信用，推行经常项目和财政预算双赤字政策，维持国内居民的过度消费和政府的超额支出，不断积聚了金融海啸的巨大能量。2010 年，美联邦政府财政赤字达 1.4 万亿美元，为国内生产总值的 9.4%；公共债务 9.02 万亿美元，占当年国内生产总值的 62.1%。美国的高赤字率和高债务率以及连续几年实施的宽松货币政策，没有引发通货膨胀，利率水平较低，得益于其世界主要储备货币发行国地位，吸引了外国资金和廉价商品流入。

美国成为 2008 年全球金融经济危机的策源地，又明白无误地告诉我们，依托国家信用制造的金融产品，必须与实体经济的需求和规模相适应。虚拟经济过度膨胀，使美国经济犹如一个建立在沙滩之上的倒金字塔。金融危机前，美国作为底部的次贷约 2 万亿美元，普通房贷余额 12 万亿美元，包括资产抵押债券（CDO）和信用违约掉期合同（CDS）在内的企业债约 62 万亿美元，据国际清算银行的数据，美国各大金融机构持有的金融衍生品达 300 万亿美元左右。这样一个头重脚轻的金融大厦，只要其中一个环节出现问题，就会在顷刻之间崩塌。如果说，历史上资本主义的经济危机主要是由物质产品的生产过剩带来的，那么，在金融业高度发达的今天，金融产品依靠主权国家信用形成毫无节制的供给能力，是新的历史条件下全球金融危机产生的重要根源。

总结这次危机的教训，只有找到美元金融衍生产品泛滥的制衡机制，才能建立稳定的国际货币体系。重回金本位是不可能的，因为黄金产量的增长不可能跟上经济发展的需要。当年尼克松总统之所以决定美元与黄金脱钩，就是考虑到这一因素。建立超主权的国际储备货币是一种选项，但具体操作起来，有许多难以克服的困难，作为一种特别提款权（SDR），如何满足全球日常经济活动对货币结算的需要？如何确定各国在统一的国际储备货币中的权重？如何适应世界各国经济发展不平衡的问题？等等，都是不可逾越的障碍。

由多元制衡的国际储备货币取代单一的国际储备货币，可能是制约国际金融过度虚拟化的正确选择。作为国际储备货币需要具备三个条件：一是有足够大的经济规模；二是在国际贸易中占有较高的比重；三是有一个负责任的政府或行政组织。纵观当今世界，只有美国、欧盟、中国具备这些条件。不足之处是，目前，欧盟和中国在国际储备货币中所占的比重过低。特别是中国，金融市场化改革正在进行之中，人民币国际化刚刚起步。2012年，人民币在国际储备货币中的比重仅占0.2%，几乎可以忽略不计。如果三种货币在国际储备货币中各占一定比重，既相互制衡，又相互协调，哪种货币处于贬值趋势，各国政府、企业和民众就争相抛售之；哪种货币处于升值趋势，各国政府、企业和民众就争相购买之。用这种制衡机制，迫使货币发行国政府对本国的币值稳定负责，相当于发挥金本位作用。有了这种机制，就能有效促进货币发行国政府从本国利益出发，加强对金融的监管，避免滥发货币和放任金融衍生产品泛滥。从几何学和力学的观点来看，三点可以形成一个平面，三角架构是一个任意放置都能保持稳定的架构。由三种货币作为主要储备货币，才可能满足全球经济发展和金融稳定的需要。

会不会出现一个国家为了增强出口竞争力而压低本国货币汇率呢？应当说，汇率是一把双刃剑，压低汇率将降低进口能力，在经济全球化的背景下，汇率下降，意味着本国居民财富缩水，购买力下降，这将降低居民持有本国货币的意愿。当一个国家的居民不愿意持有本国货币而争相持有其他国家货币时，意味着国家将灾难临头。

二　多元制衡的国际储备货币体系有利于处理好特里芬难题

如何使国际储备货币的供给，既能满足全球经济活动对货币流动性的需求，又能避免超量发行，以保持全球金融和经济稳定，是一个世界性难题，即特里芬难题。建立多元制衡的国际储备货币体系，用铸币税形成激励机制，使储备货币发行国政府增加供给，满足国际货币流动性需要；同时，用各国追求储备货币安全的避险机制，约束主权货币发行国政府适度控制货币发行量，保持本国货币币值的大体稳定。多元制衡的国际储备货币体系与超主权货币即SDR相结合，可能是破解特里芬难题，建立稳定国际储备货币体系的正确选择。

一个国家的主权货币成为国际储备货币，不仅可以大大增强其国际支付能力，从而放大其经济实力，而且需要通过贸易逆差和资本项目逆差输出货币，让渡部分国内市场。显然这件事有利有弊，但总体衡量利大于弊，特别是当一个国家正处于经济赶超阶段或出现偿债困难的时候，借助于国际储备货币发行国地位，有利于更好地利用全球资源加快自己的发展，通过赤字融资缓解甚至消除债务危机。这对国际储备货币发行国来说，无疑是一种激励，将鼓励储备货币发行国政府增加本国货币在海外的流通量。而且，由多种储备货币取代单一核心储备货币，有助于分担输出货币的压力，分散风险。

多元制衡的国际储备货币体系有助于建立货币发行的约束机制，从而避免一种储备货币及其衍生产品泛滥成灾。因为，接受储备货币的国家出于货币安全保值的需要，必然优先选择处于升值趋势或币值稳定的货币。如果某一种货币被世界各国政府、企业和居民看做烫手山芋，这种货币发行国的经济必然受到强烈的外部冲击，迫使该国政府采取措施保持币值稳定。2008 年金融危机之后，美联储长期推行量化宽松政策，大量向美元注水，成功地向国外转移危机影响，等于由国外美元持有者为美元危机承担了大部分损失。当美国经济走出低谷之后，最近，美联储又从国内经济需要出发，宣布减缓或停止由美联储购买美国国债的政策，美元利率回升，吸引了国外美元回流，由此引起部分发展中国家外汇支付能力降低，出现金融波动的潜在风险。美元发行从国内经济需要出发，不考虑对国际经济的影响，这无可厚非。因为美国政府、国会和美联储是由美国选民推选出来或由美国政府任命的，它代表着美国人民的利益。而美国人民的利益与全球各国人民的利益，往往是矛盾的。解决这个矛盾，只能靠建立多元制衡的货币发行机制，让各国政府、企业和居民拥有可以替代的储备货币的选择权利，这样才能建立货币供给的约束机制，以维护国际货币体系的稳定。

在国际货币基金组织的管理下，扩大 SDR 的规模，按照各国国际贸易和经济总量在全球中的比重调整其权重，有利于更好地发挥 SDR 在稳定国际货币体系中的作用。SDR 犹如各国国际储备货币的蓄水池，它与多元制衡的国际货币体系相互配合，将对维护国际货币体系的稳定发挥各自不同的作用。

三　中国金融体制改革将为人民币
成为国际储备货币创造条件

按照中国共产党十八届三中全会的部署，中国金融体制正在进行一场全面深刻的改革。这次改革不仅决定和影响中国经济的未来，而且对全球货币体系也将产生重大影响。与现行体制相比，中国金融体制改革将实现四个方面的突破。

一是允许民间资本发起、设立中小商业银行等金融机构。长期以来，由于限制民间资本进入，金融行业在一定程度上处于垄断经营局面，导致资金流动性差，金融资源错配，银行贷款集中投向大企业、重点项目、城市和沿海地区，小微企业、民营企业、农村和中西部地区获得贷款比较困难，贷款利率比欧美发达国家高1倍以上，金融业的净资产利润率比实体经济高出1倍。这次改革的最大突破，就是允许民间资本发起、设立中小商业银行等金融机构，通过强化竞争，降低企业的融资成本，使金融行业过高的利润率降到社会平均资金利润率的合理水平。十八届三中全会《决定》提出，"要发挥市场对资源配置的决定性作用"，放宽准入、增加金融市场竞争主体是其前提条件。只有通过充分竞争，人民币利率即资金价格才能降到与欧美发达国家大体一致的水平。人民币利率下降，不仅有利于支持国内实体经济发展，而且将鼓励资金流出，为扩大人民币海外流通量创造有利条件。放宽金融市场准入的改革，不仅将强化国内金融市场竞争，而且有利于增强国内金融机构的国际竞争力。

二是推行利率市场化。利率市场化是实现市场决定金融资源配置的基本要求。目前，中国已放开贷款利率的下限，下一步将放开存款利率的上限，逐步实现利率市场化。存贷款利率放开之后，短期内可能出现利率上升，但当充分竞争局面形成之后，利率必然下降到正常水平，这是由供求规律决定的。全面放开利率，对现有商业银行将带来一定冲击。因为，长期以来，中国的商业银行已经习惯于在固定利率下过着无风险的日子，缺乏市场竞争力，改革将把他们推到国际竞争的前沿。如何过好市场竞争这一关，是国内商业银行必须面对的最大考验。顺利跨过这一关，中国商业银行将成为国际货币体系的一个有机组成部分，对国际货币的供求和稳定产生重要影响。

三是发展多层次资本市场。中国传统金融体系的一个重要特征是，以间接融资为主、直接融资为辅。这导致金融风险过度集中于银行，企业资本金筹集困难，过高的负债率加大了企业运营成本，降低了企业国际竞争力。发展多层次资本市场的改革，将为企业增加股本融资创造条件。中国的资本市场虽然经过 20 多年的发展，但远不是一个成熟的开放市场。国内 30 多年改革的经验证明，开放是改革的催化剂和推动力，中国资本市场也必须在开放中逐步发展起来。最近出台的上海股票市场与香港股票市场可以异地购买、互联互通的改革，就是资本市场对外开放的重大举措。下一步，还应鼓励实现与台北股票市场互联互通，允许海外企业到内地上市，就像内地企业早已在海外上市一样。中国资本市场与国际资本市场的融合，不仅有利于完善自身的监管制度，强化企业评价、资金筹集和利润分配功能，而且将为全球股市增加新的活力，成为新的稳定因素。

四是推进人民币资本项目可兑换。随着中国对外贸易和投资的发展，人民币双边互换规模不断扩大，人民币在国际贸易投资中作为结算工具的比重不断提高，人民币完全可兑换已接近水到渠成。现在，影响人民币完全可兑换的主要担心，是国外短期游资的冲击。根据国外的成功经验，可通过征收托宾税来防止短期资金的大规模流入流出。随着人民币在国外流通量的增加，人民币国际化程度将不断提高。人民币加入国际储备货币行列，将对建立新型、稳定的国际储备货币体系做出重要贡献。

四　欧元在维护国际货币体系稳定中的地位、作用与战略选择

重建布雷顿森林体系，欧元具有特殊的重要地位和作用。欧元问世时间不长，但在国际储备货币中的比重已占 24%，最高时达 26%。从欧洲的国际贸易、经济总量和面积、人口占全球比重来看，欧元在国际储备货币中的比重还有提高的潜力，欧洲对国际货币体系的稳定应当做

出更大贡献。

如果将国际金融体系的治理比作一个公司，那就要形成一个内部制衡机制。两个小股东的股权之和必须大于大股东的比重，才能形成有效制衡，避免大股东为所欲为，侵犯小股东利益。这是一个股份公司能够办好的成功之道。欧元和人民币加入国际储备货币体系，必然要求美元让出一些空间，适度降低在国际储备货币中的比重。2012年，美元在全球储备货币中占62.2%，居于绝对优势。多元储备货币的形成过程，应当是一个和平与平等的市场竞争过程，是一个由用户自主选择的过程，这将促进各国金融机构改善服务。在这个过程中，国际货币基金组织应当发挥重要的协调功能。当欧元和人民币在国际储备货币体系中所占比重之和超过美元比重时，稳定的国际货币体系才可能形成。

欧元和人民币要进入三足鼎立的国际储备货币体系，都要做好"家庭作业"，练好"内功"。欧元作为目前仅次于美元的全球第二大国际储备货币，理应尽快解决好债务问题，加强货币政策的统一协调，增强抗御风险和外部冲击的能力。

欧元要增强在国际储备货币中的地位和作用，应当与人民币结为伙伴，加大对人民币国际化的支持力度，开展同人民币的双边互换。否则，单靠欧元的力量与美元相抗衡，必然招致失败。欧元与人民币相互扶持，与美元兼容，是建立长期稳定国际储备货币体系的客观需要，是维护包括美国人民在内的全人类根本利益的需要。经济学家应探寻和尊重客观经济规律，而不能感情用事，也不能固守已经过时的思维定式。

积极探索农村土地公有制实现方式[*]

郑新立

目前我国正处于工业化、城市化、农业现代化快速推进的过程中。工业化需要从农村不断输送出高素质的劳动力，在由农民向第二、三产业从业人员的身份转换中，他们的承包地如何处理？城市化需要为新增人口提供住房和公共服务，如何让他们把在农村的住房置换为城镇的住房，把减少的农村宅基地变为城市新增建设用地？农业现代化需要发展社会化大农业，如何把家庭小规模土地经营转变为规模化、集约化经营？对于这些迫切需要回答的问题，党的十八届三中全会作出的《中共中央关于全面深化改革若干重大问题的决定》（以下简称《决定》）都给出了明确的答案，在农村土地制度改革上有了三大突破，认真学习、深入理解、不折不扣地落实《决定》的有关部署，将为三化同步推进提供强大动力，为实现十八大提出的到 2020 年全面建成小康社会目标作出贡献。

一 允许农民对土地的承包经营权抵押、担保、流转

改革以来，我国离开土地的农民工已达两亿多人。他们在农村的承包地大部分依靠农忙季节回乡耕种或交给亲友代耕。这种状况带来两个不良后果：一是粗放型耕作降低了土地产出率，许多地方出现土地撂荒现象；二是在城市工作不稳定难以形成高素质的产业工人队伍，制约着

---

* 本文原载《农村工作通讯》2014 年第 22 期。

工业升级的进程。解决这个矛盾的唯一途径就是鼓励外出农民工将自己的承包地转让出去，使土地向规模化经营主体集中。这件事在许多地方实际上已经在做，只是在国家政策上尚未得到足够支持。十八届三中全会《决定》明确指出："赋予农民对承包地占有、使用、收益、流转及承包经营权抵押、担保权能，允许农民以承包经营权入股发展产业化经营。鼓励承包经营权在公开市场上向专业大户、家庭农场、农民合作社、农业企业流转，发展多种形式规模经营。"这是农村土地经营制度的一个重大突破，是从农村实际出发做出的一项重要改革。按照《决定》精神，农村土地公有制将实行三权分离：所有权归村集体，承包权归农户，经营权放开。要稳定所有权，落实承包权，搞活经营权。所有权归村集体，不准自由买卖，就能避免土地的兼并。农户将承包权抵押后，如果失去了抵押物，债权方拿到的仍仅仅是土地的用益物权。承包权归农户，农户对承包的土地拥有法人财产权或用益物权，就可获得土地转包收入即财产性收入。承包权有了交换价值，进城农民转让承包权的积极性就会提高。放开经营权，鼓励种粮大户、农业公司、合作社扩大土地经营规模，对提高农业劳动生产率和土地产出率，都有重要作用。经验证明，有的农民把土地转让出去，获取的转包费甚至超过自己耕种的纯收入。有些地方将每亩地年转让费定为 1000 斤小麦的市场价。投资农业搞集约化经营，田埂取消可增加耕地面积 5%，统一良种、深耕、灌溉、施肥、灭虫，单产提高，回报率可达 30% 以上。要抓紧搞好土地确权颁证工作，为土地承包权流转创造条件。

当前，农业现代化面临着千载难逢的机遇：一是农业劳动力转移有出路；二是大量社会资金急于寻找投资途径；三是市场对优质绿色农产品需求旺盛；四是农用工业能够满足农业现代化对技术装备的需求。这四个条件同鼓励土地承包经营权转让的政策结合在一起，农业现代化的进程将大大加快。

土地承包权流转，使农民从提高效率中增加收入。按照目前每亩转包费 700 元计算，一户 10 亩地每年可收入 7000 元。两口子出去打工，年收入 6 万元左右，加上土地转包费收入，家庭年收入即可进入中等收入家庭行列。种地的农民由于扩大了经营规模，收入也可以大幅度增加。根据实际经验，在单季农业地区，一个农民种 100—120 亩地；双季农业地区，一个农民种50—60亩地，农业劳动生产率就能达到第二、三产业的平均水平，农民就能成为体面的职业。而按照现在的机械化条件，在平原、浅丘陵地区，一个劳动力能种几千亩旱地。在南方水稻产区，一个农民能种几百亩水田。由于劳动生产率提高，其收入将超过外出打工的收入，有助于形成稳定的高素质农民队伍。土地的规模化经营有力地推动农业现代化，我国农业将会由一个弱质产业转变为具有国际竞争力的产业。

二　慎重稳妥推进农民住房财产权抵押、担保、转让

今年政府工作报告提出了抓紧实现1亿农民工市民化的目标。农民工市民化的一个基本条件就是在城里有住房。如果单靠打工收入买房，那将遥遥无期。如果把在农村的房子卖掉，就能获得一笔可观的收入，在城里买方或租房就有了可能。《决定》提出："保障农户宅基地用益物权，改革完善农村宅基地制度，选择若干试点，慎重稳妥推进农民住房财产权抵押、担保、转让，探索农民增加财产性收入渠道。"这为实现农村住房商品化提供了政策保障，是农村住房和宅基地制度改革的重大突破。照此要求推进改革，既有利于增加农民收入，缩小城乡收入差距；又有利于减少农村住房占地，满足城市化对新增建设用地的需求；还能够促进农民工市民化。目前农民工有2.6亿人，留守儿童6000万，留守妇女4600万，留守老人4000万，共有4亿人全家分离。在群众路线教育中，我们倡导关心群众生活，帮助4亿人早日实现全家团圆梦，这是一件多么大的好事啊！应当根据各地情况抓紧来做。

世界各国经验证明，在城市化过程中，建设用地是减少的，耕地是增加的。因为城市化提高了土地利用的集约化程度。从我国的实际情况来看，农村人均占有的建设用地是城市的3.5倍，全国城乡建设用地22万平方公里，其中村庄建设用地达17万平方公里即2.55亿亩。目前我国土地资源的最大潜力在农村的宅基地。承认农村包括宅基地在内的住房的商品性质，允许其通过市场进行交换，是集约节约利用土地资源的客观要求。推进这项改革，不仅不会冲击18亿亩耕地红线，相反可以增加耕地。由于宅基地所占用的一般都是好地，复垦之后，其单产

水平必将高于普通耕地。

承认农民住宅的商品属性，是实现生产要素在城乡之间双向自由流动的必然要求，是发挥市场在资源配置中决定性作用的客观需要。我国实行社会主义市场经济体制已经 20 多年，至今仍不承认农民的住房是商品，严重损害了农民的利益，成为城乡收入差距不断拉大的重要原因。因为城市居民 80% 以上都有自己的私有住房。随着住房价格的上涨，城镇居民的财产不断增加。农民的住房由于不能商品化而失去了财富升值的机会。限制农民住房进入市场交易，等于剥夺了农民拥有财产性收入的机会。这是城乡居民之间最大的不平等。《决定》提出允许农民包括住房在内的宅基地抵押、担保、转让，是农村房地产制度的重大突破，是市场决定资源配置原则的重要体现。粗略估算，按每亩地 20 万元计，全国农村 17 万平方公里宅基地的市场价值可达 51 万亿元以上。这笔巨大财富赋予农民，是《决定》送给农民的大红包，可有效地缩小城乡居民之间的收入差距，将成为农村实行全面小康和农民工市民化的重要支撑。

有的同志可能担心，万一进城农民工失业，农村又回不去，怎么办？这种担心是不必要的。因为进城落户的农民，将享受城市的失业保险。而且，中国工业化、城市化的历史进程是不会倒转的。农民工的下一代，在城市接受较好的教育，其生存能力肯定会比其父辈强。他们逐步融入城市，不可能再回到农村去了。

从国际经验来看，农民能不能分享到城市化过程中土地增值收益，是能不能跨越中等收入区间、进入高收入国家的关键。日本、韩国与印度、巴西、墨西哥提供了正反两方面的经验。我国正处于向高收入国家跨越的关键阶段，落实《决定》精神，使中国农民也能分享到土地增值收益，将为改变城乡二元结构，顺利跨入高收入国家行列提供保证。

三　农村集体经营性建设用地可与国有土地同权同价

《决定》提出，"在符合规划和用途管制前提下，允许农村集体经营性建设用地出让、租赁、入股，实行与国有土地同等入市、同权同价"。长期以来，城市新增建设用地都是由政府从农民手里先征用为国有土地，在完善道路、供水、供电等基础建设后，进行"招拍挂"。土地增值收益大部分落入政府手中，被征地农民的权益往往得不到保障。按照《决定》精神，农民将从经营性建设用地的出让中获得较高补偿，包括就业、社会保障和住房，都将得到较好的安置。这是从维护农民利益出发对征地制度的重要改革。《决定》还特别强调要建立兼顾国家、集体、个人的土地增值收益分配机制，合理提高个人收益。充分体现了对农民利益的重视。

农村土地制度的三项改革，将使土地公有制的实现方式发生重大变化，使之与市场经济有效融合。

建立城乡统一的建设用地市场，是发挥市场配置土地资源决定性作用的重要举措。长期以来，城乡之间生产要素不能双向自由流动，农村的劳动力、资金、土地可以源源不断流入城市，而城市的资金、技术、人才到农村流不进去，农村市场形成一个屏蔽，这是导致城乡差距不断拉大的根本原因。建立城乡统一的要素市场包括土地市场，是加快农村发展的根本途径。

对公益性建设用地，还是需要由政府征用。由于我国正处于基础设施快速建设阶段，特别是铁路、公路、管道、机场建设，必将占用部分耕地。各级地方党委、政府应做好群众工作，教育群众顾全大局，使基础设施建设能够得以顺利进行，建设成本能够得到有效控制。基础设施建设搞好了，有利于地方经济发展，也有利于农民增收。

农村土地制度的三项改革，将使土地公有制的实现方式发生重大变化，使之与市场经济有效融合。过去，我们在国有企业改革中，曾成功地通过两权分离，实现了国有经济与市场经济的融合。党的十四届三中全会《决定》曾指出，国有企业对所占有的国有资产，拥有法人财产权，可以抵押、担保、转让、受益。十八届三中全会又提出，对国有企业的管理要从管资产为主向管资本为主转变。现在是把这一成功经验在农村土地制度上加以复制，从理论和实践上来说，都不应该存在障碍。其中略有区别的是，农村土地有一个用途管制问题，即耕地的流转必须在不改变用途的情况下进行。如果需要将耕地变为建设用地，必须符合建设规划，并依法办理征地手续。党的十七届三中全会决定还明确，土地的占补平衡可以在省域范围内进行。这就可以把农村零星、分散的建设用地资源加以复垦，通过土地市场交易和规划部门统一调剂，满足投资者对建设用地的需求。重庆市通过地票市场，挖掘农村分散的建设用地资源，既满足了工业化、城市化对建设用地需求，又扩大了耕地面积，增加了农民收入，起到了一箭三雕之功效。

聚焦农村改革　破解需求瓶颈[*]

郑新立

当前，我国经济面临下行压力加大，企业生产经营困难增多，部分经济风险显现等问题，而需求不足是经济运行的主要矛盾。必须抓住主要矛盾，采取重大改革措施。重新聚焦农村改革，大幅度调整城乡关系，释放农村需求和城乡一体化发展的巨大潜力，是破解需求不足难题的根本途径。用10到15年的时间，把农业劳动生产率提高到社会平均劳动生产率的水平，把农民收入提高到与城市居民相同的水平，基本消除城乡发展差距，不仅能使我国经济以7.5%以上的速度持续增长到2030年，也是中国特色社会主义制度优越性的体现。

一　需求不足是当前经济运行的主要矛盾

当前经济运行的主要矛盾是什么？是最终需求不足。产能过剩和需求不足是同一问题的两种表述方式。我们的宏观经济对策必须紧紧抓住解决这个主要矛盾来进行。

冰冻三尺，非一日之寒。纵观30多年来的发展轨迹，我们基本是依靠高投资、高消耗、高污染来支持经济的高增长，走的是一条粗放型的发展道路。对此，不能苛求于前人。因为当时面临的主要矛盾是短缺，是商品的极度匮乏。我们用20年的时间消灭了短缺，这是了不起的伟大成就。但是由于对高投资率、低消费率这个问题的严重后果觉悟

---

　　* 本文原载《光明日报》2015年1月28日。

较迟，没有及时采取有效措施，加上投资增长的巨大惯性，以致 30 年来投资率一路攀升，最终消费率和居民消费率一路下降，投资与消费的比例关系陷入目前极度扭曲状态，这就是当前经济下行、需求不足、增长乏力的根本原因。从 1981 年到 2013 年，我国投资率从 32.5%一路攀升至 47.8%，同期，最终消费率从 67.1%下降到 49.8%，居民消费率从 52.5%下降到 36.2%，分别上升了 15.3 个百分点和下降了 17.3、16.3 个百分点。目前我国每年创造的 GDP 总量，将近一半用于扩大再生产，仅仅有三分之一多一点用于 13 多亿人消费。美国的居民消费率为 70%。像我国这样的投资与消费结构在全球各国是绝无仅有的，是注定不可持续的。

显而易见，我国经济发展已经由供给约束阶段转变到需求约束阶段。需求不足的问题不突破，其他措施难以发挥大的作用。结构调整的主要目的就是从结构的转换中创造和释放出新的需求。宏观经济管理部门和研究机构应把主要精力集中在破解需求瓶颈制约上。

马克思用毕生精力研究资本主义市场经济规律，最后得出结论，生产能力无限扩张和广大居民有支付能力的需求之间矛盾，是资本主义的基本矛盾，这个矛盾必然导致周期性的生产过剩的危机。"二战"后发达市场经济国家探索避免生产过剩危机的办法，通过加强经济预测、宏观调控和发展福利社会，使过剩的矛盾得以缓解。

我国从提出建立社会主义市场经济体制到现在，只有 20 年的时间。对市场经济的客观规律认识不深、研究不够，缺乏有效对策。我们已经有效地解决了计划经济下的短缺问题，但对过剩问题尚未破题。

二　释放农村需求潜力是解决需求
不足难题的关键一招

据统计，2013 年，我国农村仍居住着 6.3 亿人，农业劳动力尚有 2.4 亿人，农业劳动力占全社会从业人员的比重为 31.4%。农业劳动生产率只及全社会平均劳动生产率的 1/3，农民人均收入水平也只及城市居民的 1/3。把农业劳动生产率提高到社会平均水平，从而使农民的人均收入水平赶上城市人口收入水平，条件已经成熟。释放 6.3 亿农村人口的消费潜力，足以支持我国经济以 7.5% 以上的速度发展到 2030 年。中国 30 多年改革发展的一个重要经验，就是不管什么商品，只要农民学会制造，这种商品很快就会由供不应求转变为供过于求；不管什么商品，只要农民有钱购买，这种商品很快就会由供过于求转变为供不应求。释放农村需求的巨大潜力，首先要提高农民的购买力。以汽车来说，尽管不少城市已经因交通拥堵而限购，但农村不存在这个问题。2013 年，我国民用汽车拥有量为 1.27 亿量，拥有率不足 10%，全世界平均为 30% 以上，发达国家高达 80% 甚至更高。如果让农民买得起车，将足以支持我国汽车工业在未来十几年的高速增长，城乡结构将由此发生深刻变革。

通过加快农业发展方式转变，建立现代化、规模化、专业化大农业，是提高农业劳动生产率和增加农民收入的根本途径。习近平主席在去年全国农村经济工作会议讲话中曾指出，单季农业地区，每个劳动力能耕种 100—120 亩地；双季农业地区，每个劳动力能耕种 50—60 亩地，其劳动生产率就能达到社会平均劳动生产率，农民就能成为一个体面的职业。在广大平原和浅丘陵地区，达到这样一个最低规模要求已经有了条件，农业现代化出现了千载难逢的机遇：一是农业劳动力转移有出路，到处都是招工难；二是农用工业可以提供充足的农机装备等农业生产资料；三是市场对优质农产品的需求旺盛；四是各级政府对三农包括水利的投入规模高达五万亿元上，今后还会不断增加。充分利用这些有利条件，大幅度提高农业劳动生产率，大幅度缩小乃至消灭城乡居民收入差距，此其时也。实际上，在沿海地区，农民富裕程度超过城市，生活环境也优于城市。现在，应把这一经验在全国更大范围内推开，让更多农民受益。

笔者去年 12 月下旬赴黑龙江黑河市农村调研，那里的土地 85% 以上已经流转，由合作社、农业公司、种田大户耕种，每亩每年转包费平均 700 元左右。有一个村有耕地 2 万多亩，原来由 220 多个劳动力分散耕种，现在组建了合作社，只用十几个劳动力种地，其余劳动力全部外出打工。经当年上海老知青的引荐，妇女到上海做月嫂，月工资 5000 多元，两口子都出去打工，年收入可达 10 万元，加上土地转包收入一万多元，家庭年收入超过 11 万元，收入比原先翻了两三番。合作社搞规模化、标准化经营，使单产提高 30% 以上。从黑河的情况看，在合作社、农业公司和种植大户三种经营模式中，股份合作制更受农民欢迎。因为土地、农机农用资料都可作价入股，收入按股分红。合作社聘请管理人员、农机手等，由合作社发给工资。合作社的工作人员大都是社员，他们既拿到分红，又拿到一份工资，收入略低于外出打工者。由于他们可以照顾家庭，这也得到了补偿。

中央经济工作会议把转变农业发展方式作为今年第三位的任务。只要加强政策引导、鼓励，土地流转的速度可能会快一些。沿袭了几千年的以家庭为单位的自然经济模式，在工业化、城市化浪潮冲击下，将逐步退出历史舞台。

三　鼓励农民工有偿退出宅基地并在城市购房

目前，我国有农民工 2.7 亿人，农村留守儿童 6000 万人，留守妇女 4600 人，留守老人 4000 万人。共有 4.16 亿人急切地期盼着全家团聚。大批儿童不能在父母身边生活，对幼年心理带来创伤。加快解决农民工的家庭团聚问题，将拉动巨大的城市建设需求，对稳增长将能起到立竿见影之效。党的十七届三中全会关于农村改革的《决定》提出，土地占补平衡只能在省域范围内进行。党的十八届三中全会《决定》提出，允许农户对宅基地使用权抵押、担保、转让，第一次赋予宅基地以商品属性，农户凭借其使用权即法人财产权，就可以像城里人一样，分享到城市化过程中土地增值的收益。这个市场范围有多大，农民退出的宅基地就能在多大范围内享受到的级差地租的收益。笔者 1 月初到河南新乡市农村调研，了解到农户拿退出的宅基地到县级土地市场交易，每亩价格仅 5 万元左右，拿到新乡市地级土地市场交易，每亩能卖 20 万元。土地部门的同志估计，如能在郑州开放省级土地市场，每亩可卖到 50 万元左右。这对进城购房的农民工来说，是一笔不小的收入。吸收农民工较多的城市，应为农民工建福利房。过去城市人口享受到福利分房，随着房价提高，出现了财富升值效应。以农民工退出宅基地为条件，换取新增城市住房建设用地，以较低的价格为农民工建房，使农民工在城里买得起房，这是政策的关键。

农民工市民化，可收到多方面的好处：第一，这是新形势下党和政府关心群众生活的重大行动，对密切党与农民的关系将产生深远影响；第二，农民工在城里安了家，就可以参加各类技术培训，熟练工留在企业，有利于形成稳定的高素质的产业工人队伍；第三，有利于节约利用土地资源，农民工再也不必把辛辛苦苦挣来的钱用于在老家建一座无用的楼；第四，为四亿人在城市造房，将形成巨大的需求，加上进城后增加的消费需求，将成为破解需求不足矛盾的根本举措。

四　亟待厘清的几个认识误区

重新聚焦农村改革，释放农村发展的巨大潜力，必须首先打破思想障碍，厘清几个认识上的误区。

第一，认为农村土地制度改革必然冲击 18 亿亩耕地红线和国家粮食安全。发展现代化农业，将使我国农业由一个弱质产业提升为具有国际竞争力的产业，这是对粮食安全的根本保障。土地经营权的流转，必须在不改变农业用途的前提下进行。当然，应借助土地经营权流转的机会，推广粮改饲和种养结合模式，促进粮食、经济作物、饲料三元种植结构协调发展，提高畜牧养殖业在农业中的比重。这样，用同样面积的土地，可能将生产出比粮食更多的食物。宅基地的退出，除了能满足新增建设用地的需要，还能节约 50% 以上的土地，用于新增耕地。这是试点地区的经验证明了的。世界经验也证明，所有国家在城市化过程中耕地都是增加的。现在，全国农村宅基地占地 17 万平方公里，折合 2.55 亿亩。每个农村人口占有的建设用地是城市人口的 3 倍多。建立城乡一体化的建设用地市场，促进土地资源的节约集约利用，势在必行。

第二，担心农民工在城市失业，老家又回不去，怎么办？农民工市民化以后，即享受到城市的社会保障，包括养老、医疗、失业、工伤等保险。担心农民工失业的问题自然化解。

第三，担心农民对土地的法人财产权实现之后，会不会引起货币超发和通货膨胀。改革以来，我们始终担心农民的收入水平上不来，却从来没有担心过农民口袋里钱多了怎么办。农民能够像城里人一样分享到城市化过程中土地增值的收益，而且通过设置区域性土地交易市场，让远离城市的农民的宅基地，也能分享到大城市的级差地租，这是农民的权利。看到农民能够从退出的宅基地中拿到财产性收入，看到农民工能在城里买房买车，我们只有为农民工感到高兴。农民工增加的购买力充其量只能对缓解通货紧缩发挥些作用，说会引发通货膨胀，实在是不着边际。

改革以来，每一次大的突破，都率先来自农村。重新聚焦农村改革，使农业劳动生产率赶上社会平均劳动生产率，使农民人均收入赶上城市人均收入，基本消除城乡发展差距，这一历史任务亟待我们来完成。

借鉴国外经验 发展农业保险[*]

——在"第四届国际农业保险研讨会"上的发言

郑新立

一 保险业特别是农业保险在中国发展明显滞后

中国的金融改革发展正处在一个重要时期。在金融产业里，银行业、证券业和保险业这三大行业相比，过去我们过度依赖银行，银行提供的间接融资占社会融资总量的 70% 以上，这是我国金融业的一个重要特征。最近这些年，随着我国资本市场的发展，股票、债权融资发展很快，直接融资在社会融资总规模中的比重迅速提高，最高时达到 50% 左右。保险业与银行业、证券业相比，显得明显滞后。中国保险收入占 GDP 的比例只有 3% 左右，而全世界的平均水平是 8%，发达国家像美国占到 13%，所以中国的保险业应当说还处在一个起步阶段。特别是农业保险，现在全国农业保险总额 300 多亿元，占农业增加值的比例不到 1%。显然，对于农业这样一个很大程度上受气候影响和风险比较多的行业来说，农业保险收入占农业增加值的比例远低于整个保险收入占 GDP 的比例，这种情况是不正常的。

这说明我国农业保险发展滞后的情况比整个保险业在金融业里滞后的程度要更强一些。因此，加快保险业的发展，特别是加快农业保险的发展，是当前金融改革发展面临的一项重大紧迫任务。应当把加快农业保险发展作为加快农业现代化、加快金融业发展的一个主攻方向，或者

---

[*] 2014 年 5 月 30 日。

作为保险业的一个重点来加快发展。因此，召开这样一个研讨会，我觉得恰逢其时。希望通过这个会议的召开，大家能够统一思想认识，形成一些好的观点，能为保险业特别是农业保险的发展提出一些好的意见来。

二　当前中国发展农业保险面临着难得的机遇

一是去年召开的中国共产党十八届三中全会，对全面深化改革做出了部署。其中在金融体制改革里对发展保险业提出了具体要求，一共讲了三句话，每句话都讲到了关键之处：第一句话是要完善保险经济补偿机制；第二句话是要建立巨灾保险制度；第三句话是要建立存款保险制度。这些重要部署为保险业的发展，特别是农业保险业的发展指出了明确方向，提出了明确的、具体的发展任务。

二是农业现代化现在正在加快推进，对农业保险提出了新的需求。随着农村土地制度的改革，农民的承包地可以抵押、担保、转让，农业的规模化、集约化、现代化经营在中国发展得非常快，一大批具有相当实力的农业经营主体，包括农业公司、农业合作社、家庭农场正在迅速成长壮大。相对于过去那些数以亿计、经营规模很小的农户来讲，风险更加集中，受自然条件、天气变化和市场环境的影响更大，对保险的要求也就更高了。由于面临的风险大，就需要通过农业保险来消除它的一些风险；新型现代农业经营者的素质与过去的农户相比大大提高了，对保险的认识、理念比过去增强了，对缴纳保费也有较强的承受能力。所以，中国农业的现代化为发展农业保险提供了难得的机会，农业保险业应当同农业现代化同步推进。

三是中国金融体制改革面临着大的突破，农业保险的改革发展要乘上这班车。三中全会《决定》提出，允许民间资本发起设立各类股份制中小金融机构，这将改变目前金融领域靠垄断经营获取高额利润的状况。目前，中国的资金价格在全世界属于最高之列，我国一年期贷款利率现在是6.15%，美国是2.25%，德国是3.5%，日本只有1%。中国的资金价格为什么这么高？就是垄断的结果。在各个行业之间存在着市场壁垒，其他行业的资金要想进入金融领域面临着这样那样的障碍。三中全会《决定》提出要发挥市场对资源配置的决定性作用，就是要扫清这些障碍，允许民间资金进入金融领域，通过强化金融领域的竞争来降低企业的融资成本。包括农业保险业在内，随着金融体制改革的深化，允许民间资金和外资进入，保险业一定会获得新的、更大的、迅猛的发展。

三　当前发展农业保险面临的主要任务

在当前好的形势下，农业保险如何发展，这里我提出几点不成熟的意见：

1. 着力完善保险经济的补偿机制，提高理赔水平

刚才听尹部长介绍，现在农业保险大部分还是保成本，损失了最多把成本给你补上，让你不亏本。下一步要提高补偿水平，由成本补偿向指数补偿、收入补偿方向发展。通过提高理赔水平，吸引更多的农业经营主体来投保。完善保险补偿机制应该成为农业保险发展面临的最重要的任务。

2. 要开发更多的保险产品，扩大保险的覆盖面

现行农业保险品种比较少，难以满足用户多样化、多层次的需求。在这方面要学习借鉴国外的经验。我知道，法国的农业是全世界做得最好的国家之一。几年前我随全国供销合作社主席白立忱同志专门去法国考察农业。在 20 世纪 70 年代以前，法国还是一个农产品进口国，但他们通过一系列改革，发展合作社，建立食品质量监管制度，用短短 20 多年时间成为农产品出口的第二大国，仅次于美国。法国的农业是很有国际竞争力的产业，非常值得我们学习。

给我印象最深的，一是法国的农业合作社，法国市场出售的食品，80% 都是由合作社销售的，合作社拥有自己的品牌，法国的葡萄酒有那么多品牌，大部分是合作社拥有的；二是法国食品质量监管制度非常严格。可惜时间有限，对法国的农业保险没有时间去考察，但去了法国农业银行，农业银行是办得非常好的银行，是在法国居第二位的银行，在全世界也是排在前列的，它既经营农业贷款，也经营农业保险，通过混合经营增强了竞争力，现在成为一个跨国经营的银行。我到那个银行也

去了，遗憾地是由于时间紧，没有仔细询问。希望这次会上法国农业金融专家能介绍一下发展农业保险的经验。由于我们正处在起步阶段，把发达国家的经验拿过来就行了，通过学习、实践，再进一步地完善。

好多保险品种，我们国内现在还没有。希望能够通过借鉴发达国家的经验，结合中国的实际情况，开发出更多的险种，以更丰富的保险产品来扩大保险的覆盖面，增强农业抗御风险的能力。

3. 要提高财政对农业保险的补贴力度

现在我国财政对农业保险的补贴数额还是不小的，中央财政补贴40%，地方财政补贴40%，农户只要交20%就可以了。我希望能进一步完善财政补贴制度，加大财政对农业补贴的力度。这也要学习和借鉴发达国家的经验，美国财政对农业的补贴很大程度上是通过对保险的支持来实现的，我们要学习、借鉴这个制度。现在我们已有财力加大对农业保险的支持力度，来以加快农业保险的发展。

4. 要扩大对保险的宣传，转变对保险的认识和理念

中国几千年都是以自然经济为基本特征的小农经济，一户种10亩、8亩地，够自己吃就行了，是一种自给自足型的经济，缺乏现代市场经济理念。对于现代金融制度，特别是保险制度，如何通过保险来建立避险机制，中国的农民没有这个理念，现在要建立这个新的理念，所以要扩大宣传。通过媒体和各种方式，请农业保险专家来宣传农业保险在保护农户利益方面的重大作用。

这些年国内各个地区保险发展很不平衡，四川这个地方据说农业保险搞得最好。一个西部的省份能够把农业保险搞好，说明这个地方一定有自己的一些办法。通过对保险的宣传，树立保险的理念，这一点很重要。我们今天开这个会，我想也是为农业保险造造舆论，希望大家讨论的意见能够通过媒体宣传出去，特别是要把保险理念深入到农业经营主体，让他们积极地来投保，支持农业保险的发展。

进一步深化国有企业改革[*]

郑新立

前不久召开的中央经济工作会议指出，推进国企改革要奔着问题去，以增强企业活力、提高效率为中心，提高国企核心竞争力，建立产权清晰、权责明确、政企分开、管理科学的现代企业制度。改革开放以来，国有企业改革作为整个经济体制改革的中心环节，经历了从承包制到利改税、从厂长负责制到建立现代公司治理结构等过程。1993 年党的十四届三中全会提出建立现代企业制度，国企改革进入快速推进阶段。面对新形势新任务和国企改革发展中的新问题，党的十八届三中全会《决定》提出进一步深化国有企业改革的方向和任务。当前，推进国有企业改革，必须贯彻落实《决定》和中央经济工作会议精神，完善国有资产管理体制，健全现代企业制度。

一　国有资产管理体制向以管资本为主转变

《决定》提出："完善国有资产管理体制，以管资本为主加强国有资产监管，改革国有资本授权经营体制，组建若干国有资本运营公司，支持有条件的国有企业改组为国有资本投资公司。"这是把国企做大做强的客观要求。实现这一转变，国有资本功能不仅不会弱化，而且会放大和强化。

按照现代产权制度要求，国有企业建立以股份制为基础的公司制，

---

* 本文原载《人民日报》2014 年 12 月 25 日。

适应国内外市场竞争需要，是建立现代企业制度的基本要求。企业在参与市场竞争过程中，为突出主业、向产业链高端迈进，必然要对经营业务及时进行调整。企业购进一些有利于产业升级的优良资产，处置一些不需要的资产，以提高资产利用率和使用效益，属于正常经营活动，应交由企业自己作出判断和决策。国有资产管理机构所追求的目标，应是资本增值和利润率提高，对具体资产形态变化不应过多干预。国有资产管理机构直接管资产，不仅不易管好，而且可能会架空企业经营自主权，降低企业市场应变能力。

对国有企业的管理从管资产为主向管资本为主转变，有利于优化国有资本配置，落实国家发展战略和产业政策。对于产能过剩行业，国有资产管理机构可抽出一部分资金，投入到急需发展的战略性新兴产业、供给不足的行业，从而促进经济转型升级，加快经济发展方式转变，提高宏观经济效益。

建立以管资本为主的管理模式可以有三种途径：一是改革国有资本授权经营体制。一些行业性大型集团公司，可考虑赋予其国有资本投资经营权，鼓励其发展成为国际化集团公司。二是组建若干国有资本运营公司，以实现国家发展战略和提高资本收益为目标，专门从事资本运营。三是支持有条件的国有企业改组为国有资本投资公司，通过对各个行业的各类企业退股、参股或控股，放大国有资本的控制力和影响力，壮大国有资本。

对国有资产实行以管资本为主的制度，有利于推动国有企业健全现代企业制度。在以股份制为基础的现代公司治理中，国有股在整个股权结构中占有多大比重就应拥有多少投票权。除了一些特殊行业的个别企业，如传媒企业，国有股可作为特殊管理股享有一票否决权，一般情况下，国有股应与其他股权一样，享受平等权益。这就可以使企业真正建立股东会、董事会、经营层相互制衡、相互协调的科学治理结构，以适应国内外市场激烈竞争的需要。国有资产管理机构不干预企业经营活动，让企业拥有充分的经营自主权，是办好企业的前提。

二 积极发展混合所有制经济

公有制为主体、多种所有制经济共同发展的基本经济制度，是中国特色社会主义制度的重要支柱，也是社会主义市场经济体制的根基。《决定》提出，"国有资本、集体资本、非公有资本等交叉持股、相互融合的混合所有制经济，是基本经济制度的重要实现形式"，"允许更多国有经济和其他所有制经济发展成为混合所有制经济"。《决定》指出的改革方向，是国有经济发展壮大的根本方向，也是增强国有企业活力、提高企业效率的根本方向。

发展混合所有制经济有利于在更大范围内优化资源配置，实现各类所有制经济优势互补。单一所有制企业在资源条件上往往受到这样那样的限制，竞争力受到影响。发展混合所有制经济，可以在全球范围内寻找最好的资源，通过优化组合，形成新的生产力，产生明显的竞争优势。

发展混合所有制经济有利于形成多元制衡机制，有效避免企业被内部人控制，使股东获得最大投资收益。经验证明，有些企业搞不好，往往是由于企业被内部利益集团控制，不顾投资者利益。特别是一些上市企业，大量小股东不可能参与企业经营决策，而企业经营和财务又不透明，导致股东利益受损，挫伤投资者积极性，成为股市不振的根本原因。在混合所有制基础上形成科学的公司治理结构，能有效矫正企业经营行为，促使上市公司以提高企业价值为最高经营目标。

改革开放以来的实践证明，混合所有制经济是各类所有制经济中发展最快、最有活力的部分。这种伴随生产社会化出现的股权社会化、多元化经济，有利于更多居民成为投资者，增加财产性收入，体现社会进步。《决定》提出："国有资本投资项目允许非国有资本参股。"这是增强国有经济活力的重要举措。回顾改革历程，正是由于乡镇企业发展为国有企业提供了竞争压力和劳动力分流的条件，国企改革才得以顺利推进。当前，国有经济吸收民营经济入股，发展混合所有制经济，是国企改革进入新阶段的标志。民营经济进入国有经济，必将增强国有企业发展活力，实现互利双赢、共同发展。

三　允许混合所有制经济实行企业员工持股

《决定》指出："允许混合所有制经济实行企业员工持股，形成资本所有者和劳动者利益共同体。"这是总结国内外企业的成功经验提出来的，是对企业产权制度改革的突破。员工持股使企业员工具有企业所有者和劳动者双重身份，真正成为企业的主人，从而更加关心企业兴衰，能够大大提高企业的凝聚力。

在发达国家，一些企业之所以长盛不衰、成为百年老店，一个重要原因就在于实行员工持股制，包括核心层持股、骨干层持股和老员工持股三个层次。核心层包括董事长、副董事长、总经理、副总经理等十几个人。骨干层包括二级公司经理、职能部门负责人和技术、管理骨干等几百人。管理层持股在任职期间和离任后 5 年之内不允许出售。再加上老员工持股，把企业员工的物质利益与企业经营绩效紧紧捆绑在一起，能充分调动他们的积极性，使他们不仅关心企业近期盈利，更关心企业长远发展，从而在科技研发上舍得增加投入。

在我国，改革开放以来涌现的一些成功企业如华为公司等，也实行员工持股。实行员工持股制，决不是人人有份，回到平均主义、吃大锅饭的老路，而是要建立激励机制，奖勤罚懒。能不能持股、持多少股，要根据员工对企业的贡献，由股东会决定。要避免企业被内部人控制，就要实行财务透明制度，加强企业监管。

《决定》还要求，划转部分国有资本充实社会保障基金。完善国有资本经营预算制度，提高国有资本收益上缴公共财政比例，2020 年提高到 30％，更多用于保障和改善民生。这是国有资本作为全体人民共同利益物质基础的体现，有利于动员全体人民支持国有经济发展。

四　对不同功能的国有企业实行分类改革

由于实行所有权与经营权分离，国有企业对占有的国有资产拥有法人财产权，成为独立经营的市场主体，国有企业总体上已经同社会主义市场经济相融合。进一步深化国有企业改革，应根据其不同功能，实行有区别的分类改革。

对公益类国有企业，应加大国有资本投入，增强其提供公共产品和服务的能力，尽快改变目前公共产品和服务供给不足的局面。如针对养老院、幼儿园、停车场、医院、职业教育等供不应求，工业脱硫、脱硝、除尘以及垃圾处理、污水处理能力等严重不足，国有资本投资公司均应加大投资力度，同时采取特许经营的方式，吸引社会资金投入，以改善生态环境，满足人民群众多层次需求。加快建立共享性公共产品市场价值补偿机制，鼓励企业为提供清洁的空气、干净的水作贡献。

对自然垄断行业，如铁路、电网、基础电信、管道等基础设施，应实行以政企分开、政资分开、特许经营、政府监管为主要内容的改革。根据不同行业特点，实行网运分开，放开竞争性业务。铁路虽然具有自然垄断特点，但投资主体也可以实行多元化，吸收地方政府和民间资金投入。铁路货运和客运业务更应放开经营，形成多元竞争格局。电网体制实行厂网分开、竞价上网改革已经多年，实践证明是成功的。应按照保护环境的要求，采取优惠政策，鼓励使用清洁能源、可再生能源。电信基础服务已有几家公司开展有限竞争，增值业务已放开经营，应进一步完善竞争体制，鼓励充分竞争。管道运输在我国仍是一个突出的薄弱环节。美国管道总长度有 50 万公里，我国仅有 5.5 万公里。应加大改革力度，促进管道运输发展。此外，为了改善大气质量，应大力提高天然气在一次能源消费中的比重。在这方面，可以借鉴国外经验，实行"X + 1 + X"模式，即"放开两头、管控中间"，放开气源供给，集中进行管道、储气设施建设，允许燃气生产商竞价入网；对使用天然气的成本予以适当补贴，鼓励更多用户使用天然气。

对于竞争性领域的国有企业，应取消包括贷款在内的一切优惠，使之与各类所有制企业平等竞争、优胜劣汰，进一步破除各种形式的行政垄断。

加快形成以创新为主要引领和支撑的经济体系和发展模式[*]

郑新立

5月27日，习近平总书记在华东7省市党委主要负责同志座谈会的讲话中指出："综合国力竞争说到底是创新的竞争。要深入实施创新驱动发展战略，推动科技创新、产业创新、企业创新、市场创新、产品创新、业态创新、管理创新等，加快形成以创新为主要引领和支撑的经济体系和发展模式。"在经济发展的新常态下，我们要克服当前产能过剩、经济下行、通货紧缩等矛盾，实现经济的长期持续健康发展，必须认真贯彻落实总书记的讲话精神，通过改革创新，激发潜藏于13亿民众之中的智慧，释放经济增长新的活力和动力。

一 我国已进入只有靠创新才能持续发展的新阶段

我国经济的快速增长已经持续了37年，人均国内生产总值进入了上中等收入国家水平。纵观世界各国经济发展历史，如果没有技术创新和体制创新的引领和支撑，经济增长就将停滞。创新驱动成为经济发展新阶段的关键之举。

破解产能过剩难题靠创新。我国工业产品中有200多种产品的产量已居世界第一位，主要能源、原材料、消费品和投资品的产量已占全球产量的1/3到1/2。这是长期以来经济增长主要靠投资驱动所带来的结

---

[*] 本文原载《求是》2015年第21期。

果。由于不断扩张的生产能力超过了市场需求，导致产能过剩，企业设备利用率仅为70%左右。在落后产能大量过剩的同时，高新技术产品却大量依赖进口，例如每年进口的芯片和精细化工产品各达2000亿美元以上；我国虽然是世界汽车生产和消费第一大国，但汽车的高附加值关键零部件主要依赖进口。在产能过剩的表象下掩盖着高技术产品的供给不足及其技术创新能力的薄弱。

打破国际市场技术垄断靠创新。改革开放以来，我们大规模引进了国外的先进技术和管理经验，通过引进、消化、吸收、再创新，提高了工业技术水平和企业经营管理能力。现在，能够买来的一般技术差不多都买来了，剩下的核心技术在国际市场上是买不来的。从对引进技术的再开发上看，我们的投入也严重不足。日韩用于引进和对引进技术再开发的投入比例为1:5，我国的投入比例不到1:1。打破国外公司对国际市场的技术垄断，除了靠自主创新，别无选择。

跨越中等收入陷阱靠创新。纵观世界各高收入国家和长期在中等收入区间徘徊的国家之间的一个重要区别，就是城乡居民之间的收入是否大体拉平，城乡发展差距能否大体被消灭。而缩小城乡发展差距，关键在于能否使各类生产要素在城乡之间自由流动，实现城乡一体化发展，通过加快农业劳动力向非农产业转移和发展农业集约化经营，使农业劳动生产率提高到全社会平均水平。我国目前城乡居民人均收入相差3倍以上，其决定因素是农业劳动生产率不足社会平均劳动生产率的1/3。在农村人口仍占总人口近一半、城乡居民收入差距较大的情况下，要想跨入高收入国家行列，几乎是不可能的。因此，进行体制创新，建立城乡一体化发展新制度，吸引城市的技术、资本、人才流向农村，加快农业现代化，是避免落入中等收入陷阱的客观要求。

我国已经具备了创新引领发展的基本条件。党的十七大提出把提高自主创新能力、建设创新型国家作为国家发展战略的核心。此后的八年，是我国研发投入增长最快、技术成果涌现最多的时期。我国年研发投入资金量已居全球第二位，研发的技术人员数量居全球第一位。企业已经成为研发投入的主体和创新的主体，涌现了一批创新型企业，如华为、中兴等公司，每年提交的技术专利申请量已经跃居世界前列。我国国内申请的发明专利已居世界第一位，我国企业申请的国际专利数量同美国的差距正在迅速缩小。党的十八届三中全会提出的各项改革举措正在逐步落实，体制机制创新正进一步释放创新创业的潜力，广大科技人员创新的积极性已经调动起来。可以说，创新的形势令人鼓舞，以创新引领和支撑的经济体系和发展模式正在形成之中。

二　如何打造以创新引领和支撑的经济体系

以创新引领和支撑的经济体系，相对于以传统技术为基础的经济体系，是截然不同的。他要求高新技术产业应成为国民经济的主导产业，新技术、新产品在每年经济增量中必须占有一定的比重，实现内涵式的扩大再生产。即使在传统产业中，也要用当代最新技术加以改造，包括实现工业化与信息化的融合，在农业中广泛采用生物工程技术，在第三产业中广泛采用信息技术和当代最先进物流运输方式，在能源产业中不断提高清洁可再生能源的比重等。与传统经济体系相比，这种新的经济体系将大大提升经济效益、社会效益和生态效益。

建立以创新引领和支撑的经济体系，必须全面推进科技、产业、企业、市场、产品、业态、管理等各个领域的创新。

科技创新是各个领域创新的先导。科学技术是第一生产力，它物化在技术装备、生产工艺、操作技术等生产的各个方面和全过程。科技进步是经济发展的推动力量。科技创新包括基础科学、应用科学和专业技术的创新，必须合理布局这三个领域的人力、财力、物力的投入，使之相互协调、相互推动。当前，我们在基础科学研究领域的投入相对薄弱，应适当加强。要以基础研究的突破带动应用技术和专业技术的进步。

产业创新是技术进步的立足点。基础研究和应用研究的成果，只有转变为产业技术，才能使科学技术转化为现实生产力，才能为人类带来实实在在的恩惠。当代技术进步催生了一系列新的产业，如互联网产业、遥控产业、基因工程产业、新能源产业、激光产业、石墨烯产业、太赫兹产业、三D打印产业等。在这些领域，我们同世界先进水平还有较大差距，必须加大投入，迎头赶上。在传统产业技术的更新改造方面，我们同发达国家比，也有很大差距。如石油化工产业，我们每年进口原油和精细化工产品各 2000 多亿美元，充分说明在这个传统产业的技术上，我们仍然远远落后于发达国家。利用我国丰富的煤炭资源和国内已经取得突破的煤化工技术，发展煤化工产业，完全可以替代石油和化工产品的巨量进口。又如我国每年进口各种芯片 2000 多亿美元，如果组织芯片产业技术的协同攻关，就有可能实现芯片的国产化。

企业创新是推动技术创新的主体。目前，我国企业的研发投入、研发力量、研发成果均已占全社会的 70% 以上，赶上了发达国家的水平，这是一个巨大进步。但是，应当看到，企业对技术研发的重视程度和投入很不平衡。在规模以上工业企业中，2013 年有研发和试验活动的企业所占比重仅为 14.8%，研发试验投入强度仅为 0.8%。一般来说，在传统行业，研发经费占销售收入的比重要达到 3% 以上；在高新技术行业，研发经费占销售收入的比重要达到 10% 以上。我国大多数企业尚未达到这一标准。落实习总书记提出的加快形成以创新引领和支撑的经济体系的要求，一定要从企业做起，努力使更多的企业成为创新型企业。

市场创新是企业产品价值实现的前提。在产能过剩、需求约束日趋强化的条件下，企业要想不断发展，必须建立用户第一的理念，千方百计满足市场需求，不断开拓新的市场。要善于发掘潜在的市场需求。例如，随着环境污染的加剧，环保产业将成为新的增长点；随着老龄化社会的到来，养老健身产业将成为一个新兴的产业；随着越来越多的企业"走出去"，为他们提供海外投资的咨询、融资、保险等服务，也将派生出新的产业。我们不仅要研究和开发国内市场，也要研究和开发国际市场。只有通过市场创新，开拓多元化、大规模市场，才能增强经济拉动力。

产品创新是适应不断变化的市场需求的必然要求。随着人们收入水平的提高，消费需求将不断升级，而科技进步使企业能够创造出更多新的产品和服务，以满足需求结构的变化。企业应把不断开发新产品作为生存发展之本，既满足现有的需求，更要通过开发新产品创造新的需求。产品创新既要注重其功能、外观，更要注重质量和安全，创造和培育著名商标。

业态创新是基于新技术或规模化、标准化要求的企业经营模式创新。新业态最先而且大部分出现在商业领域，以连锁店、超市、仓储式货柜、快递、快餐为标志，其方便快捷和高效率对传统商业模式构成了强大竞争压力。随着互联网的出现，网店、互联网金融、移动支付、众筹、在线教育、无纸化设计制造、三 D 打印、文化创意、旅游地产、预约出租、网络影院等"互联网＋"行动异彩纷呈，改变了人们的生产方式、流通方式和生活方式。几乎在所有的经济领域，谁能率先行动，谁便能占得先机，取得不可估量的成就和效益。

管理创新是各类创新的基础和动力源泉。管理创新主要是制度、体制和机制的创新。一个好的制度，可以使大家和谐相处，使老有所养、幼有所教，为实现共同的理想而奋斗。一个好的体制，能够激发人的创造智慧，把众人的力量凝聚起来，形成强大合力。一个好的运行机制，可以使企业、大学、研究机构乃至整个国家最大限度地减少内耗，灵活高效运转，做到人尽其才、物尽其用、财尽其力。管理和科技被并称为现代化的两个车轮，科技创新必须有管理创新予以支持。要吸收当代世界先进的管理经验，不断推进管理创新，把每个单位、行业、地区和国家管理好。

三　如何构建创新驱动的发展模式

建立创新驱动的发展模式，涉及从科技创新到经济发展的全过程，必须对各个环节进行改革和制度重构。

第一，激发创新主体的活力和动力。企业、大学、研究机构是科技创新的三支队伍。目前，民营企业已成为技术创新的主力军，每年申请的技术专利占全国申请总量的 2/3 左右。国有企业尚有巨大的创新潜力，通过落实十八届三中全会提出的改革措施，实行从管资产为主向管资本为主的转变，发展混合所有制，建立员工持股制，强化市场竞争，将能把国有企业潜藏的创新能力激发出来。在发达国家，大学是科技创新的基地，重大的创新往往出自大学。有人统计，近代约 70% 的科技创新是大学贡献出来的。向发达国家学习，创办高水平、创新型大学，应作为教育体制、科技体制改革的重点。通过引进高水平师资等措施，推动国内重点大学的主要学科达到世界前沿水平，创造更多的科技成果。要改革科研院所管理体制，充分发挥科学院和各类专业研究设计机构在科技创新中的作用。科学院侧重基础研究。原各部门所属的研究设计院所改制之后，在对行业重大技术难题的研究上有所削弱，应通过行业协会或政府组织产业联盟，实施协同创新，尽快攻克阻碍行业发展的技术难题。

第二，建立科技成果向生产转化的有效手段。长期以来，科技成果工程化、产业化始终是我国科技体制的一个突出的薄弱环节，以致大批辛辛苦苦研究出来的成果束之高阁，浪费巨大。发达国家科技成果转化率一般在60%左右，我国不到20%。成果转化率低，除了研究成果质量上的原因外，主要在于用户、技术持有者和政府之间缺乏一个紧密的连接转换机制。企业担心新技术不成熟，对技术的工程化和中间试验投入缺乏积极性，不愿承担"首台套"风险。技术持有者缺乏工程化和中间试验的资金，特别是由财政资金资助的科研成果，其推广应用后取得的收益分配与研发者脱节，因此，成果评审报奖后就算完事，对成果的深化研究和推广应用积极性不高。针对这些问题，在深化科技体制改革中，政府有关部门应把加强成果转化环节作为重点。要由政府出资，建立成果工程化和中试专项基金，对该环节进行补助。对财政资助和职务发明的技术成果，其转让或应用后所获收益，应将大部分留给持有成果的单位和发明人。

第三，完善支持创新创业的风险投资体系。科技创新离不开金融的支持。建立完善的风险投资体系，包括种子基金、创业投资基金（VC）、私募股权投资基金（PE）、创业板市场等，才能发挥金融对科技创新以及高新技术产业发展的重要支撑作用。种子基金是专门投资于创业企业研究与发展阶段的风险投资基金。创业投资基金是专门投资于具有发展潜力和快速成长公司的风险投资基金。两者投资的对象一般都处在创业阶段，属于高新技术行业的小企业。私募股权投资是专门投资于非上市企业的权益性投资，投资对象一般都具有一定的资金流。前者属于早期投资，后者属于后期投资。要完善创业板市场，使风险投资能有退出机制。美国的高新技术企业，主要是靠风险投资支持发展起来的。我国风险投资起步晚，发展不成熟，应借鉴国外经验，重视培育和发展各类风险投资，通过市场估价、优选、投资机制，扶持具有良好前景的高新技术企业的发展。

第四，合理发挥政府在支持创新创业中的作用。创新的活力来自市场，但这并不能忽视政府的作用。美国之所以能长期保持科技的世界领先地位，与合理发挥政府的作用密不可分。美国政府在支持科技创新中的作用，至少体现在四个方面：一是在不同时期提出能带动科技进步的国家重大工程，动员各种资源予以实施。如历史上提出的迈哈顿工程带动了核工业发展；星球大战计划带动了航空航天事业发展；信息高速公路计划带动了互联网的发展；正在实施的新能源计划和制造业复兴计划，也将对能源产业和制造业发挥重要影响。二是允许由财政资金资助研发的军工技术无偿转移到民用工业，带动民用技术进步。三是制定保护知识产权、完善竞争环境、扶持小企业发展的法律，政府设立小企业局，财政拨专款，帮助小企业转化科技成果。四是广纳全球人才。通过提供奖学金和加入美国国籍等制度，吸引各国优秀人才前来留学和工作。我国正处在科技追赶阶段，只有学习借鉴美国等发达国家的管理经验，并从我国实际出发，制定正确的政策法规和发展战略，才能尽快赶上。

第五，培养和吸引国内外创新人才。建立以创新为主要引领和支撑的经济体系和发展模式，关键在于人才。在大力培养国内创新型人才的同时，还要按照党的十八届三中全会提出的号召——择天下英才而用之。要深化教育体制改革，从小抓起，培养学生创新能力，培养领军人才。鼓励留学人员学成回国。制定吸引全球人才战略和政策。鼓励企业到海外设立研发机构，就地利用国外人才资源。

以全面小康为目标加快城乡一体化进程[*]

郑新立

  如何释放经济发展的巨大潜力，克服经济下行压力？根本途径在于加快城乡一体化改革发展。党的十八届三中全会《决定》对建立城乡一体化的新体制做出了重要部署。当前，聚焦城乡一体化改革，促进城乡协调发展，应作为到2020年全面建成小康社会、保持经济持续健康发展的重大紧迫任务。

  习近平总书记在去年4月30日中央政治局集体学习时，就健全城乡发展一体化体制机制问题发表了系统的重要讲话。他说："全面建成小康社会，最艰巨、最繁重的任务在农村特别是农村贫困地区。""我们一定要抓紧工作、加大投入，努力在统筹城乡关系上取得重大突破，特别是要在破解城乡二元结构、推进城乡要素平等交换和公共资源均衡配置上取得重大突破，给农村发展注入新的动力，让广大农民平等参与改革发展进程、共同享受改革发展成果。""目标是逐步实现城乡居民基本权益平等化、城乡公共服务均等化、城乡居民收入均衡化、城乡要素配置合理化，以及城乡产业发展融合。"这个讲话为推进城乡一体化改革指明了方向，并提出了具体举措，应当引起全党的高度重视，并全面贯彻落实。

---

  *　本文原载《改革》2016年第1期。

一　城乡居民基本权益平等化是城乡
　一体化的前提条件

　　长期以来，为了实现工业化的任务，我们不得不采取工农业产品价格剪刀差的办法，让农业为工业提供积累。与此同时，实行城乡分离的管理制度，以防止农村人口大量涌入城市，造成城市农产品供给的短缺。这些制度沿袭了 60 多年，形成了一些固化的习惯势力和思维定式。在全面建设小康社会的今天，这些涉及城乡居民基本权益的旧制度，显得多么不合时宜！

　　城乡居民基本权益不平等集中体现在两个方面：一是财产权的不平等。城市的生产资料和消费资料几乎已全部商品化，包括国家、集体和个人所有的土地、厂房、设备、住宅等，都允许在市场上自由流通；而农村的土地、住宅等产权仍不明晰，农户对土地和房产等的法人财产权仍不落实，作为农民最重要的生产资料和消费资料仍不能实现商品化、市场化，因此，农民就不能像城里人一样享受城市化过程中不动产增值的收益。这是城乡居民基本权益上的最大的不平等，是城乡居民收入差距拉大的重要原因；二是在户籍制度上的不平等。尽管有 2.8 亿农民工为城市建设做出了巨大贡献，有些农民工进城已二三十年，但是由于农村户口的身份，他们享受不到城市户口所附加的各类社会保障和公共服务，绝大部分仍处于全家分离状态。从农民应有的公民基本权益上说，这是很不合理的。党的十八届三中全会《决定》提出："赋予农民对承包地占有、使用、收益、流转及承包经营权抵押、担保权能。"提出："保障农户宅基地用益物权，改革农村宅基地制度，选择若干试点，慎重稳妥推进农民住房财产权抵押、担保、转让，探索农民增加财产性收入渠道。"提出："在符合规划和用途管制前提下，允许农村集体经营性建设用地出让、租赁、入股，实行与国有土地同等入市、同权同价。"这三项改革是对农村土地公有制实现方式的重大突破，是对农民住宅制度改革的重大突破。它第一次赋予农村土地和农民住宅以商品属性，明确了农户对自己的住房拥有所有权，农户对承包地和宅基地拥有法人财产权，这为发挥市场对农村土地资源配置的决定性作用，促进土地资源的节约集约利用，提供了前提条件，为农民在城乡之间自主选择居住地和户籍，通过转让包括宅基地在内的土地使用权和房产获得财产性收入，打开了一扇大门。

承认农民对农村土地的法人财产权，与土地的私有化是截然不同的，同时解决了土地公有制与市场经济有效对接的问题。这是中国共产党的创造。不折不扣地落实三中全会精神，就能在土地和房产的法人财产权上，使城乡居民拥有同等权益。我们应当为农民获得的这些权益感到由衷高兴！

二 城乡公共服务均等化是城乡一体化的重要举措

城乡公共服务的差距是城乡差距的重要体现。包括养老、教育、医疗、交通、供水、供电、环境等，农村都明显落后于城市。原因在于长期以来公共服务事业投入重点在城市，城市越来越漂亮，即使中西部地区的城市与沿海地区相比也毫不逊色。但是，农村特别是中西部地区的农村公共服务投入严重不足，导致农村居民不能像城里人一样享受到大体均等的公共服务。由于公共服务的落后，制约了农村经济发展和农民素质的提高。

改变中西部农村公共服务落后状况，政府要把农村作为公共服务投入的重点，通过城乡人均公共财政支出的均等化实现城乡基本公共服务的均等化，尽快弥补农村公共服务投入的欠账。近期应当把教育、医疗、交通、环保、养老作为农村公共服务发展的重点。沿海地区农村公共服务比较好，主要在于通过发展乡镇企业，很快富裕起来。富裕起来的农村，主要通过自己增加投入，再加上地方政府的帮助，把公共服务完善起来。中西部农村也必须走这条路子。

要运用政府和社会资本合作的模式（PPP）来发展农村服务业。如何吸引社会资金投入农村建设，应找到有效办法。这就要以农村宅基地、承包地为质押，撬动银行贷款。以村庄土地整理节约的住宅建设用地的商业开发，吸引社会资金投入，鼓励城市资本下乡、市民资本下乡。可先在城市郊区和旅游区搞，建立市民农庄，然后逐步扩展。如果能在"十三五"时期撬动银行贷款和社会资金20万亿元，投入农业现代化、新农村建设和农民工市民化，我国农村面貌将发生一个重大变化，农民收入将大幅度提高，既可避免落入中等收入陷阱，又能有力支持经济的持续健康发展。

三　城乡居民收入均衡化是城乡一体化的根本目标

城乡居民收入差距大，是城乡差距的集中反映。实现城乡居民收入均衡化，是建立城乡一体化发展体制机制的核心。最近几年，农民人均收入增长速度超过城市居民，城乡居民收入差距已经由 2009 年的3.3∶1 缩小到 2014 年的 2.8∶1，令人欣喜。继续保持这一势头，从根本上说，要靠提高农业劳动生产率。而提高农业劳动生产率又必须扩大土地经营规模。目前，一个农业劳动力平均只能种 7 亩地，如果在单季农业地区能种到 100—120 亩，双季农业地区能种到 50—60 亩，农业劳动生产率就能赶上社会平均水平，农民就能成为一个体面职业。在土地所有权归村集体的前提下，允许农户凭借承包权将经营权有偿转让，这样既可使农户获得财产性收入，又有利于发展土地规模化经营。要鼓励发展各类合作经济，特别是以土地承包权入股的股份合作社。鼓励农民工返乡创业，发展现代农业、农产品加工业、商贸流通业和乡村旅游业。继续鼓励农村富余劳动力外出打工。现在沿海和城市的许多地方招工难，家政服务人才短缺，一个月嫂的月收入达五六千元。一家两口人出去打工，年收入可达8—9 万元，加上土地转包收入，家庭年收入可达 10 万元左右，一下子就可赶上或超过城镇居民平均收入。所以，只要创造一个城乡一体化的体制机制和政策环境，发挥城市对农村、工业对农业的带动作用，实现城乡居民收入均衡化，已不是遥远的将来，而是近在咫尺。

韩国在 40 多年工业化、城市化过程中，城乡居民收入始终保持同步提高，城乡收入之比保持在 1∶0.9 左右。韩国之所以能做到这一点，主要在于两条：一是早在 20 世纪 70 年代初期，就开展新农村建设活动，政府出资帮助农村发展；二是农民分享到了城市化过程中土地增值的收益。我们作为共产党领导的社会主义国家，应当更有条件实现城乡居民收入的同步提高。

四 城乡要素配置合理化是城乡一体化的必然要求

促进城乡要素配置合理化，是实现城乡协调发展客观要求，其关键是允许各类生产要素在城乡之间双向自由流动，发挥市场对资源配置的决定性作用。长期以来，由于人为地设置了许多障碍，使农村的劳动力、资金、土地等要素大量流入城市，而城市的资金、技术、劳动力很少流入农村，这是导致城乡发展差距不断拉大的根本原因。为此，毫不动摇地落实十八届三中全会《决定》精神，清除要素流动的各种障碍，是推进城乡一体化改革的首要任务。

土地是一种重要的生产要素，也应发挥市场对土地配置的决定性作用。与其他要素不同的是，土地有一个用途管制问题。如果把耕地变为建设用地，必须符合城乡建设规划，并办理相应的法律手续。党的十七届三中全会关于农村改革的《决定》已经明确，土地的占补平衡，只能在省域范围内进行。但至今只能在少数县域范围内试点。中央办公厅去年下发的关于农村改革的实施意见指出："完善和拓展城乡建设用地占补平衡和'地票'试点。"应当总结推广重庆"地票"市场的经验。重庆经验的核心是远离城市的农村退出的宅基地，通过全市统一设置的地票市场，也能分享到城市市区土地的级差地租。对于可能出现的占好补差问题，通过建立第三方的土地质量评估机构，加强土地质量的监管，可以妥善解决。如能创造一个城乡要素自由、平等交换的制度，实现城乡要素配置的合理化，在中部地区和西部平原、浅丘陵地区，用5—10年时间，使农民人均收入水平赶上沿海农民的水平，是完全有可能的。

五 加快城乡一体化改革发展的三个抓手

加快城乡一体化发展进程，必须把农业现代化、新农村建设、农民工市民化三件事连在一起，同步推动。国务院提出要抓好三个一个亿：即东部地区抓好一亿农民工市民化，中西部城市再吸纳一亿农民工就业，城市抓好一亿户棚户区改造。这两个三件事互相牵制，互相影响。

农业现代化能够进一步释放农业劳动力潜力，为农用工业发展和水利建设提供需求；新农村建设能够改善农村生产、生活环境，为建材工业提供需求；农民工市民化能够使 4 亿多离散人口实现全家团圆梦，形成城市建设的需求。抓好这三件事，又必须深化农村土地制度改革。通过农村土地的确权颁证，鼓励承包地经营权向合作社、农业公司、家庭农场集中，为扩大土地经营规模，发展集约化、现代化农业创造条件。通过进城落户农民退出宅基地，既能满足城市新增建设用地需要，又能增加一部分耕地，有利于推进新农村建设和农民工市民化。有同志担心农村土地制度改革会不会冲击 18 亿亩耕地红线。世界各国的历史证明，在城市化过程中，各个国家的耕地都是增加的。我国农村宅基地占地 17 万平方公里，合 2.5 亿亩。农村人均占有的建设用地是城市人均占地是三倍多。随着农村人口的减少和城市人口的增加，配套实施城乡建设用地占补平衡的政策，我国耕地面积有可能增加一亿亩以上。如此连环套式整体推进改革，必将激发出巨大的需求潜力，成为未来十几年拉动经济增长的强大动力，并将迅速缩小城乡发展差距，从而使我国顺利跨越中等收入区间，到 2022 年前后使人均 GDP 达到 1.2 万美元以上，进入高收入国家行列。2021 年是中国共产党成立 100 周年。我们党用一百年的时间，把一个半封建半殖民地的旧中国带入一个高收入国家，将是中国共产党对人类社会做出的最大贡献！

顺应城乡一体化的历史大趋势[*]
——《走在城乡之间》序

郑新立

我国工业化、城市化、农业现代化正在快速推进。虽然它比发达国家已经晚了上百年，但在一个曾经创造了辉煌的农业文明、拥有13亿人口的古老国度上演这部历史大戏，必然出现许多激动人心的故事，人口在城乡和区域之间大规模流动，必将产生新的矛盾，各种新旧思维方式、生产方式、生活方式之间必将产生激烈的摩擦，撞击出炫目的火花。社会的进步是必然要付出一定代价的。在中国共产党的领导下，我们沿着中国特色社会主义道路前进，用符合人民利益的各种政策来推动工业化、城市化、农业现代化，可以把城乡关系变动过程的阵痛减少到最低程度。与英国历史上曾出现过的血腥的"羊吃人"事件相比，我们的后发优势明显体现出来。我现在担心的问题，不是城乡关系变动可能带来的某些阵痛，而是几千年农业社会形成的习惯势力，可能阻碍和延缓城市化的历史步伐，使一部分农村人口，包括我的家乡的父老乡亲，不能与全国人民同步步入小康，不能分享到人类科技进步和工业化、城市化所带来的恩惠。

河南是我的家乡，在我19岁来北京上大学之前，都在农村度过。离开家乡整整50年的时间内，我几乎每年都回去一两次。家乡人的生产、生活状况，成为我观察世界的重要参照系。特别是改革开放以来，

---

[*] 本文是郑新立为王仲斌著的《走在城乡之间》（经济日报出版社2015年版）一书撰写的序言。

看到沿海地区农村迅速发展起来了，与河南农村的发展差距逐步拉大，我在内心深处为家乡着急，为河南农村取得的每一点进步感到高兴。河南地处中原大地，土地肥沃、资源丰富、交通发达、人口密集，具有发展经济的得天独厚的优越条件。如果说缺少什么，最缺的是改革开放的思想观念，是转变传统生产方式的紧迫感。沿袭了几千年的以小农户为主体的自然经济模式，形成了小富即安的思维定式，满足于吃饱穿暖的稳定生活，躺在小农经济的温床上自我欣赏、自我陶醉，把建立现代化、社会化的大工业、大农业视为畏途。年轻人到外地打工，开阔了眼界，但积累的资金只够在家乡盖一座楼房，作为创业投资则远远不够。加之土地承包权流转、宅基地转让等受制于传统体制的约束，农业现代化、工业化、城市化步履维艰。

记得去年中国农业经济学会在郑州召开年会，有一位长期从事农村工作的同志写了一篇文章，题目叫"慢点走，城里人"，中心意思是工业化、城市化太超前了，应放慢脚步，等等乡里人。这篇文章集中反映了发展滞后而又致富无门的农民的焦虑。我的看法却正相反，应当写篇题目叫"快点走，乡里人"的文章。孰不见，在沿海地区，正是由于乡镇企业的崛起，带动了城市的发展和农业现代化。中西部地区农村，应当向沿海地区农民学习，学习他们的创业精神和开放意识。有人会说，沿海农村发展快，是因为有优惠政策。这句话不完全对。享受优惠政策的仅仅是特区和开放型城市，大多数沿海地区农村如浙江省农村、苏南地区农村，并没有享受任何优惠政策。如果说他们与河南农村有区别，就在于他们那里的农业条件远远不如河南，人均耕地很少，而且多数是贫瘠的山地。正是由于这种农业条件的劣势，造就了农民吃苦耐劳、敢闯敢拼的奋斗精神，在改革开放的政策环境下，创造了率先现代化的奇迹。中西部农村应当跑步前进，尽快赶上沿海地区农村，赶上工业化、城市化的步伐，而不能怨天尤人，叫嚷让城里人慢点走。

河南农村的发展水平处于全国农村的中等水平。按照梯次发展规律，当前正是加快工业化、城市化、农业现代化步伐的阶段，应当成为继沿海农村之后实现现代化的地区。党的十八届三中全会《决定》在农村土地制度改革上有了重大突破，包括农户对土地的承包权、宅基地的使用权都可以抵押、担保、转让，赋予了耕地和宅基地以商品属性，在所有权归村集体的同时，农户可以凭借对土地的承包权、使用权，获得财产性收入，能够像城里人一样，分享到城市化过程中土地增值的收益。这是中央全会送给农民的大红包，是缩小城乡居民收入差距，避免落入中等收入陷阱的根本举措。河南农民应当尽快拿到这些红包，从而加快土地的规模化、集约化经营，通过提高农业劳动生产率使农民成为体面的职业；已经进城的农民工应尽快实现市民化，对尚未进城的农民产生强大的吸引力。这就需要加快农村土地制度改革，把三中全会精神尽快落到实处。有了三中全会精神，河南农村现代化和城乡一体化进程将大大加快。

王仲斌同志以记者的敏感和对农村的执着，走遍了河南各县，撰写了大量农村改革发展中真实的故事，从多个层面反映了城乡一体化这一历史大趋势中的矛盾，记录了各方面人群的情感。从这些文章中，我们能感受到工业化、城市化、农业现代化的历史大潮汹涌澎湃、势不可挡，更能体味出作为一个媒体人在推动这场历史转变中应肩负的责任。在城乡关系的剧烈变动中，哪一些认识和行为是值得鼓励的，哪一些认识和行为是需要摒弃的，媒体应站在推动社会进步的角度，予以分析、褒贬和报道，以发挥舆论对实践的正确引导作用。王仲斌同志在这本书中所表达的观点，值得所有关心农村和农民的同志们一看，从中必定受到启发。

遵照王仲斌同志的嘱托，在本书出版之际，写下上述这些话，是为序。

旅游业是我国现阶段的朝阳产业[*]

郑新立

改革开放以来，我国国民经济迅猛发展，居民收入大幅提高，消费结构快速改变。曾几何时，先富起来的中国人也能够像发达国家的居民一样，成群结队到世界各地旅游购物、经商求学。喜观今日之世界，但凡有人群的地方，都能发现国人的身影。然而，中国的旅游业包括出境游在内，才刚刚兴起，属于名副其实的朝阳产业。研究旅游业发展规律，借鉴发达国家经验，制定正确的政策、规划，引导旅游业健康发展，提高旅游业的经济效益和社会效益，当前不仅十分必要，而且意义重大。

一　我国旅游业正处于黄金发展期

2014 年，我国人均 GDP 已超过 7000 美元，在世界上属于上中等水平，正处于向人均 1.2 万美元的高收入国家跨越的历史阶段。继解决了温饱问题之后，扩大住行消费的高峰也已过去。接下来的消费热潮开始进入文化旅游消费阶段。消费热点的这种阶段性变化，符合人类社会需求升级的一般规律。在发达国家的居民消费结构中，一般用于吃穿用的支出、住房的支出、汽车的支出和文化旅游的支出各占 1/4 左右，而且随着收入水平的提高，用于文化旅游消费的支出比重会逐步提高。与发达国家相比，我国大多数居民用于文化旅游消费支出的比重仍然很低。

＊ 本文为郑新立应约为 2015 年 1 月召开的全国旅游业工作会议撰写的专稿。

随着到 2020 年全面小康目标的实现，居民收入将会有一个较快提高，人们将会有更多的钱用于文化旅游消费。由此拉动我国旅游业的快速发展，是不容怀疑的。无论是国内游还是出境游，人数将迅速扩大，需求将更趋多样，对服务质量的要求将越来越高。

面对旅游业发展的历史机遇，我们必须早作谋划，在基础设施、人才培养、服务标准、政策法规等硬件和软件建设上做好准备。我们不能满足于被动地适应消费需求，更应通过开发旅游项目、改善旅游服务，创造旅游需求。我国有着丰富的旅游资源，各地气候、地貌差异大，包括自然景观、人文历史、民族风情、饮食文化、养生健体、观光农业等，许多还没有开发出来。随着交通条件的改善，特别是高铁网络的形成，群众出行将更加方便。旅游业大发展的时期已经到来。

二　旅游业是传递文明的富民产业

旅游业的基本形态是以增长见识为目的的人群流动。而能够享受旅游消费的人群，大多是收入水平较高、对未知事物有求知欲、具有一定生活情趣和追求的人群。因此，旅游人群走到哪里，就会把各种文明传送到哪里。比如，随地吐痰是国人的陋习，当看到外国旅游者的文明举止，即使落后地区出售旅游商品的小摊贩，也会逐渐改掉自己的习惯。中国农村基础设施和卫生条件差，为了发展旅游业，包括发展家庭旅游宾馆，就必须进行农村基础设施和卫生设施建设，这就能带动物质文明和精神文明水平的提高。现在到国内旅游区和非旅游区看一看，就能感受到在文明程度上的明显差距。

旅游业是一个就业容量大的富民的行业。旅游带动吃、住、行、购等方面的消费，对繁荣当地市场、发展旅游经济、增加居民收入，都具有重要作用。云南省在 20 世纪 90 年代决定把发展旅游业作为支柱产业，全省统一规划，重点扶持，现在已经取得重大经济效益和社会效益。其中发展最好的是丽江。过去几十年，丽江在发展经济的道路上进行了坚持不懈的探索。从开始毁林开荒，搞以粮为纲，结果导致水土流失，生态恶化；后来办乡镇企业，搞加工业，由于技术落后、远离市场，结果血本无归；直到 20 世纪 90 年代，借助地震灾后重建的机会，恢复丽江古建筑风貌，集中发展旅游业，才走上了正确的发展道路。现在，丽江已成为世界知名的旅游胜地，成为祖国西南边陲的一颗璀璨的明珠，成为率先富裕起来的民族地区。2008 年，在纪念改革开放 30 周年时，由胡锦涛总书记亲自选定了 18 个率先发展的地区，进行系统的经验总结。丽江作为以发展旅游业致富的典型，其经验在《人民日报》发表，引起了很大反响，成为全国学习的榜样。我当时有幸作为调研组的组长到丽江做了深入的调查。概括丽江的经验，主要是从本地优势出发，进行整体规划，突出民族特色；改善交通条件，提高接待游客的硬件和软件水平；鼓励民众参与，吸引外资和外地企业投资；打造文化精品，改变"白天看庙、晚上睡觉"的老套枯燥接待模式，把自然景观游与人文知识游结合起来；创造质朴、自然、优雅、和谐的环境，把丽江游变成精神享受和心灵抚慰的经历，吸引了越来越多来自世界各地的游客。如今，景区附近的群众通过开设家庭宾馆、商店、饭馆以及从事旅游服务，已经富裕起来，并带动了周边地区的就业和发展。凡是有条件发展旅游业的地方，都应当学习丽江的经验。

三　以提高服务水平为重点拓展国内旅游市场

满足群众对旅游的需求，扩大国内旅游市场，要以提高旅游服务水平为重点。与其他行业一样，产品质量是企业乃至整个行业的生命。特别是作为服务业的旅游业，服务的质量直接决定着产业发展前途。人们外出旅游，都希望心情愉快，能享受到满意的服务。如果到处拥挤不堪，坐不上车，吃不好饭，睡不好觉，就会打击人们对旅游的兴趣。从当前我国旅游业发展的实际情况看，我认为，应着重做好以下几件事：

1. 进一步发掘旅游资源。我国旅游业虽然已经有了很大发展，但仍有大量的旅游资源尚待开发，包括红色旅游、绿色旅游、民俗旅游、健身旅游等。有些奇特的自然景观，由于交通不便，仍然是藏在深闺人不知。有些重要历史遗迹，仍然被人忽视和遗忘。应进一步对我国的旅游资源进行全面深入地调查评估，对具备条件的进行开发。对现有的旅游景区，应根据其发展潜力，进行深度开发，以扩大其对游客的吸引力。

2. 提高多层次的接待能力。要以用户的需求为导向，根据游客不同层次的需求，发展不同类型的设施和服务。包括住宿、餐饮、交通工具等，应拉开档次，使各种消费水平的游客都能得到相应的服务。为此，要鼓励多元化的投资主体参与，既要鼓励外资、大型企业参与投资经营，更要鼓励中小企业和居民家庭参与投资经营，以调动多方面的积极性，通过多样化的服务，满足多种需求。

3. 增加旅游业的文化含量。旅游产品的开发，要着重于发掘其文化和科技内涵，使人们在旅游中能增加知识、开阔眼界。要组织创作文化演出精品，使人赏心悦目、百看不厌。凡到过丽江旅游的人，不仅对古城和雪山会留下美好印象，对纳西古乐、丽江金沙两台精彩演出更会铭记在心。这两台文化精品，都是经过精心筹划、精心制作的，有着深刻的文化内涵，同时又运用现代声光电舞台技术，强化了演出效果。演了许多年，场场爆满，长盛不衰。我国各地旅游景区都有自己的独特历史和引人之处，只要善于挖掘，精心打造，都能讲出自己动人的故事，在潜移默化中给人以启迪。

4. 规范旅游市场秩序。旅游业要想吸引更多的人参与，扩大产业规模，必须加强管理、规范市场，从而能够让人放心大胆地来消费。前些年，我曾经到新加坡考察过旅游业。新加坡的面积与北京海淀区差不多，也没有什么奇特景观，但每年吸引了大量国际游客，靠的是良好的旅游市场秩序和购物环境。新加坡有一条法律规定，凡是国外游客投诉在新加坡被坑蒙拐骗的，政府出钱请游客来打官司。一旦证实新加坡企业有违法行为，不但赔偿游客全部损失，而且吊销企业营业执照，违法人员终生不得再从事旅游业。这一条法律给我留下极为深刻的印象。我想，我们应当向新加坡学习。有了这一条法律规定，国内旅游市场就能赢得消费者的信任，在全世界建立起信誉。如果有了这样的信誉，何愁游客不来？

5. 吸引更多国外客人来我国旅游。我国吸引国外游客的潜力巨大。有不少外国人希望亲眼看看改革开放之后的中国；许多人被中国的历史古迹感兴趣；还有不少人憧憬中国的自然风光和风土人情。要加大在海外推销国内旅游市场的力度。一些重要的旅游景区应拍摄风光介绍片，拿到国外电视台反复播放。重点客源国更要加大宣传推介力度。要把吸引国外游客同招商引资和建立友好国家、友好城市活动结合起来。要经常征求国外游客的意见，根据他们的抱怨和希望改进旅游接待工作。通过坚持不懈的努力，使国外游客数量保持稳定增长。

6. 推动旅游产业发展方式转变。我国正处在加快转变经济发展方式的过程中。对旅游业来说，也应当通过转变发展方式来促进增长。一方面，要抓住整个国民经济转变发展方式的机遇；另一方面，旅游业本身也要转变发展方式。转方式有两个重要要求：一是扩大消费对经济增长的拉动作用，二是加快发展第三产业。实现这两个转变，对旅游业的发展将创造良好的外部环境和机遇，一定要紧紧抓住。在抢抓机遇中，谁占得先机，谁就能成为旅游业发展的引领者。同时，发展旅游业也要注重要素结构的优化升级，通过发展集约化、标准化、网络化经营，提高劳动生产率和经济效益。旅游企业要建立现代产权制度，发展混合所有制经济，在股权多元化的基础上建立现代公司制度，完善公司治理结构。组建若干实力雄厚的骨干企业和跨国公司，带动一批中小企业为其提供配套服务。要提高对旅客的服务水平，实行系列化、一条龙、多样性、预约制、贴心式精细服务，在满足用户需求中提高旅游业的盈利能力。

四 把出境游作为展示民族风貌的重要举措

随着居民收入水平的提高和人民币的国际化，我国出境游已进入快速增长阶段，这是一件好事。应当把出境游作为展示改革开放之后我国人民精神面貌和中华文化的最好的机会予以利用，不能看成一般的旅游活动放任自流。为此，应针对目前出境游中出现的一些问题，认真做好有关工作：

要加强对出境游客的文明和纪律教育。凡是初次出境游的人员，或在出境游中出现不良行为的人员，都应由旅行社组织必要的有关目的地国家风俗习惯、文明规范和出境游纪律的集中教育，使出境游人员自觉肩负起维护国家、民族形象的责任，培养起民族自豪感，人人成为宣传民族形象的大使。

强化对旅行社的管理。旅行社必须切实负起对游客的教育、提醒、管理责任。对工作做得好的，应予表彰和鼓励。对不负责任、出现不文明行为较多的旅行社应给予批评直至取消其出境游组团的资格。要加强导游队伍建设，评选优秀导游。

鼓励对海外旅游产业的投资。当前，我国海外投资正处于快速增长阶段。瞄准未来中国游客可能去得比较多的地方的旅游设施进行投资，是海外投资方向的一个不错的选择。应鼓励国内有能力的企业特别是旅游企业到海外投资旅游产业，为未来中国旅游业的跨境发展及早布局。

要研究降低奢侈品进口关税。据海外有关机构统计，目前欧洲奢侈品销售的40%、北美奢侈品销售的1/3都让中国游客买走了。日本、韩国也在大力吸引中国游客购物旅游。中国游客海外疯狂购物的重要原因，是我国对进口奢侈品征收的关税税率偏高，使国内市场与国际市场的奢侈品形成一个价差。对于这个问题，早在几年前，国内研究机构和商务部的不少管理干部就提出适度降低奢侈品进口关税的建议，逐步把这部分购买力引导到国内来，以繁荣国内市场，增加国内税收和就业。后来由于各部门意见不一致而搁置。反对降低奢侈品进口关税的理由，主要有两条：一是担心奢侈品进口税收减少；二是担心鼓励高端消费有悖于鼓励大众消费的原则。实际上，这两条理由都站不住脚。因为降低关税带来进口量的增加，进口关税不但不会降低反而会增加。再考虑增加的其他非关税税收，总体上计算，税收一定会增加。增加进口奢侈品消费，不会冲击国内大众消费市场。实际上，所谓的奢侈品，是20世纪80年代确定的标准，有许多商品例如化妆品早已成为大众消费品。我们应当根据国内消费水平的变化，适时修改奢侈品目录，调整进口关税，使国内外市场的商品价格大体拉平，从而改变因价格扭曲带来消费行为的畸形发展，这对人民和国家都是有利的。

要把出境游与到海外求学、访问、考察、会议、商务等活动有机结合起来，使之相互融合，共同发展，提高出境游的综合效益。争取更多国家给予我国公民出境游以签证的方便。驻外机构要保护出境游公民的安全，为出境游公民提供更多的服务。

我国旅游业的发展必将有力地促进国内民众与国外民众的相互了解和融合，有力地促进我国与世界各国贸易投资关系的发展，有力地促进全球化进程，成为我国经济、社会现代化的强有力的推进器。

探索建立中国特色新型智库[*]

郑新立

党的十八届三中全会《关于全面深化改革若干重大问题的决定》（以下简称《决定》）提出："加强中国特色新型智库建设，建立健全决策咨询制度。"在党的重要决定中，第一次把智库建设提升到完善社会主义民主制度的高度，提出了加强智库建设的重要任务，明确了智库建设的方向。对致力于智库工作的广大从业者来说，是一个巨大的鼓舞。

中国国际经济交流中心是 2009 年 3 月成立的一家民间智库。从开始组建到整个发展过程，都始终瞄准建设世界一流智库的目标，以增进中国人民的根本利益为宗旨，为宏观经济决策和企业经营决策服务，坚持新思路、新体制，依靠市场机制，在创建自主经营、自负盈亏的智库管理体制和运营模式中进行了不懈探索，为建设中国特色新型智库积累了一些经验。

为落实三中全会关于智库改革发展的部署，结合中国国际经济交流中心的实际，本文就如何建立中国特色新型智库问题进行以下思考，以期引起讨论。

一 十八届三中全会提出建立中国 特色新型智库的重大意义

2013 年，习近平总书记在一个重要批示中第一次提出了建设中国

---

[*] 本文原载《全球化》2014 年第 3 期。

特色新型智库的问题，引起了党政部门特别是从事政策研究和理论研究工作的广大同志热烈地响应。大家都在认真思考如何落实习总书记的批示，办好中国特色新型智库。十八届三中全会把智库建设写入了《决定》，使建设中国特色新型智库成为全面深化改革、完善民主决策制度的一项重要改革措施。习总书记的批示和三中全会《决定》指出了当前形势下，加强智库建设的必要性和重要性。

加强智库建设是推进国家治理体系和治理能力现代化的必然要求。十八届三中全会提出了推进国家治理体系和治理能力现代化的总目标，建立中国特色新型智库是完善国家治理体系的重要内容，是提高国家治理能力的重要举措。三中全会《决定》把国家管理体系改为国家治理体系，是我们党在国家治理理念上的新发展。完善国家治理体系，除了要继续发挥政府在国家治理中的作用外，另一个重要方面就是要发挥全社会的力量来促进社会和谐稳定和文明进步。智库集聚了大量的人才，智库对经济、政治、文化、社会等方面的研究成果和提高国家治理水平的建议，蕴含着人民的智慧。充分发挥智库的作用，对于推进国家治理体系和治理能力现代化将发挥重要作用。

加强智库建设是在复杂形势下实现决策科学化的客观需要。随着经济全球化进程不断加快，全球经济互相融合、互相影响，一个国家要想在国际竞争中趋利避害，获取最大的利益，就需要全面及时掌握全球经济、政治、军事形势变化的信息，并能从有利于本国人民利益的立场出发，对国际形势变化做出正确反应。这样的工作是一项艰巨的任务，单靠党政机关部门人员是难以胜任的。依靠各方面的智库收集相关信息，做出及时的分析和科学的判断，为中央决策提供智力支持，是使做出的决策及时正确和避免失误的重要保证。

加强智库建设是把改革开放和现代化事业不断推向前进的客观需要。十八届三中全会针对当前经济、政治、文化、社会、生态等方面存在的体制弊端，做出了全面深化改革的部署。要在未来7年之内完成这些任务，需要制定一系列改革实施方案，搞好改革的顶层设计。而制定好这些改革方案，需要借助智库的智慧。只有通过各个领域智库的创造性劳动，在充分调查研究的基础上，对改革提出建议，政府部门才能对各方面提出的方案进行比较，选择切实可行的方案加以推行，从而保证改革顺利实施并达到预期目标。

加强智库建设是完善民主制度的一项重要举措。三中全会《决定》提出了完善中国特色社会主义民主制度的改革任务，发扬民主的过程就是集中群众智慧的过程，认真听取专家意见特别是智库意见，能够使决策更加完善。专家意见一般来说更能代表群众的长远利益和根本利益，更能看到问题的本质而不是表象。因此，重视智库意见是提高民主效率和决策水平的重要举措。

加强智库建设也是提高我国智库水平的客观需要。改革以来，我们各级党政部门对政策研究越来越重视，各级党政机关一般都设立了政策研究机构，这些机构同社会上各类智库保持着密切联系，吸收社会各方面意见，在决策科学化方面发挥了重要作用。但是其主要缺陷是这些机构附属于党政机构，成为党政领导的秀才班子，独立思考能力大大弱化。由于往往揣测领导意图，不愿发表与领导不同的意见，政策研究机构难以作为独立智库发挥献计献策的作用。

二　建设中国特色新型智库需要借鉴发达国家的经验

建设中国特色新型智库是一项崭新的工作，在这方面应当借鉴发达国家智库建设的经验。发达国家在长期国家治理实践中积累了丰富经验，如美国，现在有各类智库2800多家，分布在经济、政治、文化、生态等各个领域，所有智库没有一家是财政供养的，都靠在竞争中生存。对于国家经济、社会发展和安全方面的重大问题，智库从不同方面提出不同的解决方案，政府在进行决策时只要把各种方案拿来进行比较，选取最优方案付诸实施，就能避免决策的盲目性和决策失误。大部分智库代表着各党派的利益，反映各个方面的意见和要求，也有一些智库能够超越党派利益，站在客观立场上提出更正确的建议。我们在建设中国特色新型智库中应当学习和借鉴他们的经验。

美国布鲁金斯学会是一个有一百多年历史的智库，由一个著名企业家出资建立，他把增进美国人的福祉作为智库的宗旨，在长期实践中提出了办好智库的三个要素。第一个要素是提高研究成果质量。布鲁金斯学会有80多个研究人员，每个研究人员配备2—3名助手，学会把研究人员作为智库最重要的财富，为他们的研究工作提供良好的环境。学会以研究成果的质量取胜，实践证明这个战略是布鲁金斯学会在美国智库中脱颖而出，在 2012 年的智库评比中名列第一的重要原因。第二个要素是独立性。研究人员要有独立分析问题和研究问题的能力，在美国党派林立的政治生态中保持智库的独立性也就是保持它的客观性，要做到这一点很不容易。只有独立思考才能提出真知灼见，不人云亦云，才能提高研究成果质量。第三个要素是智库的影响力，包括对政府决策、企业决策、社会舆论的影响力。智库的研究成果能不能发挥作用首先应体现在政府的决策中，把智库研究成果作为政府决策的重要依据，或者把研究成果转化为政府决策，这是智库发挥作用和进行竞争的最大空间。智库还要通过把自己的研究成果向社会发布来影响、引导或改变社会舆论。智库的研究成果有一些是保密的，只定向地向某些机构提供；有一些研究成果则是公开的，向社会传播的广度越大越好。美国在智库的评价中，把研究成果被政府采纳的数量、被其他各方面引用的次数、对媒体的影响程度作为重要的评价指标，对智库提高研究水平和充分发挥作用起到了重要的激励作用。

美国的大量智库是为企业提供咨询服务的。这些为企业提供咨询服务的智库主要通过对宏观经济走势和全球市场需求的预测、对成功企业管理经验的研究，为企业经营决策提供个性化的智力服务。美国越是在经济困难的时候，越是智库发展的最好时期，因为企业都在寻找出路，这就为智库发挥作用提供了机遇。美国企业有一个重要的职业道德，就是对智库的劳动成果非常尊重，不会当自己对委托智库咨询研究的问题了解之后，就把智库甩在一边，美国的企业到海外进行投资考察和合同谈判，都带着一个咨询公司作为助手。同样，他们也告诫中国企业，如果想到美国投资而且希望得到成功，最好的办法就是聘请一家有资质的咨询公司，舍得在咨询上花点小钱，将会带来大得多的商业利益。我本人在 20 世纪 90 年代后期，曾带队对美国的咨询业进行了考察，跑遍了美国著名的咨询公司，还写了一本关于美国咨询业介绍的专著。我深感中国企业要想走向世界，成为跨国公司，首要的任务就是要发展中国的咨询业，在这方面千万不要不懂装懂。

发达国家咨询业的许多公司往往把自己的发展同企业的发展绑在一

起。如日本的野村证券是著名的专门为企业走出去提供服务的公司，他们提出的经营战略即"双头鹰"战略，就是以研究支持咨询，以咨询带动研究，提出要与日本的企业共生、共享。在 20 世纪 70 年代，野村证券为推动日本企业到海外投资发挥了重要作用。他们不仅分析国外投资环境和投资机遇，为企业投资决策提供咨询服务，而且通过野村证券公司为日本企业进行国际并购提供市场交易和融资服务。野村证券与日本走出去的企业始终保持着密切联系，与企业形成了利益共同体。野村"双头鹰"的经营战略值得中国致力于为企业经营决策服务的咨询企业学习和借鉴。

智库以智力劳动为社会提供服务，因此，咨询人才的选拔培养成为决定智库生死存亡的问题。麦肯锡是一家美国著名的智库，日本的管理学大师大前研一先生曾在麦肯锡长期工作。20 世纪 90 年代大前研一曾向我介绍了麦肯锡人才培养的经验。他说麦肯锡的咨询人员要从名牌大学毕业的最聪明的学生中选拔人才，这些人才进入公司后要用师傅带徒弟的办法通过至少 7 年以上的传帮带，才初步具备独立工作能力。智库的人才不仅需要某一方面的专业知识，更需要复合型的人才，特别是能够善于抓住用户的需求，并找到满足用户需求的解决方案的专家，善于把各方面的意见综合起来，提供一个用户满意的、最好的解决方案。

发达国家智库由于没有财政供养，需要凭自己的本事提供优质研究成果赢得用户信任并获得应有报酬，竞争就成为智库生存的重要法则。智库为了发展就要提高自己的竞争力，一些滥竽充数的智库将在竞争中被淘汰，真正高水平的智库和研究人员将在竞争中脱颖而出。发达国家智库没有铁饭碗，所以他们才能捧起金饭碗。从事智库行业的人具有较高收入，是一项很体面的工作。依靠财政供养的铁饭碗不可能形成高水平的智库群体。

三　中国现有智库发展存在的主要问题

我国现有的 3000 家智库绝大部分是由财政供养的，过着衣食无忧的生活，政府为他们进行政策研究提供了良好的环境和条件，但是最大的弊端就是缺乏竞争，因此，缺乏发展活力。我本人从事政策研究工作

30 多年，从 1981 年进入中央书记处研究室，后来到国家信息中心和国家计委政策研究室，再后来又到中央政策研究室。从我的亲身经历来看，提高政策研究水平迫切需要强化竞争机制，不仅在机构内部要有竞争机制，特别是在研究机构之间更需要有市场竞争机制。因此，建议要尽可能缩小附属在党政机构的人员数量，更多地鼓励发展不要财政供养的由市场机制来决定其生存的民间智库。五年以前，中国国际经济交流中心的成立主要就是想在创办不吃财政饭的民间智库方面走出一条新型智库的路子。五年来，中国国际经济交流中心在这条道路上不断探索，通过为政府、企业提供有偿咨询服务，建立研究基金，争取社会各方面研究课题经费支持，争取政府购买服务等，不断寻求智库发展的资金来源，现在已经开始走上了良性循环的道路。许多才华横溢的中青年研究人才宁可扔掉铁饭碗，加入中国国际经济交流中心的研究咨询队伍，研究的广度和研究成果的质量不断提高，社会影响力不断扩大。大家坚信按照这条道路继续探索，就能为创办世界一流智库做出贡献。

当前我国智库群体存在的第二个突出问题，是社会上对智力劳动成果的知识产权理念薄弱，认为智力劳动的成果应当无代价地向政府和社会提供，对于有偿咨询服务很不习惯。因此，咨询市场的发育程度严重不足，这是制约中国特色新型智库特别是制约民间智库发展的最大障碍。必须按照十八届三中全会市场决定资源配置的理念，强化智力劳动成果具有交换价值的理念，承认智力劳动成果的付出需要得到合理的回报，从而建立智力劳动成果价值补偿机制。通俗地说，就是要肯定咨询意见对改善企业经营管理、提高政府决策水平的重要作用，承认这种智力劳动成果的付出需要得到补偿，并且愿意为有价值的成果付出相应的价格。特别是目前国民经济正处在产业升级、经济转型的关键阶段，企业走出去到海外投资刚刚起步，发挥智库对决策的咨询作用，是迅速提高企业和政府决策水平的根本途径。通过形成发达的咨询市场，强化咨询企业之间的竞争，才能激发出高水平的研究成果，吸引更多的优秀人才加入研究咨询队伍。

我国智库发展目前存在的第三个问题，是开放程度和国际化程度不高。这是长期以来受传统计划体制影响的结果。智库研究成果的水平，很大程度上取决于能否在全球范围内吸收全面系统的有关信息并加以系统分析。中国智库要加强同国外有名的智库合作交流，学习借鉴国际一流智库的经验。要派出大量中国智库的研究人员到国外智库做访问学者或进行学术交流，同时也吸收国外智库和研究人员到国内来与中国智库进行合作研究，接纳国外访问学者。面对一些共同关心的问题，还可以联合起来承接一些研究课题，研究成果共享。要通过提高我国智库的开放程度来扩大研究人员的国际视野。中国国际经济交流中心已经连续举办了三届全球智库峰会，吸引了全球一些著名智库和著名专家来中国进行交流，在思想观点上进行碰撞，产生了许多思想火花。著名智库专家基辛格先生在三届智库峰会上都发表重要讲话，提高了全球智库峰会影响力。基辛格讲，各国经济朝全球化方向发展，但政治决策是分散的。解决这个矛盾，需要各国智库之间进行充分交流。许多同志提出，以全球智库峰会为平台组建全球智库联盟，通过全球智库交流合作为政府间合作提供智力支持。我认为这个建议富有远见。

中国智库存在的第四个问题，就是各级党政机构对智库的重视程度仍然不平衡。有一些党政负责人重视发挥智库作用，这些地方的智库发展得就比较好。不少地方党政领导对智库作用还缺乏足够的认识，不善于借助外脑来提高工作水平。他们所在的地方和机构，智库的潜力远远没有发挥出来。所以各级党政部门和企业经营管理机构应当认真学习十八届三中全会《决定》和有关部署，高度重视中国特色新型智库建设，发挥他们在咨询决策中的重要作用。党政部门内部设置的政策研究机构和由财政供养的智库机构与民间智库应当建立密切联系，摆脱文人相轻的陋习，通过平等竞争、人员交流，共同为政府、企业和社会提供服务。智库研究人员包括民间智库的研究人员同政府公务员之间要形成旋转门，优秀的智库研究人员应当选拔到党政机关做公务员，党政机关内部政策研究机构的公务员也可以定期到民间智库从事研究工作，进行知识充电。

四 建设中国特色新型智库需要牢牢把握正确方向

建立中国特色新型智库，要坚持中国特色社会主义。中国特色社会主义理论是中国共产党人从中国实际出发作出的重大创新，是中国人民进行现代化建设的指导思想，是中国特色新型智库必须遵循的理论原则，这是办好中国特色新型智库的根本保证。无论是左的或右的偏离，都会给中国特色社会主义带来负面影响。在社会科学领域，坚持中国特色社会主义尤为重要。

建立中国特色新型智库，必须把为中国人民谋福祉作为宗旨，从全国人民的长远利益和根本利益出发，研究中国和世界的各种经济、政治、军事问题。世界各个国家的智库都把为本民族、本国利益服务作为重要目标。作为中国的智库同样应当把为中国人民谋利益作为重要目标。有时候牺牲一些短期的、局部的利益是为了换取长远的、整体的利益。智库应当在权衡利弊的情况下，以全国人民利益最大化为目标，做出正确判断，提出正确建议。

建设中国特色新型智库，要努力提高研究人员独立分析问题和解决问题的能力。特别是要把提出切实可行的解决问题的方案作为研究重点。这样提出的建议才能更多地被有关决策部门采纳，从而使研究成果尽快发挥效益。中国国际经济交流中心按照理事长曾培炎提出的要求，把发挥"临门一脚"的作用作为重要职能。这就是综合各方面研究成果，针对国民经济改革发展的需要，把研究成果转化成可供决策选择的实施方案，提交给中央有关部门，供有关部门在决策时参考。把各项建议被采纳的情况和对决策影响的程度作为考核研究成效的重要标准。这就使中国国际经济交流中心在成立很短的时间内发挥了自己独特的作用，诸如在建立自由贸易园（港）区、调动商业银行外汇贷款积极性、建立亚洲基础设施建设银行、发展淮河经济带和黄河几字湾经济带等问题上，为宏观经济决策做出了贡献。

建设中国特色新型智库，必须有强烈的社会责任意识。智库或研究人员的成果一旦在社会上发布和传播，对社会舆论都将产生不同程度的影响。智库和研究人员要有对社会负责的高度责任感，为社会增加正能量而不能增加负能量，智库应当通过撰写一些有影响的重要文章，发布重要的研究成果，正确引导社会舆论和国际舆论，做到为政府帮忙而不添乱。智库对企业、政府实行有偿服务，政府通过购买服务付给智库研究费用，这是正常的。但是智库不能为了追逐利益而丧失原则，这也是一个有社会责任感的智库必须做到的。丢掉了社会责任感，就会失去广大人民的信任，智库的生命也就完结了。

建设中国特色新型智库，在我国是一项崭新的事业，需要各类智库共同努力，不断探索，在合作与竞争中不断提高研究水平和服务能力，在未来中国现代化进程中发挥智库越来越重要的作用。

"十三五"起步之年应抓好的三件事[*]

郑新立

党的十八届五中全会关于制定"十三五"规划的《建议》，明确了到 2020 年新的奋斗目标，提出了创新、协调、绿色、开放、共享发展的新理念，这是全面建成小康社会决胜阶段的行动纲领。2016 年作为"十三五"规划的开局之年，在落实规划上应当有一个良好的开端，我认为应突出抓好以下三件事。

一 采取有效措施阻止经济下行并防范系统性风险

今年 7 月 30 日，中共中央政治局召开会议，分析上半年经济形势，提出要高度重视应对经济下行压力，高度重视防范和化解系统性风险。这是对当前经济运行中存在的主要问题做出的重大判断，也是对当前宏观调控主要任务做出的重要部署。对于当前经济形势的认识，在经济界分歧较大，我们应当按照中央政治局的认识来统一全党的认识，协调各部门各地区的行动。在"十三五"开局之年，应采取果断有效措施，坚决阻止经济下行趋势，并防范和化解系统性风险，确保经济持续健康发展。

我国经济下行已经持续了四年多时间，从过去两位数的增长一路下行到今年三季度的 6.9%，已形成巨大惯性。PPI 已连续 44 个月下降，9、10 两个月下降幅度均达到 5.9% 的新高。事实证明，需求不

＊ 本文原载《宏观经济管理》2015 年第 12 期。

足已成为当前宏观经济中的主要矛盾，经济下行成为经济运行的主要趋势，通货紧缩成为经济生活中主要风险。经济长时间下行，必然引发金融波动等系统性风险。造成经济下行的根本原因，是近四年多来我们实际上实行了从紧的货币政策。从 1990 年到 2010 年的 20 年间，我国 M2 的年均增长速度为 20.5%，而从 2010 年到 2014 年的 4 年间，M2 的年增长速度陡降到 13.5%，比前 20 年下降了 7 个百分点。今年上半年进一步下降到 11.8%。货币政策是管总需求的，M2 就是需求的总闸门。今年以来，央行三次降准降息，从去年年底以来已六次降低基准利率，可以说是很好地贯彻落实了中央政治局会议精神。但是，由于经济下行的惯性影响，企业已形成不良预期，缺乏投资热情，致使商业银行难以找到好的贷款对象，4 月份央行向商业银行正向回购 1000 多亿元，M2 的增速想快也快不了。在这种情况下，应当把发展政策与积极的财政政策、适度宽松的货币政策结合起来，发挥财政资金四两拨千斤的作用，按照发展政策确定的重点投资项目，以财政投入带动银行贷款和社会投资。要知道，治理通货紧缩比治理通货膨胀的难度要大得多。因此，积极的财政政策和适度宽松的货币政策需要连续实施几年，方能取得明显成效。

能不能把社会资金引导到有利于调结构、转方式的轨道上来，包括战略性新兴产业、高新技术产业、第三产业、民生工程、扶贫攻坚工程等，是稳增长能否成功的关键。规划应当发挥龙头作用，通过制定好"十三五"规划、年度计划、专项规划、投资指导目录等、重点项目等，有效地引导投资方向。

二　正确处理稳增长与调结构的关系

在明年的宏观调控工作中，必须把握好稳增长与调结构之间的平衡。调结构不能以牺牲稳增长为代价，要为调结构创造一个稳定增长的环境；稳增长不能引发结构的恶化，必须以结构的调整优化来实现。为此，要加强对需求的调控和管理，使总需求保持均衡增长，对经济增长保持均衡持久的拉动力。

调结构、转方式是一个长期战略任务，不能急于求成。我国人均

GDP 仍处于上中等水平，东部地区虽然已进入工业化后期，但中西部广大地区仍处于工业化中期阶段，我国的产业结构应当与自己所处的经济发展阶段相适应，不可能与美欧日等发达国家相同。在一个相当长的时间内，劳动密集型、资源密集型产业还要占一定比例。我们要努力提高技术密集型、知识密集型产业的比重，加快产业结构的转换，但同时也要冷静地看到，实现由劳动密集型、资源密集型产业为主到以技术密集型、知识密集型产业为主的转变，仍需要的一定时间，要有历史耐心。操之过急，必然欲速不达。

在宏观调控的实践中，应当把短期政策和长期政策区别开来。年度调控应以需求调控为主，着眼于熨平周期，当经济偏热时踩一下刹车，当经济偏冷时踩一下油门，并使短期调控措施符合长期政策的方向。在这方面，我们有着很多经验教训。在上世纪 80 年代到 90 年代，我们始终未能摆脱周期性大起大落的困扰。每个四、五年就要出现一次波动。在经济上升期，各方面盲目增加投资，很快引发通货膨胀，紧接着开始治理整顿，压缩投资，正在建设的项目被勒令停工，造成极大的损失浪费，并造成通货紧缩、增长乏力。进入新世纪之后，通过总结经验教训，我们变得聪明了。由于不断改善宏观调控，我们终于摆脱了周期性大起大落的困扰，实现了高增长、低通胀、高效益，走上了长期持续稳定增长的道路。这个经验应当继承和发展。

三　出路在城乡一体化改革发展上要取得重大突破

城乡发展差距大，是全面建成小康社会面临的最大困难。地区发展差距，本质上也是城乡发展差距的反映。东中西部的差距集中体现在农村发展的差距上。目前，我国工业产能过剩，人民币和外汇资金富余，许多地方存在招工难现象。通过加快城乡一体化改革，促进生产要素在城乡之间的自由流动、合理配置，大幅度缩小城乡居民之间的收入差距，实现城乡一体化发展，面临着千载难逢的机遇。

4 月 30 日下午，习近平总书记在中央政治局集体学习时就城乡一体化问题发表了一个重要讲话，提出要加快实现城乡居民基本权益平等化、城乡公共服务均等化、城乡居民收入均衡化、城乡要素配置合理化。这为推进城乡一体化改革发展提出了明确的目标和原则。明年的改革应围绕这个目标，力求在大范围内有所突破和推广。特别是在城乡居民基本权益平等化上，有两个不平等亟待破除。一是在城乡居民财产权益上，城里人的住房已商品化，能够分享到城市化发展过程中房地产增值的收益；而农村的房地产仍实行供给制，农民分享不到城市化过程中房地产增值的收益。二是户籍制度上的不平等。农民工在城市干了二三十年，尽管为所在城市作出了巨大贡献，但由于其农村户籍，分享不到城市户籍上附加的各种公共服务。扫除这两个不平等，不仅能使6亿多农村人口和2.8亿农民工受益，而且必将释放出巨大的消费、投资需求潜力和劳动力供给潜力，为经济增长注入强大活力。

加快城乡一体化改革发展，应当把农业现代化、新农村建设、农民工市民化作为三个抓手，整体推进。农业现代化需要发展土地规模化经营，加快农业劳动力向非农产业转移并吸引高素质劳动力和资金投入。新农村建设需要对村镇发展进行统一规划，对宅基地和耕地进行统一整理和置换。农民工市民化需要有偿退出农村宅基地和房产，建立城乡一体化的建设用地市场。三项改革紧密相连，只有协调进行，才能取得事半功倍的效果。

深化农村土地制度改革，是推进城乡一体化改革发展的关键环节。前不久，中央印发的《深化农村改革综合性实施方案》指出，"完善和拓展城乡建设用地增减挂钩、'地票'等试点"，肯定了重庆市改革农村土地制度的经验，对破解旧的城乡分割的土地制度难题提供了一个可供选择的方案。重庆市今年上半年地区生产总值同比增长11.8%，在全国各省区市中名列前茅。重庆以西部山区的困难条件，何以做到领跑全国？主要在于连续7年坚持不懈地推进城乡一体化改革，释放了巨大的经济活力。7年时间，全市共有300多万户农民转入城市户口，户籍城市化率提高幅度在全国各城市中排第一位。农民退出宅基地17万亩，10万亩转为城市建设用地，7万亩变为新增耕地。平均每亩宅基地转让价格为20万元，等于送给进城落户的农民每人10万元安家费。由于城市建设不再受建设用地短缺的困扰，投资项目可很快落地，吸引了大批投资。特别是由于城镇住房建设用地供应充足，新建住房面积能够充分满足市场需求,房价自然保持了稳定。为了防止耕地占好补劣,他们除了严格土地质量评审监督之外,对于新补充的土地,按其亩产与普通耕地的差别折合一个系数,以保证粮食总产量不下降。重庆的经验值得借鉴推广。

全面小康决胜阶段的行动指南[*]
——学习党的十八届五中全会《建议》

郑新立

到 2020 年全面建成小康社会，是党的十七大和十八大都明确的战略目标。"十三五"是全面建成小康社会的决胜阶段。党的十八届五中全会关于"十三五"规划的《建议》，描绘出 2020 年经济社会发展令人神往的目标，提出了切实有效的政策，为今后五年的发展指明了方向。认真学习和贯彻落实《建议》精神，是制定好"十三五"规划，实现创新、协调、绿色、开放、共享发展的根本保证。

一 全面建成小康社会必须把发展作为第一要务

当前，我国经济发展进入新阶段，面临着许多新的矛盾和问题，诸如城乡发展差距拉大、经济下行压力增加、产业结构调整升级缓慢、资源环境压力难以承受等。解决这些问题，必须用发展的办法。这是改革开放 30 多年来的成功经验。过去曾遇到的困难比现在大，通过发展都解决了。不发展或慢发展，困难不但不会减少，反而会增加。特别是，我国正处于由上中等收入国家向高收入国家跨越的关键阶段，2014 年，我国人均国内生产总值已达到 7500 美元，按照世界银行公布的标准，人均 GDP1.2 万美元是中等收入国家和高收入国家的分界线。世界各国的经验证明，人均 GDP 六七千美元到 1.2 美元，是一个艰难的爬坡阶段。多数

---

* 本文原载《人民日报》2016 年 1 月 26 日。

国家在这个阶段停滞下来了，落入所谓中等收入陷阱。只有少数国家跨越了这个阶段，进入高收入国家行列。对此，决不能掉以轻心。十八届五中全会《建议》强调发展是党执政兴国的第一要务，发展要以质量效益为中心，提出我们仍然处于可以大有作为的战略机遇期，对于鼓舞全党全国人民抓住机遇，奋力拼搏，确保如期全面建成小康社会，顺利跨越中等收入阶段，具有极其重要的现实针对性。据测算，如果今后七年人均 GDP 保持 7% 的增长速度，到 2022 年，我国人均 GDP 即可达到 1.2 万美元。中国共产党从成立之日起，历经 100 年艰苦卓绝的奋斗，把一个半封建半殖民地的旧中国带入到高收入国家，这是中国共产党对人类社会做出的最大贡献！"行百里者半九十。"达到上述目标，决不能有丝毫懈怠，"十三五"的决战尤其需要全党同志和全国人民倍加努力。

面对新形势新问题，发展必须有新思路新办法。五中全会提出了五个发展的新思路，这就是要坚持创新发展、协调发展、绿色发展、开放发展、共享发展。要运用新思路新办法释放发展的新需求新动力，提高经济发展的协调性、包容性、可持续性。坚持创新发展，包括技术创新和体制创新，要以体制机制创新推动技术创新和经济社会发展。要改革和完善科技、教育体制，鼓励企业增加技术研发投入，激发广大科技人员钻研技术的积极性，鼓励万众创新、大众创业，努力用自主知识产权的技术带动产业升级，推动产业结构由资源和劳动密集型为主向技术和知识密集型为主转变。坚持协调发展，重点是促进城乡之间、区域之间协调发展，加快农村发展和中西部发展。目前，从全国来看，沿海地区工业化、城镇化已经进入中后期阶段或后工业化阶段，而中西部广大地区仍处于工业化、城镇化的中期或初期阶段。要素投入和发展的重点应转入到中西部地区。通过释放中西部地区的巨大发展潜力，支撑全国经济的持续发展。坚持绿色发展，就是要走资源节约型、环境友好型发展道路。通过改革生态环境管理体制，加快生态文明建设。坚持开放发展，就是要走以开放促改革促发展的道路。利用巨额外汇储备，通过扩大海外投资，建设"一带一路"，创造出口需求，获取更多的海外科技资源、自然资源，推动经济转型升级，增强可持续发展能力。坚持共享发展，就是通过改革收入分配制度，让广大居民共享发展成果，共享小康生活水平。

二　全面建成小康社会关键在加快城乡一体化进程

城乡发展差距大是当前我国经济发展中的主要矛盾，区域发展的差距本质上也是城乡差距。全面建成小康社会，关键在通过建立城乡一体化发展制度，加快农村发展。在这方面，韩国的经验值得借鉴。20 世纪六七十年代，韩国的发展水平略低于我国。由于韩国政府重视农村发展，开展了新农村建设，在四十年多的发展过程中，农村的发展始终与城市的发展同步，城乡居民收入之比始终保持在 1∶0.9 左右，有些年份农民收入甚至超过城镇居民。我国目前城乡居民收入为 2.75∶1。占全国人口 47% 的农村居民收入上不去，成为实现全面小康的最大难题。同时，这又是发展的最大潜力所在。过去，有一个传统思维定式，总认为在工业化、城镇化快速推进过程中，农村居民收入低一些，是必然的、合理的。韩国的经验说明，这种认识并不正确。只要采取积极措施，农民收入可以与城镇居民同步增长。近两年，由于政策措施到位，就出现了农村居民收入增长快于城镇居民的现象。浙江由于农村经济活跃，城乡居民收入比达到 1.9∶1，成为全国第一个将城乡居民收入差距降到两倍以下的省。总之，解决城乡发展差距问题，不仅关系到全面建成小康社会，更关系到我国经济长远持续发展。

今年 4 月 30 日下午，习近平总书记在中央政治局集体学习时，发表了一个关于加快推进城乡一体化发展的重要讲话，提出要加快实现城乡居民基本权益平等化，城乡居民公共服务均等化，城乡居民收入均衡化，城乡要素配置合理化。这个"新四化"的提出，可以说是为解开城乡发展差距难题提供了一把钥匙。按照这个新思路，要通过对现行城乡发展制度的改革，让农村居民享受平等发展的权利，使各类生产要素在城乡之间双向自由流动。现行城乡居民基本权益的不平等，集中体现在城乡居民财产权的不平等和户籍权益的不平等。农民的住房尚不能像城里人一样进入市场交易，使农民不能像城里人一样分享到城市化过程中土地增值的收益；有许多农民工在城里干了二三十年，尽管为城市建设做出了巨大贡献，仍然入不了城市户籍，享受不到城镇户籍上附加的各种公共服务。这两个不平等，严重制约着城乡居民收入差距的缩小。

长期以来，公共服务投入的重点在城市，形成了城乡公共服务的巨大差距，农村行路难、看病难、上学难、环境差等问题，长期制约着农村经济发展和农民素质的提高。每个农业劳动力平均耕种 7 亩多地，经营规模狭小，导致劳动生产率低下，成为城乡居民收入差距不断拉大的根本原因。长期以来，农村的劳动力、土地、资金等生产要素源源不断地流入城市，而城市的技术、资金和高素质劳动力很难进入农村，城乡要素配置越来越不合理。习主席的讲话，为建立城乡一体化的市场，为扫除城乡市场之间要素自由流动的各类障碍提供了强大思想利器，这些思想体现在五中全会的《建议》之中。落实这些精神，必将对农村生产力带来又一次大解放。全会提出实行精准扶贫，到 2020 年使所有的贫困县摘帽，把城市公共服务延伸到农村等，都将使农村经济得到更快发展，城乡差距更快缩小，城乡发展尽快走向协调。

三　全面建成小康社会必须着重扩大公共服务

目前，我国居民的消费水平正处于由生存型向发展型、享受型转变的过程中，然而我们在消费品和服务的供给结构上尚不能适应这一需求结构的转变。在个人消费资料和生产资料的供给方面，都出现了不同程度的产能过剩、需求不足，但是在公共服务的供求关系上，则呈现严重的供给不足状态，包括医疗、教育、养老、交通、环境、供水、家政等等，都远远满足不了广大居民的需求。在许多地方，养老院床位一床难求，进幼儿园需要交纳赞助费，交通严重拥堵，停车泊位奇缺，空气和水遭到污染，公共文化、体育、休闲、娱乐设施落后，社区服务短缺。同时，在城乡之间、地区之间，公共服务水平差距又比较大。造成公共服务落后的主要原因，在于长期以来公共服务建设主要依赖各级财政投入，政府财力不足，社会资金又缺乏进入的机制，必然带来个人消费品和公共服务供给一条腿长一条腿短。各地人均公共财政支出水平相差悬殊，直接导致公共服务发展水平的不平衡。全面建成全面小康社会，必须加大公共服务的投入力度，并通过各地区和城乡之间人均公共财政支出的大体均等，实现公共服务的均等化。五中全会《建议》针对这一问题，提出加快发展教育、医疗、文化、社会保障等事业，以满足广大居民消费结构升级的需求；提出把公共服务投入的重点放在农村和中西部地区，这是全面建成小康社会的重要举措。《建议》提出实行一对夫妇可生育两个孩子的政策，对优化人口年龄结构，应对老龄化社会到来，扩大居民消费将产生深远影响。

扩大公共服务建设，在"十三五"期间，需要改革公共服务投资体制，推行政府与企业合作模式。通过建设—经营—转让（BOT）、建设—转让（BT）等模式，赋予投资者一定的政策，使之能按期收回投资，并获得合理回报，调动投资者的积极性，就能把巨量社会资金引入到公共设施和公共服务建设领域，迅速改变公共服务供给短缺的局面。

四　全面建成小康社会必须大力改善生态环境

《建议》提出坚持绿色发展理念，适应了广大居民对改善生产生活环境的迫切愿望。近几年出现的大面积雾霾天气，集中代表了大自然对我们提出的警告。发展决不能以牺牲生态环境为代价。全面建成小康社会，应当包括为人们提供清洁、优美、舒适、宜居的环境，有益于人的身心健康。

实现绿色发展，首先应当破除增加环保投入必然影响发展的糊涂认识，把改善生态环境作为发展的题中应有之义。十八届三中全会《决定》对建立生态文明体制已经做出部署，要求实行谁污染、谁付费，推行第三方治理的制度。按照这一要求，就能通过发展环保产业的办法来迅速改善生态环境。过去，我们实行谁污染、谁治理的制度，由于监管不严，结果是认真治理的企业吃亏，不治理的企业反而增加盈利，以致环境污染越来越严重。现在改为谁污染、谁付费，由政府或委托有资质的机构进行招标，选择有能力的企业统一对污染物进行治理，就能保证采用最先进的治理设备和技术，保证污染治理设施经常运转，避免偷排。这就能形成一个有效机制，培育和壮大环保产业。同时，所有企业都执行统一的排放标准，公平竞争，有助于通过强化内部管理和技术进步消化污染治理的成本。《建议》还提出了建立碳排放交易等市场机制，督促企业降低生产过程中的物质消耗和污染物的排放，对鼓励治理环境和改善生态将发挥重要作用。随着 2020 年的到来，一个面貌焕然一新的美丽中国将呈现于世界。

厘清认识误区　聚焦结构改革[*]

郑新立

　　"十三五"规划纲要提出以供给侧结构性改革为主线。落实这一要求，首先需要准确理解供给侧结构性改革的内涵，厘清一些认识上的误区，把全党全国人民的注意力凝聚到改革发展亟待解决的问题上来，形成稳增长、调结构、防风险的强大合力。当前，我认为主要应当把对以下四个问题的认识搞清楚。

一　强调供给的重要性，并不意味着 可以忽视市场需求

　　供给和需求是市场交换关系的两个侧面，是同一矛盾的对立统一体。没有需求的供给是无效供给，没有供给的需求是望梅止渴。在市场经济条件下，企业生产的产品是否能满足市场需要，关系到产品的价值能否得到实现，决定着企业的生存和发展。当前出现的产能过剩，首先是供给结构出了问题，其次也与需求不足密切相关。通过供给体制的改革，促进供给结构的优化，是当前必须抓紧做好的重要任务。同时也要重视开拓市场、扩大需求。华为公司把用户第一摆在经营战略的首要位置，是其创造成长奇迹的制胜之道。这是微观层面的问题。就宏观层面来说，把握好总需求与总供给的平衡，是 20 世纪 90 年代后期以来我们

不断完善宏观调控的宝贵经验。改革开放后的前20年，我国经济始终未能摆脱大起大落的困扰。后来经过不断总结经验，在经济偏热时，踩一踩刹车；经济偏冷时，踩一踩油门，保持总供求的大体平衡，从而熨平了周期，实现了经济的持续平稳增长。这个经验现在仍然有效。特别是我国居民消费率无论从历史纵向比还是从国际横向比都明显偏低，扩大消费有着巨大空间。以汽车为例，尽管产销量均居全球首位，但人均保有量仍不到美国的六分之一。从宏观管理的角度来看，实现经济的持续健康发展，近期主要靠需求调节，中期主要靠结构转换，长期主要靠调整收入分配结构以提高居民消费率。发展政策、财政政策、货币政策必须协调配合，缺一不可。习近平同志指出，"关键是保持稳增长和调结构之间平衡"，为我们科学把握供给与需求之间的关系指明了方向。通过供给端改革实现经济结构转换和产业升级，增强供给能力；通过总供求的调节和相关改革，深挖国内需求潜力，开拓更大发展空间，就能确保"十三五"经济发展目标的实现。

二　判断货币供应是否合理不仅要看货币化率，还要看证券化率

货币供应量特别是 M2 的增长速度，是需求的总闸门。判断总供求是否大体平衡，主要应当看通货膨胀率，包括居民消费价格指数（CPI）和工业生产者出厂价格指数（PPI）。我国 PPI 已连续多年下降，CPI 处于较低水平，证明经济运行的主要风险是通货紧缩。在判断货币供应量是否合理时，最近不少人经常引证的一个数据，就是经济的货币化率，即广义货币 M2 余额相当于国内生产总值（GDP）的比例。2015 年末，我国经济货币化率为 205.7%。有人据此指责货币发行过于宽松，有酿成通货膨胀的危险，主张收紧银根。产生这类观点的原因，是只看到我国经济的货币化率偏高，没有看到我国经济的证券化率偏低。由于我国资本市场发展时间短，金融结构中以间接融资为主、直接融资为辅，因此，货币化率高一些是正常的、必要的。1990—2010 年的 20 年间，我国 M2 年均增长率为 20.5%，满足了经济发展的需要。2011—2014 年，M2 年增长率降为 13.5%，去年又降为

13.3%。这是导致近5年经济下行、需求不足、通货紧缩的根本原因。有学者认为,近5年我国实行了名稳实紧的货币政策,是有道理的。从国际上看,M2的增长速度和经济的货币化率与通货膨胀也没有必然联系。日本的货币化率为238.8%,物价指数长期为负。而俄罗斯的货币化率仅为43.9%,去年的物价指数在10%以上。我国猪肉、蔬菜价格涨落有其自身的规律性,与货币发行基本没有什么相关性。政府工作报告提出,今年积极的财政政策要加大力度,稳健的货币政策要灵活适度,是非常正确的。针对经济下行压力加大和通货紧缩趋势,适度扩大货币供应量是必要的,不会引发通货膨胀。同时要抓紧深化金融体制改革,发展资本市场,扩大直接融资比重。

三　加大对环境治理投入,不是减缓 而是促进经济增长

　　向全社会提供清洁的空气、干净的水,既是广大居民的迫切愿望,也是政府做出的庄严承诺。为此,必须加大对环境治理的投入。党的十八届三中全会《决定》提出了建立生态环境投入新体制的要求,这就是实行谁污染、谁付费,推行第三方治理制度。同时全面建立污染物排放标准,并严格监督执行。其核心理念就是建立起共享性公共产品的价值补偿机制。有了这样的体制机制,企业投资于环境治理和环保技术的研发,就能有合理的回报,生态环境治理的投入才能持续增长下去。政府工作报告提出"把节能环保产业培育成我国发展的一大支柱产业",极大地提升了全国人民战胜雾霾和污染的信心。按照国务院的部署,加快生态环境体制改革,吸引企业和社会资金投入,把环保产业培养成新的投资热点和经济增长点,创造清洁、优美、舒适、宜居的生活环境的目标一定能早日实现。

四　实行农村土地所有权与用益物权分离,不是有 悖于而是有利于土地公有制实现方式的完善

　　党的十八届三中全会《决定》指出:"赋予农民更多财产权利。"

"赋予农民对承包地占有、使用、收益、流转及承包经营权抵押、担保权能";"保障农户宅基地用益物权,改革完善农村宅基地制度,选择若干试点,慎重稳妥推进农民住房财产权抵押、担保、转让,探索农民增加财产性收入渠道";"建设城乡统一的建设用地市场","允许农村集体经营性建设用地出让、租赁、入股,实行与国有土地同等入市、同权同价。"对这三块地的改革部署,是农村土地制度的重大突破。其核心在于,对农村土地集体所有制实行所有权与用益物权相分离的制度,所有权归村集体,用益物权归农户或其他经营主体。农户凭借对耕地的承包权和对宅基地的使用权,通过抵押、租赁、转让等,获得财产性收入,并为土地的规模化经营和农民工退出宅基地、转入城镇户籍创造体制条件。通过推进上述改革,农村土地公有制就找到了新的实现方式,土地作为重要的生产要素,就能在城乡之间、不同的经营主体之间自由流动,使之与市场经济相衔接。与其他生产要素的区别是,土地在流通过程中必须伴有用途管制,耕地改变为建设用地,必须依据规划和法律,以严守18亿亩耕地红线。这一改革的突破,将在城乡之间打开资本流动的通道,犹如在城市资本的堰塞湖上炸开一个缺口,产生出城乡资本流动的瀑布效应。如果能在"十三五"期间,以农村土地使用权为抵押,撬动银行贷款和社会投资20万亿元,投入到农业现代化、新农村建设和农民工市民化,农村面貌将发生重大变化,城乡居民收入差距将迅速缩小,2020年实现全面小康就有了可靠保障。农村土地制度的改革,在一定程度上也是借鉴了国有资产管理体制改革的经验。1993年,在我们党提出建立社会主义市场经济体制时,有西方的经济学家曾断言,除非将国有企业全部私有化,否则,不可能建立市场经济。因为,迄今为止,所有的市场经济都是建立在私有制的基础之上的。然而,我们通过实行所有权与经营权分离,以产权多元化为基础建立股份制企业,形成现代企业制度,顺利实现了公有制与市场经济的融合。2013年,十八届三中全会对国有资产管理又提出从管资产为主向管资本为主转变,使国有企业与市场经济的融合度进一步提高。农村土地实行两权分离,没有否定土地的公有性质,使土地成为可交易、可整合的资本,既适应了市场决定资源配置的需要,又增加了农民的财产性收入,从而成为推动农业和农村现代化的新的强大动力,每一个关心农村和农民的人都会为之由衷高兴!

厘清各种似是而非的认识之后,还应当把改革聚焦到建立城乡一体化制度和推进政府和社会资本合作(PPP)两项重点任务上。深化这两项改革,既能为供给侧结构调整带来重大突破,又能为经济增长提供新的强大动能。

习近平总书记在去年中央政治局集体学习时,曾就推进城乡一体化做了一个系统讲话,提出要加快实现城乡居民基本权益平等化、城乡公共服务均等化、城乡居民收入均衡化、城乡要素配置合理化。这为推进城乡一体化改革发展提出了明确的目标和原则。今年2月,他又指出,新型城镇化要更加注重提高户籍人口城镇化率。今年的改革,应围绕这个目标,力求在更大范围内有所突破和推广。特别是在城乡居民基本权益平等化上,有两个不平等亟待突破。一是在城乡居民财产权益上,城里人的住房已商品化,能够分享到城市化过程中房地产增值的收益;而农村的房地产仍实行供给制,农民分享不到城市化过程中房地产增值的收益。二是户籍制度上的不平等。农民工在城市干了二三十年,尽管为所在城市做出了巨大贡献,但由于其农村户籍,分享不到城市户籍上附加的各种公共服务。扫除这两个不平等,不仅能使6亿多农村人口和2.8亿农民工受益,而且必将释放出巨大的消费、投资需求潜力和劳动力供给潜力,为经济增长注入强大活力。加快城乡一体化改革发展,应当把农业现代化、新农村建设、农民工市民化作为三个抓手,整体推进。农业现代化需要发展土地规模化、集约化经营,加快农业劳动力向非农产业转移并吸引高素质劳动力和资金投入。新农村建设需要对村镇发展进行统一规划,对宅基地和耕地进行统一整理和置换。农民工市民化需要有偿退出农村宅基地和房产,建立城乡一体化的建设用地市场。三项改革紧密相连,只有整体推进,才能取得事半功倍的效果。深化农村土地制度改革,是推进城乡一体化改革发展的关键环节。不久前,中央颁发的《深化农村改革综合性实施方案》指出:"完善和拓展城乡建设用地增减挂钩、'地票'等试点",肯定了重庆市改革农村土地制度的经验,对破解旧的城乡分割的土地制度难题提供了一个可供选择的方案。重庆市去年地区生产总值同比增长11%,在全国各省区市中名列第一。重庆以西部山区的困难条件,何以做到领跑全国?主要在于连续

7年坚持不懈地推进城乡一体化改革，释放了巨大的经济活力。重庆的经验值得借鉴推广。

今年应聚焦的第二个改革重点，是改革投资体制，大力推广PPP模式，以增加公共产品供给。目前我国个人消费品和生产资料几乎全部处于产能过剩状态，但公共产品仍然供给不足，包括环境、交通、教育、医疗、社保、信息、文化等，远远不能满足广大人民的需求。造成公共产品短缺的原因，是长期以来主要依赖政府财政投资。通过推广PPP模式，使投资公共产品能够收回投资，并取得合理回报，就能吸引社会投资和银行贷款进入。笔者上月曾目睹了四川凉山自治州与一家民营企业签订的合作协议，包括新建5条高速公路，总投资1600多亿元。这个PPP项目完成后，凉山自治州的交通状况将发生根本变化，为全区人民摆脱贫困、实现小康提供有力支持。这个经验也值得总结推广。

树立并落实创新、协调、绿色、开放、共享的发展理念[*]

郑新立

"十三五"规划《纲要》的一个鲜明特色，就是根据党的十八届五中全会《建议》，突出了创新、协调、绿色、开放、共享的发展理念。牢固树立并切实贯彻这五大理念，是关系我国发展全局的一场深刻变革，是到 2020 年实现全面小康目标的根本保证，对我国经济的长期持续健康发展具有重大深远意义。

一 坚持创新发展，发挥科技创新的引领作用

五中全会《建议》指出："创新是引领发展的第一动力。必须把创新摆在国家发展全局的核心位置，不断推进理论创新、制度创新、科技创新、文化创新，让创新贯穿党和国家的一切工作，让创新在全社会蔚然成风。"全会对创新的这一论述，把创新的重要性提升到了新的高度，拓展了创新的内涵，并对如何落实创新发展理念提出了总体要求。

理论来源于实践，又高于实践，指导实践。实践永不停息，理论之树常青。在我们这样一个拥有 13 亿人口和 8000 多万党员的大国大党，要想把社会主义事业不断推向前进，必须有正确理论指导。改革开放38 年来，我们之所以能取得举世瞩目的成就，首先得益于邓小平理论、"三个代表"重要思想和科学发展观的及时提出和正确指引。同样，我

　＊ 本文原载《求是》2016 年第 8 期。

们要把改革开放的伟大事业继续推向前进，也必须在实践中不断总结和创造出新的理论。不仅要在中国特色社会主义理论上不断创新，而且要在改革开放、经济发展、社会进步、党的建设、国家治理、国际合作等各个方面，对实践经验不断做出新的概括，提出新的理论，把感性认识上升到理性认识，不断提高改革发展的自觉性、前瞻性、有效性。

要按照党的十八届三中全会关于全面深化改革的要求，积极进行制度创新。通过制度创新，把实践证明行之有效的改革措施相对固定下来，逐步形成一套符合社会主义市场经济体制要求的比较成熟的制度体系。

提高科技创新能力，建设创新型国家，是实现经济转型升级的根本途径，是推进供给侧结构性改革的核心。政府工作报告对鼓励创业创新做出了具体部署，必须贯彻落实。在改革科技、教育体制中，应当研究美国的经验。美国何以长期保持全球科技领先地位？一是有充分竞争的市场机制。企业不创新，就难以生存下去。大学之间也有激烈竞争。美国的理工科大学是科技创新的源头和基地，是技术专利的重要创造者。评价大学质量的一个重要标准，是看对产业发展的影响度，即在多大程度上带动了相关产业的技术进步。美国硅谷的兴起主要依托斯坦福大学和贝克莱分校，带动了全球电子信息业的发展。二是美国用优厚待遇吸引了全球人才，用优厚的奖学金吸引全球的尖子生前来留学。在硅谷每年新创办的企业中，50%以上来自亚裔，主要是华人和印度人。三是美国政府不同时期提出有重大带动意义的创新工程，与企业合力攻克，带动了全球科技进步。如政府提出的曼哈顿工程带动了核工业发展，星球大战计划带动了航天航空业发展，信息高速公路工程带动了互联网的发展，正在实施的新能源计划和制造业复兴计划，也将取得突破。四是美国拥有发达的风险投资体系。在科技创新的萌芽阶段、完善阶段以及工程化、产业化阶段，分别有天使投资、种子基金、创业投资基金（VC）、私募股权投资基金（PE）、创业板市场等，为其提供全过程的金融服务。在斯坦福大学旁边，有一个风险投资小镇，集中了一大批风险投资公司，与学校师生经常保持着密切联系。谁有了科技成果甚至只是一个构想，马上有许多风险投资家围上来，帮助分析市场前景，策划如何使创新成果尽快成熟。在斯坦福大学电子工程系，每位老师和学生都有自己的专利和公司。五是军工技术无偿转为民用技术，带动民用高科技产业发展。美国国防部每年有 3000 亿美元以上的军事科研经费和军工产品订货，接受任务的企业可以无偿将军工技术转为民用技术，军民融合推动尖端技术发展。我们要缩小同美国在科技上的差距，就应当先把他们的做法学过来。

要充分利用我国悠久、丰富的文化资源，大力推进文化创新，繁荣文化产业，为广大群众提供喜闻乐见的精神产品，并逐步走向世界。

《建议》提出发挥科技创新在全面创新中的引领作用。应当体现在科技作为第一生产力，而生产力对生产关系、经济基础对上层建筑又具有决定性作用，从而由科技创新带动经济社会发展，必将对理论创新、制度创新和文化创新产生决定性影响和带动作用。科技创新的思维方式和行为方式及其形成的崇尚创新的社会风尚，对全面创新必将产生重大影响，从而有力地带动创新型国家建设。

二 坚持协调发展，着力加快农村、中西部和社会发展

城乡发展差距不断拉大，是当前我国经济中面临的突出矛盾。中西部地区与东部地区的差距，主要体现在农村发展的差距上。因此，区域差距的本质也是城乡差距。近几年，农民收入的增长速度超过城镇居民收入的增长速度，这是一大亮点。但是城乡居民收入差距仍在 2.7∶1，尽快提高农民收入，特别是中西部地区农民收入，成为"十三五"时期必须着力解决的问题。

缩小城乡差距，关键在推动城乡一体化改革发展，包括农业现代化、新农村建设和农民工市民化。这是中国当前发展的最大潜力所在。去年 4 月 30 日，习近平同志在中央政治局集体学习时，就城乡一体化问题发表了一个系统的重要讲话。他说："全面建成小康社会，最艰巨、最繁重的任务在农村特别是农村贫困地区。""我们一定要抓紧工作、加大投入，努力在统筹城乡关系上取得重大突破，特别是要在破解城乡二元结构、推进城乡要素平等交换和公共资源均衡配置上取得重大突破，给农村发展注入新的动力，让广大农民平等参与改革发展进程，共同享受改革发展成果。""目标是逐步实现城乡居民基本权益平等化、

城乡公共服务均等化、城乡居民收入均衡化、城乡要素配置合理化，以及城乡产业发展融合。"这个讲话为推进城乡一体化改革指明了方向，抓住了实现城乡区域协调发展的关键，应当引起全党高度重视，并全面贯彻落实。

城乡居民基本权益平等化是城乡一体化发展的前提条件。目前城乡居民基本权益不平等集中体现在两个方面：一是财产权不平等。城市的生产资料和消费资料已全部商品化，包括国家、集体和个人所有的土地、厂房、设备、住宅等，都允许在市场上自由流通；而农村的土地、住宅等产权仍不明晰，农户对土地和房产等的法人财产权仍不落实，作为农民最重要的生产和消费资料仍不能实现商品化，因此，农民就不能像城里人一样享受城市化过程中不动产增值的收益。这是城乡居民基本权益上最大的不平等，是城乡居民收入差距拉大的重要原因；二是在户籍制度上不平等。尽管 2.8 亿农民工为城市建设做出了巨大贡献，但是由于农村户口身份，他们享受不到城市户口所附加的各类社会保障和公共服务，绝大部分处于全家分离状态。党的十八届三中全会《决定》提出："赋予农民对承包地占有、使用、收益、流转及承包经营权抵押、担保权能。"提出："保障农户宅基地用益物权，改革农村宅基地制度，选择若干试点，慎重稳妥推进农民住房财产权抵押、担保、转让，探索农民增加财产性收入渠道。"提出："在符合规划和用途管制前提下，允许农村集体经营性建设用地出让、租赁、入股，实现与国有土地同等入市、同权同价。"这三项改革是农村土地制度和住宅制度的重大突破，赋予农村土地和农民住房以商品属性，明确了农户对自己住房的所有权，对承包地和宅基地的法人财产权，为发挥市场对农村土地资源配置的决定性作用，促进土地资源节约集约利用，提供了体制保障，为农民在城乡之间自主选择居住地和户籍，通过转让包括宅基地在内的土地使用权和房产获得财产性收入，打开了一扇大门。如果能在"十三五"期间以农村土地用益物权为抵押，撬动银行贷款和社会投资20 万亿元，投入农业现代化、新农村建设和农民工市民化，将在城市资本的堰塞湖上打开一个缺口，产生出瀑布效应。农村面貌必将发生重大变化，城乡收入差距将大幅缩小，由此激发出巨大需求潜力，对稳增长将发挥决定性作用。重庆市正是由于连续 7 年推进城乡一体化改革，户籍城市化率提高速度在全国各城市中最快，从而激发了增长活力，去年经济增长速度跃居全国第一。

社会发展滞后于经济发展，是结构扭曲的又一表现。主要体现在教育、医疗、社会保障、市政、文化、体育、信息等公共服务满足不了广大人民需要。公共服务供给短缺，原因在于过去主要靠财政投入，财力不足导致发展缓慢。改革投资体制，推行政府与企业合作模式（PPP），使公共服务投资也能获取合理回报，就能把社会投资和银行贷款吸引到公共服务建设上来，对扩内需、稳增长也将发挥重要作用。

三　坚持绿色发展，把环保产业培育成支柱产业

政府工作报告提出："把节能环保产业培育成我国发展的一大支柱产业。"这是实现绿色发展的根本举措。建设美丽中国，为人民提供清洁的空气、干净的水、舒适宜居的环境，是全国人民的殷切期盼，也是历届政府做出的庄严承诺。实现这一目标，关键在建立一个有效的体制机制，能够把社会资金和银行贷款吸引到环境治理上来，使环保产业成为一个新的投资热点和经济增长点。十八届三中全会提出要加快建立生态文明制度，包括资源有偿使用制度、生态补偿制度、谁污染谁付费制度和第三方治理制度等，其核心就是建立公共产品的价值补偿机制，使投资环境治理和环保科技研发能够获得合理回报。同时，要完善污染物排放标准，并建立严格的监督检查制度，使所有企业都处在同一起跑线上，决不让认真执行排放标准的企业吃亏，让弄虚作假偷排的企业获利。其实，环境治理既不缺技术，也不缺资金，缺的就是一个机制。政府工作报告把重点放在建立治理污染的体制机制上，增强了人民对改善环境的信心。用发展环保产业的办法来治理环境，也打消了一部分人在认识上的误区，即认为增加环境治理的投资必然减缓经济增长速度。把环保产业培育为支柱产业，把清洁的空气、干净的水、优美的环境等共享性产品也计算为 GDP，是认识上的一个飞跃，必将带来生态环境的迅速改善，战胜雾霾，还我蓝天碧水，定能尽快实现。

四　坚持开放发展，形成更高层次的开放型经济

"十三五"规划提出了发展更高层次的开放型经济的目标，这是适应我国经济已经深度融入世界经济的趋势提出来的，是进一步提高对外开放水平的要求。发展更高层次的开放型经济，首先要搞好内外协调，坚持进出口平衡，引进来与走出去并重，引资和引技引智并举，更好地利用两个市场、两种资源。要优化出口结构，提高出口商品的附加值和技术含量，逐步实现以出口劳动、资源密集型产品为主向出口技术、资本、知识密集型产品为主转变。扩大服务出口，改变服务贸易逆差的局面。提高一般贸易出口比重。在全球市场疲软的情况下，要通过扩大海外投资，创造出口需求，努力以资本输出带动商品、劳务出口。通过国际并购，利用国外企业的技术资源和国际营销网络，提高国内企业的技术创新能力和国际经营能力；通过购买海外能源资源的勘探开发权，打破未来我国经济发展面临的能源资源瓶颈；通过到海外搞加工贸易，带动国内零部件出口；通过到国外承揽工程，带动国内建筑材料和工程设备出口。针对进口的大宗物资，如石油、铁矿石、大豆、棉花、棕榈油等，通过海外投资，建立稳定的海外生产供应基地和港口、仓储、运输设施。其次，要以"一带一路"建设为统领，扩大同沿线国家的经济合作，开拓对外开放的新局面。第三，扩大金融业双向开放。围绕人民币国际化，扩大人民币作为国际贸易、投资结算工具和储备货币在海外的流通量，扩大人民币与其他国家的双边互换规模。在开放国内金融市场的同时，应鼓励国内商业银行到海外设立分支机构。保持人民币汇率的大体稳定，是其国际化的重要条件。第四，积极参与全球经济治理和公共产品供给，提高在国际经济规则制定中的制度性话语权。加强宏观经济政策的国际协调，为世界经济的稳定做出贡献。

五　坚持共享发展，让全体人民共同迈入小康社会

五中全会《建议》提出了坚持人民主体地位的原则，强调要坚持以人民为中心的发展思想，把增进人民福祉、促进人的全面发展作为发

展的出发点和落脚点。经过 38 年的改革发展，我国人民的生活水平都有了很大提高，但是，不容忽视的是，个人之间的收入差距拉大了，基尼系数处于较高水平。邓小平同志提出允许一部分人一部分地区先富起来，通过先富帮后富，最终实现共同富裕。现在，已经到了突出地强调共同富裕的时候了。"十三五"时期，应当把扶贫攻坚和共同实现小康作为战略重点。要变输血为造血，着力提高低收入人群的就业能力，以提高他们的收入水平。现在，沿海城市到处都存在招工难。通过职业培训，使每一个劳动人口都能掌握一门劳动技能，鼓励异地就业，是脱贫致富的捷径。对那些缺乏劳动力的困难家庭，则采取社会保障的方式，使他们也能过上体面的生活。这是社会主义制度优越性的体现。

　　创新、协调、绿色、开放、共享五大发展理念是一个完整、严密的体系。创新发展在发展全局中起到引领作用，协调发展构成发展的平衡机制，绿色发展体现着发展的质量要求，开放发展促进国内外物质、文化和价值的交换，共享发展是推动发展的动力源泉。树立和落实新的五大发展理念，国民经济发展就能在创新的引领下始终保持正确的方向，在平衡机制的作用下避免摇摆和波动，在绿色经济标准要求下更加注重提高生态效益、经济效益和社会效益，在建立更高水平的开放型经济中实现与世界各国经济互通有无、优势互补，通过共享发展成果实现共同富裕，激发全体人民的劳动热情和创新智慧。发展新理念的提出，标志着我们党对中国特色社会主义经济发展规律的认识提高到了新水平。在发展新理念的指引下，我国经济犹如一列全速前进的高速列车，平稳、准时、安全地驶向目的地。

走出认识误区　深化国企改革[*]

郑新立

去年 8 月 24 日，中共中央、国务院下发了《关于深化国有企业改革的指导意见》（以下简称《意见》），期待已久的国企改革再次拉开序幕。从 2013 年 11 月党的十八届三中全会到现在的两年多时间里，国企改革实施方案经历了充分酝酿，社会各方面通过各类信息传播渠道表达了多种意见，其中许多好的建议已被"意见"吸收，也有一些认识上的误区，需要根据三中全会《决定》精神和"意见"加以厘清，以形成共识，从而有利于国企改革的顺利推进。

一　走出对国企改革认识上的误区

一是国有资产监管从以管资产为主向以管资本为主转变，会不会导致监管职能弱化。国资委成立以来，代表国家履行出资人职责，对国有企业实行管人管事管资产相统一，在国有资产保值增值等方面发挥了重要作用，取得了很大成就。但是，国有企业作为独立经营的市场主体，这种监管制度越来越不适应企业参与国内外市场竞争对自主经营决策和提高应变能力的需要。按照现代产权制度的要求，国有企业对所占有的国有资产拥有法人财产权，包括使用权、收益权、处置权等，与此相伴随，国有企业还必须拥有投资自主权，特别是随着企业经营资产的规模越来越庞大，种类越来越繁多，经营业务和地域范围越来越广，为了提

* 本文原载《人民日报》2016 年 3 月 x 日。

高资产收益率，需要企业及时处置闲置或收益率低的资产，购置新的能为企业带来长期更高收益的资产；需要通过国际并购，在全球范围内优化资源配置。落实国有企业的这些经营自主权，是增强国有企业国际竞争力的客观需要，是把国企做大做强的基本条件。只有从价值形态上而不是从物质形态上对国有资产进行监管，才能为国企松绑，把国企这只笼中之虎放归山林，使之尽快成长为在全球市场上自由驰骋的大型国际化公司，在提升国家整体竞争力中发挥骨干和带动作用。因此，对国有资产的监管从管资产为主向管资本为主转变，从主要注重对实物资产的监管转变为主要管资本的增殖能力和资本利润率，是适应了生产力发展的需要，不是监管职能的弱化而是优化，不会造成国有资产流失反而有利于企业发展壮大。

二是发展混合所有制经济会不会造成国进民退或国退民进。发展混合所有制经济，鼓励国有资本、集体资本、非公有资本相互参股，组建产权多元化的股份制公司，能够实现优势互补和资本集聚，满足企业发展对各类要素的需求。股权多元化有助于形成相互制衡的完善的公司治理结构，出资人根据股权多少拥有不同的投票权，各类出资人权利平等、民主决策，既有利于决策的科学化，又有利于避免内部人控制。从国际上看，股权多元化是一种普遍的发展趋势。许多大型跨国公司既有国内股东，也有国外股东；既有个人持股，也有各类基金会、公司持股。国内许多公司包括上市公司，既有国有股或集体股，又有私人股。在生物学上，有一种杂交优势。混合所有正是这种生物学规律在经济领域的体现。实践证明，单一所有制经济具有一定脆弱性，追求纯而又纯的所有制形式往往不利于企业发展，而混合所有制经济有利于发挥各方面积极性，促进各种所有制经济共同发展，是目前发展最快、最有活力的一种经济形式。所谓国进民退或国退民进，都是捕风捉影的主观臆想。有人把发展混合所有制说成是私有化，更是混淆视听，不值一驳。

三是国企高管限薪，是不是意味着国企改革走回头路。目前国企高管都是由行政任命的，从企业家市场选聘的条件尚不成熟，把国企高管同公务员及企业员工的工资水平差距控制在适当范围是必要的。随着企业家市场的成熟，国企高管市场化选聘比例提高，由市场选聘的企业高管的工资高一些，各方面都能接受。同时，随着国有企业改制为混合所有制企业，允许混合所有制企业实行员工持股制，技术骨干和管理人员可从期股中获得股权收益，这将成为企业家的主要收入。员工持股将使劳动者与所有者的身份合为一体，既能增加员工财产性收入，又能调动劳动者主人翁精神，形成中长期激励机制。

四是国企改革是否意味着又要出现一次"下岗潮"？20 世纪 90 年代，在国企改革中大批员工下岗转岗，为改革付出了代价。这是必须付出的代价。由于长期以来的"大锅饭"、"铁饭碗"，造成企业大量冗员、人浮于事，不下岗分流又有什么更好的办法呢？应当看到，除了少数垄断性行业，在大多数竞争性行业，减员增效和剥离办社会负担的任务早已完成。这一次改革，涉及垄断性行业和少数产能严重过剩行业，继续实行减员增效，是产业结构调整的需要，是必须承受的阵疼。与 20 世纪年代相比，当前就业机会更多，国家扶持再就业的力度加大，通过技能培训，实现转岗就业，会更容易些。如能利用在国企工作的技能和经验，自行创业，干一番过去没机会干的事业，不失为一个机遇和更好的选择。李克强总理宣布用 1000 亿元财政资金安置下岗职工，给大家吃了一颗定心丸。

二　增强对深化国企改革重要性、紧迫性的认识

习近平总书记近两年来对国有企业改革做出了一系列重要讲话，指出"国有企业特别是中央管理企业，在关系国家安全和国民经济命脉的主要行业和关键领域占据支配地位，是国民经济的重要支柱，在我们党执政和我国社会主义国家政权的经济基础中也是起支柱作用的，必须搞好"。去年 7 月在吉林调研时，习总书记强调："要坚持国有企业在国家发展中的重要地位不动摇，坚持把国有企业搞好、把国有企业做大做强做优不动摇。"这些讲话，指出了国有企业及其改革发展的重要性，两个"不动摇"集中表达了党中央搞好国有企业的决心。国有资产是新中国成立 60 多年来几代人节衣缩食、不断积累起来的宝贵财富，是 13 亿人的共同利益所在。为了增进全体人民的福祉，国有资产只能增加，不能减少。只有办好国有企业，使国有资产不断增值，效益不断提高，才能更好地服务于全体人民。

当前，国有企业既面临着来自国内民营企业的竞争压力，也面临着来自国外跨国公司在资本、技术等方面占优势的竞争压力。国有企业在内外压力下要想发展壮大，必须深化体制改革，增强内在发展活力。习总书记指出："推进国有企业改革，要有利于国有资本保值增值，有利于提高国有经济竞争力，有利于放大国有资本功能。"三个"有利于"的提出，指明了国企改革的方向。对照这些要求分析国有企业的现状，存在着一些亟待改革的突出矛盾和问题：一是一些企业市场主体地位尚未确立，国有资本运作效率不高；二是有的企业管理混乱，内部人控制、利益输送、国有资产流失等问题突出，企业办社会职能和历史遗留问题还未完全解决；三是一些企业党组织管党治党责任不落实，党在企业中的政治核心作用被弱化。这些矛盾和问题严重制约着国有企业的健康发展，与国有企业应当担负的重要责任很不适应，必须增强加快国企改革的紧迫感，按照问题导向的方法，采取有针对性的改革措施。

应当看到，当前深化国企改革，搞好国有企业，有着许多过去所没有的有利条件。国有企业经历30多年改革，已经积累了许多经验，涌现了一批成功的范例。在今天的改革中，应当把成功的经验加以总结，发扬光大。对过去改革中的一些教训，应牢牢记取，避免重犯错误。从外部环境来看，民营经济的崛起是一个最大的变化。在企业改革重组中，国有企业对民营企业一定要平等相待，不要居高临下。对重组企业的股权结构，要根据具体情况由各方协商确定，国企既可控股，也可参股，不一定要求绝对控股、合并报表。实践证明，国有经济与民营经济的混合，可以产生出新的优势，国有企业吸收民营经济进入，能够增强活力；民营经济借助国有经济平台，就能如虎添翼，更快成长。两者相结合，不是1 + 1等于2，而是1 + 1大于2。这一轮国企改革正值国民经济转型升级的过程中，推行供给侧结构性改革需要国企发挥骨干和带动作用。特别是在战略性新兴产业领域，包括电子信息、航空航天、生物工程、先进制造、新能源、新材料等产业，亟待培育一批创新能力强的龙头企业，站在世界技术进步的最前沿，带领各个产业向全球产业链的中高端迈进。国有企业应当责无旁贷地担当起这一历史重任。目前，在航天、高铁、电力等领域，央企已经发挥出了重要作用。应通过进一步强化技术研发、设计总装、全球营销等关键环节，扩散零部件供应和物流服务等，形成联系紧密的产业集群，以降低成本、提高质量、增强整体竞争力。在先进制造业领域，包括大型商用飞机、中高档轿车、特种船舶、数控加工中心、发动机等大型高端设备，以及芯片、显示屏、碳纤维等关键零部件和新材料，代表着国家的科技实力和制造能力，要实现自主制造，需要大量研发资金和人力投入，实施系统集成创新和协同创新。完成这样繁重艰巨的任务，只能寄希望于央企。应通过国企改革重组，建立国企技术创新的激励机制，使他们自觉承担起重大技术创新任务，成为行业技术进步的领军者。在钢铁、有色、建材等领域，目前国企与民企的能力不分伯仲，产业过度分散，要借助企业重组的机会，提高产业集中度，形成一批具有国际竞争力的大型企业集团，以增强技术研发能力和国际经营能力。在一些垄断性行业如石油化工产业，冗员过多仍然是制约企业发展的突出问题，与国外同行比，劳动生产率只有人家的十几分之一甚至更低，效益不好导致研发投入强度低。随着政府取消对石化行业的项目审批，允许民营企业进入，国企与民企之间必将展开一场激烈的竞争，其结果必将带来行业劳动生产率、国际竞争力的迅速提升，石油化工产品大量依赖进口的局面将会改变，终端产品价格也必将下降，广大人民将分享到低油价等改革成果。这些行业的国企应当做好充分思想准备，不能再依赖政府保护，应毫不犹豫、义无反顾地进行减员增效等其他行业早已完成的改革，以积极应对民营经济和外资企业的挑战。

三　敢于创新、分类施策，完成新一轮国企改革任务

党中央和国务院下发的关于深化国企改革的指导意见，是一个操作性强的实施方案。我们一定要认真学习领会，切实贯彻落实。应根据各个行业、企业的具体情况，制定出每个企业具体的改革方案，经专家论证和第三方评估后报有关部门批准实施。要做到谋定而后动，既积极谋划，又不草率行动，成熟一个改一个。

这次改革首先是国有资产管理体制的改革。要求各级政府的国有资产管理机构转变职能，真正从管资产为主转变为管资本为主，从实物形态管理转变为价值形态管理。要取消一些老的管理职能，建立一些新的

管理职能。对企业的考核更多地着眼于盈利能力、资本增值能力、技术创新能力、长远发展能力。要根据国家发展战略和发展政策，向前瞻性新兴产业和创新型企业注入资本，支持企业间的并购重组，对薄弱环节加大技术研发和资本投入。同时，对需要退出的行业和企业适时适度抽出资本。对国有独资、控股、参股的企业，根据出资比例履行出资人职责。对一些有条件直接作为国有资本运营公司的企业，应授予其相应的职权，支持这些企业成为具有技术创新、自我发展能力的跨国公司。按照竞争性行业、公益性行业、垄断性行业的不同分类，对现有国有企业的性质进行界定，并分别制定不同的改革方案。国有资产管理机构职能的这一转变，使之从本属于企业管理职能的具体事务中解脱出来，集中精力把优化国有资本配置的大事管好，这是落实国有企业经营自主权、使其真正成为市场经营主体的需要，是更好地发挥国有资产管理职能，以利于增强国有经济引导力、放大国有资本功能的需要。

要把建立和完善以股份制为基础的现代企业制度作为改革重点。党的十四届三中全会提出建立产权清晰、权责明确、政企分开、管理科学的现代企业制度以来，国企改革取得了重大进展。但是，改革进展并不平衡。完善现代企业制度，实行产权多元化，建立规范的公司治理结构，任务依然繁重。现代企业制度是近代文明进步的重要成果，是从两百多年的工业发展历史中不断总结创造出来的，是人类社会的共同财富。在现代企业治理结构中，董事会居于枢纽地位，应当是一个高智能的精干的经营决策机构。董事会成员应由具有丰富管理经验和各方面知识的成员组成，除了专职董事，还应有一定比例的独立董事。董事会下设战略、投资、研发、财务、薪酬、法律等专业委员会，讨论决定企业经营中的重大问题，对股东会负责。股东会是企业的最高权力机构，对企业的盈亏负责。企业的重大投资决策、利润分配方案、董事长任免等，应由股东会决定。经营层应由董事会任免，负责组织日常的生产经营活动，并对董事会负责。这种分工协调、相互制衡的科学的治理结构，是办好企业客观需要。我们要培育出自己的跨国公司和"百年老店"，必须坚定不移地建立这样一套制度，也只有这样，才能有效避免内部人控制、利益输送、资产流失、冗员过多等问题。在产权多元化的基础上建立起规范的公司制之后，才能实行员工持股制。企业核心层、骨干层和老员工适当持股，全体员工形成命运共同体，企业方能长盛不衰。改革以来，有些企业实行员工持股制，建立起长效激励机制，增强了凝聚力，企业迅速发展，创造了成功经验。员工持股并不意味着人人有份，搞成新的大锅饭。有的企业每年评选优秀员工，奖励对企业的认股权；有的企业对领导人实行期股制，都是行之有效的激励方式。

《意见》提出要"明确国有企业党组织在公司法人治理结构中的法定地位，创新国有企业党组织发挥政治核心作用的途径和方式"。这是我们的政治优势。过去靠这一优势能夺取政权，现在靠这一优势能办好企业。党的政治核心作用主要体现在保证企业执行党的方针政策，调动全体员工的积极性，推动企业创新发展，履行好企业的经济、社会、生态责任。党的作用主要通过党员的先锋模范作用来实现。在战争年代，我们的军队之所以打不散，支部建在连上是一个关键。在建设年代，继续发挥好党委、党的基层组织和党员的作用，使党的建设同现代企业制度有机结合起来，就一定能办出世界一流水平的企业。因此，对企业党的建设，不能看成可有可无，而必须搞好，这是发挥我们党的优良传统，建成富强、民主、文明、和谐的社会主义现代化强国的保证。

中国有巨大潜力跃升高收入国家*

郑新立

2015 年我国人均 GDP 已达 8000 美元，跨入人均 1.2 万美元的高收入国家行列，尚需要迈上一个大台阶。从国际经验来看，这是一个难度较大的台阶，不少国家在这一台阶前徘徊多年也未能跨上去。我国能不能顺利跨越这道门槛，是对中国特色社会主义市场经济体制和中国共产党执政能力的考验。按照党的十八届三中全会《决定》要求，聚焦于三项重大改革，释放三方面的巨大潜力，形成三大经济增长引擎，足以驱动中国经济在 2022 年左右跃升为高收入国家。

一 推动城乡一体 破除认识误区

分析正反两方面经验，所有进入高收入行列的国家，都是在基本消除城乡发展差距之后；而所有落入中等收入陷阱的国家，城乡差距大成为其显著特征。韩国在 40 多年工业化过程中，城乡收入比始终保持在 1:0.9 左右。其主要原因有两条：一是从 20 世纪 70 年代开始，成功实施了新农村建设运动；二是农民通过出让土地分享到了城市化过程中土地增值的财产性收入。我国目前城乡收入比为 2.7:1，城乡二元结构特征明显。这既是跨入高收入国家的主要障碍，也是当前经济增长的主要潜力所在。造成城乡发展差距大的主要原因有三：一是城乡居民财产权和户籍权益不平等，制约着农民收入水平的提高。城镇居民的房地产已

---

* 本文原载《参考消息》2016 年 4 月 7 日。

经商品化，但农民的房地产仍然非商品化，使农民分享不到城市化过程中不动产增值的收益，这是导致城乡居民收入差距拉大的重要原因。农民工尽管为其所在城市做出了重大贡献，但其农村户籍使其分享不到附加在城市户籍上的各种公共服务。二是城乡市场之间存在的政策壁垒，严重阻碍了生产要素的双向自由流动和农业劳动生产率的提高。农村的劳动力、资金、土地等可以源源不断流入城市，而城市的资本、人才、技术流不进农村。三是政府公共服务和基础设施投资的重点在城市，城市越建越漂亮，与农村形成巨大反差。

党的十八届三中全会《决定》对农村承包地、宅基地、集体经营性建设用地管理体制有了重大突破，允许其用益物权抵押、担保、转让。粗略计算，仅承包地的经营权转让，每年可获得转让费1万多亿元；宅基地的总价值达50多万亿元。若以这三块地为质押，在"十三五"期间撬动银行贷款和社会资金20万亿元，投入农业现代化、新农村建设和农民工市民化，在城市资本堰塞湖上炸开一道缺口，必将产生瀑布效应。耕地经营权的流转有助于发展集约化、现代化农业，对农业机械等农用生产资料提出更多需求，并能吸引高素质劳动力从事农业经营，从而大幅度提高农业劳动生产率，使农民真正成为一个体面的职业。新农村建设将改变农村生活条件和生态环境，使农村变得比城市更宜居、更漂亮，并将对建材、家电、汽车等提供新的巨大市场。农民工市民化将使两亿多农民工和留守农村的6000万儿童、4300万妇女、4000万老人共4亿人实现全家团圆梦，并对城市建设和服务业发展带来巨大需求。必须认真落实习近平总书记提出的逐步实现"城乡居民基本权益平等化、城乡公共服务均等化、城乡居民收入均衡化、城乡要素配置合理化"的要求，推进城乡一体化改革发展，使农村面貌有一个大的变化，城乡居民收入差距迅速缩小，从而为2020年全面建成小康社会提供强大支撑。

推进城乡一体化改革，关键是要破除一些认识误区。农村土地实行所有权与用益物权分离，允许用益物权抵押、担保、转让，不是对土地公有制的否定，而是对土地集体所有制实现方式的完善。通过所有权与用益物权分离，土地成为可交换、整合的生产要素，才能实现与市场经济对接，发挥市场对土地资源配置的决定性作用。当然，土地流转有一个用途管制问题，农业用地转为非农业用地，必须依法合规。国务院今年2月印发的关于推进新型城镇化的若干意见，提出要"全面实现城市建设用地增加与农村建设用地减少相挂钩的政策"，是对十八届三中全会精神的具体落实。实际上，农村土地制度的改革，也是借鉴了国有资产管理体制改革的经验。党的十四届三中全会提出赋予国有企业对其所占有的国有资产以法人财产权，从而使全民所有制经济与市场经济实现了有效对接。十八届三中全会又进一步提出对国有资产要从管资产为主向管资本为主转变，使全民所有制经济与市场经济的融合更加紧密。长期以来，农村土地非商品化，已经严重制约了农村经济与市场经济的融合，阻碍了农村生产力发展。十八届三中全会指明了农村土地制度改革的方向，需要不折不扣地落实。

重庆市去年地区生产总值同比增长11%，在全国各省（区市）中名列第一。重庆以西部山区的困难条件，何以领跑全国？主要就是连续七年实行城乡一体化改革，释放出巨大的增长潜力。近几年，重庆的户籍人口城市化率提高速度在全国所有城市中是最高的。通过建立全市统一的地票市场，使退出宅基地的农民分享到重庆市区的级差地租，获得一笔可观的财产性收入。通过市场机制和政府支持，等于送给每一个进城落户的农民10万元"安家费"和5件"新衣服"，包括享受市民的医疗、养老、住房保障，子女入学入托政策和城市居民所有的公共服务。重庆的经验如能在全国推广，必将为整个国民经济注入巨大活力，成为跨越"中等收入陷阱"的根本举措。

二　完善投资体制　增加公共产品

目前，我国生产资料和个人消费资料几乎全部处于产能过剩状态，唯有公共产品包括公共服务供给不足，包括环境、交通、市政、教育、医疗、养老、信息、文化等，远远满足不了广大居民的需要。公共产品供给不足的原因，是长期以来主要依靠财政投资。财力不足导致发展滞后，农村的发展更落后于城市。解决这一问题，必须加快投资体制改革，推行政府与企业合作模式（PPP模式），通过政策设计，使投资公共产品能够获得合理回报，并通过公开招标，挑选有资质的企业承担建设、经营任务。在具体方式上，可以有多种选择，包括"建设—经营—转让"（BOT）、"建设—转让"（BT）等。采用这种模式，解决城市交通拥堵、停车难、看病难、入托难、进敬老院难以及垃圾、污水处理等问题，就是一件容易做到的事情。此外，抓紧建设覆盖全国的高铁网、城市群内部和市区郊区之间的轨道交通网，建设覆盖城乡的新一代互联网，将为未来发展奠定基础。如何把节能环保产业打造为一大支柱产业，是今年政府工作报告提出的重大任务。这就要改变认为治理环境会延缓经济发展的传统观念，把环境治理培育为新的投资热点和经济增长点。为此，要真正落实三中全会提出的"谁污染、谁付费，推行第三方治理制度"。政府要制定统一的污染物排放标准，并严格监督执行，使所有企业处于同一起跑线上，改变治理污染的企业吃亏、弄虚作假的企业赚钱的状态。应当看到，目前治理各种污染物的技术和装备都是成熟的，大部分立足国内即可解决，只要肯付出一定的成本，认真地而不是敷衍了事地去做，战胜雾霾、还我蓝天的目标完全能够早日实现。通过上述供给侧体制改革，激发投资活力，优化投资结构，不仅体现以人为本的发展目的，对近期稳增长和长期持续发展，进而跨越"中等收入陷阱"，都将发挥至关重要作用。

推行PPP模式，必须有多个部门协调配合。优选建设项目，是规划和行业主管部门的职责，财政需要提供引导资金支持，银行信贷资金应当跟进，只有相互配合，才能达到事半功倍的效果。否则，单靠哪一个部门，都是难以完成的。选择投资主体，对国有企业、民营企业应一视同仁，平等竞争。鼓励各类所有制企业组建股份制的项目公司，建立强有力的领导指挥机构，承担投资风险。要坚持过去行之有效的项目业主负责制、招标投标制、施工监理制等，确保工程质量。要加强对PPP项目从建设、经营到资金偿还的全过程管理，避免出现违约和债务风险。

三 借鉴美国经验 狠抓科技创新

跨越"中等收入陷阱"，必须实现产业结构从以劳动密集型、资源密集型为主向以资本密集型、技术密集型、知识密集型为主的转变。这就必须加大技术研发投入，以具有自主知识产权的技术提升产业结构和产品结构。依靠外资公司带来的技术，是不可能跨入高收入国家行列的。因为，谁掌握了技术，谁就掌握了利润的分配权。要实现民富国强，除了提高技术研发能力和国际竞争能力，没有别的出路。

从国际比较来看，美国之所以长期居于全球科技领先地位，有许多成功经验。2015 年，美国申请国际专利 5.7 万项，比上年减少 6.7%；中国申请 3 万项，比上年增加 16.8%。美国的申请量是中国的 1.9 倍。而在 2011 年，美国国际专利申请量为中国的 6 倍。中国同美国在国际专利申请量方面的差距正在迅速缩小。在国内发明专利申请量方面，2006 年以来我国已连续超过美国，居全球首位。要想在科技创新能力上赶上和超过美国，至少应当在以下五个方面向美国学习：一是美国有充分竞争的市场。企业不创新，就意味着很快会倒闭。所以，美国的企业都把创新作为生存之道。美国大学之间也有激烈竞争。好的大学才能吸引到优质生源，教师的薪酬才能高一些。美国考核大学办的好坏，主要看对相关产业发展的影响度，即一个学院或一个系在多大程度上带动了相关产业的技术进步。美国的硅谷主要是依托斯坦福大学和贝克莱分校发展起来的。这两个学校的理工科专业，所有的老师和学生都搞科研，都有自己的专利甚至企业。大学是科技进步的策源地，是创造技术专利的基地，教师站在科技进步的最前沿，培养出的学生也是创新型的。二是美国政府在不同时期提出一些重大科技工程，政府与企业合作攻克，带动了世界技术进步。如政府提出的曼哈顿工程，带动了核电工业发展；星球大战计划带动了航天航空业发展；信息高速公路工程带动了互联网的发展；最近提出的新能源和再工业化计划，正在取得进展。三是完善的风险投资体系。包括天使投资、种子基金、创业投资基金（VC）、私募股权投资基金（PE）、纳斯达克市场等。在斯坦福大学旁边，有一个风险投资小镇，集中了一大批风险投资公司。学校的老师学生有一个创新构想，马上就会有一批风险投资家围上来，帮助分析深化研究的路径、技术工程化和产业化的前景，并提供资金支持。许多创新可能失败了，但少数成功的创新所带来的收益远远弥补了失败的损失。四是吸引全球人才。美国通过提供优厚的报酬和良好的研究条件，吸引了全球创新人才。在硅谷每年新创办的企业中，有一半左右是由亚裔主要是华人、印度人创办的。美国的大学用优厚的奖学金吸引全球的尖子生来留学，毕业后挑选优秀者留下工作。我们提出要"择天下英才而用之"，美国实际上早就是这么做的。五是军民融合的工业体系。美国国防部每年有3000亿美元以上的军事科研课题和军品订货，接受课题研究和订货的企业，除了满足军方需求外，其技术成果可以无偿转为民用，带动了民用高科技产业发展。我们在科技创新上正处于追赶美国的过程中，认真研究借鉴美国的经验，虚心当好学生，是非常必要的。

要继续强化企业作为创新主体的作用。令人高兴的是，在全球企业按国际专利申请量排名中，华为、中兴连续几年居于前三位。在进入前十名的企业中，中国企业已占一半左右。应鼓励企业把更多的利润用于研发投入，特别是要发挥国有企业在自主创新中的骨干和带动作用。对一些高度依赖进口的高科技产品，如芯片、发动机、碳纤维等，应组织产业集群，实施协同攻关，成果共享。

科技成果转化率低，是当前我国的一个突出问题。其原因是一些技术成果不够成熟；对技术成果工程化、产业化的重视程度不够，投入不足；有一些职务发明，由于技术转让收入的大部分要上缴财政，技术发明者对转化的积极性不高。应当针对这些问题，采取有效措施，从多方面努力，加快研发成果向现实生产力转化。

改革教育体制，创办高水平、创新型大学，培养大批创新型人才，是提高自主创新能力、实施创新驱动发展战略的基础工程。改革30多年来，我们通过改革科技体制，努力使企业成为创新主体，解决了长期存在的科技与经济两张皮问题。然而科技与教育两张皮的问题尚未破题，主要表现在大学的创新能力薄弱，对产业技术进步的影响力微乎其微，大学每年提交的专利申请量在全球大学中几乎可以忽略不计；具有创新能力的师资极度缺乏，教材内容陈旧，向学生大量灌输早已过时的落后技术和知识；大学之间和学校内部缺乏竞争机制，近亲繁殖，培养不出拔尖人才和领军人才；学校与风险投资体系、企业之间缺乏紧密联系机制，人才培养结构与市场需求脱节。

改革教育体制，首先应建立大学之间和大学内部的竞争机制。建立大学质量的第三方评估制度和大学教授的聘任制。鼓励社会办学、中外合作办学。美国加州理工学院已连续5年在全球理工科大学排名中居第一位，是帮助我国选拔和培养了钱学森这样杰出人才的学校。其重要经验之一，就是本校毕业的本科生不得报考本校研究生，研究生毕业不得留校任教，以避免近亲繁殖。这个机制值得借鉴。第二，以优厚待遇从全球选拔具有创新能力的师资。斯坦福大学和加州理工学院对教师的选拔都极为严格，只有在全球同行评议中被公认为前几名的学者才予以聘任，宁缺毋滥。这项制度如果全面推行有困难，可先在部分学校实行，逐步扩大范围。第三，建立大学与风险投资的对接机制。完善从天使投资到创业板市场的风险投资体系，实施创新全过程的跟踪服务。鼓励大学的教师、学生创造专利等科技成果，并以自己的成果创办高新技术公司。第五，从基础教育到大学教育都要改变填鸭式、应试型教育为启发式、创新型教育，培养学生树立改变世界的雄心壮志和创新思维方式。扩大职业教育比例，重视对学生动手能力的技能培训。赋予大学在学科选择、教师选拔、教学内容、培养方式等方面的自主权。

借鉴荷兰、日本经验教训
加快我国农业现代化

郑新立

建立现代化、集约化、社会化大农业，使农业成为一个具有国际竞争力的行业，使农业劳动生产率赶上社会平均水平，从而使农村居民人均收入赶上城镇居民水平，是 2020 年实现全面小康的迫切需要，也是跨越中等收入陷阱的必要条件。经过 30 多年的快速工业化和城市化，目前，加快农业现代化的各种物质条件都已具备。我国经济社会发展能够为农业富余劳动力向非农产业转移提供收入更高的就业机会，并拥有强大的农用生产资料供给能力和巨额的城市资本。所缺少的只是一个体制机制。加快农业现代化步伐，要从中国实际出发，并借鉴国外经验，其中，荷兰和日本的农业走了不同的路子，导致不同的结果。作为正反两方面的教员，值得我们认真研究、比较、思考和借鉴。

一 荷兰农业是以合作社为主体的社会化大生产，日本农业是以农户为主体的小生产

荷兰农业条件并不好，气候阴冷潮湿，光照时间少，人均耕地只有 1.3 亩，27% 的耕地和 60% 的人口处于海平面以下，靠着前辈修建的长达 2400 公里坚固的防潮大堤，才把耕地保护下来。因此，他们对土地

  ＊ 本文为郑新立 2016 年 4 月 23 日在全国小康研究会举办的"加快农业现代化研究会"上的发言。

极为珍惜，把提高土地产出率作为主攻方向。全 190 万公顷农田中，57% 种植粮食和花卉，40% 为草场。总共只有 25 万农业劳动力，兴办了 7.3 万个农牧场，其中奶牛农场 1.89 万个，畜牧农场 1.68 万个，耕作农场 1.11 万个，实行种植、畜牧养殖、加工、销售一体化经营。在种养环节，以家庭经营为主，在加工、销售环节，以合作社经营为主，所有家庭都根据自己种养的品种参加一个或几个合作社。荷兰的乳制品很有名。奶牛饲养一般以家庭为主，同时加入乳制品合作社。乳制品合作社除了按合同收购家庭奶牛场的牛奶，还根据股份多少和经营情况向社员分红，合作社与社员之间形成利益共同体，大家拥有共同的商品品牌，共同维护商品质量和品牌信誉。大概是因为花卉最赚钱，所以荷兰农民把栽培郁金香等花卉作为主打产品。花卉种植也有专业分工，有的家庭几十年只种一个品种。由 3000 多个花农组成的花卉合作社，建立了一个全球最大的花卉批发市场，面积相当于 12 个足球场，每天早晨 5 点开始拍卖，9 点左右即可进入欧洲各城市零售店。花卉销量占欧洲市场的 80%。农业虽然具有分散劳动和与自然过程相结合的特点，但在荷兰，组织化程度很高，这是他们具有国际竞争力的重要原因。

反观日本，全国有 200 多万个农业经营主体，基本上是以农户为单位的分散的小规模生产。虽然农户之间也有资金方面的合作，但整体来讲，农业的专业分工和组织化程度较低，由此决定劳动生产率低下，农业完全丧失了国际竞争力。大米的价格每斤卖到 50 元以上，沦为全世界最大的农产品进口国。

二　荷兰农业是一个高盈利行业，日本农业却只能靠政府补贴过日子

以专业分工为基础的社会化大农业，提高了荷兰农业的劳动生产率和经济效益。荷兰农业劳动力占全社会劳动力的 2%，农业增加值却占 GDP 的 4%，出口占总出口的 25%。全国农业劳均产值 4 万多欧元，劳均出口 3.3 万美元，第一产业劳动生产率和农民收入均高于第二、三产业。在荷兰，农民是一个真正体面的职业，农业成为大把赚钱、大量缴税和大批出口的摇钱树，成为国民经济的支柱产业。

反观日本，农业成为国民经济的一个沉重包袱。2014 年，日本农业增加值为 6 万亿日元，政府给农业的补贴也是 6 万亿日元，200 多万个农业经营主体一年创造了一个零。好在日本的工业盈利能力比较强，农村人口不多，否则，政府是补不起的。

三 荷兰对农业劳动力的资质有较高的要求，日本的农业已沦为老人产业

荷兰农业是一个资源密集型与知识密集型、技术密集型相结合的产业，花卉、蔬菜育种和栽培，良种奶牛、肉牛的培育繁殖，以及食品加工工艺装备等，都具有世界领先的技术。对从事农业生产经营的劳动力的资质也规定了较高的标准。只有取得农业大学毕业证书即绿色证书的人，才有资格种地和养牛。即使对家庭私有土地的经营继承，如果没有获得绿色证书，也取消经营的继承权。全国的农业教育体系分为高中低三个层次，初等教育培养技术工人、中等教育培养农艺师、高等教育培养科研人员。农场经营管理更是一门所有从业人员必修的基础课。完善的教育体系和严格的从业资质管理制度，使农民具有较高的素质，为农业成为一个具有国际竞争力的产业提供了人力保证。

反观日本，2015 年农业从业人员 209 万人，平均年龄 65.8 岁。由于老年人退出农业之后，年轻人不愿意务农，过去 5 年，农业劳动力减少 20%。农业劳动力占全社会劳动力的比例为 4%，农业增加值占 GDP 的比例仅为 1%。由于农业劳动力短缺，土地弃耕面积达 42.4 万公顷。日本农业的衰落景象与荷兰农业的勃勃生机形成鲜明对比。

四 荷兰致力于发展高附加值的出口农业，日本竭力保护本国农产品市场

荷兰国土面积狭小，耕地面积仅为我国的 1.6%，农业劳动力人数仅为我国的 0.1%。2015 年荷兰农产品出口额达 824 亿美元，自 1989 年以来，净出口额始终居全球第二位，仅次于美国。荷兰进口一些粮食、饲料，满足国内食品和畜牧业发展的需要。也就是说，荷兰从人均

土地资源少的基本国情出发，进口占用土地和水资源多的农产品，经过转化增值，变成劳动、技术、知识密集型的农产品用于出口，提高了外贸的经济效益。为了使农产品打入国际市场，荷兰请美国和欧洲的质量监管专家帮助建立质量标准，而且国内标准高于国际标准，并严格检测管理，从而取得了国外消费者的信任。

反观日本，由于农业缺乏国际竞争力，国家对农产品进口设置这样那样的壁垒，以保护国内农产品市场。封闭市场的结果，保护了落后。目前，日本食品的自给率仅为39%。由于对农产品的刚性需求，到头来，还得依赖进口，而且进口的比重还会不断提高。根据有关国际机构对农业竞争力的评价，荷兰农业的竞争力指数为0.261，日本为 - 0.914。日本的农业已成为失败的典型案例。

纵观荷兰、日本农业的经验教训，我们应当得到哪些启示？一是要在家庭土地承包的基础上，走以合作社为经营主体的社会化大生产的道路。荷兰发展农业合作社的经验证明，它有助于实现产加销一体化，干成单家独户干不了的事情，使农民能分享到种植养殖、农产品深加工和产品营销三个环节的利润；有助于采用先进的科学技术和大型农业机械，提高生产效率；有助于创建和维护农产品品牌，提高品牌的信誉度和市场占有率；有助于把小规模经营的农户引入专业化、社会化的生产体系，分享到规模化经营带来的利润。合作社可以有多种形式，股份合作、土地入股、公司化经营等就是中国农民的创造。通过建立现代产权制度和按劳分配制度，合作社可以避免大锅饭和平均主义。二是要吸引高素质的劳动力从事农业经营。这就要通过土地经营权流转，发展集约化、高效益农业，使从事农业经营比外出打工获得更高的收入。目前，我国农业劳动力出现类似日本的老龄化趋势，必须引起高度重视。三是强化农业科研和技术培训体系，大力培育农产品新品种，努力使农业劳动力掌握先进的栽培、饲养、加工技术。我国现在主要依靠农业技术员的指导是不够的，一定要让农民成为具有农业技术和知识的劳动者。四是积极扩大农产品出口，建立开放型农业。我国农业劳动力为荷兰的900多倍，2015年我国农产品进出口1875.6亿美元，其中，出口706.8亿美元，比荷兰少117亿美元，进口1168.8亿美元，逆差462.0亿美元。我们应当学习荷兰经验，发挥我国劳动力资源丰富等优势，努力扩大农产品出口。通过出口劳动、技术、知识密集型农产品，进口一些资源密集型农产品，实施以劳力换土地的战略，可以倒逼我们提高农产品质量，获得农产品外贸的比较效益。

实施精准扶贫　决胜全面小康[*]

郑新立

未来 5 年，是实现全面小康目标的决胜阶段。习近平总书记提出了要"齐心协力打赢脱贫攻坚战，确保到 2020 年现行标准下农村牧区贫困人口全部脱贫"。提出要实施"精准扶贫"，包括"扶贫对象精准、项目安排精准、资金使用精准、措施到户精准、因村派人精准、脱贫成效精准"。全面落实这些要求，是实现全面小康的重要保证。选派第一书记到贫困村任职，是实施精准扶贫的重要举措。

总结多年经验，扶贫工作应注重做好以下几件事：

实施精准扶贫必须精准到户。 首先要把目前尚未脱贫的农户弄清楚，摸清贫困的原因，然后一户一户地采取有针对性的帮扶办法。如果贫困家庭有青壮年劳动力，那么最有效的办法就是对这些劳动力进行职业培训，鼓励他们出去打工。目前城市最缺的工种是家政服务、医疗护理、物流快递、建筑施工、饭店餐饮、环卫清洁等，农民工的年均收入已接近 4 万元。如果一家有两个人出来打工，再加上承包地有偿转让收入，家庭年收入即可达到 8 万元以上，超过城镇居民家庭年均收入。中年妇女出来当月嫂，月收入可达 8000 元以上。如果贫困家庭缺乏青壮年劳动力，但仍有老弱劳动力，可帮助其发展畜牧养殖业。现在一斤牛羊肉买到 40 元以上，每年出栏 100 只羊，年收入可达 20 万元。如果是因病因灾致贫，则应给以救济补助，同时完善医疗保障和各类保险。总

---

* 本文为郑新立 2016 年 5 月 13 日在中国政策科学研究会举办的"实施精准扶贫，决胜全面小康"论坛上的发言。

之，经过 30 多年改革发展，脱贫的条件比过去要好得多，致富的门路也比过去多得多。只要找准贫困原因，在各方面的帮助下，迅速脱贫是可以做到的。

培育本地优势特色产业。贫困地区一般自然条件比较差。但是，只要有人居住的地方，总有赖以生存发展的条件。改革以来，许多自然条件不好的地方也找到了适宜本地发展的特色产品和产业。如宁夏在沙地上种植葡萄、枸杞；新疆利用滴灌种植香梨、大枣，大面积种植长绒棉；贵州在荒山上种植药材、茶叶；陕北退耕还草、舍饲圈养，发展畜牧业，大面积种植苹果；沂蒙山区搞小流域治理，恢复生态，发展林果、畜牧养殖和石材业；定西地区发展土豆种植加工、利用温室大棚种植百合花；许多地方改善交通条件，发展旅游等等，都培育出本地的优势特色产业，找到了致富门路。

重视智力扶贫和技能培训。习近平同志讲："扶贫必扶智。"帮助贫困地区发展，重点应放在教育上，特别是职业教育。要搞好基础教育，有条件的地方尽可能从小学高年级起就实行寄宿制，适度集中到条件较好的学校学习，并免除各种费用。陕北有一个县，把扶贫资金集中用于中小学教育上，绝大部分学生都能考取中等职业学校以上的大中专学校。实践证明，这是一个最根本的扶贫措施。因为一个家庭有一个在城镇第二、三产业稳定就业的人员，全家脱贫就有了保障。职业教育应面向全体青少年和成年劳动者，使每个劳动人口都能学会一门专业技能，找到一个收入较好的工作。

改善贫困地区基本生产生活条件。随着全国铁路、公路、机场建设的全面展开，包括贫困地区在内的交通条件迅速改善。但是，与经济发达地区相比，贫困地区的交通、供水等基础设施仍然是制约经济发展的主要因素。应当继续加大贫困地区基础设施投资力度，为经济发展创造更好的条件。特别是要积极运用 PPP 模式，吸引社会投资和银行贷款，投入贫困地区的基础设施建设。如四川凉山自治州最近与一家民营企业签订了一个大的合同，建设五条高速公路，总投资 1600 亿元。投资完成后，将彻底改变凉山自治州的交通状况，为凉山经济发展创造良好环境。又如云南、新疆、内蒙古等边境地区，随着国际互联互通项目的进展，一些重要口岸可以设立自由贸易区，形成对外开放的前沿地带，使这些地区的少数民族尽快富裕起来。

发挥基层党组织在脱贫中作用。战胜贫穷是一艰巨而又伟大的事业，各级党组织应当充分发挥坚强领导作用，党员应当发挥先锋模范作用。许多地区脱贫致富的经验证明，"送钱送物，不如建个好支部。"有的基层党支部努力把党员培养成致富能手，把致富能手培养成党员。现在农村年轻党员大部分都出去打工了，村里缺少年轻人，这是客观现实。怎么办？应通过土地流转，发展规模化、集约化、社会化大农业，吸引和动员高素质的劳动力特别是党员回乡创业。农村人口减少是历史必然趋势，但决不能搞成老人农业。在这方面，荷兰有着成功的经验。荷兰人均只有 1.3 亩地，通过发展合作社，搞花卉、肉奶等高附加值农产品，扩大农产品出口，25 万农业劳动力，去年出口 824 亿美元，人均创造农业增加值 4 万多欧元。包括贫困地区在内，我们要向荷兰学习，使农业成为一个具有国际竞争力的产业，使农业劳动生产率和农村居民收入逐步赶上和超过第二、三产业的收入，在发展农村经济中使全体人民共同富裕起来。

论中国经济发展的新常态

张夕和

近两年，中国经济的发展速度引起国内外的高度关注，什么样的发展速度是符合中国实际情况的，中国经济是否可持续发展，中国的经济转型和结构调整会给世界经济带来什么影响，经济发展的新常态的实质和内涵是什么，都引起诸多经济学家热议。基于些对多年发展的冷静思考，中国目前理性定位发展内涵，不追求增速，而是在保持合理发展速度基础上功能深化改革，激发经济增长的内生动力，减少行政干预，发挥市场配置，逐步向形态更高级、分工更复杂、结构更合理的阶段演进，实现长期经济的持续健康发展，进入经济发展的新常态。

一 应科学理解经济发展的新常态

1. 经济新常态的提出定位

"新常态"一词首次提出是习近平主席 2013 年 4 月 8 日在同参加博鳌亚洲论坛 2013 年年会的中外企业家代表座谈时。2014 年 5 月，习近平在河南考察时指出，中国发展仍处于重要战略机遇期，要增强信心，从当前经济发展的阶段性特征出发，适应新常态，保持战略上的平常心态。7 月 29 日，习近平在和党外人士的座谈会上又一次提出，要正确认识中国经济发展的阶段性特征，进一步增强信心，适应新常态。

李克强总理在出席 2014 年夏季达沃斯论坛时，向外界阐述中国创新宏观调控的思路和方式，以及推进经济结构调整等措施。有些境外媒体称其为"新常态"，而与会期间，更受关注和热议的是"中国经济新常态"。

2. 经济新常态的内涵理解

从字面理解，"新常态"包含两个意思，"新"意味着不同以往，"常"表示一种趋于稳定的状态。我国改革开放以来，GDP 增速长期保持在高速轨道上，2014 年，我国经济运行呈现出的种种信号和变化，表明经济发展正迈入新的阶段，出现了不可逆的新趋势。最基本特征是经济增速换挡回落，从过去 10% 左右的高速增长转为 7% 至 8% 的中高速增长。2012 年、2013 年，GDP 均增长 7.7%，2014 年为 7.4%，中国经济的增速拐点已经到来，它由一些客观的因素决定，不以人们的愿望为转移。增长率下降的原因在于支持经济增长的驱动力发生了变化，这样的力量主要包括三个：劳动力投入、资本投入、生产率提高。新常态是主动的还是被动的？仅有增长减速而没有增长质量的提高，并不是我们希望见到的一种常态，不能把经济的下行视为新常态，经济的下行是当前表象状态，而接受这种下行压力，主动深化改革，主动创新，大力调整经济结构，破除影响经济发展的体制机制障碍下的发展，才是新常态。2014 年中央经济工作会提出要科学认识当前形势，准确研判未来走势，必须历史地、辩证地认识我国经济发展的阶段性特征，准确把握经济发展新常态。新常态从表面看来是政府接受经济的中速或中高速增长，实际是政府应该也必须抓住这个战略机遇窗口期，着手改变经济增长模式，推动经济结构转型，把"稳"放在"增"的前面，实现平衡发展和持续发展，在各种改革方面综合发力，把新常态变为经济发展的常态。

二　中国经济发展进入新常态势在必然

1. 不改革，中国经济不可能持续高速增长，必然会出现问题

从 2008—2015 年的 7 次中央经济工作会议提出的工作任务来看，无论是 2008 年会议提出的五项工作内容，还是 2012 年提出的全面深化改革开放，乃至 2015 年会议提出的五项主要工作任务，短期而言，中央都希望通过有效的经济政策调整来实现经济发展的基本目标，中长期来看，则希望通过转变经济增长方式来实现经济再平衡，化解经济面临

的系统性风险，进而寻找一种能使经济保持持续活力的增长机制，将中国经济增长由主要依靠资本与出口驱动向主要依靠资本效率改进、研发创新和人力资本提升来驱动。但目标与现实距离不小，尽管 6 年来中国经济在规模上从 4 万亿美元迈上了 9 万亿美元台阶，但增长质量并未同步提高，甚至在某些方面还有恶化趋势。换句话说，如果不能按照有效经济增长的基准对经济结构展开换血式改革，如果货币政策依然还是被动应对，如果地方债的风险敞口持续扩大，如果金融市场主体的免疫力仍然不能有效提升，如果中国经济继续在低质低效高风险的不确定周期中运行，那么即便经济总量做大到 15 万亿美元乃至最终超越美国的经济规模，本质上也还是既有经济增长逻辑的延续，一旦风险管控失位，中国经济极有可能面临断崖式硬着陆。从 1979 年到 2012 年，连续 33 年的时间，我国年均经济增长达到 9.8%，这样的高速发展态势在人类历史上不曾有过。并且是发生在底子薄、人口众多、制度不完善的状况下，这无疑是个奇迹。

2. 正视发展中的矛盾，把握经济转型重点

虽然我国经济总量已跻身世界第二大经济体，但人均 GDP 排名靠后，发展依然不乐观，高发展速度也带来了一些问题：一是资源过快耗竭；二是生态环境遭到破坏；三是低效率；四是产能过剩；五是错过了技术创新和结构调整的机会。中国经济在既有增长框架下停留的时间越长，经济战略转型的边际成本就越大，还会加大经济生态的脆弱性，提高系统性经济风险爆发的概率。中央经济工作会议从消费、投资、出口和国际收支、产能和产业组织方式等 9 个方面对经济发展新常态作出全面深刻分析，对于我们正确认识、适应、引领新常态，具有重要指导意义。这些趋势的变化迫切要求把经济发展质量、结构作为下步转型重点，长期实现理性发展、科学发展，这些趋势性变化也说明，我国经济正在向形态更高级、分工更复杂、结构更合理的阶段演化，正从高速增长转向中高速增长，经济发展方式正从规模速度型粗放增长转向质量效率型集约增长，经济结构正从增量扩能为主转向调整存量、做优增量并存的深度调整，经济发展动力正从传统增长点转向新的增长点。进入新常态是必然，但绝对不能把新常态当成一种静态，认识新常态，适应新常态，引领新常态，是当前和今后一个时期我国经济发展的大逻辑。不

单纯追求速度，不掩盖经济发展矛盾，在发展上不再单纯以 GDP 论英雄，要练内功，看重发展内涵，要以大无畏的改革促发展，尤其是要有壮士断腕的决心和勇气，改掉与市场经济发展不相适应的机制体制桎梏，正视和解决问题是下一步经济发展的主要任务，是经济新常态的真实内涵。

三　打造经济新常态唯一出路是改革创新

新常态最显著的特点是经济增长的自然放缓。从科学角度看，着力点是在承认增长速度下降是一个客观存在的趋势同时，用高生产效率替代原有低效率来支撑增长。而效率提高必须深化改革，新常态就是要改变经济发展中头痛医头脚痛医脚的疗法，找到问题根本原因，从长计议，对症下药。要在保证不发生崩盘、不发生系统性危机的条件下，把主要注意力放在推进改革上。

1. 只有通过全面深化改革，建立良好的经济社会体制，才能优化结构，转变方式，确立由较高效率支撑的中速增长的新常态

一是体制机制。30 多年经济发展的历程表明，经济发展方式转型进行得好不好，在很大程度上取决于体制改革的进度。改革有所推进，体制有所改善，发展方式转型就容易取得成效；否则即使三令五申，反复动员号召，转型也还是举步维艰，成效不大。

二是结构调整。面对经济结构发展中存在的诸多问题，必须通过优化结构，缓解失衡。在产业结构方面要从工业大国向服务业强国转变；在质量结构方面从"吹泡沫"到"挤水分"，实现有效益、有质量的增长转变；在区域结构方面从各自为战到协同发展转变；在金融结构方面要打破金融垄断，让利实体经济转变，多措并举，实现全方位的优化再平衡。

三是宏观政策。必须采取一种全新的中医疗法，不再是简单的头痛医头脚痛医脚，而是增强身体的免疫机能，凭借自身力量克服病痛，消除病根。也就是说，面对经济下行的压力，政府不再寄望于通过"放水"、"刺激"等需求管理手段抬高经济增速，而是如习近平总书记所说："保持战略上的平常心态"，着力通过促改革和调结构消化前期政

策，发掘经济的长期增长潜力。

2. 要始终坚持在全面改革的基础上全面创新，以创新引领经济发展速度螺旋式增长，具体来讲，必须要在以下方面发力

一是从制度设计上激发全民的创新精神，大力发展战略性新兴产业。政府要鼓励创新，给予创新的政策和空间。"十二五"初期，七大新兴产业占整个经济的比重只有 5%，当时计划到 2015 年，这个占比要提高到 8%，到"十三五"的时候要提到 10%。这就意味着从"十二五"到下一个五年计划，这个新兴产业的增长速度要在 20%—22% 之间，如果 GDP 平均增长率是 7% 的话，新兴产业的增长将远远超过 7%。

二是服务业尤其是现代服务业务要跨越式发展。国家服务业占经济总量的比例，发达国家平均是在 70%，美国在 70% 以上，全世界平均在 60%，中国只有 45%。我们国家 2013 年服务业的增加值首次超过了工业的增加值，按这个趋势，未来几年第三产业占 GDP 的比重就要达到 50%，相当于第一产业第二产业之和。

三是城镇化要稳中加速。城镇化会从投资和消费两个方面扩大经济增长的动力，要科学设计，稳步推进城镇化和农业现代化水平。

四是中西部地区再崛起。西部大开发政策已起了效果，这两年中西部的经济增长速度都超过沿海。中西部和东部改革开放时刚刚崛起的基础完全不一样，已经有了较好的基础设施，交通运输四通八达，中西部思想观念也较当时更加认同改革开放。这些因素都为今天中西部的再崛起奠定了基础。

五是使技术变革成为经济发展的助推器。在中国，移动互联和大数据不仅给生产经营方式带来了巨大变化，也给人们的生活方式带来了巨大的变化，要科学引领技术变革为经济转型贡献力量。

六是中国企业必须大阔步走出去。中国企业走出去是稳增长、调结构的重要举措，可以推动我国优势和富余产能跨出国门、促进中外产能合作、拓展发展空间，提高中国产品尤其是装备的国际竞争力，推进外贸结构优化升级，促进制造业和金融服务业向中高端水平迈进。

七是鼓励新兴市场业态的大发展。新兴市场发展已初露端倪，李克强总理说过，对于新兴业态不能一棒子打死，该控的风险，要尽可能把

它控制住，但是也要给予发展空间，这个背后就是互联网信息化和大数据的推动，比如，基于互联网技术的中介服务平台和电子商务。

八是大力推进国企改革。要从顶层设计、机制体制、股权结构方面推进，并科学推进混合所有制，激发国企的活力和竞争力，实现适应经济发展新常态下的协调发展，不拘规模，更重质量。

九是要大力推进与经济发展新常态配套的机制体制改革，建立有利于创新和创业的体制，建立一个开放的稳定的自由竞争的市场体系。

四 理性的经济新常态会带来均衡和公平

通过深化改革和结构调整建立的中国经济新常态是理性的，必将对经济社会发展和进步产生积极的深远影响。

一是就业更充分。服务业吸纳就业的能力高于制造业，新常态下，服务业占比上升、GDP 总量增加，就业状况将明显改善。

二是收入更均衡。就业充分，劳动者收入提升有了保障。此外，新常态将向消费型经济倾斜，扩大消费就应增加居民收入，特别是增加边际消费倾向更高的低收入者收入，收入分配将渐趋合理。

三是物价更稳定。改变依赖投资和出口旧模式，新常态下，更多依赖消费拉动的经济增长将相对稳定，周期性波动的波幅会明显缩小，其影响之一就是物价相对稳定。

四是房价更平稳。2015 年以来，各地陆续放开楼市限购政策。二三线城市住房供给过剩，在经济增长放缓的新常态下，房地产行业的暴利时代已经过去，房价将维持平稳，不会大涨大跌。

五是社保更完善。新常态下，居民收入稳定，要消除民众消费的后顾之忧，则需解决"老有所养"的问题，伴随医疗体制改革、户籍制度改革等政策实施，中国将精心编织世界上最大的社会保障网。

六是创新行业更赚钱。新常态下国家明令禁止或淘汰的无创新、低效益行业将步履维艰，以服务业为代表的物流、商贸、餐饮等小生意赚大钱的机会较多。国家对于科技创新的支持，将帮助一批有创意、有技术的产业与人才获得蓬勃发展。

中国经济发展的新常态必然要经过经济增长速度的"换档期"、经济结构调整的"阵痛期"和前期刺激政策的"消化期",最后才能进入经济发展的稳定期。同样在经济发展新常态过程中,我们再不能仅以GDP论英雄,GDP是个数字,GDP的技术含量是一个国家的竞争力。因此,我们必须认识到,以后的7%的GDP是不会都是钢铁、水泥、平板玻璃,而是有更多技术含量。另外,从历史阶段来看,中国人均GDP已经接近7000美金了,达到中等收入国家水平。在这个阶段,人均收入提高了,社会的贫富差距拉大了,中国连续十年基尼系数都超过了国际警戒线,必然意味着以及人和人之间的矛盾加剧,人和自然的关系不协调。如果不正视这些矛盾,很可能会跌入"中等收入国家陷阱"。面对经济发展和社会运行中存在的问题,我们需要调整发展思路,加快经济和政治体制改革,全面释放改革红利,促进经济转型升级,使经济机构和增长速度更合理,增长质量更高。提出和定位中国经济的新常态,决不是安于现状,而是要把握新常态下各种机遇和改革窗口,政府主动主导制度改革,建设推进体制向有利于创新创业体制转化,理性把控中国经济的发展的方向、速度和质量,以务实的新心态引领经济发展的新常态。

我国产业发展中长期问题思考

李 飞 武小欣

2008 年以来，随着全球金融危机和次债危机的发生，全球经济的总需求和总供给发生了重大变化，全球产业格局也发生了深刻变化。欧美等发达国家纷纷提出"再工业化"、"再制造化"、发展战略性新兴产业等发展战略。与此同时，中国出台了应对金融危机的一揽子政策，积极应对全球金融危机对中国的负面影响。2014 年中国 GDP 比 2007 年增长了 79.9%，而美国、欧元区、日本相应增长 8%、-1%、0.2%，中国经济在危机中逆流而上，取得很大成绩。在此期间，中国在经济总量上超越日本，成为世界第二经济大国；制造业增加值超越美国，成为世界第一制造业大国。中国产业发展面临新的起点和形势，面临新的挑战和任务，分析这些情况，有助于我们在谋划产业发展时进行科学定位，有助于在未来产业竞争中把握先机。

一 我国产业发展面临的新形势

第一，经济面临减速发展趋势。改革开放以来的 36 年间，我国经济年均增长 9.7%，但是经济增长并非是匀速的，从"八五"到"十一五"的四个五年期间，实际经济增长的平均速度为 12.3%、8.6%、9.8% 和 11.2%，经济在高速增长过程中存在明显的波动性。受国际金融危机影响，近几年我国经济增长率已经从 2007 年度的 14.2% 下降到 2014 年的 7.4%，经济增长速度下降明显。我国经济增长速度下降是短期性的还是中长期的特点？这个问题引起了国内外学者的关注。学者巴里艾肯格林（Barry Eichengreen）、朴东玄（Donghyun Park）和（Kwan-ho Shin）分别在 2012、2013 年发表文章讨论中国经济何时减速的问题。他们认为，按 2005 年国际元计算，中国人均收入将在 2015 年左右达到 17000 国际元时经济增长速度可能出现减速，平均增长速度有可能下降 2—3 个百分点[①]。也就是说，2015 年以后，我国经济增长速度有可能下降到 7% 左右。三位学者的观点明显对国内学者和官方产生了影响。刘世锦[②]等认为，我国经济可能在 2013—2016 年开始出现增长速度下发展趋势。综合各种经济增长因素分析，我国不可能在未来的一二十年内仍然以年均 9.7% 的速度增长。因此我国领导人强调"没有水分的增长"、"不追求高速增长"、"打造中国经济升级版"等，说明政府也开始有意识放弃一定的速度增长，更加追求经济增长的质量和结构优化。因此，未来五至十年左右，随着我国基本实现工业化，持续保持 10% 以上的高速增长的可能性将大大降低，经济增长将呈现减速发展格局。

第二，产业发展面临新的升级需求。产业结构持续优化升级是一个国家经济发展水平不断提高的最重要的途径之一。改革开放以来，我国经历了数轮产业升级，推动了产业的持续转型与规模扩张，对促进我国经济的快速发展起到了重要支撑作用。例如，20 世纪八九十年代，我国纺织、家电等轻工业得到快速发展，有效矫正了原来计划体制下不合理的工业结构，满足了城乡居民的消费升级需求，发挥了我国经济的比较优势，促进了经济的发展。2002 年以来，我国进入了新一轮产业结构升级的阶段，钢铁、水泥、石化、电子、汽车、机械、煤炭、房地产等行业高速增长。十多年来，重工业的增长速度明显快于轻工业的增长速度，重工业化的趋势十分明显。但是，最近一段时期，这些曾经高速增长的行业出现了产能过剩现象。房地产市场逐步趋于疲软使得以房地产为引擎带动钢铁、水泥、建材等行业高速增长的模式难以为继；资源环境约束日益严峻，使得高耗能产业发展受到越来越强的约束。现实发

---

① Eichengreen, Barry, Donghyun Park and Kwanho Shin (2012), "When Fast Growing Econo-mies Slow Down: International Evidence and Implications for China," *Asian Economic Papers*11, pp. 42 - 87. Eichengreen, Barry, Donghyun Park, and Kwanho Shin (2013), "Growth Slowdowns Redux: New Evidence on the Middle - Income Trap," NBER Working Paper No. 18673.

② 刘世锦等：《陷阱还是高墙？》，中信出版社 2011 年版。

展迫使产业发展需要新一轮升级。如果新一轮产业升级成功的话，将进一步提升我国产业的国际竞争力，引领中国跨越中等收入陷阱。因此，未来五到十年是我国新一轮产业升级的关键时期。从动态比较优势和竞争力的角度看，尽管要素成本持续上升，但我国劳动密集型产业的竞争优势仍将能够维持一段时期；随着资本积累能力的持续提升，以及创新能力的提高，我国将逐步在资本密集型产业和中等技术产业中产生竞争优势。2020 年以前，我国产业的比较优势将主要体现为劳动密集型产业和中等技术的制造业领域。因此，未来一段时期，中等技术的资本密集型产业竞争优势将会不断增强，这也是我国产业升级的方向。

第三，产业结构转型升级已成为产业政策的焦点。对于任何一个国家而言，产业结构升级是一件十分困难的事，中国也不例外。全球金融危机以来，政府把产业结构调整作为产业政策最重要的着力点，先后制定了十多个产业调整与振兴规划，出台了关于加快服务业、战略性新兴产业、文化产业、工业转型升级规划等一系列政策，明确把产业结构优化作为主攻方向。近几年修订的外商投资产业指导目录等也明确把产业升级作为政策的重要方向。在产业政策中注重结构升级、注重节能环保、注重土地集约利用成为重要的引导方向。

第四，区域产业发展面临新的格局。十几年来，我国先后实行了西部大开发战略、东北振兴战略，以及十多个综合配套改革示范区建设，目前正在积极推进京津冀协同发展和长江经济带战略，努力促进区域均衡发展。这些发展战略客观上促进了区域均衡发展，抑制了区域发展差距扩大的趋势。但各种区域战略使各种优惠政策泛化，通过税收优惠等措施所创造的低成本优势不再成为某一地区的独有优势，造成区域间竞争的平等化。由于东中西部区域间存在发展水平的空间差距、时间差距，为产业在东中西部之间的转移创造了客观条件。随着工业化和城镇化的非平衡发展，东部地区逐步趋于成熟，我国工业化和城镇化将逐步向中西部地区和县域推进。从近几年我国产业发展格局看，中西部地区产业有加快的趋势，未来十多年将有可能是中西部地区加快发展的黄金时期。

二　我国产业发展面临的困难与挑战

我国在产业发展也面临着一系列困难与挑战，主要表现在以下几个方面：

第一，中国产业发展在国际上面临挤压式竞争。随着国内外发展环境的变化，我国产业发展面临着日益严峻的国际竞争。例如，十多年以来我国一直是遭遇国际贸易反倾销调查最多的国家，每年反倾销的数量越来越多。这说明国际上贸易保护主义的抬头，也说明中国产品的国际竞争力越来越强，引起有关国家的日益关注。以光伏产业为例，在短短数年间中国发展成为世界上最大的光伏产品制造业国家，对欧美的光伏企业产生强大的竞争压力，但是国内市场需求规模相对狭小，在遭遇国际市场制约时，光伏产业遭遇重大打击。这些年来我们发现，当中国某些产业或产品具有国际竞争力的时候，就会遭遇国际上强大的竞争压力。但是，我国产业的竞争优势主要集中于劳动密集型产业或者高技术产业的劳动密集阶段，产业的创新能力明显不足。随着欧美等发达国家在全球金融危机之后强化高中端制造业的竞争优势，不可避免会打压中国向产业链高端迈进的步伐。另一方面，随着一些发展中国家如越南、泰国、墨西哥等国家产业的发展，与中国产业的竞争越来越强，对中国产品的国际市场替代压力也十分明显。可以说中国产业发展"前有狼后有虎"，在国际市场上遭遇的挤压式竞争十分明显。

第二，产业向创新驱动升级困难。尽管我国早在2006年就提出了创新型国家建设的战略目标，研究与试验发展经费支出占国内生产总值的比重已经由2005年的1.3%提高到2014年的2.09%，但是距离创新型国家还有很大的距离。一方面，我们的创新投入水平仍然明显低于一些科技进步比较快的国家，另一方面，我国的创新资源投入结构不合理，创新投入产出效率比较低。过去十多年我国高速发展的产业，均是成熟产业的规模扩张，高附加值的高新技术产业发展相对不足。企业是产业创新的微观主体，在长期的高速增长环境下，我们的企业习惯于在蛋糕快速做大的情况下获取利润，习惯于通过争取优惠政策获取利润，习惯于在价格战中获取市场竞争优势，不习惯于通过市场严酷竞争获得核心竞争力，不习惯于通过创新获取持续发展能力，企业存在明显的创新激励不足问题。中国每年进口以及在中国投资的外资企业在中国市场销售将近 40 万亿元的商品，中国企业没有能力消化这样一个庞大的内需市场，却千辛万苦、漂洋过海依靠价格竞争优势血拼国际市场。例如汽车市场，2014 年 2349 万辆销售规模的全球第一大汽车市场，其 70% 的市场份额和 70% 的利润为外资企业和品牌所得，一汽、二汽就是造不出具有国际竞争力的自主品牌汽车。类似的行业还不少，我国产业整体上缺乏创新能力是产业升级面临的最大困难。

第三，资源环境约束日益严重。随着工业化和城镇化的快速推进，我国的能源资源消耗总量越来越大，已经对生态环境产生了严重影响，经济社会发展面临的资源环境约束越来越大。全年能源消费总量由 1978 年的 5.7 亿吨标准煤增加到 2014 年 42.6 亿吨标准煤。由于以煤为主的高碳能能源消耗结构不可能发生根本性改变，使得我国碳排放总量越来越大，对环境产生了不可忽视的影响。根据世界银行数据，1990 年到 2010 年我国二氧化碳排放量年均增长 6.2%，中国人均二氧化碳排量已由 1990 年的 2.2 吨增加到 2010 年的 6.2 吨，已经明显超过世界平均水平。目前，我国水资源、大气、土壤污染已经十分严重，环境问题已经成为社会关注的最主要问题之一。我国进口石油、铁矿石、铜矿等重要资源的量越来越大，重要矿产资源贸易依存度已经达到很高的水平。资源环境的约束迫使我国产业必须转型发展。

第四，产业区域结构不合理。三十多年来，我国在许多产业发展方面存在着明显的一哄而上潮涌式发展现象，许多省市和地区存在产业雷同、低水平价格竞争，造成大量的投资损失。许多省市的产业和当地的资源禀赋不匹配，但是受财税体制和行政体制制约，各地都在为做大产业规模而努力，地方保护主义盛行使得许多僵尸企业不能有效退出市场。例如，我国钢铁产业的生产与市场分布存在明显的不匹配，华北地区不是我国主要的钢铁消费市场，但是水资源缺乏的河北省大规模发展钢铁产业，明显与资源禀赋不匹配，给华北地区环境造成很大的压力。类似的产业空间结构不合理的例子还不少。产业空间结构不合理对于产业结构优化升级存在明显的制约作用。

我国正处于跨越所谓中等收入陷阱的过程之中，加快产业结构优化升级是最关键的途径之一，但是当前产业发展过程中存在的问题导致产业发展具有明显的不可持续性，主要表现在粗放型增长模式不可持续、低成本优势不可持续、过度依赖外需的模式不可持续。中国产业发展需要战略性突破。

三　产业发展新趋势

随着我国经济的持续发展、各类产业政策逐步发挥效力，我国产业发展将呈现以下几大趋势：

一是产业高端化。随着我国持续推进创新型国家战略，自主创新能力将进一步增强；随着教育的进一步加强，高素质劳动力规模的持续扩大，我国产业升级的要素条件不断完善。我国产业升级还有很大的潜力，未来一段时期，我国产业仍将呈现由低劳动生产率向高劳动生产率发展、由低附加值向高附加值发展、由劳动密集型向资本和技术密集型发展态势。

二是产业生态化。随着我国节能减排、应对气候变化政策的实施，绿色化、低碳化成为产业发展的大趋势。目前，新型节能材料、新能源汽车、海水淡化、垃圾发电、水处理、太阳能、风能、核能、生物质能、二氧化碳捕集等先进产品和技术日新月异，催生着新产业或新业态突飞猛进发展。产业生态化发展的前景广阔，蕴含着宝贵的发展机遇。

三是产业专业化。随着市场竞争的深入，我国区域产业分工雷同的局面将会逐步得到改善，通过专业化获取规模经济、获取竞争优势成为许多地区的自觉选择。以 2013 年钢材、汽车、家用电冰箱、移动通信手持机、微型计算机设备产业为例，全国有 30 个省市共计生产 10.68 亿吨钢材，其中河北、江苏、山东、辽宁和天津 5 省市总产量占全国产量的比例达到 53.3%；全国有 26 个省市生产汽车，总产量为 2212 万辆，其中广东、上海、北京、广西、重庆和湖北 6 个产量超百万辆的省市总产量占全国的比重达到 53.7%；全国有 17 个省市生产家用电冰箱 9261 万台，其中安徽、广东和江苏 3 省总产量占到全国产量的 64.6%；全国有 18 个省市生产移动通信手持机，共生产 14.56 亿台，其中广东和北京两地产量占到全国的 63.5%；全国有 16 个省市生产微型计算机设备 3.37 亿台，其中上海、江苏重庆和四川 4 省市总产量占全国产量的 80.6%。可以看到，在未来区域竞争格局中，没有专业化、没有规模化的产业将难以生存，难有核心竞争力。

四是产业集群化。长三角和珠三角之所以具有较强的区域竞争力，发展产业集群是重要原因之一。东部地区在发展产业集群方面为中西部地区发挥了示范作用，进入"十二五"时期以来，中西部地区纷纷把打造产业集群作为增强区域发展竞争力的重要举措。例如湖南提出在"十二五"时期促进全省 50 个产业集群发展，在长沙工程机械产业集群产值已达千亿的基础上，力争到 2015 年培育电子信息及新材料、石油化工、汽车及零部件等 10 个产值达到 1000 亿元左右的产业集群。江西省以产业链培育和延伸为纽带，以龙头企业和配套企业为重点，注重引进和培育相结合，着力解决产业布局不集中、协作配套不紧密、服务体系不健全等问题，按照重大项目（龙头企业）—产业链—产业集群发展路径转型升级，到 2015 年全省力争形成 20 个主营业务收入超 100 亿元的产业集群。产业集群化发展已成为增强区域发展核心竞争力、改善投资环境的重要途径。

五是产业服务化。随着我国工业化的基本完成，服务业将在国民经济发挥越来越重要的作用，未来十年左右服务业将逐步成为国民经济发展的主引擎，发展服务业将是大势所趋。我国城镇化的持续推进、居民收入水平的提升将为服务业地发展提供强劲的需求。加快服务业发展也成为促进产业转型升级、构建区域发展发展核心竞争力的重要选择。

四　政策建议

面对新的发展环境，我国有必要采取更加有效的政策促进产业发展，为此，有必要采取以下几个方面的政策：

第一，促进产业政策创新。随着我国产业技术与世界前沿技术差距的逐步缩小，应该改变过去那种政府直接选择产业技术发展方向，以及进行产业规模、区域和产业组织数量控制为主的限制准入性产业政策，转向放开准入，实行竞争性、普惠性的产业政策。产业政策应该在国家主体功能区规划安排下，促进产业空间的优化，除此之外应该更加充分发挥市场竞争在产业优化升级中的作用。产业政策要取消所有制歧视，消除人为的企业数量准入限制，强化公平市场竞争，强化产业准入和退出的平等、普惠性。产业政策的激励方向主要围绕创新发展、绿色低碳发展、集群发展、提升产业竞争力为主。

第二，加快垄断行业改革。我国的一些垄断行业往往存在着自然垄断、行政垄断、国企垄断相互交织的局面，限制了社会资本的进入，严重制约了产业的结构升级，因此必须加快垄断行业改革，为非国有企业创造更加广阔的投资领域。加快在垄断行业引入竞争机制改革步伐，明确限制国有企业的全产业链垄断经营行为，进行垄断产业链分拆、竞争改革，提高垄断产业链竞争性环节市场竞争水平。加大反垄断法对国内企业垄断行为的惩戒力度，促进市场公平竞争。

第三，培育有效率的竞争性产业组织。有效率的经济组织是西方兴起的关键，同样，实现中华民族伟大复兴的中国梦也需要有效率的经济组织做支撑。只有培育越来越多的富有竞争力的企业才能够适应产业升级的需要，才能够适应全球化竞争的需要。更加注重发挥市场机制的作用，让企业真正成为围绕需求结构变动展开创新和产业结构升级的主体。在我国现实经济发展中，相当一部分国有企业实际上是泥足巨人和僵尸企业，不具备市场竞争能力和创新能力，应该通过改革让这些企业退出市场。国有企业有必要开展新一轮的国有经济战略性退出，为有效率的企业腾出发展空间。创造良好的民营企业生存发展环境，营造真正公平竞争的市场环境和政策，充分发挥民营企业的活力，充分发挥民营企业在我国产业升级中的关键作用。有效率的产业组织只有在市场竞争中才能产生和发展，因此，有必要完善企业破产法和上市公司退市制度，形成优胜劣汰的市场竞争环境，创造高效率产业组织发展的市场环境。

推进技术改造的政策研究

徐 伟

一 当前加大技术改造力度的必要性

随着新一轮科技和产业革命加快演进，特别是以互联网为核心的信息技术广泛应用，全球竞争态势明显加剧，各个发达国家开始重新重视先进制造业的发展。为应对世界经济发展状况，我国应利用有利时机，加快调整传统制造业结构，提升其竞争力，发展高新技术产业，增强集成创新能力，培育原始创新能力，加快拥有一批核心关键技术，推进经济结构战略性调整和产业转型升级，努力实现"中国制造"向"中国智造"、"中国创造"的转变。当前，加大技术改造力度，研究制定优化投资结构的政策，引导各类要素向工业转型升级的重点领域和关键环节集聚，对于扩内需、稳增长、调结构、转方式具有重要意义。

技术改造的重要性和紧迫性。当前，我国工业发展内部面临着发展方式粗放、结构不合理、核心技术受制于人、资源环境约束强化等深层次矛盾，外部面临着全球产业结构深度调整、发达国家"再工业化"和新兴经济体同质化竞争的挑战。发达国家主要占据产业链高端环节，中国制造业仍主要集中在中低端。技术改造是推动产业发展的强大持续动力，加强工业技术改造工作，符合贯彻落实科学发展观、走中国特色新型工业化道路的要求，既能解决产能过剩的矛盾，加快淘汰落后产能，又能促进提质增效，帮助企业摆脱当前困难，增强企业的核心竞争力，还有助于推动工业转型升级，提升我国工业的国际竞争力。

技术改造是新时期扩大内需、促进经济持续健康发展的内生动力。

160

技术改造有利于扩大投资，促进工业和国民经济发展。在我国固定资产投资额中，扩建、改建和技术改造占比不到30%，远低于发达国家工业化过程中技术改造占工业投资60%左右的水平。提高设备投资在项目投资中的比重，既有利于推动工业结构调整，又有利于引导各类要素向重点行业、重点地区和重点企业、重点产品聚集，发挥技术改造投资乘数效应大和杠杆作用显著的优势。当前正是实施技术改造的有利时机，使技术改造成为新的投资增长点，为当前经济增长提供动力，不仅有利于扩大投资应对经济下行的压力，而且能够为未来经济的可持续发展提供支撑。

技术改造是新时期推进产业结构调整的重要举措。技术改造不是量的低水平扩张，而是注重质的提高。要实现促进经济增长由主要依靠增加物质资源消耗向主要依靠科技进步、劳动者素质提高、管理创新转变，工业发展就要由过去依靠资源消耗向创新驱动转变，一般加工制造向高端制造转变，粗放式发展向集约化、绿色发展和可持续发展转变。通过技术改造，加大先进的、适用的新技术、新工艺、新设备、新材料等在产品设计、生产装备、工艺流程等方面的应用，推进工业装备自主化和关键技术产业化，加快产业转型升级步伐，提高企业自主创新能力。

二　技术改造应选择的重点领域

技术改造要在定向落实上持续发力。明确企业技术改造的重点和方向，是走新型工业化道路、实现工业由大到强转变的重要举措。就近期来看，企业技术改造要紧紧围绕工业发展的新要求，重点投资环境保护、战略性新兴产业、改造传统产业等重点领域的科技成果转化项目。

（一）加大对减排治污的技术改造力度

大力推动以脱硫脱硝除尘、污水处理、垃圾处理、环境监测为重点的技术改造。通过技术改造，重点实施一批环保项目，实现节能降耗、资源综合利用和清洁生产，有效减少资源能源消耗和工业污染物排放。形成环保产业的庞大市场，拉动环保产业的发展，使民间环保投入形成新的投资热点和经济增长点。加快推广国内外先进节能、节水、节材技术和工艺，淘汰污染多、产能落后的企业，提高能源资源利用效率。

1. 大气污染的防治尤为迫切

近年来，华北、华东地区连续出现了严重的雾霾天气，大气污染已经威胁到人们的健康。造成这轮严重雾霾的主要原因是能源结构不合理、煤炭消费量过高、污染源排放强度大。我国大气污染严重，除了二氧化硫、氮氧化物以外，危害最大的是烟尘中的细颗粒物（PM2.5），吸入人体后严重危害人体健康。减少可吸入颗粒物尤其是细颗粒物的排放，已成为关系到民生的重要经济发展问题。

加快大气治理重点技术装备的产业化发展和推广应用。大力发展脱硝催化剂制备和再生、资源化脱硫技术装备。通过对火电厂、水泥厂、钢厂、玻璃厂、陶瓷厂等安装脱硫脱硝除尘的先进设备，有效减少污染物的排放和减轻大气污染。尤其是对锅炉"煤改气"、煤炭清洁高效利用、电（炼）厂环保的相关设备和工艺进行改造，通过采用清洁燃料替代燃煤、燃烧技术改造和烟气脱硫脱硝工程，减少烟粉尘、二氧化硫和氮氧化物的排放，实现煤化工、高效清洁发电设备的高端升级，带动和促进相关技术和设备的更新换代。

2. 加强水污染防治

按照水用途不同，污水处理分为市政污水、工业废水、农用污水。我国市政污水是污水处理的最主要来源，占污水处理总量的65%左右；其次是工业废水，工业废水处理量约占污水处理总量的35%左右。我国是水资源严重短缺的国家，如今还面临着水环境状况恶化、地下水严重超采等诸多问题。随着我国工业化和城市化水平的不断发展，城市污水特别是工业废水迅速增加。由于工业涉及行业广、废水成分复杂，处理技术难度较高，难以集中治理，长期以来，工业产生的废水以自行治理为主，行业集中度和专业化程度比较低。

随着污水排放标准的日益严格、环境监管力度的增加，需要统筹考虑节水与治水关系，突出对重点污染源、重点行业、重点领域的治理。通过对生产企业和污水集中处理企业的污水处理设备技术改造，减少污、废水和污染物的排放量。一方面，严格控制污染物的排放总量。继续削减工业污染，对钢铁、电力、化工、煤炭等重点污染行业推广废水循环闭路的零排放。另一方面，提高工业用水重复利用率。电力、冶金、化工、石油、纺织、轻工是我国六大重点用水部门，也是重点节水部门，在这些部门应加大技术改造力度，促进提高水的重复利用和循环利用水平。

3. 提高固体废物回收处理水平

我国每年产生的生活垃圾约 2.5 亿吨，生活垃圾的资源回收率仅在30% 左右。随着我国工业化和城镇化的进一步推进，工业固体废物量和城市垃圾量将会持续增大。

2013 年，我国提出了进行"加快生态文明制度建设"，将生态文明作为总体深化改革的一个重要组成部分。改革生态环境保护管理体制，实行企事业单位污染物排放总量控制制度等内容的提出，对于开发和推广固体废物处理及资源循环利用的新技术、新设备，促进固体废物处理产业的发展具有积极的促进作用。

通过技术改造提高固体废物的分类、收集、存储、运输设备与技术。研究开发"三废"综合治理关键技术和装备，稳步提高工业固体废物综合利用水平。大力开发和推广固体废物处理先进技术和装备，推广先进的防治工业固体废物污染环境的生产工艺和设备，开发和推广减少工业固体废物产生量和危害性的生产工艺和设备。改善生活垃圾收集、运输、处置设施，提高生活垃圾的利用率和无害化处置率，促进生活垃圾收集、处置的产业化发展。支持废旧汽车及家电拆解、再生资源回收利用。

（二）支持芯片设计和生产建设

我国每年进口芯片 2000 亿美元以上。智能移动终端芯片的设计和生产为外国企业所掌控。智能手机、平板电脑以及下一代智能终端在中国有着巨大的市场需求，但是这些移动终端所使用的芯片却来自外国的企业，这些企业手中掌握着庞大的通信领域核心专利。尤其在高端芯片市场，中国国内企业还无力与外国企业抗衡。生产移动终端的中国企业每年都要向这些外国企业支付巨额的芯片专利授权费、硬件费用和配适费用，企业的利润空间不断被压缩。2013 年我国信息技术产业规模达到 12.4 万亿元，仍然位居世界第一，但主要以整机制造为主。由于以集成电路和软件为核心的价值链核心环节缺失，行业平均利润率仅为4.5%。更为重要的是，商品的高成本最终都转嫁到消费者头上，导致我国消费者的利益受到严重损害。

通过加大技术改造的投入，促进芯片行业的技术改造和自主创新紧密结合。加强信息技术的应用和技术标准研究制定，加快发展集成电路设计业，加速发展集成电路制造业，提升先进封装测试业发展水平，突破集成电路关键装备和材料，提升我国集成电路行业的国际竞争力，进而带动和促进移动通信设备研发生产、计算机研发能力建设和互联网推广应用。

（三）推动信息产业与工业融合

推进信息化与工业化深度融合，将两化融合作为技术改造的重点任务之一。信息化是提升产品开发能力、实现资源集约利用、促进企业管理创新的重要手段。运用信息化应用、智能化改造等手段开展新一轮技术改造。加快先进装备制造业发展和推动新一轮技术改造促进产业转型升级。通过技术改造实现两化融合，需从三个方向着力：一是要支持企业信息化建设，提升企业管理水平；二是要支持智能化产品生产，为国民经济和社会信息化建设提供产品和技术支撑；三是要鼓励面向企业、区域和行业的信息服务平台建设，为两化融合创造良好环境。

深化信息技术在研发设计、生产制造、营销管理、回收再利用等产品生命周期各环节的应用，加快推广应用现代生产管理系统等关键共性技术，支持企业普及制造执行、资源计划、客户关系等管理信息系统的应用和综合集成。以国家级"两化融合"试验区建设为契机，推进信息技术与产业、企业、产品和生产过程不同层面的深度融合。以工业研发设计、生产过程、产品流通等为切入点，围绕支持智能化产品生产和提供信息服务平台建设，促进信息化和工业化深度融合，提高生产自动化、智能化及全流程集成创新的水平。促进信息技术与传统产业的融合，通过大幅度提高产业科技含量，实现装备水平、产品附加值、品牌价值、节能减排水平和综合竞争力提升，加快传统产业改造提升，实现资源集约利用和提升产品开发能力，为国民经济和社会信息化建设提供产品和技术支撑。

（四）提升装备制造业水平

新型工业化、信息化、城镇化、农业现代化建设，需要装备制造业支撑。装备制造业是高科技转化为现实生产力必要的手段和产业载体，具有高新技术化、集成化、智能化的特点。中国是装备制造业大国，但还不是制造业强国。要提高我国装备制造业水平和国际竞争力，就需要加快淘汰落后工艺技术和设备，推广应用自动化、数字化、网络化、智能化等先进制造系统、智能制造设备及大型成套技术装备。支持重点企业瞄准世界前沿技术，加快装备升级改造，推动关键领域的技术装备达到国际先进水平。

依托国家重点建设工程，针对核心技术和关键设备，组织技术开发、科技攻关和技术改造，推进重大技术装备自主化，提高基础配套件和基础工艺水平。支持重大技术装备推广应用，鼓励企业在技术改造中采用国际先进技术装备，特别要注重采用国产先进设备，支持国内设备制造业发展，提高企业存量技术装备水平，振兴装备制造业。

（五）促进我国工业向国际产业链高端升级

我国工业在产品结构方面，低附加值产品比重高，在国际产业分工中处于价值链中低端，不能有效应对全球产业竞争。在产业结构方面，部分行业产能过剩，造成资源不能有效利用。企业要根据市场需求变化，对生产能力进行技术改造，充分利用新技术、新材料，生产满足市场需求的产品。通过实施技术改造，提高生产制造水平，提高产品附加值，进而提高产品的国际竞争力。

三 国内外对技术改造的政策措施

（一）中国对技术改造的政策措施

技术改造是技术进步的重要组成部分，我国历来对技术改造给予极大重视。围绕企业技术改造，1982年1月国务院发布实施了《国务院关于对现有企业有重点、有步骤地进行技术改造的决定》文件。在20世纪90年代亚洲金融危机之后，我国制定了一系列鼓励企业技术改造的政策措施，部署了一大批重点技术改造项目，出台了一系列支持技术改造的措施。

鼓励企业加大投资力度，支持企业技术改造，促进产品结构调整和经济稳定发展，财政部、国家税务总局联合制定了《技术改造国产设备投资抵免企业所得税暂行办法》。1997—2001 年，5 年时间中央财政用于技术改造的资金共 350 亿，拉动 4200 亿地方和银行资金，有效地促进了企业的发展。

国家发展和改革委员会、科学技术部、财政部等八部门《关于印发"十一五"十大重点节能工程实施意见的通知》提出加大结构调整和技术进步力，要加快淘汰落后工艺、技术和设备，加快节能技术开发，大力推广应用节能新技术和新产品，培育节能技术服务体系。

《国家发展改革委关于实施东北地区等老工业基地振兴战略工作总结的报告》提出进行大规模的技术改造。围绕石化、钢铁、重大装备、造船、汽车和零部件、农产品深加工、医药等东北地区的优势领域，实施以重大装备自主化为重点的东北老工业基地调整改造国债专项，截至 2007 年底东北地区共有 324 个项目获得国债资金支持。通过实施工业结构调整改造重大项目，一批重点企业技术水平有了显著提高，自主创新和制造能力不断增强。

在 2009 年，国家设立 200 亿专项技术改造资金，主要用贴息的办法鼓励企业根据市场的需求开发适销对路的品种，进行产品创新，提高产品质量和生产经营水平。根据产业调整和振兴规划，对以下六个方面给予重点支持：一是支持钢铁、有色金属、石化、轻工、纺织、食品等行业加快研发共性关键技术，调整产品结构，发展循环经济。二是依托国家重点建设工程，推进重大技术装备自主化，提高基础配套件和基础工艺水平。三是发展新能源汽车，支持节能、环保、安全等关键技术开发，发展填补国内空白的关键总成产品。四是支持集成电路设计和先进生产线建设、新型显示和彩电工业转型、TD – SCDMA 等新一代移动通信设备研发生产、计算机研发能力建设和下一代互联网推广应用，支持软件及信息服务业加快发展。五是大力发展风电机组关键零部件及核电关键设备、关键组件等。六是支持物流业发展多式联运、转运设施和城乡物流配送等工程。中央技术改造投资陆续下达到企业，对于提振市场和企业信心，扩大国内需求、推动产业升级发挥了积极作用。2009—2010年，中央连续两年拿出400亿技改资金，拉动全社会投资10700亿，拉动倍数达28倍。

近几年，我国促进技术进步的政策力度不断加大。"十二五"计划（2011—2015年）中提出了减少对国外技术的依赖和追求包括高端装备制造业发展与新一代信息技术的七个"战略性新兴产业"全球技术领导地位的目标。随着世界科技的进步和我国经济的发展，对我国工业的发展提出更高的要求，为了适应经济发展要求，《国务院关于印发工业转型升级规划（2011—2015年）的通知》、《国务院关于促进企业技术改造的指导意见》（以下简称《指导意见》）先后发布，这标志着我国企业技术改造工作进入了崭新发展阶段。《指导意见》围绕着当前我国工业发展对技术改造的需求，聚焦在工业转型升级的关键环节和重点领域，明确提出技术改造工作要更加注重促进技术创新能力的增强和创新成果的产业化，更加注重产业公共服务能力建设。2014年8月31日，国务院办公厅转发科技部《关于加快建立国家科技报告制度的指导意见》。部署加快建立国家科技报告制度推动科技成果的完整保存、持续积累、开放和转化应用。大量的科研成果包括科研过程，把它完整地、系统地保存记录下来，形成国家一个完整的科技报告体系，这对于加快科技创新步伐具有非常重大的意义。以科技计划改革为突破口，带动科技其他方面的改革向纵深推进，从体制机制上为创新驱动发展战略的实施建立一个好的生态系统。2014年10月，由科技部、财政部共同起草的《关于深化中央财政科技计划（专项、基金等）管理改革的方案》已经批准发布实施。《方案》提出，政府不再直接管理具体项目，而是通过公开统一的国家科技管理平台宏观统筹，具体委托专业机构来管理。2015年5月国务院日前印发《中国制造2025》，部署全面推进实施制造强国战略。这是我国实施制造强国战略第一个十年的行动纲领。《中国制造2025》明确，通过政府引导、整合资源，实施国家制造业创新中心建设、智能制造、工业强基、绿色制造、高端装备创新等五项重大工程，实现长期制约制造业发展的关键共性技术突破，提升我国制造业的整体竞争力。

一系列政策措施的出台有力地促进了企业转型升级，对引导企业进行科技更新、产业结构调整、产品更新换代起到了积极的推动作用。

（二）发达国家在技术发展方面的政策措施

2008 年金融危机至今，各国经济都面临着困难，世界总体经济形势复杂多变，全球经济增长面临着巨大的压力。为了应对经济增长疲软，美国、德国、日本等发达国家纷纷推出各自的增长战略，加大对新兴技术和产业发展的布局，鼓励和持本国战略性新兴产业的发展，力争通过发展新技术、培育新产业创造新的经济增长点。智能化工业装备已经成为全球制造业升级转型的基础，新一代互联网、生物技术、新能源、高端制造等战略新兴产业，成为这些国家重点发展的目标。如美国政府出台了《先进制造业国家战略计划》、《美国创新战略：推动可持续增长和高质量就业》、《美国竞争力计划》、《经济复兴与再投资法案》、《美国创新战略：确保经济增长与繁荣》、《先进制造业伙伴计划》以及《出口倍增计划》等诸多法案和计划，提出优先支持高技术清洁能源产业，大力发展生物产业、新一代互联网产业，振兴汽车工业。德国政府提出了《德国高技术战略 2020》、《2014 德国工业 4.0 版》，尤其是以"智能工厂"为核心的工业 4.0 战略，更是引起了全球的关注。日本在 2007 年 2 月推出了《创新 2025 计划》，在 2010 年 6 月推出了《新增长战略》，提出要重点发展环保型汽车、电力汽车和太阳能发电等产业。欧洲提出了《地平线 2020》，英国推出《以增长为目标的创新与研究战略》。

1. 美国运用高新技术改造传统产业

20 世纪 70 年代以前，美国传统产业具有相当强的竞争力和自我发展能力，但是，受国际国内整个外部市场变化和国防工业布局的影响，以及传统产业本身竞争力相对下降等因素的作用，其竞争优势逐渐消失。美国政府认识到，大力提高劳动生产率才是美国产业发展的根本出路，而生产率的提高，必须靠企业创新活动来实现。对此，美国大量增加政府研究开发支出，并鼓励私人部门加大研发投入。从 20 世纪 80 年代开始，美国对传统产业进行了全面的技术改造。联邦政府积极运用行政、经济等手段辅助和促进特定产业的发展，美国政府认为，要发展国民经济，必须要充分发挥企业在技术创新和技术进步中的作用。美国抓住经济全球化与信息网络化机遇，在大力发展以信息技术为主的高新技术的同时，运用高新技术全面改造钢铁和汽车等传统产业，大力扶植新兴产业。具体措施包括采用新技术、实现生产自动化和电脑化、改革管理流程和工艺流程、提高生产效率、增加技术改造和技术创新投入等。联邦政府在积极制定和实施促进企业技术创新和改造财政、金融政策的同时，联邦政府还通过增加 R&D 投入、鼓励企业创新等提升传统产业的竞争力。

2. 日本对老企业技术改造的措施

"二战"后，为改变国家政治、经济困境，实现经济恢复和腾飞，日本政府和企业家十分重视老企业的技术改造，并把它视作国家振兴的关键。日本通产省 1952 年制定了《企业合理化促进法》，以促进成果转化、鼓励新投资、引进新技术为任务。对日本经济复苏、进入高速增长阶段，以及成为世界经济强国起到了重要作用。20 世纪 90 年代，日本提出了"技术立国"政策，先后制定了《新事物创造促进法》、《产业活力再生特别措施法》等促进高新技术改造传统产业的政策。为促进研究与开发和科技成果转化、支持中小企业基于技术创新的创业活动，为高新技术发展和传统产业改造创造了良好的政策环境。在积极引进技术和利用外资的同时，并将二者巧妙结合，而且特别注意对生产和技术的薄弱环节进行改造，这些对日本企业的技术发展起到了积极的推动作用。

3. 德国利用信息技术在促进老工业基地转型

20 世纪 60 年代以前，北威州地区是德国煤炭生产、煤化工、能源、电力、冶金、机械制造等重化工业部门的一个最集中的地区。战后新一轮科技革命浪潮加速发展使北威州老工业基地的经济结构、传统产业受到严重的挑战。面对北威州传统产业的冲击和带来的失业压力等问题。德国政府从 20 世纪 60 年代起，通过运用信息技术对老工业基地进行调整改造。除了给予政策优惠和大量的财政补贴外，北威州政府将技术创新视为经济增长的源泉和经济振兴的动力。通过组织高校和科研机构的联合攻关，提供资金补贴和举办高新技术大会来推动研发机构与企业合作，推动中小企业为大企业配套，推动企业技术设备出口。经过数十年持续不断地努力，北威州老工业基地的调整改造已经取得了较好的效果。而且自2006年以来，德国政府一直努力在德国建立部门间高技术战略协调机制，推动德国的研究与创新工作，其目的是通过技术创新确保德国强有力的竞争地位。这集中体现在"高科技2020战略"。

4. 充分发挥政府的导向作用

美国的"再工业化"风潮、德国的"工业4.0"和"互联工厂"战略以及日本等国制造业转型都是伴随着生产效率的提升、生产模式的创新以及新兴产业的发展。在运用高新技术改造传统产业的过程中，政府的引导和扶持起了重要引导作用。如美国、英国、法国、德国、日本等国都采取了一系列政策。包括实施政府采购、提供税收优惠、增加科研投入、实施以信息化改造传统产业的产业政策以及激励创新与创业的政策体系等，而且政府还通过制定实施逐步淘汰技术目录的强制性措施，对高污染、高能耗、高物耗与过时传统技术制定一个强制性的技术目录淘汰时间表，迫使此类传统技术逐步被淘汰、改造等。

四　推进技术改造的政策措施

（一）加强规划引导

加强规划和产业政策对技术改造工作的引导。通过规划引导调动各方面的积极性，参与企业的技术改造。加快前期工作，做好政策配套和协调，加快政策落实。制定产业技术改造政策和规划，完善工业技术标准体系，有效引导技术改造投资结构和方向。发布实施规划和计划，协调推动项目建设。实施一大批产业关联度大、带动作用强、技术水平高、市场前景好的重点改造项目，加快推动产业优化升级。充分发挥市场在资源配置中的决定性作用，以市场为导向，以企业为技术改造主体，围绕市场需求和企业发展战略进行技术改造。围绕国家的战略需求，围绕各地主导产业，地方政府结合各自状况，抓住机遇搭建高效的技术改造和科技创新公共服务平台，建立符合当地企业发展的技术改造和科技创新的长效机制。

（二）加大财税政策支持力度

扩大财政资金用于技术改造的规模和比重。长期以来，财政用于技术改造的资金虽然数量不多，但乘数效应高，投资效益好。应进一步扩大规模。要采用贴息方式，发挥中央财政安排的技术改造专项资金在拉动技改投资方面"四两拨千斤"的作用，优化投资方式。发挥政府投资对社会投资的引导作用，增加技术改造投入，重点支持工业转型升级重点领域、关键环节的技术改造。引导更多的企业自有资金、地方资金、社会资金和银行贷款投向技改，采取基金投入、贷款贴息、财政资金与金融资本结合等多种手段，为技术改造提供充足的资金支持。

落实税收优惠政策。用好有关支持重点行业加快实施技术改造的税收优惠政策，落实增值税进项税额抵扣、高新技术企业所得税优惠、研发费用加计扣除、技术改造设备投资抵免、固定资产加速折旧、进口关键零部件减免进口关税和进口环节增值税、重大技术装备首台（套）补助优惠等政策。稳步推进营业税改征增值税改革，逐步将转让技术专利、商标、品牌等无形资产纳入增值税征收范围。减轻企业税负，提高企业技术改造积极性。

（三）进一步拓宽企业融资渠道

大力发展绿色信贷，按照风险可控、商业可持续的原则，加大对节能环保项目的支持力度。我国企业技术改造投资主要来源是企业自筹，融资渠道较为单一。加强信贷政策与产业政策的协调配合，积极搭建银企信息沟通平台，引导金融机构加大对企业技术改造的融资支持力度。积极创新金融产品和服务，加大金融机构和资本市场融资力度，扩大企业技术改造融资规模，鼓励金融机构对技术改造项目提供多元化融资便利，大力推动金融产品和服务方式创新，发展适合企业技术改造资金需求特点的金融产品和服务模式。发挥银行贷款、发行债券、上市融资、融资租赁等优势，支持企业开展技术改造。支持不同所有制企业之间通过合资合作、重组、互相持股、技术入股等方式，多元化筹措技术改造资金。规范发展产业投资基金、股权投资基金，引导民间资金支持企业技术改造。

（四）搭建公共服务平台

通过支持企业技术创新中心、科技重大设施、技术研发设计平台等创新载体的改造和建设，增强企业技术创新能力，为技术创新奠定良好的物质基础。支持建设产业技术创新和服务平台、综合信息服务平台等适应新形势发展需求的公共服务平台。围绕科技创新工作，开展科技成果转化服务及相关延伸服务的示范基地。

通过统一的国家科技管理平台，建立决策、咨询、执行、评价、监管各环节职责清晰、协调衔接的新体系。解决科技计划在体系布局、管理体制、运行机制、总体绩效等方面存在的问题。通过公共服务平台提供科技成果转化、交易和推广服务，科技成果发布和展示，科技成果需求和供给的对接服务，科技成果转化中介机构服务，成果使用、交易情况分析和评价，科技成果转化相关政策、法律、法规的咨询服务等内容，为企业提供专业化、系统化的服务。通过科技成果转化与合作交流、共性技术、知识产权和投融资咨询等服务，加强企业间技术整合，推进技术改造由设备更新为主向技术、装备水平全面提升转变，由单一企业独立改造向行业改造、全产业链改造转变。

（五）促进技术改造与自主创新结合

在经济发展过程中，引进和消化国外的先进技术，有益于我国企业的发展，但企业所需的关键技术特别是核心技术是买不来的，为了在激烈的国际竞争具有竞争优势，企业需要提高自主创新能力。通过提高自主创新能力带动工业生产和发展方式转变。在发挥通信设备制造、生物工程等产业和领域自主创新能力比较强的优势下，还要提高企业尤其是国有企业的自主创新能力，提高研究机构和大学的自主创新能力。把生产企业、用户、研发企业和大学科研单位组织起来，组成产业联盟对重点科学技术进行攻关，通过实施自主创新实现所需核心技术的内部突破，摆脱技术引进、技术模仿对外部技术的依赖，牢牢把握创新核心环节的主动权，掌握核心技术的所有权。强化企业技术改造与自主创新紧密结合，切实提高企业原始创新、集成创新和引进技术消化吸收再创新能力，促进产品和技术升级换代。

（六）促进科技成果转化应用

积极探索市场机制与政府引导相结合的科技成果推广转化机制。由于科技成果转化是个复杂的系统工程，在科技成果转化过程中，需要政府制定相应的政策加以引导和扶持。企业是科技成果转化和推广过程中的重要主体。高等院校、科研院所等科研单位是科技成果的供给主体。科技中介服务机构具有沟通技术供给方与需求方的联系作用。鼓励有条件的企业与对口专业高校、研究机构联合开展新产品研发、科技成果转化，参与重点项目的联合攻关，承担政府组织实施的科技研究开发和科技成果转化项目。充分发挥各个主体的作用，促进产学研用结合，实现行业科技资源的对接、合作与共享，推动行业科技创新。通过推动龙头企业及配套企业的协同改造，形成产业链整体改造。大力推进科技成果产业化，支持高新技术产业化项目，培育新兴产业发展。引导和扶持附加值高、产业带动性强、经济效益和社会效益显著的产业和产品的技术改造。

（七）加强监督

通过严格市场准入，淘汰、限制落后技术和产能，加强产能预警，严格控制产能过剩行业固定资产投入。加强统计监测分析，完善技术改造管理体制和服务体系。加强对技术改造政策落实和项目实施情况的督促检查和跟踪评估，及时解决存在的问题，推动经济结构调整和经济发展质量提高。

绿色城镇化战略

——建设中国城乡一体化新型和谐社会

杨子健

我国城镇化进程正处在快速发展时期,这种趋势还将保持较长一段时间。我国城镇化目前正处于关键阶段,在人口结构、社会结构、产业结构、空间结构、城乡结构等领域,都出现具有战略意义的决定性拐点,同时也面临着一系列特殊问题,如少子化导致了劳动就业人口锐减、人口快速老龄化等,我国城镇化只有转变发展模式才能实现可持续发展。党的十八大提出了新型工业化、信息化、城镇化、农业现代化"四化同步"的国家新型城镇化战略,这是针对中国经济和社会的症结提出的根本解决之道。

中共中央政治局于 2015 年 3 月 24 日召开会议提出了"绿色化",使我国新型城镇化战略成为"五化同步"。我国将以中华文明复兴与和平崛起的国家战略为目标,以新能源使用和绿色技术产业革命为支撑,以修复中华河山为本底、涵养自然山川肌理、遵循地域文明规律、践行"以仁为本"和智慧城镇化发展模式相结合的创新为主要内容的"绿色城镇化"新模式,重组我国国家空间载体和实现新的生态文明,引领新千年人类文明发展方向。

一 绿色城镇构成系统及核心内容

(一)绿色城镇构成系统

绿色城镇化是一个涉及社会生产方式、生活方式,以及价值观念转变与创新的概念，是基于一种注重生态平衡，着眼于人与自然和谐，经济效益与环境效益兼容的新型城镇化道路。

绿色城镇是一种以生态系统为本底，经济系统为主体，现代技术系统为支撑，文化运筹系统为核心价值理念，现代生活方式系统为目标和落脚点，全体国民参与的新型城镇化网络。与传统城镇比较，绿色城镇更强调全面提升城乡内在质量，也就是要推动城镇化由偏重数量规模增加向注重质量内涵提升转变。

"绿色城镇化"实践将诞生一个全新的理论体系。绿色城镇是一个复杂的系统，涉及城镇全方位要素的重构，包括"以人为本"的制度、标准和信息核心子系统，生活方式、经济金融产业、生态能源、技术支撑和文化运筹等五个外围子系统，具体系统构成如下图。

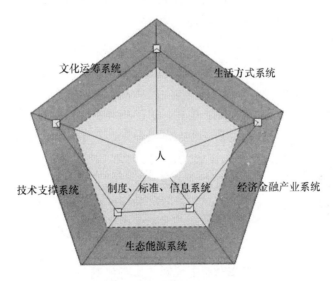

图1　绿色城镇系统构成

（二）绿色城镇的核心内容

1. 绿色信息基础设施和大数据系统

信息科技（IT）革命正在升级为大数据（DT）革命，这为我国城镇化提供科技动力和巨大发展机遇。如何建立以整体城市为统一单位的绿色信息基础设施和智慧城市大数据系统，已对我国城镇化提出了严峻的挑战。

2. 绿色产业特别是绿色服务业

绿色产业包括产业结构、城镇主导产业选择，产业链相关度、产业链柔性调整等。现代服务业的发展要走绿色化道路，着力发展绿色服务、绿色物流和智能信息化、绿色投融资等。

3. 绿色能源应用

智能能源网系统是把城市和乡村现有的电力、水务、热力、燃气等单向运转且浪费巨大的能源网络，改造为高效互动的创新网络，包括智能电力网、智能热力网、智能水务网等，探索建设领先的统一能源体系，在此基础上推出最新的国家标准，力推上升为国际标准。

4. 绿色建设体系

绿色规划与设计：绿色规划注重绿色公共服务设施设计（如无障碍设施等）、城镇生命线完好率（包括交通、通讯、供电、供水、供气、下水道等）、设施城乡一体化程度、交通运网能力和运输效率等等；绿色建筑设计注重与自然环境融合，采用建筑外形低碳化设计，注重水、土壤、风、屋顶绿化温度调节作用，注重各种先进可再生能源设计理念及应用，包括太阳能、地热、生物质等多个方面的一体化综合设计，实现中国传统天人关系思想与世界最先进低碳设计、建筑材料及新能源技术的完美结合。

绿色建筑技术：充分引入适于我国城镇建设国情、又具有广泛推广意义的新型绿色建筑技术，实现试验区的绿色建设与运营，主要技术包括：屋顶及墙面太阳能光伏发电、太阳能热水系统、太阳能光纤照明系统、地缘热泵及沼气的供暖和制冷、节能家电应用等

绿色建设标准：主要有城市规划、土地利用、地下空间开发关键技术平台标准，公共服务设施绿色设计标准规范，污染物监测与净化技术标准，城市环境生态调控技术标准，城镇脆弱生态区植被保育与恢复技术标准等。

5. 绿色交通智能体系

绿色智能交通体系，是把先进的信息技术、数据通信传输技术、电子控制技术、计算机处理技术等应用于交通运输行业，形成的一种信息化、智能化、社会化的新型运输系统，让交通基础设施发挥最大效能；

各种运输工具的有效整合与联运，包括乡镇、都市与都会区、国家与国际等层级运输的整合。

绿色交通方式是解决城市交通拥挤的重要举措，包括步行交通、自行车交通、常规公共交通和轨道交通。绿色交通工具，包括各种低污染车辆，如双能源汽车、天然气汽车、电动汽车、氢气动力车、太阳能汽车等，以及各种电气化交通工具，如无轨电车、有轨电车、轻轨、地铁等。绿色交通体系将形成"倒金字塔"等级体系，如下图。

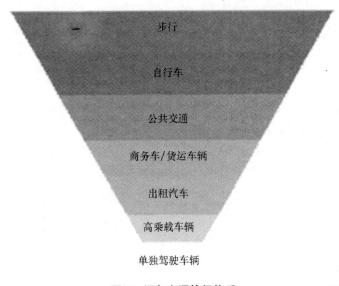

图2　绿色交通等级体系

6. 绿色消费方式

绿色化消费方式内容主要有：在消费领域倡导绿色消费、适度消费的理念，加快形成有利于节约资源和保护环境的消费模式，从需求侧减缓对资源和要素供给压力，从绿色消费、绿色包装、回收再利用三个方面引导消费。

7. 绿色制度与法律体系

绿色城镇配套制度体系：协调性制度，绿色城镇与工业园区协调发展政策、各部委和地方间协调合作的政策等；引导性制度，引导公众参与绿色城镇化、引导绿色和节能建筑建设政策、绿色城镇绿色管理运营制度等；控制性制度，城镇生态环境保护政策和乡土风貌控制政策，控制高污染企业排放的政策等；扶持性制度，扶持绿色产业增长政策、推进绿色城镇关键技术创新和知识产权保护、扶持绿色文化建设政策等。

绿色法律法规条例：建立绿色城镇规划建设与运营管理的一系列保障性法律法规，确保绿色城镇推广的规范化、法制化，主要有绿色城镇循环经济产业促进条例，绿色城镇环境保护条例，绿色城镇非物质文化遗产保护条例，绿色城镇规划编制技术导则，绿色城镇建设管理办法，绿色城镇城市管理条例等。

二　"十三五"期间实施绿色城镇化战略的顶层设计

（一）重新建设国家空间战略体系

我国应尽快构建我国国土生态安全新格局。面对不断增长的发展需求和国际经济波动的影响，我国应进一步突出能源和水资源为核心的国土资源安全和竞争力保障体系建设；着眼生态安全和可持续性，突出生态整治—环境治理的国土生态安全屏障体系建设与不同空间尺度的宜居环境营造的协调与优化配置，重塑河山和人居环境；我国国土生态安全格局应同经济安全体系、富有竞争力的城镇体系实现协调与优化配置。

我国应建设跨行政区域的地方绿色城镇体系。主要措施有：逐步平衡经济过于集中于东部沿海地区的现象，发挥各地区的能动作用，搞活地区和地方城市；发挥农村多方面作用；加强地地区一体化和区间的合作；建设以地区为主导的能形成地区特点的产业体系；引导地方人口的稳定；组成新产业地带，提高地区产业结构能级；研究和论证以文化板块为基础的地方绿色城镇体系建设战略。

打造国家绿色交通体系的战略网络—基轴。促进国家空间的一体化和国际交流，建设便捷的国际交通体系；打造全国综合交通干线网，形成地区生活圈的交通体系；确保高级物资流通系统的形成和国家安全战备交通体系的建设；营建国内高级信息和通信体系和国际高级信息和通信体系，形成适应力强的信息和通信基础设施。

建设具有世界影响力的全球城市群区域。全球城市群区域是城市和区域发展的成熟阶段，其基本特征是：城市密集区、全球枢纽、城盟地区、独特文化区。我国的长江三角洲、珠江三角洲和环渤海地区最有可能成为全球区域。借鉴欧盟的经验建立具有独立人格的城市联盟，将在全球区域协调发展中发挥重要作用。

（二）构建国家统一的绿色城镇化空间规划体系

我国目前有三个空间规划系列：住房和城乡建设部主管的城乡规划，国家发改委主管的区域规划，国土资源部主管的国土规划。三大空间规划体系不断从原有领域向外扩展，三规之间重叠、交叉、渗透的现象日益明显。国家层面的空间规划缺乏协调，综合性被割裂，导致国家层面综合性空间规划事实上缺失，未能有效起到空间统筹、优化开发和耕地保护的作用。

我国要从空间层次、规划内容和行政管理三个方面，理顺国土规划、区域规划、城市规划之间的关系，这成为关系到我国空间规划协调发展和空间合理开发利用的关键所在。建立统一的国家空间规划体系，强化空间规划的综合性和统筹性。整合全国土地利用总体规划、全国主体功能区规划和全国城镇体系规划，编制统一的全国综合性空间规划，彻底解决长期以来全国空间规划缺失和空间统筹不力的问题。

（三）制定实施《绿色城镇化战略行动纲领》

绿色城镇化战略属于国家顶层战略，中共中央、国务院制定颁布《关于推进我国绿色城镇化的重大决定》等一系列推进绿色城镇化的政策，从空间规划制定国家整体战略规划，把全国空间战略体系的构建作为重大工程来举国推进。制定绿色城镇化发展的重点专项规划。国家应从完善城镇体系、发展城镇经济、健全城镇功能、改善城镇环境等方面推进绿色城镇化进程。

制定跨地区绿色城镇化行动计划。各地区应结合自身实际情况，经济社会发展基础，产业发展战略，结合主体功能区建设等国家战略，制定绿色城镇化行动计划，作为国家绿色城镇化战略的深化和落实，统筹安排各类要素在绿色城镇化中的高效有序流动。

（四）研究制定《绿色城镇国家标准体系》

中国绿色城镇化战略标准体系，主要内容包括经济产业、空间环境、能源利用、文明社会四个方面，初步规划有二十个分类。

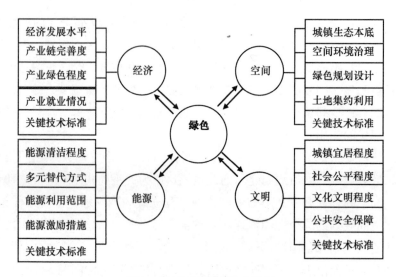

图3 绿色城镇国家标准体系

绿色城镇经济产业标准：指标一经济发展水平：城镇人均GDP、城乡人均年收入比例、城镇化率等。指标二产业链完善度：产业结构、城镇主导产业选择（会展、银发等），产业链相关度、产业链可调整性，智能能源网产业的集成化程度等。指标三产业绿色程度：碳生产力、重点行业单位产品能耗、单位GDP的新鲜水耗、绿色技术投入使用率、规模化企业通过ISO－14000认证比率等。指标四产业就业情况：绿色产业就业人口、就业岗位供给数量、农民工占全部就业比例等。指标五关键技术标准：重点耗能产业领域的清洁生产技术标准、工业固体废弃物安全处理处置与资源化技术标准、绿色回收处理与再制造关键技术标准等。

绿色城镇空间环境标准：指标六城镇生态本底：城镇绿化（森林）覆盖情况、生态环境综合指标、生态环境脆弱性评价、综合物种指数、河山破碎程度、空气污染指数等。指标七空间环境治理：碳排放监测统计和监管体系完善程度、城镇环保投资比例、污染处理率和达标率、城市与城镇群污染防控系统构建、生态补偿机制的完善程度等。指标八绿色空间规划：公共服务设施绿色设计比例（无障碍设施等）、城镇生命线完好率（包括交通、通讯、供电、供水、供气、下水道等）、设施城乡一体化程度、交通运网能力和运输效率，等等。土地集约利用：土地利用结构、土地利用状况（包括空心村治理情况）、地均土地投入产出效益等。指标九绿色智能空间：互联网接入率、网络购物覆盖率、住宅智慧化程度（包括智慧家居、设备互联程度、网络通信）、住宅新材料的利用率。指标十，关键技术标准：地方性技术体系集成平台建设，城市规划、土地利用、地下空间开发关键技术平台标准、公共服务设施绿色设计标准规范、污染物监测与净化技术标准、城市环境生态调控技术标准、城镇脆弱生态区植被保育与恢复技术标准等。

绿色城镇能源利用标准：指标十一智能能源网络：并网融合程度，绿色城镇能源网络的安全性测试、采用绿色建筑的社区比例、采用绿色能源的交通运输比例、住区纳入智能能源网络的比例等。指标十二能源清洁程度：单位建筑能耗、城镇生产能源综合利用率、单位能源消费的二氧化碳排放、建筑节能标准执行率等。指标十三多元替代方式：城镇分布式能源兼容程度、城镇能源供给的多样程度、非化石能源占能源消费比重、农村生活用能中清洁能源所占比例、能源循环利用与资源综合利用的效率等。指标十四能源激励措施：区域能源合作互补、清洁和新型能源使用的激励等。指标十五关键技术标准：智能能源网分布式能源管理技术，生物质能发电和制取液体燃料技术、水资源及土地资源保护和高效利用技术、绿色建筑成套设计标准、可再生能源装置与建筑一体化应用技术、节能建材与绿色建材，建筑节能技术标准。

绿色城镇文明社会标准：指标十六城镇宜居程度：公众健康程度（人口平均预期寿命、重大疾病发病率）、居民对绿色城镇生活的舒适度和满意度、公众绿色消费生活方式、公众绿色城镇知识普及程度、公共设施的便利程度（公共卫生、开放空间、市政设施等）。指标十七社会公平程度：人口年龄结构、高低收入人群比例、农民工和失地农民的社会保障比例、医疗教育公共服务与社会管理完善程度、公众文化教育素质、风险社会警戒线（恩格尔系数、基尼系数）、弱势群体关怀措施等。指标十八文化文明程度：公共文化服务体系完善程度、历史文化遗产保存度、地方特色文化保护、绿色文化风貌建设、公民公共场所道德行为、社会人际互助等等。指标十九公共安全保障：公共安全事件发生率（生产安全、食品安全、社会安全、生物安全、防灾减灾）、城镇预防设施机制和预案、近三年来对公共安全事件的成功处理率等。指标二十关键技术标准：食品安全技术标准、生物入侵的工程防治技术标准等。

三　推进绿色城镇化战略试验实施路径建议

面对快速城镇化态势和资源环境约束现实条件，我国迫切需要开展绿色城镇化综合试验。

（一）基于小城镇发展研究的绿色城镇试验区域和类型分类

由于自然、经济和现代化水平等条件的不同，我国小城镇表现为不同地区和不同类型的特征。综合我国自然地理和经济区域为基础及各地区现代化水平的划分，根据小城镇与中心城市的关系研究，将全国的小城镇分为大城市周边地区、城镇密集地区、中部地区及西部边疆地区等四大区域。

由于自然、区位、经济、社会等条件的不同，各个小城镇表现为不同的职能特征类型。小城镇的职能是决定小城镇发展方向及其规模的重要因素，在不同的社会经济体制背景下，小城镇职能的体现也有所不同。我国的小城镇大部分已从以前的作为农业和农村区域服务中心为主，以发展工业和第三产业为主。根据小城镇职能及发展的经济动力模式，把小城镇分为五类。主要有：综合型小城镇，社会实体型小城镇、经济实体型小城镇、物资流通型小城镇、其他类型小城镇。仇保兴从更具体的产业特征，概括了小城镇有十种发展模式：城郊的卫星城镇、工业主导型、商贸带动型、交通枢纽型、工矿依托型、旅游服务型、区域中心型、边界发展型、移民建镇型、历史文化名镇。

总体而言，绿色城镇试验可以按照自然地理特征、职能定位、与中心城市关系及发展模式等多个方面进行分类。每个绿色城镇可以同时具有一种或几种小城镇类型的特征，通过对小城镇地区、类型的选取，有助于为绿色城镇试验在不同阶段、不同层面、不同目标、不同视角提供样本依据，以实现试验的多样性。

（二）绿色城镇试验优先地区和试验内容

1. 大城市郊区绿色城镇试验

在由大城市——郊区小城镇——农村腹地共同构成的大的经济区域中，诸多郊区小城镇已成为都市圈城乡空间网络中的重要节点。大城市郊区小城镇职能在快速城镇化过程中越来越重要，主要有七个方面：城市的生态屏障与社会屏障，绿色无公害鲜活食品、观赏产品及其前延、后续产品的重要生产基地，区域性现代化制造业基地，区域性对外经济技术合作窗口，城市重要的物流平台，旅游与休闲胜地，城市辅助生活基地。可见，郊区小城镇凭借大城市优势、完善城镇空间发展支撑系统，服务并参与大城市经济，已经成为大城市发展的重要组成部分，农村城市化的重要平台。

根据大城市郊区小城镇特点及承担职能的大城市部分职能，其在产业功能已融入大城市分工产业体系，交通建设更多地由大城市统一规划建设，因此，这类小城镇进行绿色城镇综合试验，试验内容将优先选择绿色制度与绿色服务、绿色能源及绿色建设领域，其次为绿色产业、绿色消费及绿色交通领域。

2. 城镇密集地区绿色城镇试验

城镇密集地区小城镇，在与核心城市的双向互动和其他小城镇的分工协作中，形成集群优势，对农村的带动作用和服务能力均较强，城乡关系朝着良性互动方向发展，不仅为本地农村剩余劳动力提供了就业岗位，而且吸纳了大量外来人口，为全国范围内"三农"问题的解决做出了重要贡献。在城镇密集地区，小城镇是区域一体化、产业一体化的重要组成部分，在促进整个地区经济社会发展，落实产业分工，解决就业、促进城乡统筹等诸多方面发挥了重要作用。

总体来说，城镇密集地区的小城镇，在城镇化的水平和质量上均优于全国其他地区的小城镇。这类小城镇实施绿色城镇试验，试验内容可以优先选择绿色制度与绿色服务和绿色消费、绿色能源领域进行创新试验，其次为绿色产业、绿色交通及绿色建设领域。

3. 内陆农业地区绿色城镇试验

内陆农业地区的小城镇主要依靠本地生产要素的投入来推动经济增长，以乡镇集体企业和私营经济为主体进行本镇的工业化。立足地方资源、发展特色经济、坚持产业化方向、形成特色经济，是内陆农业地区小城镇发展的主要方向。地方资源一般包括自然资源、历史文化资源、旅游资源以及劳动力资源等。若干内陆农业地区成功的小城镇特色产品均在省内、国内甚至国际上都有一定的影响力。

总体来说，内陆农业地区的小城镇规模小、质量低，发展水平与发达省份相差较大，在全国处于中等偏下水平。这类小城镇进行绿色试验的核心内容还是寻找适合于小城镇的支撑产业，培育小城镇发展的持续动力，必须优先选择适合于小城镇发展的绿色产业；在发展绿色产业的基础上，可以进行绿色交通、绿色建设、绿色能源的试验，最后发展一定阶段以后，可以尝试绿色制度与绿色服务和绿色消费的创新试验。

4. 西部沿边地区绿色城镇试验

西部沿边地区资源丰富，气候多样，地形地貌类型各异，空间资源尤为广阔，而且有众多的历史文化遗产，许多延续至今，有较好的发展潜力和基础。边境口岸的小城镇因地制宜，发挥口岸区位优势，繁荣边贸经济。利用省界、国界发展边际贸易，强化交通服务基础设施，聚集各方面的生产要素，构筑起沿边地区城镇化基点。西部沿边地区小城镇多具有独特的历史文化背景和独特的民族文化传统，旅游资源丰富，具有巨大的发展空间。

总的来看，西部沿边地区在全国仍然属于经济发展相对滞后地区，城镇化率和城镇化水平不高，小城镇多数还处于自立、封闭发展的状态，城镇各项功能不够完善，城镇基础设施，包括物质工程基础设施和社会性基础设施水平低，缺口大。西部沿边地区的小城镇实施绿色试验，可以依靠特色资源培育绿色产业切入，有边贸口岸的小城镇也可以选择制度层面创新切入，在此基础上，可以进行绿色交通、绿色建设、绿色能源试验。

（三）绿色城镇综合试验推进时序建议

鉴于"绿色城镇化战略"建设仍在规律探索阶段，绿色城镇试验涉及城镇全方位要素的重构，以"绿色城镇"建设条件要求、试验目标的有限性、试验的具体条件与可行性，绿色城镇综合试验区可以优先选择城镇发展水平较高的京津冀、长三角、珠三角地区大城市郊区及城镇密集地区小城镇进行试验，取得一定结果后，再向内陆农业地区及西部沿边地区小城镇推广。

【本文根据《中国绿色城镇化战略研究报告》（中国国际经济交流中心、中国城市科学研究会和中国城镇规划设计研究院三方 2010 年 7 月完成的合作研究课题）改编完成。】

中国城镇化进程中市场与政府作用研究

郑春林　谭德林

一　引言

　　城市化是人类社会最近两百年才出现的潮流。欧美发达国家早已完成这一历史进程，拉美、东亚等国家和地区也先后进入城市社会。我国已是全球第二大经济体，整体进入中上等收入国家水平。但由于历史和现实的原因，我国城镇化不仅进程相对缓慢，而且发展质量不高。当前，我国城镇化正处在加速发展期，而且还与全球化、市场化、工业化、信息化等进程相伴交织，从而使城镇化的发展图景更加波澜壮阔、错综复杂。国务院总理李克强指出，"13亿人的现代化和近10亿人的城市化，在人类历史上是没有的，中国这条路走好了，不仅造福中国人民，对世界也是贡献"。

　　城市化道路的核心问题是处理好市场与政府的关系问题。市场与政府的不同结合方式，可以产生不同的城市化模式。由于历史基础、自然地理、资源环境、经济社会、政治制度和发展阶段等条件的不同，各国城市化模式存在显著差异。欧美发达国家主要依靠自治力量与市场机制，通过要素的自由流动实现城市化，走出了一条以市场为主导、政府为辅助的城市化道路。拉美、东亚等国家和地区的城市化主要依靠政府推动，迅速提高城市化水平，但政府干预的范围和力度往往脱离市场轨道，导致"市场失灵"和"政府失灵"并存。

　　新中国成立以来，我国城镇化总体上经历了一个"起步—停滞—发展"的曲折过程。计划经济时代，通过户籍制度、社会福利制度等二元制度安排，集中力量建设重工业和城市，实际抑制了城镇化的发展。改革开放以来，鼓励非公有制经济发展，放宽人口流动，建设社会主义市场经济，解放了潜在生产力，也释放了城镇化的活力。同时，政府并未放弃对城镇化的控制。我国人口众多，自然地理条件多样，资源环境相对脆弱和贫乏，城乡和区域之间的差距大，城镇化具有特殊的起点和约束条件，这就决定了我国必须从自身国情出发，在遵循城市化一般规律的前提下，探索一条中国特色的城镇化道路。在推进城镇化发展过程中，应既能发挥市场的决定作用，又能更好地运用政府调控。

二 数据和模型

世界银行统计了全球 210 个国家和地区近 30 多年的经济和社会发展数据，本文从中选取 17 个代表性国家 1980—2013 年间城市化相关数据，建立面板数据模型，通过比较分析全球城市化的有关规律，研究中国城镇化进程中市场与政府的作用。

1. 选取样本国家。共 17 个国家，并依据各国城市化情况，划分为 4 类：

第一类（group 1）：英国（简称 GB）、美国（简称 US）、德国（简称 DE）和日本（简称 JP）共 4 个国家。已完成城市化的发达国家代表，1980 年城市化率超过 70%，1980—2013 年间城市化水平继续提高。

第二类（group 2）：巴西（简称 BR）、墨西哥（简称 MX）和韩国（简称 KR）共 3 个国家。拉美和东亚新兴城市化国家的代表，1980 年城市化率约 60%，1980—2013 年间继续城市化，2013 年城市化率约 80%。

第三类（group 3）：马来西亚（简称 MY）、南非（简称 ZA）和土耳其（简称 TR）共 3 个国家。近 20 年实现城市化的国家代表，1980 年城市化率低于 50%，1980—2013 年间实现城市化，2013 年城市化率约 70%。

第四类（group 4）：中国（简称 CN）、印度（简称 IN）、印度尼西亚（简称 ID）、尼日利亚（简称 NG）、巴基斯坦（简称 PK）、菲律宾

（简称 PH）和泰国（简称 TH）共 7 个国家。城市化后发国家的代表，1980 年城市化率均低于 40%，经过 1980—2013 年间城市化，一些国家城市化率已超过 50%，一些国家城市化率仍徘徊在 30%。

2. 选取被解释变量和解释变量。被解释变量为人口城市化率，解释变量 5 个，分别为人均国内生产总值、城乡人均收入差距、社会资本形成率、私营单位开业所需时间、对外贸易占比。

（1）人口城市化率（%，简称 urate），即城市人口占国家总人口的比重。该指标度量城市化的程度。

（2）人均国内生产总值（current US \$，简称 gdppc），采用现价美元计算。该指标度量经济发展水平对城市化的影响。

（3）城乡人均收入差距（倍数，简称 igap）。该指标由人口城市化率（urate）和农业增加值占国内生产总值比重（ava）两个指标计算得来，计算公式 $igap = (1 - ava)/urate/ava/(1 - urate)$。由于没有现成的城乡收入差距数据，故用此指标度量城乡收入差距对城市化的影响，但此指标与真正的城乡人均收入差距存在一定的偏差，农村中非农产业比重越大，偏差越大。

（4）社会资本形成率（%，简称 gcfrate），即社会资本形成总额占国内生产总值的比重。由于没有连续的政府支出占国内生产总值的比重的数据，故用此指标度量政府投入对城市化的作用。

（5）创办企业所需时间（天，简称 sday），即向政府部门申请创办一个合法经营的企业所需要的天数。该指标度量政府效率对城市化的作用。

（6）对外贸易占比（%，简称 trate），即对外贸易总额占国内生产总值的比重。该指标度量国际因素对城市化的作用。

其中，人均国内生产总值和城乡人均收入差距对人口城市化率的影响代表了城市化进程中市场的作用，社会资本形成率和创办企业所需时间两个变量对人口城市化率的影响代表了城市化进程中政府的作用。

3. 建立模型。分别对第一类、第二类、第三类和第四类国家建立面板数据回归模型，得到四类国家的变系数面板数据模型，整理结果如下：

表1 面板数据回归结果简表

	c	gdppc	igap	gcfrate	sday	trate
Group 1						
DE	72.14	0.00001		0.06	−0.03	0.01
JP	89.50	0.00015		−0.49	−0.24	0.28
GB	79.40	0.00003		−0.14	−0.32	0.11
US	70.74	0.00022		−0.03	0.26	−0.05
Average	77.95	0.00010		−0.15	−0.08	0.09
Group 2						
BR	58.50	0.00185	−2.00	−0.67	0.18	0.20
KR	83.91	0.00132	0.43	−0.29	0.12	−0.28
MX	69.16	0.00087	−0.08	−0.30	0.03	0.13
Average	70.53	0.00135	−0.55	−0.42	0.11	0.01
Group 3						
MY	32.36	0.00270	1.10	−0.27	−0.02	0.10
ZA	39.80	0.00177	0.27	−0.54	0.03	0.24
TR	23.60	0.00138	0.92	0.32	0.13	0.43
Average	31.92	0.00195	0.76	−0.17	0.05	0.26
Group 4						
CN	−1.48	0.00395	0.96	−0.04	0.24	0.30
IN	16.82	0.00273	0.53	−0.02	0.03	0.10
ID	45.79	0.00520	−3.58	−0.01	0.03	0.18
NG	34.50	0.00660	−1.24	−0.26	−0.12	0.13
PK	21.91	0.01007	0.92	−0.20	0.26	−0.09
PH	61.18	0.00115	−1.46	−0.27	−0.28	0.15
TH	34.84	0.00242	−0.29	−0.07	−0.20	0.06
Average	30.51	0.00459	−0.60	−0.13	0.00	0.12
Total						
Average	48.98	0.00249	−0.27	−0.19	0.01	0.12

注：表格内数据分为变系数面板数据模型的常数项（c）和5个解释变量（gdppc、igap、gcfrate、sday、trate）的系数。

三 结果分析

（一）系数分析

1. 人均国内生产总值对人口城市化率存在显著的正影响。人均国内生产总值越高，城市化率越高，无论是发达国家还是后发国家，均是如此。而且，人均国内生产总值对人口城市化率的影响，后发国家比发达国家更明显。上述四类国家中，第四类国家人均国内生产总值提高1000美元，人口城市化率平均提高4.59个百分点，第三类国家人均国内生产总值提高1000美元，人口城市化率平均提高1.95个百分点，第二类国家人均国内生产总值提高1000美元，人口城市化率平均提高1.35个百分点，第一类国家人均国内生产总值提高1000美元，人口城市化率平均提高0.10个百分点。

2. 城乡人均收入差距对人口城市化率的影响不确定。这点是统计上显示出来的，理论上，城乡人均收入差距和人口城市化率之间存在着动态的相互影响。一方面，城乡人均收入差距的存在，是吸引农村人口流向城市的根本动力，一定程度上，这种差距越大，城市化的动力也越大，另一方面，随着城市化率的提高，城乡收入差距会趋于平衡。长期看其过程应状如"X"型。为验证这个假说，本文比较了1980—2013年13国城乡人均收入差距和人口城市化率的走势图，发现：第四类7个正在实现城市化的国家中，中国、印度、印度尼西亚、巴基斯坦、泰国5个国家已进入"X"型下半场，即城市化率提高，城乡人均收入差距缩小的阶段，这一阶段大约开始于2000—2010年间，城市化率大约30%的时候；第二、三类6个已实现城市化的国家中，巴西、南非、土耳其3个国家已进入城市化率稳定，城乡人均收入差距趋于均衡的阶段。上述8国，符合城乡人均收入差距与城市化之间的"X"型假说。另外5国，尼日利亚、菲律宾不符合典型的城市化特征，韩国、马来西亚和墨西哥的情况说明，城市化完成后，城乡人均收入差距均衡状况仍可能打破，进一步扩大或缩小。

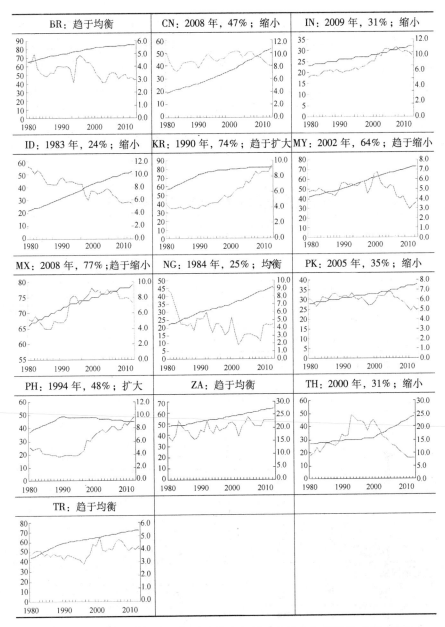

图1 1980—2013年各国人口城市化率与城乡人均收入差距的"X"型图

注：1. 红线表示认可城市化率，蓝线表示城乡人均收入差距。

2. "CN：2008年，47%；缩小"表示，中国从2008年城市化率27%时，城乡人均收入差距开始缩小。

191

3. 社会资本形成率与人口城市化率之间存在着显著的负相关关系。伴随着城市化的提高，17 个国家中，12 个国家的社会资本形成率下降，只有中国、印度、印度尼西亚和土耳其 4 个国家的社会资本形成率上升。其中，中国、印度、印度尼西亚社会资本形成率对人口城市化率的影响系数分别是 -0.04. -0.02 和 -0.01，呈现负相关关系。这说明，政府投入加大，社会资本形成率提高，未必有利于城市化，或者城市化进程中，政府投入过度，应该降低。

表2　　　　1980—2013 年社会资本形成率（%）变化情况

	gcfrate_ 1980	gcfrate_ 2013	Gcfrate_ change
下降的国家			
DE	27	19	-8
JP	32	21	-11
GB	20	17	-3
US	23	20	-3
BR	23	18	-5
KR	30	29	-1
MX	27	22	-5
MY	27	26	-1
ZA	30	19	-11
NG	36	15	-21
PK	18	15	-3
PH	29	20	-9
TH	29	29	0
上升的国家			
CN	35	49	14
IN	18	31	13
ID	24	34	10
TR	18	21	3

4. 创办企业所需时间对人口城市化率的影响不确定。尽管自 2003 年到 2013 年，各国创办企业所需的时间均下降，平均从 50 天下降至 25 天，表明了各国政府效率均有不同程度的提高，但回归结果显示，这种提高对城市化进程既可能是正的影响也可能是负的影响。其中，创办企业所需时间缩短，提高了城市化率的国家是英国、德国、日本，马来西亚，尼日利亚、菲律宾和泰国共 7 个国家，美国，巴西、墨西哥、韩国，南非、土耳其，中国、印度、印度尼西亚、巴基斯坦等 10 个国家，创办企业所需时间缩短，回归结果显示反而不利于城市化率提高。这可能是由于数据质量造成的。

表3　　1980—2013 年各类国家创办企业所需时间（天数）变化情况

	Sday_ 1980	Sday_ 2013	Sday_ change
Group 1			
DE	45	15	− 30
JP	31	11	− 20
GB	13	12	− 1
US	6	6	0
Average	24	11	− 13
Group 2			
BR	156	87	− 69
KR	17	4	− 13
MX	30	6	− 24
Average	68	32	− 36
Group 3			
MY	37	6	− 31
ZA	36	19	− 17
TR	38	6	− 32
Average	37	10	− 27
Group 4			
CN	48	34	− 14
IN	80	26	− 54

	Sday_ 1980	Sday_ 2013	Sday_ change
Group 4			
ID	168	76	−92
NG	36	31	−5
PK	24	19	−5
PH	49	36	−13
TH	33	28	−5
Average	63	36	−27
Total			
Average	50	25	−25

（二）贡献率分析

进一步计算 1980—2013 年各国人均国内生产总值、城乡人均收入差距、社会资本形成率、创办企业所需时间和对外贸易占比 5 个变量对人口城市化率提高的贡献率，得到下表：

表4　　　　　　　　1980—2013 年城市化贡献率简表

	urate_ change	sum_ contri	gdppc_ contri	igap_ contri	gcfrate_ contri	sday_ contri	trate_ contri
Group 1							
DE	2	1.20	29%	0%	−40%	75%	36%
JP	16	16.66	26%	0%	32%	29%	12%
GB	4	3.00	32%	0%	14%	11%	44%
US	7	8.49	105%	0%	1%	0%	−6%
average	7.25	7.34	48%	0%	2%	29%	22%
Group 2							
BR	20	12.41	138%	23%	27%	−100%	12%
KR	25	23.06	139%	9%	1%	−7%	−43%
MX	13	12.43	53%	−1%	12%	−6%	42%
average	19.33	15.96	110%	10%	13%	−38%	4%

续表

	urate_ change	sum_ contri	gdppc_ contri	igap_ contri	gcfrate_ contri	sday_ contri	trate_ contri
Group 3							
MY	31	27.55	86%	−4%	1%	2%	16%
ZA	16	14.30	46%	12%	42%	−4%	4%
TR	28	27.88	47%	2%	3%	−15%	63%
average	25.00	23.25	59%	3%	15%	−5%	27%
Group 4							
CN	34	31.57	83%	−6%	−2%	−11%	35%
IN	9	7.11	47%	26%	−4%	−23%	54%
ID	30	32.07	48%	64%	0%	−9%	−3%
NG	24	23.30	60%	23%	23%	3%	−10%
PK	10	8.30	119%	−14%	7%	−16%	4%
PH	8	2.90	82%	−232%	84%	125%	40%
TH	21	18.99	65%	2%	0%	5%	28%
average	19.43	17.75	72%	−20%	16%	11%	21%
Total							
average	18.67	17.00	75%	−7%	13%	4%	21%

注：urate_ change 是 1980—2013 年人口城市化率增加数，sum_ contri 是 1980—2013 年人均国内生产总值、城乡人均收入差距、社会资本形成率、创办企业所需时间和对外贸易占比 5 个变量影响人口城市化率增加或减少的合计数，sum_ contri 与 urate_ change 存在一定的误差。

由表 4 可见，在 1980—2013 年 17 国城市化进程中：市场作用占 68%，其中人均国内生产总值贡献率 75%，城乡人均收入差距贡献率 −7%，政府作用占 17%，其中社会资本形成率贡献率 13%，创办企业所需时间贡献率 4%。分类别看，第一类国家，市场作用占 48%，政府作用占 31%。第二类国家，市场作用占 120%，政府作用占 −25%。第三类国家，市场作用占 62%，政府作用占 10%。第四类国家，市场作用占 52%，政府作用占 27%。另外，国际因素对城市化影响显著，贡献率占 21%。

17 国中，两个国家的社会资本形成率和创办企业所需时间的贡献率明显大于人均国内生产总值和城乡人均收入差距的贡献率，可以归为政府主导型城市化，这两个国家是日本和菲律宾；两个国家的社会资本形成率和创办企业所需时间的贡献率与人均国内生产总值和城乡人均收入差距的贡献率相当，可以归为市场和政府平衡型城市化，这两个国家是德国和英国；其他 13 个国家，人均国内生产总值和城乡人均收入差距的贡献率明显大于社会资本形成率和创办企业所需时间的贡献率，可以归为市场主导型城市化。可见，实际上的市场主导型城市化已成为目前城市化的主流方式，无论是近期实现城市化的国家还是正在实现城市化的后发国家，都在走市场主导的城市化道路，反而是已实现城市化的发达国家，尽管其历史上走的是一条市场主导的城市化道路，但在城市化水平进一步提高过程中，政府却发挥了与市场相当甚至更重要的作用。

表 5　　　　　　　城市化中市场、政府与国际因素作用的比较

	(gdppc_ contri + igap_ contri) － (gcfrate_ contri + sday_ contri)	trate_ contri	归类类型
Group 1			
DE	−6%	36%	平衡型
JP	−35%	12%	政府主导型
GB	7%	44%	平衡型
US	104%	−6%	市场主导型
average	17%	22%	
Group 2			
BR	234%	12%	市场主导型
KR	154%	−43%	市场主导型
MX	46%	42%	市场主导型
average	145%	4%	
Group 3			
MY	79%	16%	市场主导型
ZA	20%	4%	市场主导型
TR	61%	63%	市场主导型
average	52%	27%	

续表

	（gdppc_ contri + igap_ contri） － （gcfrate_ contri + sday_ contri）	trate_ contri	归类类型
Group 4			
CN	90%	35%	市场主导型
IN	100%	54%	市场主导型
ID	121%	－3%	市场主导型
NG	57%	－10%	市场主导型
PK	114%	4%	市场主导型
PH	－359%	40%	政府主导型
TH	62%	28%	市场主导型
average	25%	21%	市场主导型
Total			
average	51%	21%	

（三）关于中国

上述分析中，关于我国城镇化中市场与政府作用的结论，有以下这些：

人均国内生产总值对人口城市化率的贡献率达到 83%，人均国内生产总值增加 1000 美元，人口城市化率平均提高 3.95 个百分点，提高人均收入水平，是我国城镇化最大的推动力。

整个 1980—2013 年，城乡人均收入差距对人口城市化率的贡献率是 －6%。其中，1980—2007 年，城乡人均收入差距越大，人口城市化率越高；2008—2013 年，城乡人均收入差距越小，人口城市化率越高。我国人口城市化与城乡人均收入差距之间的关系是已经进入到"X"型的下半场，即城市化率提高，城乡收入差距趋于缩小的阶段。但与同类国家相比，我国进入这一阶段的时间较晚，城乡收入差距较大。

社会资本形成率对人口城市化率的贡献率是 －2%。1980—2013年，我国社会资本形成率由 35% 提高到 49%，是 17 个国家中为数不多几个社会资本形成率提高的国家之一，也是 2013 年社会资本形成率最高的国家，模型显示，我国过高的社会资本形成率已对城镇化造成了负面影响。

创办企业所需时间对人口城市化率的贡献率是 –11% 。2003—2013
年，我国创办企业所需时间从 48 天缩短至 34 天，但模型显示，创办企
业所需时间的缩短，导致人口城市化率降低 3.36 个百分点。

总的来看，1980—2013 年我国城市化中，市场作用占 77%，政府
发挥了副作用。我国政府在城市化中的作用与巴基斯坦、泰国相当，好
于印度，但差于印尼、尼日利亚、南非、马来西亚、菲律宾等国家。

四　结论

城市化潮流中，是市场而不是政府发挥了主要的作用，即使那些一
般意义上所谓的政府主导型的城市化国家和地区，市场也发挥了比想象
中更大的作用。本文的分析显示，全球城市化中，市场作用的贡献率是
68% ，政府作用的贡献率是 17% 。无论是后发的城市化国家如中国、
印度、泰国，还是新兴的城市化国家如墨西哥、韩国、马来西亚，实际
上城市化中都是市场的作用远远大于政府的作用。反而是已完成城市化
的发达国家如日本、德国、英国，政府在城市化进一步提高中发挥了和
市场相当或更为重要的作用。如果用市场和政府作用的贡献率去定义城
市化模式，那么，大多数国家和地区的城市化模式可以定义为"市场
主导型"。

市场发挥作用的两个指标是人均收入水平和城乡人均收入差距对城
市化的影响。本文的分析得出，人均收入水平对城市化的贡献率是
75% ，无论是发达国家还是发展中国家，人均收入水平越高，城市化率
越高。而且，人均收入水平对城市化的影响，发展中国家比发达国家更
明显。发展经济，提高人均收入水平，仍是全世界特别是后发国家改善
居民生活，提高城市化水平最重要的手段。城乡人均收入差距与城市化
存在动态的相互影响，本文揭示，长期看二者存在"X"型关系。本文
对部分国家 1980—2013 年间城市化过程的分析，初步验证了这个假说，
并且显示，城市化率大约 30% 的时候，城乡收入差距开始缩小。应运
用这一规律，正确处理城市化过程中城乡人均收入水平扩大或缩小的
问题。

　　发挥政府作用加速城市化进程，是后发国家赶超发达国家的一条重要经验。但是，不应夸大政府在城市化中的作用，更不应随意地用政府取代市场。越过现实条件盲目推动城市化，也是后发国家赶超发达国家的一条深刻教训。本文的分析显示，全球城市化中，政府作用的贡献率是17%，远低于市场作用的贡献率，甚至在一些国家如巴西、印度，土耳其，政府对市场化的作用整体为负，这应该引起警觉。

　　政府对城市化发挥作用，一方面是加大投入，一方面是提高效率。本文的分析显示，政府加大投入对城市化作用的贡献率是13%，政府提高效率对城市化作用的贡献率是4%。投入方面，绝大多数国家城市化率的提高，均伴随着社会资本形成率的降低，说明城市化投入可能过度，需要降低。效率方面，发达国家政府效率的提高，均提高了其城市化水平，但后发国家政府效率的提高，对城市化影响并不明确。应充分认识到政府作用的不足，当前关键是应寻求市场与政府更好的结合方式，在尊重市场规律的前提下，重点改进政府效率，提高建设和管理城市化的水平。

　　我国城镇化中，市场作用的贡献率是77%，政府作用的贡献率反而为负，国际因素的贡献率是35%。计划经济向市场转型、封闭经济向开放经济转型，是推动我国城镇化的两大支柱。在同类国家排名中，我国政府在城市化中的作用与巴基斯坦、泰国相当，好于印度，但差于印尼、马来西亚等国家。政府作用的整体贡献率是 - 13%，其中政府投入的贡献率是 - 2%，政府效率的贡献率是 - 11%，说明我们一方面需要降低过度投入，一方面需要大幅改进政府效率，特别是政府效率方面，存在很大的改进空间。人均收入水平提高是推动我国城镇化最重要的力量，其对城镇化的贡献率达到83%。从城乡人均收入水平与城市化的关系来看，2008年开始我国已进入"X"型的下半场，即城市化率提高，城乡收入差距趋于缩小的阶段。但我国进入城乡差距趋于缩小的时间较晚，是在城市化率47%时开始的，远高于一般30%的水平。国际因素对我国城镇化的影响尤显重要，我国对外贸易占比提高1个百分点，人口城市化率提高0.3个百分点。因此，政府对于城镇化的作用，一方面在于促进经济发展，扩大开放，带动城镇化，另一方面也在于保证适度公平性，实现城镇化的良性发展。

推广政府与社会资本合作(PPP)
模式实践与展望

綦鲁明

回顾 2014 年，在世界经济复苏乏力，国内经济处于"三期叠加"特殊时期的背景下，我国经济增长经历了较大的下行压力。随着我国经济逐步进入新常态，政府与社会资本合作（PPP）模式逐渐成为破解地方债务，扭转经济下行趋势的重要抓手。

一 我国 PPP 模式实践回顾

改革开放之初，PPP 在我国已有实践。从 20 世纪 80 年代至今，PPP 在我国大致经历了探索、试点、推广、停滞、大发展等几个阶段。

第一阶段：探索阶段（1984—1993 年）。改革开放初期，外资较大规模进入我国。为了充分发挥有效发挥外资作用，我国地方政府与外资签订协议，合作进行基础设施建设，这种合作就是 PPP 模式的初级形态。这一阶段 PPP 项目有深圳沙角 B 电厂 BOT 项目、广州白天鹅饭店和北京国际饭店等，其中深圳沙角 B 电厂 BOT 项目被认为我国真正意义上的第一个 BOT 项目。另外，这一阶段中建成通车的京津塘高速公路，是我国第一次利用世界银行贷款，实行国际竞争性招标，采用国际惯例 FIDIC 条款和工程监理制度建设而成的，具有代表性意义的外资参与的 PPP 项目，是利用外资的成功案例。

第二阶段：试点阶段（1994—2002 年）。1992 年邓小平南方讲话以及当年召开的党的十四大确立建立社会主义市场经济体制的目标，为基础设施市场化投融资改革奠定了基础。该阶段试点工作由国家计委（现"国家发展改革委"）有组织地推进，也掀起了第一波 PPP 高潮。1994 年国家计委选取了 5 个 BOT 试点项目：广西来宾 B 电厂项目、成都第六水厂项目、广东电白高速公路项目、武汉军山长江大桥项目和长江望城电厂项目。1995 年来宾 B 电厂项目获得国家计委的批准，是我国第一个 BOT 试点项目。

第三阶段：推广阶段（2003—2008 年）。2002 年党的十六大提出在更大程度上发挥市场在资源配置中的基础性作用，为 PPP 推广提供了理论基础。2003 年十六届三中全会提出让民营资本进入公共领域。2004 年建设部（现"住房和城乡建设部"）出台《市政公用事业特许经营管理办法》，该办法及各地的特许经营条例为这一时期 PPP 项目开展确立法律法规依据。在推广阶段，外企、民企、国企等社会资本均积极参与，PPP 项目以污水处理项目居多，也有自来水、地铁、新城、开发区、燃气、路桥项目。PPP 掀起第二波发展高潮。这一阶段比较著名的 PPP 项目有合肥王小郢污水 TOT 项目、兰州自来水股权转让项目、北京地铁 4 号线项目、北京亦庄燃气 BOT 项目、北京房山长阳新城项目等。其中，按现在 PPP 的概念，当时 PPP 项目很多，这一阶段诞生的北京地铁 4 号线项目是第一个被官方称之为 PPP 的项目。在北京 4 号线方案中，项目建设分为建设期（4 年）和运营期（30 年）。其中项目建设期投资分为 A、B 两部分。A 部分土建工程投资需 107 亿元，由京投公司负责，B 部分设备装置的投资需 46 亿元，由组建的 PPP 项目公司——北京京港地铁有限公司负责投资；运营期通过票款收入，港铁进行运营维护并收回投资，由北京市交通委负责监管，待 30 年特许经营期结束后无偿移交给京投公司。该项目引入社会投资有效缓解了北京市政府的投资压力，而且地铁 4 号线一年广告收入超过亿元，明显高于其他地铁运营线路。

第四阶段：波折阶段（2009—2012 年）。2008 年国际金融危机爆发，我国随之推出了 4 万亿经济刺激计划。这一阶段地方政府基础设施建设投资高速增长，城镇化程度快速提高。这个时期，国企特别是央企拿到大量银行授信，开始与地方政府对接，成为推动城镇化进程的重要角色。央企参与的很多项目都是以 PPP 方式进行的。尽管没有政策禁止民间社会资本进入，但央企成为主角使私人资本无法参与竞争，社会上出现了"玻璃门""弹簧门"等现象。央企对私人资本的不规范竞争改变了 PPP 规则，PPP 发展进入短暂的波折性发展阶段。

第五阶段：发展新阶段（2013 年至今）。十八大提出"让市场在资源配置中发挥决定性作用"，2013 年财政部部长楼继伟就 PPP 作专题报告，肯定 PPP 模式在改善国家治理、转变政府职能、促进城镇化等方面的重要作用。2014 年 5 月，国家发改委推出首批 80 个引入社会资本的基础设施建设示范项目。地方政府也开始积极推介 PPP 项目。2014 年 9 月底，财政部公布首份 PPP 文件——《关于推广运用政府和社会资本合作模式有关问题的通知》，为 PPP 在我国获得新发展迈出了实质性步伐。2014 年 11 月 26 日，《国务院关于创新重点领域投融资机制社会投资的指导意见》正式公布，提出建立健全 PPP 机制涉及四个层面：推广 PPP 模式、规范合作关系保障各方利益、健全风险防范和监督机制以及健全退出机制，受到市场极大关注。11 月 29 日财政部下发《政府和社会资本合作操作指南》，对 PPP 项目的设计、融资、建造、运营、维护至终止移交全生命周期的各环节操作流程进行了全方位规范，这可看作是对《国务院关于创新重点领域投融资机制社会投资的指导意见》及《财政部关于推广运用政府和社会资本合作有关问题的通知》（76 号文）的落实和细化。紧随其后，2014 年 12 月 2 日，国家发改委印发《国家发展改革委关于开展政府和社会资本合作的指导意见》，就 PPP 项目范围及模式、工作机制、管理规范、政策保障等做了详细规定和说明。从此，PPP 已在我国各行各业深入人心，成为社会各界广泛关注的焦点。以前的 PPP 更多以 BT、BOT 等为主，政府仍是主要的投资者和风险收益主体，此轮则强调社会资本与政府共享利益、共担风险，国家各主要职能部门高度重视，制度配套上也更为完善。可以说，2014 年是 PPP 在我国发展的转折年。

受经济发展对 PPP 模式的需求及政策推动影响，2014 年以来，PPP 进入了新的发展阶段，并掀起第三波高潮。目前，中央层面，财政部已正式成立 PPP 工作领导小组，统一部署国内 PPP 机构设立、职责分工等工作。地方层面，多地省级财政部门正在谋划成立 PPP 项目统一管理机构，对 PPP 表现出极大的热情。其中，浙江省是推动 PPP 最积极的省份之一，成立了 PPP 试点工作领导小组。但由于 PPP 仍处大发展的起步阶段，目前各地还基本上在学习培训阶段，并没有大量上马 PPP 项目。现在的热潮主要是学习、培训、研讨活动。这为未来 PPP 在我国快速发展奠定了良好基础。

二 重视 PPP 模式发展的原因分析

2014 年以来，我国政府之所以如此重视 PPP，原因主要有以下几个方面。

（一）我国经济发展到了需采取新模式来启动经济长周期的关键时刻。为应对亚洲金融危机，从 1998 年 4 月，国务院决定增发 1000 亿元十年期建设债券开始，中央决定实施积极的财政政策，3 年共发行长期建设国债 3600 亿元，其中中央国债 2148 亿元，转贷地方国债 1452 亿元，主要集中在交通通讯、农田水利、城市基础设施和环保、城乡电网改造、经济适用住宅等领域，不仅应对了危机而且保持了经济健康持续发展。

为应对 2008 年爆发的全球经济金融危机，2009 年初中国人民银行和银监会联合发布《关于进一步加强信贷结构调整促进国民经济平稳较快发展的指导意见》，地方政府组建的投融资平台从此开始发挥主导作用，2008 年初全国各级地方政府投融资平台负债总计 1 万多亿元，根据审计署数据，地方性债务总额 2010 年底为 10.72 万亿元，2013 年 6 月底达到 20.7 万亿元。地方投融资平台虽然对经济增长起到了支撑作用，但同时也对经济质量和效益产生了不少负面影响，各地"形象工程"和贪污腐化问题频发。

当前我国国民经济到了"升级换代"的关键时期。推出一项基础设施和公共服务的公私合作项目特别计划，实现"一石三鸟"的经济成果，是启动经济良性可持续发展的关键举措。

（二）我国经济增长下行压力很大，急需转变经济发展方式。从上半年宏观经济数据分析，我国经济下行压力很大，2014 年 1—11 月份，全国固定资产投资（不含农户）451068 亿元，同比名义增长 15.8%。2014 年 11 月份，规模以上工业增加值同比实际增长 7.2%，接近改革开放以来最低的增速。当前，我国仍处在工业化快速推进的关键阶段，工业化的任务还远远没有完成，现在如果不采取有效措施，经济持续健康发展可能会有危险。因此采取 PPP 模式，抓住以促进消费为目的的硬性和软性公共产品建设，扩大其生产规模，既可缓解当前经济下行压力，也可为未来经济持续发展创造更好的基础条件。

（三）政府职能转变急需推进，投融资体制亟待改革。党的十八届三中全会以来，我国政府大力推进政府职能转变工作，削减了大量审批事项，但是基础设施投融资体制改革并没有取得明显成效，主要表现就是涉及公共产品的基础设施和混合公共服务，在投融资体制上迫切需要明显改善。实施 PPP 模式推出一批重大示范项目，对于深化经济体制改革具有重要的促进作用。

（四）政府融资平台模式亟待转变。前几年，我国政府融资平台为民生工程和基础设施建设做出了巨大贡献。但仅靠政府借债或者政府担保借债的方式，使政府背上了沉重包袱，这种方式已经很难持续下去了。采用 PPP 模式，政府出政策把社会资金吸引进来，仍可保证公共产品的生产与提供。当前来看，PPP 模式是替代政府融资平台的有效办法，这也为已经形成的政府债务消化提供了巨大帮助。

（五）现代服务业发展，引导技术创新需要新的投资运营管理模式。目前，高铁技术、轨道交通技术、云服务信息技术等发展应用，是我国转变经济发展方式和产业结构调整的重要抓手和突破口。但是，这些技术及其相关产业的发展面临严重的资金瓶颈。通过 PPP 模式，创新投资运营管理模式，有利于把这些技术引入基础设施和公共服务，从而有利于通过充分发挥我国人口规模大、市场容量大的独特优势，加快技术创新升级，大大提高我国现代服务业的发展质量和规模。

三　PPP 重点领域

从国际经验看，公共产品与私人产品相对应，是社会成员共同消费的产品和服务。公共产品一般包括三类：纯公共服务，比如国防、司法、环保和政府监管等；混合公共服务，包括政府购买服务、教育、医疗、社会保障、金融服务等；基础设施服务，包括交通、电力、电信、城市管网、保障房、软件基础设施平台等。从发展趋势看，目前世界各国公共产品提供模式已实现了从财政投资、政府经营的传统模式向政府与社会资本合作伙伴关系即 PPP 模式的转变。英国政府于 1992 年最早开始应用 PPP 模式提供公共产品。从基础设施投资看，1985—2011 年全球基础设施服务 PPP 金额为 7751 亿美元，其中欧洲大约占 45.6%，亚洲和澳大利亚占 24.2%，墨西哥、拉丁美洲和加勒比海地区三者合计占 11.4%，美国和加拿大分别占 8.8%、5.8%，非洲和中东地区占 4.1%。

从我国的情况看，当前正是城镇化进程的关键阶段。城镇化建设将催生巨大的基础设施建设需求，比如，重大水利工程建设，高速铁路、机场、公路、地铁等交通基础设施，城市地下管网，粮食仓储设施等公共设施，以及养老、教育、医疗等公用事业设施等。也就是说，为社会生产和居民生活提供公共服务的物质工程设施都将是 PPP 模式的重要用武之地。

(一) 2015 年我国地方政府融资需求测算

2014 年 1—12 月份制造业投资同比增长从上年同期的 18.6% 降至 13.5%，房地产投资同比增速从上年同期的 20% 降至 11.1%，基础设施投资同比增长 21.5%，与上年同期基本持平。展望 2015 年，制造业投资仍面临继续去产能问题；从 2014 年地产销量负增长的情况看，2015 年地产商拿地热情将受影响，地产投资增速将不会太高；基础设施建设已是 2014 年稳定经济增长的重要动力，也将是 2015 年政策主要着力点。2014 年基础设施建设投资达 112174 亿元，如果 2015 年基础设施投资增速按 20% 测算，2015 年用在基础设施上的投资规模将达到 134608 亿元。

基础设施属于公共品，建设的很大部分资金来源由政府融资提供，因而可根据基建投资预测地方政府融资需求增速。回顾历年地方政府总的融资需求与当年基建投资之比，近三年来该比例约为 20%—30%。考虑到 2015 年《中华人民共和国预算法》（2014）和《国务院关于加强地方政府性债务管理的意见》将全面实施，地方政府融资逐渐受限，若以 2015 年新增地方政府融资需求与当年基建之比为 20% 测算，2015 年全年地方政府新增融资需求为 26921.7 亿元。

（二）PPP 重点领域分析

具体地，从水利工程看，目前，我国公共水利设施仍然主要依靠财政投入，水利市场化投融资机制尚未全面建立。国家公共财政资金更好地结合社会资本共同解决水利问题，是未来发展的重要方向。据财政部统计，2011—2013 年，全国财政水利资金从 3619 亿元增加到 5099 亿元，年均增长 19%，3 年累计投入 13261 亿元，占同期全国财政支出的 3%。其中，一般公共预算安排水利投入 9423 亿元，年均增长 13%，政府性基金预算安排水利投入 3838 亿元，年均增长 33%。尽管近几年水利工程投入有较快增长，但仍存较大缺口。国务院最近又提出集中力量有序推进 172 项全局性、战略性节水供水重大水利工程，水利部初步测算工程概算总投资 1.7 万亿元，其中预计中央投入 9200 亿元，剩余 7800 亿元的任务则需要由地方政府想办法承担。根据国务院水利发展"十二五"中长期规划以及其他相关专项规划测算，2011 年至 2020 年全国水利年均需 4000 亿元投资。

从高速铁路建设看，近几年是我国高速铁路快速发展的时期。2014 年下半年，国家发改委密集批复多个铁路项目，包括兰州—合作、银川—西安、和顺—邢台等，总里程总计 8314 公里，其中高铁里程占 20%，共 1647 公里。投资总额达 6974 亿元，其中高铁投资额 2151 亿元，动车购置费 85.4 亿元。按照《中长期铁路网规划》，在"十二五"期间，中国铁路投资额将保持在每年 7000 亿元左右，高铁的总投资约为 1.875 万亿元，平均每年约 3750 亿元。按照现在高铁在建和规划情况，"十三五"期间高铁通车总里程达 6318 公里，投资总额达 8592 亿元，平均每年有 1700 亿元左右的资金缺口。

从机场建设看，根据中国民航局数据，到 2015 年底，我国机场数量将达到 230 个以上，旅客运输量将达到 4.5 亿人次，运输飞机 2700 架，通用航空飞机 2000 架。到 2020 年，运输机场数量将达到 240 个以上（不含港澳台地区）。"十二五"期间民航业投资规模将在 1.5 万亿元，其中，机场基本建设投资规模将达到 4250 亿元以上，年均超过

850 亿元。

从地铁投资看，根据国家发改委数据，到 2015 年我国轨道交通运营里程将达 3000 多公里，"十三五"期间还要增加 3000 公里，也就是说到 2020 年达到 6000 公里。2014 年我国城市轨道交通投资将达到 2200 亿元，比 2013 年增加 400 亿元。预计 2014—2020 年，中国新建地铁线路需要 2.0 万亿—2.5 万亿元的投资，年均 3000 亿—4000 亿元。

从城市地下管网看，我国城市地下管线种类繁多，包括供水、排水、燃气、热力、电力、通信、广播电视、工业等 8 大类 20 余种管线。2014 年 6 月 3 日，国务院下发《关于加强城市地下管线建设管理的指导意见》指出，力争用 5 年时间，完成城市地下老旧管网改造，用 10 年左右时间，建成较为完善的城市地下管线体系。未来十年，地下管网体系建设将进入黄金发展期。按照《全国城镇供水设施改造与建设"十二五"规划及 2020 年远景目标》，"十二五"期间，管网改造投资 835 亿元；新建管网投资 1843 亿元，累计 2678 亿元，年均 535.6 亿元。根据《"十二五"全国城镇污水处理及再生利用设施建设规划》，"十二五"期间，全国城镇污水处理及再生利用设施建设规划投资近 4300 亿元，其中，完善和新建管网投资 2443 亿元，年均 488.6 亿元。地下管网中仅供水和污水处理管网两项年均投资就达 1024.2 亿元。同时，随着地下管网智慧化成为一个大趋势，也将大大提高地下管网投资需求。

从养老事业看，目前，我国人口老龄化进程日趋加快，"十二五"时期，我国 60 岁以上的老年人将新增 800 万，总数将由 1.78 亿增加到 2.21 亿，老年人口比重将由 13.3% 增加到 16%。截至 2013 年底，中国共有各类养老服务机构 42475 个，床位数 493.7 万张，老龄人口每千人平均床位数量仅有 20 张。这种情况很难适应老龄人口逐年增多的发展形势。来自国家老龄委的数据显示，2010 年中国老年人的消费需求已超过 1 万亿元，2050 年左右将达到 5 万亿元。面对如此庞大的市场，各路资本均蠢蠢欲动，而政策也为资本进入提供了更多支持。

四 推进 PPP 过程中存在的问题

当前，由于规模总体不大，仍处摸索阶段，推进 PPP 模式在我国推广，面临各种问题在所难免。

（一）缺乏相关法规保障。PPP 模式是基于契约精神依据政府和社会资本所签订的合同开展的。一般说来，PPP 项目期限较长，回报低。为了保证双方承担相应责任，获得应有收益，确保合同履行，应当有相应的法规体系予以支撑。我国当前缺乏一套针对 PPP 的完整的法律法规体系，现有的《国务院关于创新重点领域投融资机制社会投资的指导意见》《政府和社会资本合作操作指南》《财政部关于推广运用政府和社会资本合作有关问题的通知》《国家发展改革委关于开展政府和社会资本合作的指导意见》等都是国家部委层面的文件，是对 PPP 模式的原则性、指导性安排，法律效力不高。PPP 模式运行是涉及政府、社会资本、第三方咨询机构、金融机构、社会公众等多方利益的系统工程，如果没有强有力的法律法规，各方利益将很难得到有力保障，社会资本更会望而却步。虽然国家发展改革委已经启动了 PPP 领域的基本法——《基础设施和公用事业特许经营法》起草工作，但由于仍存在较多争议，迟迟没有推出。

（二）相关部门间协调仍难达成一致。政府与社会资本合作必然涉及政府层面的各个职能部门。当前，PPP 模式的主管部门主要是发改委和财政部，虽然两部门对 PPP 的理解大致相同，但在具体实践过程中，发改委与财政部对推动 PPP 模式的制度安排如项目运作方式、项目实施机构、采购依据、采购方式、储备方式等方面有所偏差，对项目操作的流程也有差别。两部门对 PPP 的主导权和话语权存在较强博弈。目前，PPP 运行无统一监管部门。

（三）政府与社会资本的地位仍不平等。政府与社会资本是 PPP 模式两方面的主体。只有两个主体地位平等，权责相称，才能建立良好的合作伙伴关系。但是，长期以来，我国政府在通过投资推动国民经济高速增长的实践中，占据了强势的地位，形成了政府主导投资的观念。到目前，这种观念仍根深蒂固地存在于各级政府官员的头脑中，这必将严重阻碍 PPP 模式的顺利运行。PPP 要求参与各方都必须有契约精神，严格按照合同行事，才能保证项目顺利推进。前些年我国 PPP 多以"建设—运营—转让"（BOT）、"建设—移交"（BT）项目为主，政府在项目中是强势一方，政府与社会资本地位仍不平等。

五　推进 PPP 模式的建议

第一，建立 PPP 模式部级联席会议制度。当前推进 PPP 模式，首先需要转变政府观念，按照契约精神，尽快完成建立政府与社会资本合作关系制度、财政资金参与制度、项目推荐与遴选、合同实施监管等一系列工作，建议国务院建立包括国家发展改革委、财政部、国资委、审计局等部门在内的部级联席会议制度，抽调专人负责，尽快形成"我国实施政府与社会资本合作伙伴项目特别计划"。

第二，正确发挥政府调控和管理作用。为了更好地引导私营部门参与城镇公共设施建设，国家需要出台一系列的优惠政策，从财政、税收、金融、土地等多方面为私营部门参与 PPP 项目给予政策扶持，增加城镇公共设施 PPP 项目的吸引力。发挥市场机制作用，同等对待各类投资主体，利用特许经营、投资补助、政府购买服务等方式吸引民间资本参与经营性项目建设与运营。PPP 项目涉及的利益实体较多，时间跨度较大，没有严格的管理贯穿始终是难以奏效的。从国外经验看，英国、美国等 PPP 推行比较成功的国家都建立了专门的 PPP 管理制度。对 PPP 项目，要从横向管理（合同管理、绩效监控和关系管理）和纵向管理（招标筹备期、工程建设期、项目运营期和项目交割期）两个维度加强管理。

第三，以新型城镇化为依托，重点选择几大领域突破。实施新型城镇化战略，需要大量的公共项目落地。从我国的实际情况看，农村公共产品与服务及新农村基础设施建设，学前教育、高等教育、职业教育领域，保障性住房，城镇化连片开发，灾后重建，基础设施建设，公立医院改革，现代养老，环境保护等领域发展潜力巨大，也是需要以 PPP 模式重点突破的领域。

第三，在京津冀、长江经济带和珠江三角洲等重点地区，选择轨道交通、电力、健康环保服务等一批试点示范项目。基础设施和混合公共服务是实施 PPP 模式的主要领域，通过重点地区和重点项目实施，可以不断完善 PPP 模式的各项规则。当前国家发展改革委推出了一批允许社会资本参与的重大项目，但由于项目管理核心制度和组织、监管等体制机制配合不上，社会资本不愿进入这些领域，通过公开试点示范，可以消除社会资本的顾虑，吸引国际低成本资金参与我国公共产品和服务的生产与提供。

第五，完善 PPP 模式法律法规制度。完善的法律法规制度是保证 PPP 模式有效运行的关键所在。尤其应关注并明确在公共部门和私人部门（包括企业和非营利组织）的合作关系中，包括合作主体之间的平等权利、政府监管、社会监督等三个层次的法律关系。其中，应在法律上界定投资者仅是投入资本，合作项目由特殊目的公司进行专业化管理。应分开政府监管与投资管理的职能，监管者不能介入合同实施具体事务。应立法确立社会公众作为群体消费者，积极参与项目立项、项目期中评估和项目决算等各个环节，保证绝大多数人选择委托专业机构参与项目监督。

允许农户土地承包经营权抵押需修改法律

刘　森

党的十八届三中全会《决定》指出"赋予农民对承包地占有、使用、收益、流转及承包经营权抵押、担保权能"，这是农村土地制度改革的一个重要突破。我国现行《担保法》、《物权法》仍禁止以家庭承包方式获得的土地承包经营权抵押担保，限制了农民融资渠道，否认农民对承包地拥有的法人财产权和用益物权，已明显落后于改革实践，应当予以修订。

一　对农村土地承包经营权流转、抵押、担保的规定

从目前的实践来看，农村土地承包经营权的流转方式包括农村土地承包经营权的互换、转让、转包、抵押、出租、入股等。其中，抵押权根据土地承包经营权获得方式的不同，采取了不同规定。

（一）我国土地承包经营权的分类

按照现行法律规定，我国农村土地承包经营权依其获得方式的不同，分为两种类型，并赋予不同的权利：一是通过家庭承包方式获得的承包经营权，可以依法采取转包、出租、互换或者其他方式流转，但不能进行抵押，流转方式受到一定限制；二是通过非家庭承包方式取得的土地承包经营权，在依法登记并取得经营权证后允许流转、抵押。

（二）土地承包经营权流转规定

土地承包经营权转让问题，也区分为家庭承包方式和非家庭承包方式获得的承包经营权。

1、对于家庭承包方式获得的承包经营权流转问题。家庭承包是按照国家有关规定进行的、人人有份的承包，主要是耕地、林地和草地，具有社会保障的性质。我国《农村土地承包法》第三十二条规定："通过家庭承包取得的土地承包经营权可以依法采取转包、出租、互换、转让或者其他方式流转。"同时，对转让进行了一定限制，转让前提是原土地承包经营权人有稳定的非农职业收入或者有稳定的收入来源，受让方有农业经营能力，本集体组织成员优先，并经发包方同意。

2、对于通过非家庭承包方式获得的承包经营权流转问题。非家庭承包方式，指通过招标、拍卖、公开协商等方式进行的承包，主要是"四荒"等其他土地，通过市场化方式获得承包经营权。这类承包权经依法登记取得土地承包经营权证或者林权证等证书的，其土地承包经营权可以依法采取转让、出租、入股、抵押或者其他方式流转，并可以继承。

（三）土地承包经营权抵押、担保、入股规定

1、对于家庭承包方式获得的承包经营权抵押担保问题

我国《物权法》、《担保法》均将以家庭承包方式获得的承包经营权列入禁止抵押、担保的范围。《担保法》第 37 条第（二）项规定，除荒山、荒沟、荒丘、荒滩等荒地的土地使用权、乡（镇）、村企业的厂房等建筑物所占用范围内的土地使用权可以抵押外，耕地、宅基地、自留地、自留山等集体所有的土地使用权不得抵押；《物权法》第 184 条第（二）项规定，耕地、宅基地、自留地、自留山等集体所有的土地使用权不得抵押，但法律规定可以抵押的除外。这两部法律否定了通过家庭承包方式取得的土地承包经营权的抵押。最高人民法院《关于审理涉及农村土地承包纠纷案件适用法律问题的解释》（法释［2005］6 号）第 15 条也规定以家庭承包方式获得的土地承包经营权抵押无效。

2、对于通过非家庭承包方式获得的土地承包经营权抵押、担保、

入股问题

我国《担保法》第33条规定，依法承包并经发包方同意抵押的荒山、荒沟、荒丘、荒滩等荒地的土地使用权可以抵押；《物权法》第180条也规定以招标、拍卖、公开协商等方式取得的荒地等土地承包经营权可以抵押；《农村土地承包法》第49条规定通过招标、拍卖、公开协商等方式承包农村土地，经依法登记取得土地承包经营权证或者林权证等证书的，其土地承包经营权可以依法采取转让、出租、入股、抵押或者其他方式流转。我国法律允许通过非家庭承包方式获得的土地承包经营权抵押、担保、入股。

二 禁止以家庭方式获得的农村土地 承包经营权抵押的弊端

以家庭方式获得的农村土地承包经营权占农村土地的绝大多数，涉及到绝大多数农民，搞活这部分土地的承包经营权对农民具有重大意义。特别是在2亿多农村劳力外出务工的情况下，禁止农村土地承包经营权抵押会造成对农户财产权的不公平待遇，压缩农户的发展空间，阻碍了农村土地由分散小规模经营向集约化经营转化的进程。

（一）禁止土地承包经营权抵押是对农民财产权的歧视，造成农民融资不畅和财产价值缩小

农村土地经营权同城市土地一样属于物权范畴的用益物权——占有、使用、收益权，我们承认城市土地使用权人对土地有占有、使用、收益的权利，允许城市土地使用权抵押；而不允许农村土地经营权抵押，显然是对农民财产权的歧视，是对农户土地经营权即用益物权的限制。农民财产权利的不足，制约农民财产进入社会财产增值体系、信用体系、流动体系。企业获得的国有土地使用权可以用于抵押、担保等，农民拥有的集体土地使用权却不能。这就使农民不能像城里人一样分享到城市化过程中土地增值的收益。国外经验证明，凡是成功跨入高收入行列的国家和地区，农民都分享到了城市化过程中土地增值的收益；而长期落入中等收入陷阱的国家，由于各种原因，农民都分享不到城市化

过程中土地增值的收益。所以，农民能不能分享到城市化过程中土地增值的收益，是缩小城乡居民收入差距，进而避免落入中等收入陷阱的关键。

农民有着通过土地承包经营权进行抵押从而获取贷款的巨大需求，不允许土地承包经营权抵押，就堵死了农民一条重要的融资渠道，限制了农民对土地经营自主权的行使。在农村金融体系尚不健全，农民融资难的情况下，禁止农民土地承包经营权抵押，必然进一步加剧农村经营发展资金的短缺，不利于农村经济发展和农民收入水平的提高。我国法律一方面赋予农村土地承包经营权以用益物权，一方面又限制农民对用益物权的行使，在法律上自相矛盾，减损了土地承包经营权作为财产权的价值。

（二）违反"举重明轻"立法原则

我国《农村土地承包法》第三十二条规定："通过家庭承包取得的土地承包经营权可以依法采取转包、出租、互换、转让或者其他方式流转。"即以家庭承包方式获得的土地经营权可以转让，转让是指将土地经营权从一个经营主体向另一个经营主体转移，通过转让导致一个经营主体失去土地经营权；而抵押恰恰是对土地经营权交换价值的体现，只有在抵押人到期不履行债务或出现当事人约定的实现抵押权的情形时，才会发生土地经营权的转让变现问题，即只有在约定情况出现时土地经营权才可能发生转移，导致抵押人失去土地经营权。可见，"转让"比"抵押"对土地经营权的负担程度要重，既然较重的"转让"可以进行，为什么比之较轻的"抵押"被法律禁止？显然在法理上说不过去。

（三）农村土地经营权抵押，是土地使用权、收益权的体现

《物权法》第一百二十五条规定："土地承包经营权人依法对其承包经营的耕地、林地、草地等享有占有、使用和收益的权利，有权从事种植业、林业、畜牧业等农业生产。"法律上承认了农村土地承包经营权属于用益物权，农民对承包经营的土地拥有占有、使用、收益的权利，其中，收益权不但包括自己耕种获得收益，而且也包括允许他人耕种而获得利益的出租权、转包权等其他可以以此获得收益的权利，包括

通过土地承包经营权的转让、抵押获得更多收益。不让经营权抵押，显然影响了收益权的行使，减少了农民获得收益的可能。

三　允许农村土地承包经营权抵押不会造成失地农民不稳定因素

反对农村土地经营权抵押的主要观点认为，农民将土地抵押后会导致土地用途的改变；土地经营权的丧失会对失地农民造成毁灭性打击，造成农民无保障，形成不稳定因素。这些观点显然不能成立。

首先，按照现有法律规定，可以避免土地用途的改变。我国《土地承包经营法》第三十三条规定，土地承包经营权流转不得改变土地所有权的性质和土地的农业用途、流转的期限不得超过承包期的剩余期限、受让方须有农业经营能力等。这就保证了土地承包经营权抵押后，在实现抵押权时，应当按照法律规定，即土地承包经营权抵押之后，如果农民到期无法还贷或者出现了约定实现抵押权的情形（如约定改变贷款用途等）时，提供信贷的金融机构即可实现抵押权，但此时并不是金融机构取得土地经营权，而是必须按照《物权法》的规定，拍卖、变卖土地经营权，从变卖价款中优先受偿。

其次，土地承包经营权抵押并不一定导致农民生活无着落。在法律上，土地是可分物，农民都可以对土地承包经营权进行量上的分割，对部分土地承包经营权进行抵押。在时间上，既可以将剩余的全部承包期限的承包经营权抵押，也可以抵押一段期限内的承包经营权。如果农户对土地承包经营权进行部分抵押或者一定期限内的抵押，农户仍然在一定程度上保留着土地这一基本的生活保障手段，即抵押权的实现并不必然导致原承包经营权人永久丧失承包经营权，农户的生活也不会因此而遭受毁灭性打击。同时，农户抵押进行融资的结果往往是从事新的生计行业，可能为承包经营权人最终提供新的生活支持。

第三，允许土地承包经营权抵押不会改变农村土地集体所有的性质。习近平总书记在2014年9月29日中央深改组第五次会议上，提出坚持农村土地集体所有前提下的三权分置制度，"要在坚持农村土地集体所有的前提下，促使承包权和经营权分离，形成所有权、承包权、经营权三权分置，经营权流转的格局。"所有权归村集体，承包权归农户，经营权放开流转。要稳定所有权，落实承包权，搞活经营权。所有权归村集体，不准自由买卖，就能避免土地的兼并。农户将经营权抵押后，如果失去了抵押物，债权方拿到的仍仅仅是土地的用益物权。经营权有了交换价值，进城农民转让经营权的积极性就会提高。放开经营权，鼓励种粮大户、农业公司、合作社扩大土地经营规模，对提高农业劳动生产率和土地产出率，都有重要作用。这种经营权放开搞活的作法，不改变土地的公有制性质，是农村土地集体所有制的实现方式。

最后，土地承包经营权抵押为农民进城定居、促进农村土地集约化经营提供有力支持。目前，大量农民工进城务工，面临着购房安居实现市民化的强烈愿望。面对城市高房价，农民工没有抵押物，很难从银行等金融机构贷到款，使农民工无法解决首付购房款问题。如果农村土地承包经营权可以抵押，农民工就可以通过农村土地承包经营权抵押获得购房首付款，解决进城安居问题。有的同志可能担心，万一进城农民工失业，农村又回不去，怎么办？这种担心是不必要的。因为进城落户的农民，将享受城市的失业保险。而且，中国工业化、城市化的历史进程是不会逆转的。农民工的下一代，在城市接受较好的教育，其生存能力肯定会比其父辈强。他们逐步融入城市，不可能再回到农村去了。

据报道，湖北省京山县在实施土地经营权抵押试点后，种粮大户利用1300亩土地承包经营权抵押给银行，贷款800万元，一下子解决了购置现代化农业机械问题。允许农村土地经营权抵押，为土地承包经营者提供融资机会，也为土地规模化经营创造了条件，成为农业现代化的强大推动力。

四　抓紧修改《担保法》有关禁止农村土地承包经营权抵押的规定

我国《担保法》37条第（二）项禁止了农村土地承包经营权的抵押担保功能，建议抓紧对其修订。该法自1995年公布实施以来，近二十年没有修改过，已落后于实践，现在有对其进行修改的必要。由于《物权法》第184条第（二）项规定"法律规定可以抵押的除外"，通过修改《担保法》允许农村土地承包经营权抵押，从立法技术方面考虑可暂不修订《物权法》，就能达到允许农村土地承包经营权抵押的目的，如能将两法一并修改则更好。通过立法扫除农村改革障碍，将为我国工业化、城市化、农业现代化同等推进，顺利由中等收入国家跨入高收入国家行列创造条件。

从立法实践看，2013 年 7 月 5 日国务院办公厅发布《关于金融支持经济结构调整和转型升级的指导意见》即国办发〔2013〕67 号已明确规定，"鼓励银行业金融机构扩大林权抵押贷款，探索开展大中型农机具、农村土地承包经营权和宅基地使用权抵押贷款试点。"该文件在解禁农村土地经营权和使用权抵押上已有了重大突破。做为具有行政法规性质的国办文件，突破了《担保法》、《物权法》的有关规定，据此修改《担保法》、《物权法》明显落后于改革实践的规定，已是水到渠成。

最近，国务院出台《关于开展农村承包土地的经营权和农民住房财产权抵押贷款试点的指导意见》（国发〔2015〕45 号）（以下简称国务院 45 号文），允许在试点范围内赋予承包土地的经营权抵押贷款功能。这标志着我国对农村承包土地的经营权在抵押贷款方面有所突破，下一步试点成功后，要提请全国人大修改现有物权法和担保法。

当前，农业现代化面临着千载难逢的机遇：一是农业劳动力转移有出路；二是大量社会资金急于寻找投资途径；三是市场对优质绿色农产品需求旺盛；四是农用工业能够满足农业现代化对技术装备的需求。这四个条件同鼓励土地承包经营权转让的政策结合在一起，农业现代化的进程将大大加快。土地的规模化经营有力地推动农业现代化，我国农业将会由一个弱质产业转变为具有国际竞争力的产业。（本篇文章形成于 2014 年 6 月）

对地方政府性债务管理政策
体系的总结及认识

刘西友

地方政府性债务资金在弥补地方财力不足、应对危机和抗击自然灾害、改善民生和生态环境保护等方面，发挥了积极作用，推动了地方经济社会的持续发展，但是在债务举借、管理和使用中，出现了一些风险隐患。随着国务院及有关部门密集出台相关政策，尤其是剥离融资平台公司的政府债务融资职能，地方政府性债务管理正面临新的转型契机。

一 地方政府性债务管理政策体系的演化历程

2007 年至今，我国地方政府性债务管理相关的政策体系，经过大致初步建立和健全完善两个阶段的演进，并开始进入全面深化的新阶段，其地位和作用不断增强，既是全面深化改革举措在地方政府性债务管理领域的具体落实，也成为推动改革发展的重要动力。

（一）初步建立阶段

2007 年国际金融危机以后，融资平台公司举债融资规模迅速膨胀，运作不规范的问题日益突出。针对地方政府违规或变相提供担保、偿债风险日益加大，部分银行业金融机构风险意识薄弱、对融资平台公司信贷管理缺失等问题，2010 年，国务院出台《关于加强地方政府融资平台公司管理有关问题的通知》，对加强地方政府融资平台公司管理工作进行全面部署。该通知要求，地方各级政府对融资平台公司债务进行一次全面清理，并按照分类管理、区别对待的原则，妥善处理债务偿还和在建项目后续融资问题；对融资平台公司进行清理规范，学校、医院、公园等公益性资产不得作为资本注入融资平台公司；加强对融资平台公司的融资管理和银行业金融机构等的信贷管理；坚决制止地方政府违规担保承诺行为。

为积极贯彻落实上述文件精神，财政部会同银监会、发展改革委、人民银行等部门制定具体实施方案，细化相关政策，初步建立了地方政府性债务管理的政策体系。一是制定了《关于贯彻国务院关于加强地方政府融资平台公司管理有关问题的通知相关事项的通知》，对国发〔2010〕19号文件中的一些概念和政策内容进行了细化和说明，并提出加强组织领导、确保工作落实的具体要求等。二是财政部通过出台《财政部关于规范地方各级政府部门举债和担保承诺行为的通知》，重申《预算法》、《担保法》等有关规定，明确地方各级政府部门要严格遵守《预算法》有关规定，规范举债行为，不得违规举借债务，细化了坚决制止地方政府违规担保承诺行为的具体情形，并对切实加强管理和监督检查提出了明确要求。此外，为了推动建立融资平台公司债务会计核算制度和管理信息系统，财政部研究下发了《地方政府融资平台公司公益性项目债务核算暂行办法》，明确融资平台公司要按照企业会计准则、制度的规定，对其全部经济业务和事项进行确认、计量和报告，并就公益性项目债务相关的业务和事项设置辅助账簿体系，进行辅助核算和报告。

清理规范后，大部分融资平台公司更加重视按照市场化原则规范运行，银行业金融机构对融资平台公司的信贷管理更加规范，地方政府性债务规模迅速膨胀的势头得到一定遏制。

（二）健全完善阶段

随着国家对地方政府性债务管理的加强和银行对地方政府及其融资平台公司信贷投放的从紧，一些地方通过信托贷款、融资租赁、售后回租、发行理财产品、BT（建设—移交）、垫资施工和违规集资等方式变相举债融资的现象较为突出。为有效防范财政金融风险，保持经济持续健康发展和社会稳定，2012年底财政部等四部委出台《关于制止地方政府违法违规融资行为的通知》，要求严禁直接或间接吸收公众资金违规集资，切实规范地方政府以回购方式举借政府性债务行为，加强对融资平台公司注资行为管理，进一步规范融资平台公司融资行为，坚决制止地方政府违规担保承诺行为。

2013 年 12 月召开的中央经济工作会议首次把控制和化解地方政府性债务风险作为经济工作的重要任务。会议要求加强源头规范，把地方政府性债务分门别类纳入全口径预算管理，严格政府举债程序；明确责任落实，省区市政府要对本地区地方政府性债务负责任；强化教育和考核，从思想上纠正不正确的政绩导向。这就为 2014 年国家出台地方政府性债务管理有关政策措施，提供了根本方向。2014 年 4 月，国务院批转发展改革委《关于 2014 年深化经济体制改革重点任务意见的通知》，其中提到"开明渠、堵暗道，建立以政府债券为主体的地方政府举债融资机制，剥离融资平台公司政府融资职能"。这里的堵暗道，即指"剥离融资平台公司政府融资职能"。

（三）全面深化的新阶段

2014 年 6 月 30 日，中央政治局会议审议通过的《深化财税体制改革总体方案》，提出了规范地方政府性债务管理的总体要求。8 月 31 日全国人大常委会审议通过的《预算法》修正案增加了允许地方政府规范举债的规定。9 月 23 日，国务院印发《关于加强地方政府性债务管理的意见》，全面部署加强地方政府性债务管理。由此，相关政策体系进入全面深化的新阶段。

2014 年 10 月 2 日《国务院关于加强地方政府性债务管理的意见》明确提出，剥离融资平台公司政府融资职能，融资平台公司不得新增政府债务。同时指出了公益性项目融资的发展方向和存量债务的处理途径。2014 年 10 月 8 日，《国务院关于深化预算管理制度改革的决定》要求，政府债务只能通过政府及其部门举借，不得通过企事业单位等举借；地方政府举债采取政府债券方式；剥离融资平台公司政府融资职能。

2014 年 10 月 22 日，财政部《地方政府性存量债务清理处置方法》（征求意见稿）对上述要求进行了细化和补充。具体有四条措施：一是锁定融资平台公司，以 2013 年政府性债务审计确定的截至 2013 年 6 月 30 日融资平台公司名单为基础，结合 2013 年 7 月 1 日至 2014 年 12 月

31 日本级融资平台公司增减变化情况，锁定本级融资平台公司名单。二是按照分类处置、风险可控的原则，抓紧剥离融资平台公司的政府融资职能，厘清政府与市场边界。除符合条件的过渡期内在建项目后续融资外，融资平台公司不得新增政府债务余额；融资平台公司承担的政府融资职能，对没有收益的公益性事业发展，由地方政府发行一般债券融资，对有一定收益的公益性事业发展，主要由地方政府发行专项债券融资或采取政府与社会资本合作（PPP）模式支持。三是按照"只减不增"的原则，在妥善处理存量债务和在建项目后续融资的基础上，通过关闭、合并、转型等方式，抓紧妥善处理融资平台公司；要按照"权、责、利"相一致的原则，妥善处理存量债务，对剥离给其他主体承担的存量债务，对应的资产及收入也应相应划转，处置过程中要与债权人、担保人等有关方充分协商。四是规范财政补贴行为。地方各级政府及其所属机关事业单位要严格执行《担保法》等有关法律法规规定，除法律和国务院另有规定外，不得以财政性收入、行政事业等单位的国有资产直接或间接为企业融资提供担保，不得为企业融资提供财政资金安排、代扣代还等说明或承诺。

2014 年 10 月 23 日，财政部根据《国务院关于加强地方政府性债务管理的意见》，制定了《地方政府存量债务纳入预算管理清理甄别办法》。相关的内容主要包括：一是明确了存量债务的范围，具体是指截至 2014 年 12 月 31 日日尚未清偿完毕的债务。二是要求统计本级融资平台名目，以 2013 年政府性债务审计确定的截至 2013 年 6 月 30 日融资平台公司名单为基础，结合 2013 年 7 月 1 日至 2014 年 12 月 31 日本级融资平台公司增减变化情况进行统计。三是要求地方各级政府结合清理甄别工作，认真甄别筛选融资平台公司存量项目，对适宜开展政府与社会资本合作（PPP）模式的项目，要大力推广政府与社会资本合作模式。

二 对地方政府性债务管理的几点认识

（一）审计部门提出的有关措施，起到了持续推动债务管理制度完善的作用

早在 2011 年《全国地方政府性债务审计结果》中，审计部门就提

出了如下审计建议，一是按照"分类管理、区别对待"的原则，整合并规范融资平台公司。二是通过兼并重组、关闭改制、充实公司资本金、引进民间投资等方式，促进融资平台公司投资主体多元化和法人治理结构完善。三是除法律和国务院另有规定外，不得再通过融资平台公司变相举借政府负有偿还责任的债务，坚决制止为融资平台公司等单位举借债务违规提供担保和承诺。四是切实处理好融资平台公司新建项目和在建项目的融资问题，严控新开工项目，防止盲目铺摊子、上项目；对在建项目，地方政府应积极通过财政预算安排或市场化方式解决后续资金的来源，防止出现"半拉子"工程。上述建议对有关部门和地方制定整改措施，研究完善进一步加强地方政府性债务管理尤其是融资平台公司管理的相关制度提供了参考。

2013 年，针对审计发现的地方政府负有偿还责任的债务增长较快，部分地方和行业债务负担较重，地方政府性债务对土地出让收入的依赖程度较高，部分地方和单位违规融资、违规使用政府性债务资金等问题，审计机关向有关部门和地方政府建议：建立规范的政府举债融资机制，健全政府性债务管理制度；建立健全地方政府性债务管理责任制，严肃责任追究；进一步转变政府职能，稳步推进投融资、财税等体制机制改革；建立健全债务风险预警和应急处置机制，妥善处理存量债务，防范债务风险。有关部门和地方按照国务院部署，研究制定相关制度和办法，并采取措施积极整改审计发现的问题。

此外，财政部《地方政府存量债务纳入预算管理清理甄别办法》中，明确提出，财政部将各地清理甄别结果抄送审计署，各级财政部门将本级清理甄别结果抄送同级审计部门，作为今后年度相关审计工作重要参考。以上情况表明，审计部门在规范融资平台运行，防控地方政府性债务风险，推动财政体制完善等方面，将继续发挥重要作用。

（二）探索推行政府与社会资本合作模式，是化解财政压力、政府债务压力的客观要求

在政府有限的财政投入下，公共资金使用不透明，缺乏有效的监管，被挤占挪用现象普遍，资金到位率低，浪费严重，更加剧了财政资金的不足，这是造成基础设施等公共产品和服务供给低效的重要原因。

在此背景下，探索推行政府与社会资本合作，拓宽融资渠道，有利于从整体上缓解地方政府对债务资金的需求，有利于从总体上解决公共产品和服务供给总量不足、结构失衡和效率低下的现状。十八届三中全会指出"允许社会资本通过特许经营等方式参与城市基础设施投资和运营"。在此基础上，财政部正在完善有利于促进政府和社会资本合作模式发展的制度体系。2014 年 10 月 24 日，国务院总理李克强主持召开国务院常务会议，首提政府和社会资本合作融资模式，决定创新重点领域投融资机制、为社会有效投资拓展更大空间。一是进一步引入社会资本参与水电、核电等项目，二是支持基础电信企业引入民间战略投资者，三是加快实施引进民间资本的铁路、港口、干线基础等项目，四是支持农民合作社、家庭农场等投资生态建设项目，五是落实支持政策。

2014 年 10 月 29 日，财政部《关于推广运用政府和社会资本合作模式有关问题的通知》指出，积极稳妥做好项目示范工作，切实有效履行财政管理职能，为拓宽城镇化建设融资渠道，促进政府职能加快转变，完善财政投入及管理方式，尽快形成有利于促进政府和社资本合作模式发展的制度体系，提出了指导。

2014 年 11 月 16 日，国务院出台《关于创新重点领域投融资机制鼓励社会投资的指导意见》。要求实行统一市场准入，创造平等投资机会；创新投资运营机制，扩大社会资本投资途径；优化政府投资使用方向和方式，发挥引导带动作用；创新融资方式，拓宽融资渠道；完善价格形成机制，发挥价格杠杆作用。这有利于在公共服务、资源环境、生态建设、基础设施等重点领域进一步减缓地方政府的债务压力，创新投融资机制，充分发挥社会资本特别是民间资本的积极作用。

（三）融资平台公司的偿债责任将更加清晰，与政府的边界划分更加规范

由于融资平台公司是地方政府性债务的重要举债主体，规范好融资平台公司成为化解地方政府性债务风险的根本举措。由清理规范地方政府融资平台公司到剥离其融资功能，其政策变迁反映了对融资平台公司功能定位的认识深化。

鉴于地方政府发债难以完全满足地方政府项目融资需求，可以预期，为了拓宽城镇化建设融资渠道，促进政府职能加快转变，完善财政投入及管理方式，融资平台公司还将长期存在。但是，由于剥离融资平台公司传统的公益性项目投融资职能后，政府信用将不再是公司的偿债基金重要来源，融资平台公司需要努力拓展经营性业务为主，依靠自身经营化解自身债务。今后的融资平台公司，其偿债责任将更加清晰，与政府的边界划分也将更加规范。

此外，最新政策对融资平台公司债券发行的规模、信用评级和偿债能力将产生影响。目前融资平台公司发行的城投债中，有部分势必被地方政府发行的一般债券和专项债券予以替代。未来融资平台公司将发行项目收益债、一般企业债券、资产证券化等品种。这样，城投债的规模也将下降。

对国债收益率曲线价值作用的再认识

杜明军

"健全反映市场供求关系的国债收益率曲线"在党的十八届三中全会上首次被写入顶层决策文件，不仅是党的重要纲领性文件务实与高远的具体体现，事实上，如此深入和专业性的环节被提及，也体现了最高决策层对发展规范国债市场，构建金融改革深化基础的深层理解和高度重视。作为资产价值衡量、金融产品及相关衍生品定价的基准，政策导向、资金支撑与经济发展之间互动态势判断的显示器，国民经济运行发展的重要晴雨表，以及国家宏观调控的重要工具，国债收益率曲线是金融体系引导经济发展要素配置的根基性指标。健全反映市场供求关系的国债收益率曲线，内涵深刻，意义久远，需要对其重大价值作用再次深入剖析认识。

一 国债收益率曲线是金融市场体系定价的基础

首先，国债收益率曲线是几乎所有金融产品的定价基础。基于国家信用基础作为担保，国债利率属于典型的无风险利率，相应的国债收益率曲线可作为有价证券和一般资产价值衡量的定价基础，在债券及整个金融体系中发挥价格决定的基础标杆作用。与权益性的股票不同，需要还本付息的债券，发行主体的信用质量水平决定着未来偿债的保障程度。债券主体信用高意味着债券质量好，不仅预示着债券评定等级高，也预示着高的市场交易价格和较低的债券收益率。国债以国家信用作为担保，其信用等级等同于主权货币信誉，因而，国债收益率相当于资产的无风险价格，可作为资产价格决定的基础。资产都具有或高或低的不同风险水平，以国债收益率作为价格基准，可在此基础上考虑信用水平高低、期限长短、流动性特征等因素来确定风险溢价，决定一系列风险各异的资产价格。

其次，是利率市场化的资产价格曲线族系形成的基础。基于国家政治信用担保的国债收益率是没有违约风险的收益率（亦即利率），而由时间间隔适度的、各种不同期限的、没有违约可能的系列国债收益率（即二维坐标平面上的利率点）可生成国债收益率曲线，其中，曲线上不同时点的国债收益率大小，依据一定时间要求的国债交易的市场成交价格计算而得。由于不同期限的国债收益率通常不同，该曲线又体现了无风险利率的期限结构；同时，该曲线是不断变动的，其动态变动的特征在一定程度上反映了市场波动的不确定趋势及风险大小。所有的权益型和债权型资产定价均由无风险利率和风险溢价两部分构成。以国债收益率曲线的无风险利率为基础，加上其他各类债券（公司债、市政债、按揭债等）信用等级的风险考量，层层加码风险溢价，形成一条条特定对象的收益率曲线，进而生成一整套收益率曲线的族系。鉴于不同的债券收益率曲线内含着不同的信用等级，并由实际的系列市场成交价确定，因而，信用等级各异的债券收益率曲线族系的动态变化，为各类有价证券的交易提供了非常重要的报价参考。因此，反映市场本质特征的国债收益率曲线健全是金融体系配置资源的市场决定作用基础，否则利率市场化无从谈起。健全反映市场供求关系的国债收益率曲线，在为整个金融市场定价体系起到重要参考作用的过程中，其他各种资产收益产品会基于反映无风险收益率基准的国债收益率曲线，在各种期限分布上，考虑风险溢价，形成反映市场全貌的资产价格曲线族，构建利率市场化的基础。

再次，国债收益率曲线是国家金融战略的必要有机组成。在成熟高效的国债市场中，鉴于国债以政治信用作担保，市场结构具有参与者众多，系列期限结构丰富完整，流动性强等特征，交易形成的反映供求关系的各期限的国债收益率，经过数学化处理，在坐标系中整合成完整的曲线族系后，可作为各种不同类别、不同期限资产价值价格决定的基础参考。因此，构成一国金融体系市场化运行基础性必要条件的国债收益率曲线，其构建和基本功能的发挥，得到了世界各国政府的高度重视，并成为国家战略的必要有机组成。许多成熟经济体，即使在经济发展态势良好、财政存在盈余的条件下，出于市场化定价基础参考依据的目的，仍要发行国债，以调控经济的可持续发展。

二 国债收益率曲线是微观金融行为选择的导向信号

首先，国债收益率曲线是公司资产价值衡量的重要基础参考。公司资产价值的衡量需要依托市场定价交易机制，依靠股权和债权在交易中的均衡价格来反映。股权价值部分需要发挥股市的价值评价功能。债权价值部分需要债券市场来反映。与股票不同，债券发行需要偿还。一般讲，公司资产的优质部分比重越大，权益性资产份额越高，意味着债券发行公司的信用等级水平越高，未来债务偿还的毁约可能性越小，自然该债券交易的市场定价越高，收益水平越低。反之，低债券评级、低价格债券、高债券收益相一致，包含着更多的不确定因素和风险补偿成分。基于国债市场定价机制形成的国债收益率曲线，通过对不同公司的风险考量，在无风险的国债收益率基础上，加码风险溢价，既包括反映整个市场利率风险的溢价，也包含反映不同信用等级风险的溢价。因此，国债收益率曲线作为定价基础，可发挥对公司资产价值和负债评估的市场化定价功能。

其次，国债收益率曲线是银行信贷业务定价的重要参考依据。银行信贷业务的信息公开机制具有个体之间的"一对一"特征，价格形成更多基于内部定价机制和管理模式，取决于借贷双方的利益博弈能力；在没有证券化之前，通常不交易、不分割，作为市场信号的客观公正性不足；而债券的发行和交易具有个体之间的"一对多"特征，未实际到期还本付息交割之前，大多可交易、可分割。不仅价格形成的市场化程度令人信服，而且，交易的客观公正性更具有说服力，更能体现基于市场基础的价值决定和级别评定，债券收益率的生成更具有客观有效性。所以，以国债收益率曲线基础的债券市场可为银行贷款定价提供重要的参考依据，帮助银行对贷款有效地市场化定价，在一定程度上降低经营风险。

再次，国债收益率曲线是生产消费行为选择的重要决定变量。一般讲，国债收益率升高反映出经济整体发展状况良好，但非正常飙升反而会损害经济发展。作为其他债券定价的基准，中长期国债收益率非正常的大幅提高会间接推高债券市场的融资成本，抑制依托债券市场的企业融资行为，高筑的融资成本会对企业特别是中小型企业构成重大打击。而且，非正常推高的国债收益率会相应提高国内消费者的借贷成本，抑制消费贷款市场需求。如，美国次贷危机时期，经济衰退、失业率攀升，大量维持国家正常运转和社保费用激增的国债发行，导致国债供应量过剩，避险作用减弱，价格大幅下挫，收益率大幅飙升。尽管美联储实行宽松货币政策的连续降息、大举购买国债，以压低国债收益率，降低企业融资成本及消费者借贷成本，但过量的国债发行，还是会对经济产生损害。

第四，国债收益率曲线是金融机构创造信贷的杠杆操作信号。国债收益率曲线的无风险基础，加上风险溢价，生成不同类别、不同评级的资产价格，"映射"出反映市场全貌的金融资产价格或收益率曲线族系，构成了市场化定价的依据，从而决定金融机构的杠杆行为。自18世纪基于不完全准备金（部分准备金）制度的商业银行发明以来，依托杠杆的使用，金融机构和产业企业迅猛发展。理论上，如果以国债收益率曲线为基础的债券收益率曲线族系，不仅具有稳定连续平滑的曲线特征，而且呈现出向右上方倾斜发展的变动态势，既体现曲线族斜率一般大于0的收益率发展机制，又契合期限越长，不确定性越大，收益率越高的变动规律。正是这种风险溢价随着不确定性变大而提高的期限结构规律，提供了借贷的利益诉求机会，刺激信贷需求和杠杆使用，引导财富创造和经济发展。反之，如果以国债收益率曲线为基础的债券收益率曲线族系，呈现出向右下方倾斜发展的变动态势，传递着长短期利差为负的趋势信号，期限利差倒挂，信贷获利空间减小或消失，短期融资可能性减低，甚至于短期资产抛售的概率加大，金融机构的去杠杆化动机明显。信贷环境紧缩，减弱经济增长的金融支撑基础。因此，国债收益率曲线是杠杆信贷创造的标尺之一。

三　国债收益率曲线是宏观调控的依据和政策工具

首先，国债收益率曲线是国民经济调控的重要工具手段。国债收益率曲线的形态特征是众多市场参与者交易行为的集合反映，是国民经济发展状况的重要现实体现；国债收益率曲线的变动趋势是未来经济发展走势的导向预期，可作为政府有关部门实施宏观调控的重要参考指标和工具变量。同时，国债收益率曲线的形态及其趋势生成结果，受制于财政和货币政策导向，并作为经济发展态势的导向约束轨道。央行不能放任中长期利率价格的大幅变动，会通过公开市场操作买卖国债，努力维持国债收益率曲线的扁平化，让市场形成对中长期利率态势的稳定预期，促进经济稳步发展。努力创造一条正向的、微微向上倾斜的国债收益率曲线，强化信贷创造和发放的基础，成为货币政策操作的主要参考基准之一。

其次，国债收益率曲线是经济发展预期的指示器。国债收益率曲线是经济发展的冷热标尺之一，是反映整个国民经济发展基本态势的"脉搏"信号。其中，国债收益率曲线的长、中、短三类曲线各有特定的对象体现范围，10 年期以上的长期国债收益率曲线部分以国民经济发展的基本趋势为体现目标，1—10 年期之间的中期国债收益率曲线部分以政策导向与经济发展的契合效应为体现目标，1 年期以下的短期国债收益率曲线部分以流动性的资金供需为体现目标。一般而言，国债收益率上升，常表明经济整体发展状况良好，反之，则表示处于相对弱势期。而且，长期的国债收益率与短期的相比较，常常相对较高，以弥补其间的时间价值及其风险溢价。反映在国债收益率曲线上，在经济过热时，金融监管调控机构一般会提高市场利率标准，进而增大金融交易成本，拉低国债价格，推高市场短期收益率，导致收益率曲线的倾斜度向右上方演进；同时，减低通胀压力预期，为经济运行降温。随着短期收益率的提升，会与一般较高的长期收益率渐进趋同，导致长短期利差空间近零，这时交易的期限获利机会减少或消失，短期和中长期的借贷空间压缩，经济过热会进一步降温，甚至泡沫破灭。当短期与长期的利率差趋于负值时，经济发展会进一步下行，可能进入萧条时期，此时，经济金融监管调控机构会降低市场利率标准，进而减少金融交易成本，拉高国债价格，降低市场短期收益率，导致收益率曲线的倾斜度向下演进；同时，为经济运行提供升温刺激。经过市场调整过程，通过促进长短期利差变为正值，使得收益率曲线停止向下、逐渐变为向上倾斜发展。这时为市场提供信号导向和利益刺激，提升借贷意愿，增强信用创造空间，促进经济重新充满活力恢复生机。因此，国债收益率曲线在一定程度上可作为经济趋势判定和引导的领先指标。

再次，国债收益率曲线是金融风险控制的风向标。国债收益率曲线是监管部门风险监管的计量比较基准。市场风险的有效管理首先在于利率风险的准确度量，合理的国债收益率曲线显然是必不可少的条件之一。没有可靠的国债收益率曲线作为风险控制的重要指示工具，很难对各类债券、证券化产品等进行定价并作出相应的市场风险度量，更无法对基于这些产品和外汇类的远期、期货、互换、期权等衍生产品，进行合理定价和相应的市场风险评估，也难以对资本充足率合理测算。

四　国债收益率曲线是人民币国际化的必要条件

平滑稳定连续的国债收益率曲线可增加人民币价格变动的信息公开条件，增加人民币的国际影响渠道，提升人民币的海外接受意愿，促进人民币国际化的进程。美国国债收益率曲线已成为其发挥国际金融影响力的重要手段。美国在世界经济中具有举足轻重的地位，在 2013 年世界各国/地区经济总量（未剔除通货膨胀）排名中，美国依旧稳居第一，其经济总量为第二位的两倍。美元作为国际上主要的储备货币和外汇交换中的基础货币，地位虽有所下降，但在国际支付和外汇交易中仍被广泛使用。多项研究已证明，作为国际黄金市场的结算货币，美元指数和黄金价格存在着较明显的负相关关系。美国国债几乎被所有投资者认为是最安全的投资标的，其国债收益率是国际投资者瞩目的焦点，其国债收益率曲线成为世界经济发展走势的重要参考基准。如今中国经济总量已成为世界亚军，完善自己的国债收益率曲线，是作为世界第二大经济体的内在需要，是实现人民币国际化的基础条件，是发挥金融国际影响力的重要基石。与此同时，在人民币国际化的进程中，引入境外金融机构进入国内国债市场，刺激境外央行等金融机构持有中国国债，优化国债持有结构，调控金融系统和国民经济健康发展，增进中国经济社会发展福利，这与健全反映市场供求的国债收益率曲线的目标要求相辅相成。

大宗农产品生产的信贷支持思考

洪　凯

　　农业生产在稳定经济增长和保障国家稳定安全方面的重要性不言而喻，而以粮棉油为主的大宗农产品更是农业生产的主体，中央对于它们的支持也更为有力。出台的一系列政策措施包括推动农业科技进步、加大农业基础设施投入、目标价格补贴调动农民积极性等。正是由于这种政策上的引导和实际利益的补贴，我国的大宗农产品生产获得了稳定的增长，以粮食为例，从 2004 年开始一直到 2015 年，我国的粮食产量连续十一年获得丰收。

　　但需要看到的是，这些大宗农产品生产虽然获得了巨大的成功，但是我国对于这些大宗农产品的进口却一直在增加。例如我国 2014 年全年累计进口谷物及谷物粉 1951 万吨，同比增加 33.8%；累计进口大豆7140 万吨，同比增加 12.7%，创下历史新高。这种现象背后可能的原因应该包括以下两方面：一是特定种类的国内大宗农产品生产增长的速度赶不上市场需求增长的速度，二是某些种类的国际大宗农产品价格低于国内价格，在价格上很有竞争力。如果从国内生产增长速度的角度来看，以水利设施为代表的农业基础设施和农业科技投入仍然不足（以种子为例，国内种子研发投入不足，导致了进口种子市场份额的不断扩大），大宗农产品的增产仍主要依赖化肥这样的生产要素的投入，表现出明显的粗放经营，特点由此带来的非常大资源环境压力。中央对该问题非常重视，已启动对污染的土地、污染的水源、地下水、水源的源头的一系列保护和修复措施。如果从大宗农产品价格的角度来看，当前价格的竞争力相对较低一个重要原因在于国内农业生产的成本高居不下，这一方面是直接生产要素成本，比如劳动成本、基础设施成本、农业生产资料成本，这些成本近几年一直在上涨。另一方面，则是农业生产规模不经济，小规模种植无法享受机械化等大规模种植依赖技术可以摊低单位成本的好处。当然，受区域条件限制，也存在无法开展规模生产的情况，此种条件下只能走质量胜出道路，显然在农业科技投入程度和转化效率都不高的情况下，这也是比较困难的。

解决上述问题，各级政府的重视、政策的引导以及直接的财政投向是非常关键的，这些措施取得的成效也是显著的。不过，要想进一步改善形势，采取金融杠杆将资源配置到薄弱环节，将是必不可少的措施。金融措施应在解决农业基础设施投入、推进农业科技创新和应用、降低大宗农产品生产成本以及鼓励规模种植方面着力。考虑到我国目前以间接融资为主，信贷仍然是金融服务最为重要的支柱，本文将从信贷的角度进行探讨。

一　薄弱环节的信贷需求

（一）农业基础设施的信贷需求

大宗农产品的增产与农业基础设施尤其是水利设施的关系极为密切，现有可用的大型水利工程很多修建于 20 世纪五六十年代，存在年久失修的问题。可以说，在农业基础设施方面，是存在历史欠账的。而据相关统计，目前我国在水利设施缺乏情况下每年因洪涝灾害、干旱等导致的损失超过 2000 亿元。因此，近些年，国家逐步加强了对于农业基础设施的重视程度，各级政府也陆续加大了对基础设施建设的财政投入力度，但老旧设施加固更新以及与现行大宗农产品大量新增生产能力相匹配的设施，现有财政资金投入量显然是不够的。同时，除了大型设施外，长期存在的农田灌溉"最后一公里"问题也需要信贷资金的支持。

（二）推进农业科技创新和应用的信贷需求

农业科技创新越来越成为促进大宗农产品发展的重要力量。从美国农业现代化历程可以看出，美国农业经历过机械化、化学和生物技术普及升级阶段以及信息化阶段，科技的力量不断渗入农业生产。我国的农业科技进步贡献率也从 2010 年开始超过土地、劳动力及其他农业生产要素的贡献份额。但是，农业科技成果的转化情况及农业科技推广的情况不是十分理想。从转化的情况看，据统计，全国 67 所农业高校每年承担着 2 万多项科技项目，产生 8000 多项科研成果，获得专利 3000 多项，成果推广转让的 800 多项，获省部级及以上奖励 400 多项，但真正转化到生产中的只有 40%，而形成规模的则不到 30%。从推广的情况看，由于农业科技推广具有较强的公益性，在财政资金介入不够的情况下，我国目前推广经费占国内农业生产总值的比重约 0.2%，低于世界平均 1%，也低于发达国家的 5%。归结原因，总体资金投入不足成为我国农业科技成果转化率偏低和农业科技推广缓慢的主要因素，很多地区农业科技的推广和农业科技产业化的发展受制于资金的短缺而有名无实。

（三）购买农业生产资料的信贷需求

我国大宗农产品之所以能够连续十一年增产，与农业生产资料尤其是种子、化肥和农业机械的持续投入是密切相关的。据统计，目前三者对农业生产的贡献率已经达到了 60% 以上，可以说它们的持续稳定供应是保证粮食"十一连增"的关键因素。同时，它们构成了大宗农产品生产的直接成本，关乎生产者的积极性。考虑到农资使用量与大宗农产品产量之间的密切关系，购买农资的资金需求非常巨大。因为所需资金中相当一部分需要依赖外部融资，融资成本也是生产者非常关心的问题。

（四）规模化经营的信贷需求

考虑到规模经济，相比高附加值的经济作物，大宗农产品的规模化生产是实现农业现代化的必经道路。同时，当前农村就业结构发生了根本变化，农村 80% 以上青壮年劳力在农业以外领域就业、创业，在政府力推城镇化容纳转化这些农村劳动人口的背景下，推进大宗农产品的规模化生产也显得极为迫切。而目前已从理论阶段转入实践操作中的农用土地承包经营权流转为实现规模化经营铺平了道路，考虑到我国农村土地的巨大规模以及当前的土地价格，即使只考虑少部分的农用土地流转，也需要大量的资金支持。更遑论在实现土地集约使用后，对与规模经营相配套的大型农业机械购置和各项农业基础设施建设的资金需求。

二 与薄弱环节信贷需求相匹配的信贷服务市场分析

要满足多方面的信贷需求，需要更加完善的信贷服务市场。针对上述四个薄弱环节的信贷需求，一个合适的信贷服务市场应该满足以下几个要求。一是要有合适的政策支持力度。这种政策支持应该包括两个方面，一方面是支持大宗农产品生产方面政府自身职能的调整。大宗农产品生产基础设施和农业科技推广在某种程度上具备公共物品的性质，市场机制并不能太好发挥作用，需要各级政府调整自身职能，将财政投入更集中到包括上述大宗农产品生产等社会所需的公共服务上面。这既是政府的义务，也是鼓励和引导信贷资金进入这些领域的基础，政府都不愿意推动的事情，信贷资金更不会感兴趣。另一方面，政策对愿意介入大宗农产品生产及其相关领域的信贷机构给予适当的补偿。补偿的方式可以是减免信贷机构该类业务的税务，可以是更为直接的贴息，也可以是信贷监管条件的适当放松。只有综合考量各种收益不低于其他商业信贷业务，商业信贷机构才有积极性进入这些领域。

二是与风险相匹配的利息应成为商业信贷机构提供大宗农产品生产融资服务追逐的正当目标。相对于工业产品和服务产品，大宗农产品生产周期长，过程中受制于天气等人为不可控的不确定因素多，这导致了大宗农产品价格波动相当频繁。也就是说，大宗农产品产业风险较其他行业高。相对于非信贷类金融机构，信贷机构更加厌恶风险。对于风险厌恶者来说，高风险要求高收益，这是基本规律。只有尊重这种规律，信贷机构才能根据风险收益对比情况更有效率将信贷资产配置到大宗农产品生产领域，才不会产生市场扭曲。

三是要有灵活多样的信贷服务手段。对于个体的大宗农产品生产者，接受的传统信贷服务是向信贷机构申请小额贷款，这符合传统的小规模的生产方式。不过，随着耕地土地经营权流转的推广，大宗农产品生产的规模化生产已形成趋势。这种情况下，一方面生产者所需的资金总量扩大，另一方面应运而生对新的生产工具的融资需求。客观上要求信贷机构突破传统，创新出更加多样的信贷服务手段来满足扩大的新需求。例如，信贷机构可以充分了解规模化生产中资金的运作过程，在此基础上通过贷款额度、期限、融资计划以及担保方式等信贷要素的多种组合给予大宗农产品生产者更大的灵活性。同时，鉴于大型农机具类的资产在生产者资产中占比越来越重，可以通过融资租赁方式来提供信贷服务，使信贷风险的控制权更多掌握在信贷机构手中，并且有助于生产者更快捷方便地获取所需的生产资料。类似的创新信贷方式可以突破传统信贷的制约，有利于信贷服务更快地在大宗农产品生产领域普及。

四是要建立符合大宗农产品生产特性的担保方式。既然大宗农产品生产具有较高的风险，那么在承担高风险获取高收益的同时，信贷机构还需要相应的担保方式对这些风险进行覆盖。信贷机构在介入农业生产时面临的一个普遍共性问题是此类信贷项目缺乏可行的抵押物，而这种担保方式是信贷机构在其他行业信贷中普遍采用的。抵押物的缺乏同我国目前农村基本制度密切相关。就大宗农产品生产来说，其中最有价值的资产就是土地，而这种资产从信贷机构角度看变现能力很差，实践中很难应用。信贷机构采用的另一种担保有是保证担保，这种担保方式在大宗农产品生产实践中应用较多，一般采用的是农民联保。但农民联保一方面担保额度有限，另一方面容易引起连锁风险反应，并不符合大宗农产品规模化生产的趋势，比较符合趋势的是专业担保机构来提供保证担保。不过，专业保证担保机构和信贷机构一样，也会有风险收益的考量。因此，解决信贷介入大宗农产品的专业担保机构方式问题考虑符合大宗农产品生产特性的需要。

五是要建立更加完善的竞争机制。在解决信贷机构介入大宗农产品生产积极性问题的基础上，要考虑如何控制大宗农产品生产者的融资成本问题，一个合适的途径是增加大宗农产品生产信贷服务的竞争。这种增加竞争的途径有两个两方面，一方面是将隐性竞争者显性化或者说非正规竞争者正规化，另一方面是扩大信贷机构准入。就第一个方面而言，在正规信贷机构积极性未被调动的情况下，非正规机构的贷款往往扮演了补充者和竞争者的双重角色，将这些机构正规化既有助于降低这些机构地下运营所承担的个体风险，也有助于国家从总体上把握控制信贷风险。就第二个方面而言，扩大信贷机构准入可以吸引更多的社会资本进入大宗农产品生产信贷服务领域，增加大宗农产品生产信贷服务供给，降低资金价格。通过上述两个方面增加竞争后，再要考虑如何防止无序竞争。大宗农产品生产具有的高风险要求进入这个领域的信贷机构具备更高的风险控制水平。如果任由信贷机构在这个领域无序竞争，放松自身的风险控制，势必会导致该领域总体风险积蓄，最终反过来损害大宗农产品生产信贷服务供给。因此，需要完善竞争机制，一要做到准入门槛合理有效，二要做到信贷监管到位准确，对于涉及公众储蓄筹集资金的信贷机构还要存款保险制度兜底。

上述五个方面是从商业信贷的角度来构建一个完善的信贷服务市场。然而，不管是从发达国家还是从包括我国在内的发展中国家的实践来看，农业政策性和合作性信贷都是农业信贷服务领域必不可缺的部分。需要考虑的是这两个性质的信贷是否适用商业信贷原则，从尊重市场、避免扭曲立场出发，这个答案应当是肯定的。在这个前提下，对于这两类信贷机构，除适用上述商业性信贷机构的要求外，还应有其自身的要求。

第一，对于政策性信贷机构，它应能够忍受适当的低收益和较长回收期，并具备高度专业性。就收益和回报期而言，大宗农产品生产的水利设施、土地整治和生产环境恢复虽然从整体角度收益回报是非常高的，但从个体使用者角度来说，如果进行投资，金额将会非常巨大，但收益不能完全由自己获得，投资回收期会非常长。因此，在完全市场环境下，很少有使用者愿意进行该类项目投资。自然，商业信贷机构也不太情愿为此类项目进行融资。目前，公益性强的特大型项目中央、省地等三级政府通过财政投入方式介入较多，但能够配套这些大型项目且对个体使用者产生直接效益的中型和小型项目因为更基层政府和个体使用者的财力原因，大多缺乏资金无法实施。从国外的实践来看，采用公私合营的公共物品提供方式引导社会资本和信贷资金进入以及政策性或开发性质的信贷机构的直接支持（例如世界银行集团对该类项目的支持）都是可行的途径。未来，对于这些投资大且收益低和回收期较长的基础设施项目，需要政策性信贷机构积极介入，也以此推动公私合营提供公共物品方式在我国的应用。

　　就专业性而言，对于投资巨大的大宗农产品基础设施项目，一方面过程中存在的不确定性因素较多，提前介入、同政府相关部门以及使用者多边协商、依赖自身专业的项目规划开发与融资方案提供能力是确保项目成功的关键。另一方面，此类项目社会因素的考量至少是与经济因素同等重要的，两方面的综合考虑应比单纯的商业信贷项目更复杂，因此项目评估能力必不可少。

　　第二，组织架构应与执行的信贷业务相匹配。组织架构的考虑与信息获取和经济可行性两方面因素相关。从信息获取来看，信贷业务相比起其他服务产品，服务提供方更加重视信息对称。如果不掌握足够的信息，就意味着信贷机构对风险的掌控不够，会影响到信贷资产的质量。涉及营利性不足的农业项目时，因对其评价比商业项目更复杂，信贷机构所需要的信息要求更加全面，否则很容易导致道德风险，借贷人可能会将贷款挪用并最终将违约行为归结于项目收益太差。上述分析意味着组织架构要尽可能接近盈利性不足的项目以充分获取信息。另一方面，如果信贷机构既涉及大型项目也涉及小型项目，就需要考虑组织架构的经济可行性问题。无论是农业政策性信贷机构还是合作性信贷机构，其营利性远低于商业信贷机构。从国内大型商业信贷机构的实践来看，出于经济可行的考虑，都在逐步缩减其组织架构。因此，在不营利背景下，更应考虑上述两类信贷机构的运营问题，维护庞大机构的运转需要巨额的运营成本。更何况，层级越多，决策权的行使与所需信息的距离就会越远，这甚至部分抵消了多级组织架构接近项目带来的益处。从发达国家的实践来看，无论是政策性信贷机构还是合作性信贷结构，其组织架构都较有针对性，既有组织机构精简的全国性机构，也有分属不同部门不同行政层级的分散机构，同时为了信息的全面，这些信贷机构更加倚重专业机构，与他们建立了密切的合作关系，比如农业协会等，这些组织架构设置和信息获取渠道既保证了各自机构的经济高效运作，也保证了不同类型的农业信贷扶持政策被准确地执行。

三　现行我国大宗农产品生产信贷服务体系

　　我国经历过一个农业支持工业发展的历史时期，在这个背景下，包括大宗农产品生产在内的农业信贷供给受到了抑制，不仅农业以外的资金不流向农业，而且农村居民储蓄形成的资本也有大部分流向农业外。这种现象甚至目前仍在持续，表现在农村存款与农村贷款不仅差额越来越大，而且其增长速度明显加快。我国信贷服务体系在这种现象中扮演了重要角色。

目前，这个体系是由以工农中建为主的商业银行、农业发展银行、农村信用合作社、各地非正规信贷组织及其他一些新生信贷组织构成。从商业银行的情况看，以农业银行为主力军，工商银行和建设银行曾经都拥有过遍及县域的网络，但随着这些银行经营战略日益强调以利润为核心，尤其是股份制改造完成后，各大银行开始收缩县域内分支机构，经营上抓大放小。同时，陆续成立的股份制商业银行和改制的城市信用社，既无意愿也无实力在县域内建立分支机构。这种情况严重抑制了大宗农产品生产信贷的可获得性，结果是县及县以下能够提供除存、贷、汇以外服务的信贷机构网点不足20%，绝大部分的行政村不能提供基本贷款业务，更遑论向个体生产者提供符合大宗农产品生产趋势的信贷产品。即或有些大型农业基础设施项目商业银行也参与，这些项目也是在现行贷款利率政策下具有商业可行性的，总体的参与度仍是太低。

从农业发展银行情况看，自建立以来，其主要的任务就是为粮棉油等大宗农产品收购收储的企业提供信贷资金，防止收购收储企业给农民打白条。虽然这种信贷服务并不直接提供大宗农产品生产，但由于保证了大宗农产品生产者获得销售货款的稳定性，从而还是维护了生产者的积极性。但这种政策性扶持资金仅仅弥补了原粮棉油购销体制僵化给生产者带来的信誉风险问题，却对大宗农产品生产前期需投入资本的积累助益不大。近些年，农业发展银行陆续开办了农业科技贷款、农业基础设施贷款等信贷业务，但由于农发行是四级体制，体系庞大，现筹资来源主要为市场化筹资，筹资成本并不低，同时政策定位不明确，所以必须要依靠自身盈利，这就使新开办的这些业务并不指向能直接给大宗农产品生产带来效益或提供融资的项目，或者贷款项目仍偏离县及县以下尤其是农业生产区域。

从农村信用合作社情况看，农村信用合作社原为农业银行下属机构，接受其管理，曾经发挥了大宗农产品生产信贷服务主渠道的作用，有效地支持了大宗农产品生产的发展。从美国和日本农业信贷发展的情况看，许多针对个体生产者的政策性信贷，同时也要依赖合作性信贷机构的渠道，通过农业生产者互相合作互相监督的方式很好地发挥了政策性信贷资金的作用，所以农村信用合作应该是坚持的方向。但是，传统的农村信用合作社体制由于产权制度、监管体制、内控制度等环节存在着诸多问题，其资产质量出现了严重的下滑，成为监管当局面临的一大难题，所以2003年全国农村信用合作社启动了改革。改革的主要方向并未坚持合作制，而是采用股份制商业改造和加强省联社控制的行政管理分级联社模式，使得信用社体制也向商业银行的体制靠近，企图做大作强。这种方向从根本上不利于农民参股入社，加强团体合作监督、防止道德风险的发生更无从谈起。目前，农村信用合作社仍是大宗农产品生产融资的重要渠道，这条渠道提供的资金价格高于一般商业银行，低于民间高息融资渠道，使它成为大宗农产品生产者在衡量信贷可获得性和资金价格后最可行的选择。

其他信贷渠道包括亲友间借款、非正规信贷机构、小额信贷机构等。这几方面信贷成本表现非常不一，如亲友间借款，一般低于农村信用社利息，有时甚至是无息，显示了很强的互助合作性质。再如非正规信贷和小额信贷机构渠道，一般是资金急用，利息则远高于信用社和商业银行。鉴于各渠道的属性，引导其走向正规化的方向也是不同的，可以分为导向合作制和正规商业化方向。

四　改进我国大宗农产品生产信贷服务的思考

从国外实践以及未来大宗农产品生产信贷服务体系构成上来看，仍要依赖现行体系的几个方面主要是：商业银行、政策性银行、农村信用合作社和其他正规信贷机构。这个体系应与大宗农产品生产发展趋势相统一并且能有效改善薄弱环节。那么体系内各部分是否有能力、怎么按照大宗农产品生产信贷服务体系的要求进行改进，这将是面临的现实问题。

第一，重新定义各部分在大宗农产品生产信贷服务中的角色。从其他行业信贷的情况看，毫无疑问，商业银行扮演了主角，那么在大宗农产品生产信贷服务呢？从目前利率市场化的发展方向，商业银行具备前进的方向，但考虑到大型商业银行的组织架构和经营战略，除了一些大型基础设施类项目，期望他们多介入大宗农产品生产信贷服务领域并不现实。比较合适的也是最能发挥主渠道作用的，应该是中小型商业银行、已商业化了的农村商业银行、各类新准入的小型信贷机构等，甚至可以包括金融租赁机构等新型信贷机构，如果能够针对他们的特点设计农业信贷投入政策支持措施，将有效增加大宗农产品生产信贷的可获得性，并实际降低信贷成本。同时扁平化组织和更少的流程环节也能提高获得效率。对于政策性银行，一方面，大宗农产品生产涉及的农业基础设施建设、农业科技推广和转化等在商业上不具吸引力，存在相应的但却能有效提高整体大宗农产品生产效率，资金缺口。另一方面，国家意图扶持特定品种的生产，农业政策性信贷的介入能直接降低生产者生产成本，有效地提高该品种竞争力。在这两方面，政策性信贷应协同财政一起发挥作用，充分体现出政策扶持的特点。对于农村信用合作社，他们的信贷资金基本来源于农民，最多应用在"三农"方面。实际上，由于他们直接向农民筹资，最接近农业生产，他们应该最先能满足大宗农产品生产的一般要素投入需要。当前的农信社改革已造成绝大部分农信社商业银行化的既成事实，但他们仍是大宗农产品生产信贷服务的重要渠道。从可获得性和降低资金成本的角度，未来还是应该以互助合作的原则，尽可能多地引导非正规体系的资金支持大宗农产品生产，鼓励建立更多包括农民互助资金组织在内的各类型合作信贷组织。

第二，是否已具备转变的条件。当前，利率市场化进程正在稳步推进，这是关键的一步。有了这个基础，农业担保机构的进入和大宗农产品生产信贷服务的创新将容易实现。但是，这仅是扩大了信贷资金的可获得性，如没有资金价格实质性的降低，则对增加大宗农产品生产积极性帮助不大。也因此，最核心的还是要有效减低资金价格，需要在政策层面做出改革。一是需要政策在税收、财政补贴等方面给予大宗农产品生产信贷业务优惠支持，但这种扶持机制如何设计能保证政策目的的有效实现，各个行政部门如何分工配合，还需要进行探索。二是需要银行业监管层进一步扩大农业信贷机构准入，但同时还得对可能带来的风险给予关注，防治"一放就乱，一收就死"现象的出现，这可能会涉及监管机构自身的调整，存在着较多制约因素。三是需要考虑重新定义农业政策性信贷机构。应考察农业政策性信贷资金可以通过哪些渠道来扶持大宗农产品的生产以及每种渠道具备的利弊。在此基础上，应评估不同类型的农业政策性信贷业务是否应由一家机构或同一行政层级独掌。如需对此进行改革，那么还需要在如何设立新机构、如何剥离现有机构非政策性业务、运营所需法律环境、运营的财务机制等多个方面进行更深入的探讨。四是重新树立农业合作性信贷体系。作为一个最贴近大宗农产品生产的信贷服务机构，其资金始终在整个农业体系产、供、销三环节循环，所以对于该体系的重构不应脱离整个农业体系。除了体系内资金，可以通过哪些途径和方法将体系外资金注入体系内，也至关重要。

加快发展信息服务业问题思考

武小欣

信息服务业是高技术服务业的重要组成部分，具有高成长、高倍增、高渗透的特征。随着经济社会的发展，对信息服务业的依赖和需求将不断增强。我国信息服务业具备一定的发展基础，发展潜力很大，有必要采取措施加快发展，努力建设信息服务业强国。

一　我国信息服务业发展现状

近年来，我国信息服务业快速、蓬勃发展，许多新型业态不断涌现，在国民经济发展中的地位不断增强。信息服务业的发展主要表现在以下几个方面：

一是信息服务业规模快速扩张。2004 年至 2012 年我国信息传输、计算机服务和软件业增加值由 4236.3 亿元增加到 10974.1 亿元，年均增长 12.6%。在电信业方面，电信业务总量由 2000 年 4560 亿元增长到 2014 年 18150 亿元，年均增长 10.4%。在软件和信息技术服务业方面，2001 年至 2014 年我国软件业收入年均增长 35%，2014 年实现软件业务收入 3.7 万亿元，软件业占电子信息产业的比重由 6% 上升到 26.6%，信息产业结构得到优化。在全球软件与信息服务业中，我国所占份额由不足 5% 上升到 15% 左右。信息内容产业爆炸式增长，"十一五"时期，我国信息内容产业年均增长 48.5%，2013 年信息内容产业规模达到 3000 亿元。信息服务产业的快速扩张同时也带动了其他产业的发展，优化了经济结构。

　　二是信息服务需求增长强劲。随着我国信息化的不断深入，政府、企业和居民的信息服务需求快速增长。近十年来，我国电子政务建设获得跨越式发展，各级政府加大政务信息公开工作力度，电子政务网络和应用系统建设需求不断释放。各类企业信息化建设快速推进，信息化深刻地改变了企业的产供销流程。2014 年电子商务交易金额达到 12 万亿元，增长 20%，中国电子商务市场规模已超过美国，名列全球第一。信息服务消费不断增长，2014 年全国信息消费 2.8 万亿元，增长 18%；网上零售额 27898 亿元，比上年增长 49.7%。

　　三是信息基础设施条件大为改善。近十年来我国加大信息化基础设施建设，信息传输能力和服务水平大幅度提升，为信息服务业的发展奠定了良好的基础。在能力方面，2000 年至 2007 年，长途电话交换机容量由 563.55 万路端增加到 1709.22 万路端，局用交换机容量由 1.78 亿门增加到 5.1 亿门，随后出现下降趋势。2000 年到 2013 年，移动电话交换机容量由 1.40 亿户增加到 19.66 亿户，光缆线路长度由 121.2 万公里增加到 1745.4 万公里。2003 年至 2013 年我国互联网宽带接入端口由 1802 万个增加到 3.59 亿个。在服务水平方面，固定电话和移动电话合计的普及率由 2000 年的 19.1% 提高到 2014 年的 112.8%。互联网普及率由 2002 年的 4.6% 提高到 2014 年的 47.9%。2013 年开通互联网宽带业务的行政村比重达到 91%。

　　四是信息服务业发展环境不断优化。随着信息技术的广泛应用，我国社会各界对信息服务的重要性认识不断提高，信息服务市场不断发育，为信息服务企业的成长创造了市场环境。在改革方面，电信及信息服务领域实施了政企分开、增加市场竞争主体、促进业务竞争、"三网融合"试点等改革，有力地促进了信息服务业的发展。在政策方面，《国家中长期科学和技术发展规划纲要（2006—2020 年）》、《国务院关于加快发展服务业的若干意见》、《国务院关于加快培育和发展战略性新兴产业的决定》、《国务院办公厅关于加快发展高技术服务业的指导意见》均对加快发展信息服务业提出了明确的要求。在加快发展信息服务业的具体政策方面，我国出台了《互联网信息服务管理办法》、《国务院关于印发〈鼓励软件产业和集成电路产业发展的若干政策〉的通知》、《关于加强信息资源开发利用工作的若干意见》、《振兴软件产业行动纲要（2002 年至 2005 年）》、《2006—2020 年信息化发展战略》、《电子信息产业调整和振兴规划》、《国务院关于印发进一步鼓励软件产业和集成电路产业发展若干政策的通知》等政策，从财税、投融资、研究开发、进出口、人才、知识产权、市场等方面对促进信息服务业的发展进行了有力支持，信息服务业发展的政策环境不断改善。在对外开放方面，在加入 WTO 的过程中，我国在增值电信服务、基础电信的寻呼服务、移动话音和数据服务、国内业务、国际业务五个方面作出了大幅度开放承诺。通过对外开放，一方面充分利用自身比较优势，抓住国际信息服务业转移的有利时机，在软件外包、信息服务外包等领域得到很大的发展，我国承接的离岸信息服务外包业务已达全球外包总量的4.0%；另一方面外资的进入促进了国内市场国际化，竞争加剧促进内资企业提高素质，促进了信息服务业市场的发育。我国信息服务业的市场环境、体制环境、政策环境、开放环境不断改善，为信息服务业发展创造了条件。

二 信息服务业发展趋势

从未来发展趋势看，信息服务业将呈现快速扩张的发展态势，主要基于以下几个方面的判断：

第一，信息基础设施服务能力将进一步增强。随着"宽带中国"战略的实施、基于 IPV6 基础上的"三网融合"、北斗卫星导航系统的建成使用，以及各种有线网络、无线网络和传感网络建设的持续扩展，我国信息网络将有可能实现国土范围内的全覆盖，网络传输能力将大大提高，"最后一公里"的问题将会得到逐步解决。随着经济社会的发展，信息网络逐步会像今天的电力一样普及，最终将形成普惠泛在的信息网络体系，将形成有线网、无线网和传感网一体化的全覆盖体系，信息终端如同今天的手机或者电话一样普及。真正的信息高速公路将会形成，这将为信息服务业的发展创造良好的基础性条件。

第二，信息技术应用将获得突破性进展。随着信息科学和信息技术的突飞猛进，信息技术在更广范围内的应用是大势所趋。当前，虚拟化技术、云计算、物联网、移动互联网等重要技术应用风起云涌，这些技

术的应用将为信息服务业的发展开辟新的发展空间。从中长期看，学者
们判断将出现革命性的信息技术，信息技术的影响力和渗透力将继续增
强，有可能发生"信息技术应用的寒武纪大爆发"，信息技术即将进入
全民普及阶段。这将为信息服务业的发展提供更加先进、便捷、广泛的
技术支撑。

第三，信息服务业产业结构正在发生深刻变化。未来几年，我国信
息服务业将保持高速增长势头。据我们对北京、江苏、珠江三角洲等5
个地区软件和信息服务业发展情况分析，未来几年信息服务业年均增长
率将达到10—20%左右。预计全国其他地区的信息服务业也将保持较
快的增长速度。此外，原来以信息传输业为主的信息服务业结构正在发
生深刻的变化。近年来新的业态不断产生，以软件开发、信息技术服
务、互联网服务、信息内容服务为主的新兴产业在信息服务业中的比重
将越来越大。例如在信息内容方面，服务端资源和海量的网上信息资源
将不断产生，信息资源的规模将不断扩展，大数据和知识将日益成为经
济社会发展的重要产业。这些产业的发展将对信息服务业的有关子行业
和其他行业产生惊人的带动力，将催生很多新的产业形态，形成新的服
务和模式，也将导致信息服务业的产业结构发生深刻调整和变化。

第四，信息服务需求处于快速增长期。我国未来一段时期仍处于工
业化、城镇化、信息化加快发展阶段，信息化服务需求潜力很大。在利
用信息技术改造传统产业、城市空间信息服务、电子政务建设等方面，
有着极其庞大的信息技术服务需求。随着城乡居民收入水平的提高，信
息服务消费比重还将进一步提高，信息消费需求将保持强劲增长。随着
经济社会信息化的深入发展，信息服务需求结构也将发生变化。根据国
际经验，在国家信息化进程中，信息技术、信息设备和信息内容三者的
投入比为3:7:12，信息内容服务将成为未来信息服务需求最主要的增
长点。

三　当前信息服务业发展存在的突出问题

信息服务业在我国尽管是新兴朝阳产业，但是由于信息技术的特
点，以及我国发展起步晚、国内环境等因素，还存在一些亟待解决的问

题。主要表现在以下几个方面：

第一，产业结构不合理。首先，产业内部缺乏有效的市场整合。一方面，信息服务业内部存在明显的产业分割，例如电信、广电和互联网络分割，缺乏互联互通，很多信息系统、数据库产品缺乏互联互通和共享。另一方面，信息服务领域大量的低水平重复过剩与短缺并存。产业或服务主要集中于应用和人力密集环节，数据库、信息系统、信息内容低水平雷同、附加值不高；而原创性高质量的信息内容匮乏，高端大型基础软件开发能力不足导致在一些产业领域存在空白。其次，产业组织结构不合理。电信传输业基本上以国有企业为主，属于典型的寡头垄断市场结构，广播电视传输领域还存在明显的行政化管理因素，政事不分、事企不分还很明显。在信息技术和信息内容产业领域，总体上企业规模较小，大企业不够大不够强，小企业不够专不够精，市场竞争力比较弱。例如，2014年我国软件百强企业销售收入4751亿元，其中收入超百亿元的企业仅有7家。大量的软件企业都是中小企业、多元化企业。再如，2014年我国动漫产业市场规模为1000亿元左右，全国近5000家动漫企业基本上是中小企业，缺乏大型龙头企业带动。产业组织结构不合理影响了产业的整体绩效。

第二，产业发展不均衡。首先，信息服务业各个子行业发展不平衡。信息传输业比重过大的局面还没有根本性改变，信息技术服务和信息内容服务的比重还有待于进一步提高。其次，产业区域发展不平衡。我国信息服务业主要集中在北京、珠三角和长三角等沿海地区，广大的中西部地区除成都、西安、武汉、重庆等城市外发展相对比较薄弱。例如在软件业方面，2014年4个直辖市和15个中心城市合计软件业务收入超过3万亿元，占全国比重的81%。最后，城乡之间信息服务业发展不平衡。农村在信息服务基础设施、服务质量、便利性等方面明显落后于城镇。2012年我国城镇居民家庭平均每百户拥有家用电脑87.03台，彩色电视机136.07台，移动电话212.64部，固定电话68.41部；农村居民家庭平均每百户拥有家用计算机21.36台，彩色电视机116.9台，移动电话197.8部，电话机42.42部，这些信息产品消费农村居民家庭分别落后城居民家庭5—10年，与信息产品消费互补的信息服务消费城乡差距也类似，城乡信息横沟十分明显。

第三，国际竞争力不强。从服务贸易的角度看，我国计算机和信息服务贸易 2000 年至 2013 年连续保持顺差，进出口总额从 6.20 亿美元增长到 214.18 亿美元，年均增长 31.3%，保持高速发展势头。但是这只能说明我国在国际信息服务业领域发挥了劳动力低成本比较优势，不能充分说明我国信息服务业国际竞争力问题。我国信息服务业存在明显的大而不强问题。根据商业软件联盟下属经济学人智库编制的 2011 年信息技术全球竞争力指数，中国在 66 个国家和地区中排名第 38 位，远远落后于美国第 1、日本第 16、韩国第 19 及中国台湾第 13 的排名。从该指数看，中国在研发环境、人力资本、IT 基础设施、对 IT 行业发展的支持、法律环境和整个商业环境等方面与先进发达国家和地区存在明显的差距。我国信息服务业国际竞争力比较弱的原因是国际分工水平低下，走出去能力不足。具体来说，在发展战略、营销网络、服务流程与规范化、品牌知名度等方面与发达国家和地区存在较大差距，当然导致国际竞争力不强的最关键原因是技术创新能力比较弱。例如在软件业，我国的优势主要表现在行业应用软件、软件服务、游戏软件及网络与信息服务等方面，而在桌面操作系统、手机操作系统等高端高附加值领域开发能力非常薄弱。

第四，体制机制不完善。信息服务业领域存在一系列有待解决的体制机制问题，例如信息化推进体制不完善；信息服务业管理涉及工业和信息化管理部门、广电、文化等主管部门，部门间政策协调不够；"三网融合"问题多年来难以得到全面有效的解决；在电子政务建设领域缺乏统一、前瞻性顶层规划设计，政出多门，电子政务效能难以得到有效释放；政务信息资源实际上的部门所有制导致政务信息资源产业化开发步履维艰；信息服务消费环境欠佳，抑制了潜在的信息服务需求。这些问题在诸多方面抑制了信息服务业的发展。

四　政策建议

随着信息通信技术加速向宽带化、移动化、融合化、智能化发展，我国信息服务业面临广阔的发展前景。为了更好地发展信息服务业，有必要解决影响信息服务业健康发展的突出问题。为此，有必要从以下几个方面着手：

一是促进产业均衡发展。采取有效的政策措施，促进信息传输业、互联网信息服务业、信息技术服务业和信息内容产业均衡协调发展；促进信息服务业全产业链发展，加快发展瓶颈产业和弱势产业，如信息安全服务业等，促进产业纵向和横向一体化；完善产业组织结构，优化信息传输业寡头垄断结构，改善信息技术服务业和信息内容产业市场竞争秩序，形成有效竞争的市场结构。鼓励培育信息服务业产业集群，通过充分发挥产业集群优势，带动大中小企业在竞争中快速发展。促进企业做大做强，鼓励企业通过收购兼并等途径提高市场集中度，形成一批具有国际竞争力的大型软件企业。促进信息服务业企业走出去，在参与国际竞争中提高能力，积极利用国际资源和市场。

二是发挥政府引导作用。在电子政务建设方面，加强电子政务顶层设计与实施，强化部门间集中统一建设模式，鼓励构建集中统一的信息服务机构，提高政府体制内信息服务的专业化水平与质量。鼓励政府部门开展信息服务外包，以竞争、择优的方式选择信息服务机构，节省人力与成本，提高服务水平与质量。提高政府部门信息资源公开和共享水平，把部门信息逐步转化为国家的信息资源，为政府信息资源产业化开发利用创造基础条件。在政府采购中加大对信息服务的采购力度，加大对内资信息服务机构的支持力度。

三是提高科技创新能力。信息通信技术是信息服务业发展的核心支撑要素，加强信息通信技术创新是促进信息服务业发展的基石。鉴于我国的实际情况，要加强科技的产业化工作，促进我国研发的技术能够更加迅速地实现产业化，以产业化促进持续的科技创新。在加大信息通讯科技投入的同时，要更加注重科技创新人才队伍和平台建设，激励企业把科技创新能力内化、固化到企业持续发展过程中去。加大信息通讯核心技术与共性技术研发，为信息服务业大发展提供有力支持。在信息服务业发展优势地区，加强信息通讯科技条件平台建设，改善科技创新环境。改进现有的优惠政策，增强政策的激励效果，对发展比较好的信息技术服务企业实行累进激励政策。

四是完善体制机制。完善信息化推进体制，强化信息化推进机构的职责与稳定性，改变政出多门、事出多门现象。加强政府协调机制建设，改进信息服务业发展的政策环境。加大改革力度，调整不合时宜的政策，促进产业结构优化。加快推进"三网融合"步伐，促进信息服务业的健康快速发展。调整一些领域的定价权力，降低资费标准，扩大信息服务需求。加强标准规范建设，增强信息服务业中的规模经济特性。加强信息服务领域的法律法规建设，消除法律和政策空白，创造信息服务业发展的良好法治环境。

北京信息技术创新政策比较研究

陈维忠

李克强总理在 2015 年《政府工作报告》中提出，制定"互联网＋"行动计划，实施中国制造 2025，体现出新常态下以信息技术为牵引推动经济发展的全新思路。信息技术（Information Technology，简称 IT），是主要用于管理和处理信息所采用的各种技术的总称，即应用计算机科学和通信技术来设计、开发、安装和实施信息系统及应用软件，主要包括传感技术、计算机技术和通信技术等。

一 全球信息技术发展趋势

当前，世界范围内信息技术创新方兴未艾、风起云涌，技术创新进程不断加快，产品生命周期日益缩短，信息领域的创新产品、创新服务、创新业态不断涌现，移动互联网、大数据、云计算、物联网、数字新媒体等新兴业态的出现，给信息产业发展注入了新的活力。预计今年全球市场规模将达到 2.1 万亿美元。世界电子信息产业出现以下发展态势：产业分工全球化，全球性采购、全球性生产、全球性经销的趋势日益明显，与美欧日等发达国家相比，我国信息技术领域尚处于价值链低端，如在核心的基础元器件方面依赖进口的局面十分严重，2014 年中国集成电路进口额已达到 2865 亿美元，约合 1.8 万亿元人民币，远超石油成为第一大进口商品；竞争核心技术化，主要集中在软件、集成电路和新型元器件，软件是电子信息产品的核心，集成电路、新型元器件则是电子信息产品制造业的基础，促使整机向轻、小、薄和低功耗方

251

向发展；产业应用平台化，高速大容量的网络以及三网融合、云计算等的出现，使得海量供应端和海量消费端在互联互通的网络中共存，操作系统、数据库、中间件和应用软件相互渗透，信息技术在向一体化平台方向演变，平台化正成为产业发展的重要模式；产品生产智能化，智能手机、平板电脑、电子阅读器等已成为重要智能终端，电视机、车载设备也将成为终端，在未来时期内，甚至冰箱、微波炉、眼镜、手表等都有可能成为泛终端，移动互联网实现人机信息沟通、动态传递、双向交互。

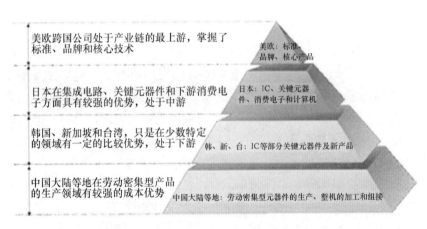

图1　主要国家在电子信息价值链中的位置

通过对全球信息技术发展趋势深入分析，未来我国信息技术创新发展方向聚焦在以下三个方面：一是微电子和软件交互集成技术。软件技术的快速发展使得越来越多的信息设备功能可以通过软件来实现，作为微电子和软件交互集成技术的核心技术，集成电路、芯片等现代通信技术和设备将成为未来我国在信息技术创新发展方面的重点领域。二是新一代信息技术服务业态。随着电子信息产品制造、信息网络、信息服务和软件产业的融合发展，以物联网、云计算、电子商务等为代表的新一代信息技术服务业将成为未来信息技术发展的潮流。三是移动互联网。移动互联网已成为信息产业发展最快、竞争最激烈、创新最活跃的领域之一。智能终端和移动互联网为打破产业界限、实现跨界经营成为可能，电信运营商、有线电视网经营者、应用开发商、内容提供商、互联网企业甚至终端厂商角色可以互相转换，纷纷参与到大市场竞争中，促使移动互联网获得更大的发展空间。

二 北京市信息技术创新基本情况和存在问题

经过改革开放以来的跨越式发展，以中关村为龙头的北京电子信息产业在北京市经济发展中的战略支撑作用日益显现，2014 年，北京市信息产业实现增加值 3134.4 亿元，占 GDP 中的比重达 14.7%。软件和信息服务业进入有世界影响力的城市之列，中关村国家自主创新示范区的软件和信息服务收入占全市的 80% 以上。北京在信息技术创新方面优势明显，最大的优势是智力优势，科技资源优势突出，高端人才优势明显，信息技术创新环境不断优化，中关村作为体制机制改革的重要试点，在科技成果处置权和收益权、股权激励个人所得税、科研项目经费管理体制等方面先行先试，为信息技术创新提供了较好的制度环境。

北京市信息技术创新存在的问题是，一是产业核心竞争力有待提升。北京电子信息产业总体上在国际产业价值链尚处于中低端，关键领域核心竞争力较为薄弱。2012 年，北京市规模以上工业企业的 R&D 仅占主营业务收入的 1.16%，信息技术企业在 2% 左右，而同期中兴公司 R&D 投入比例为 13.7%，微软达 15% 以上。2010 年以来，北京 R&D 经费支出增速持续走低，2010—2014 年增速分别为 22.9%、14%、13.5%、11.4%、8.6%。同时，北京市现有政策尚未能形成对关键领域集中、有针对性的支持，在软件、芯片、标准等领域的自主研发水平与发达国家相比还存在较大差距，缺乏核心专利。如小米向美国高通公司购买每颗芯片除了支付 20—40 美元的芯片费用外，还需向高通公司另外支付手机零售价的 5%。二是产学研结合程度较低。企业是技术创新的主体，但政府在科研创新方面的投入较多地流向了科研院所。如北京市研发经费投入进入企业的不足 10%。科技成果产业化的主体是企业，这需要大量资金，一项技术从小试、中试再到产业化需要的投资往往达到 1∶10∶100 的比例，以科研院所和高等院校为重点的投入结构，客观上影响了政府研发经费的使用效益和科研成果产业化能力，企业与科研院所之间的关系也成了竞争关系，据教育部统计，我国高校科技成果转化率仅为10%左右。同时，即使现有支持企业的政策，也往往支持单个企业，一些现有的产业共性平台优势得不到充分发挥。如北京技术交易所、中科院超算中心、集成电路设计园等一批全国领先的共性技术平台，受限于体制机制，平台资源无法在更大范围内共享。三是创新成果和知识产权保护制度不健全。企业对专利和知识产权的自我保护意识不强、应用能力不强，有的甚至认为申请专利只是为了面子问题，由于专利后期的维护成本较高，很多企业存在重申请轻维护的现象。尤其是软件和商业模式创新领域，在技术创新上存在模仿抄袭和被模仿被抄袭的现象，企业普遍头疼的是创新成果和知识产权的保护问题，北京市在知识产权保护方面尚缺乏系统的制度性安排。在专利保护中，往往掉入西方国家和跨国公司设置的"专利池"陷阱之中。四是技术创新投融资制度尚未真正建立。北京市的信息技术领域由于政府补贴数量较小，同时由于部分政策门槛高，尤其是创新型中小企业很难筹措到必要的前期资金。在直接融资方面，风险投资机制尚不完善，风险资本规模偏小，风险投资退出渠道狭窄，投资风险无法社会化。在间接融资方面，北京的金融机构更加专注于传统的融资模式，融资担保看重有形资源，融资客户集中于大型企业，银行信贷规模还不能区别对待创新型企业和非创新型企业。五是平等灵活的创新机制有待完善。北京市积聚了大量的国有企业总部、大型科研院所，政府的服务意识高度重视体制内（如高校、科研院所等）的科研创新，而对体制外（如中小企业和民营企业等）的创新重视程度不够，这就导致了政府的经费较多地流向了体制内科研单位。虽然国家对中关村给予了很大重视，但中关村一区多园的状况缺少相应的权限，没有抓手，整个体制造成的环境导致恶性竞争，缺乏企业与企业之间的强强联合和互补兼并，缺乏产业发展的强大配套或原材料支撑，对人才存在互挖墙脚的现象。六是市场化取向的创新生态薄弱。北京目前在市场化、企业化和民营化上的行为远远落后于上海、深圳和杭州等地，以杭州为例，杭州市政府并未在电子商务发展方面有什么重大规划，相反而是提倡环境比政策更重要。事实上，目前北京在信息技术创新方面的政策已经很全面了，但欠缺的恰恰是保障技术创新市场化的基本制度，对信息技术创新失败的承受度不够，商业气氛和产业生态环境薄弱，没有提供充分自由的发展空间，天马行空的思维模式比较难以得到人们的共鸣，限制了信息技术的创新。

三　国内外有关地区信息技术创新政策比较

1. 美国硅谷。"资本＋创意"是其科技创新的主要特点，硅谷的崛起是美国战后国防导向科技政策的产物，密集的智力资源与一流的创新效率，发达的投融资体制以及风险投资业是硅谷发展的"金融发动机"，具有独特的区域创新网络与管理体系，完善的专业化服务体系与孵化功能。特别一提的是，硅谷具有开放进取的社会环境与独特的创新文化，硅谷的工程师和企业家来自五湖四海，在当地缺乏祖先或家族联系，没有繁文缛节，没有出身尊卑的等级观念，在开发高新技术项目中互相认知、精诚团结、互通信息、互助发展，形成了高度联系的社会网络。在硅谷盛行着善于创新、敢于冒险、崇尚竞争、平等开放的价值观念，强调知识共享、讲究合作、相互学习和交流，特别是非正式的交流非常活跃，咖啡馆、俱乐部、舞厅健身房、展示会、因特网都是交流的好去处，同时还对跳槽和裂变给予足够的鼓励和宽容。

2. 印度班加罗尔。"服务外包"是其科技创新的重点领域，"人才＋环境"是其科技创新的特点。合理定位于服务外包产业的发展，依托科技园区发展风险投资和建设信任的合作网络打造企业集群，对班加罗尔的 IT 业发展给予了充分的政策扶持。特别是其低廉而优质的人力资源，软件开发成本中 70% 是人力资源成本，低廉而优质的人力资源是班加罗尔成功的又一重要因素。印度在英语方面具有天然优势。同时，印度人才教育培训富有特色，在近 3000 所中学、1000 多所大专院校开设不同层次的 IT 专业课程，还依靠民办和私营机构以及软件企业实行人才整体培训和整体转移，印度大多数的软件人才都来自于职业化培训机构。另外，印度的工资水平仅处于纽约、伦敦、香港的 1/10 到 1/4 之间。

3. 上海。"创新导向＋市场导向"是其科技创新的特点，2015 年上海信息服务全行业实现经营收入 5100 亿元，是 2010 年的 2 倍。以新技术、新产业、新模式、新业态为主要内容的"四新"经济是其主攻方向，坚持从单纯的技术导向转向创新导向，从政府导向转向市场导向，从目标导向转向问题导向，从能力导向转向应用导向；细化聚焦一批"四新"的"抓手型"领域，主要包括机器人、3D 打印、智能传感器等 12 个引领制造业发展趋势的重点方向，智慧照明、移动医疗、车联网等 10 个制造与服务相融合的先进方向，网络视听、互联网金融等 14 个跨界融合催生的新型服务业态；探索建立"四位一体"的工作推进模式，主要包括打造产业创新基地、研究设立"四新"重点领域产业基金和并购基金、建设一批"四新"高技术人才实训基地、建设创新联盟。

4. 杭州。"领军人才 + 产业生态"是其科技创新的特点。杭州是中国电子商务之都，阿里巴巴拥有全球最大的电子交易服务平台、世界上规模最大的交易支撑服务平台，2014 年电子商务交易额接近 2 万亿元。电子商务是最依托实体经济的互联网商业模式，杭州周边的江浙有着中国最为庞大的产业链分工体系，有着无数个小型的加工企业和制造企业，这使得阿里巴巴一开始就拥有了发达的企业资源网络；而发达的民间融资体系和信用体系使得这里的消费者信用意识比较强，更加能够接受互联网交易这种依赖人的信用意识的商业模式；江浙政府对于民营经济和新经济模式的态度比较开明，政府的服务意识比较强，金融机构相对来说更加能够接受独特的商业模式和支持小企业的发展。这么多年来阿里巴巴得到的政府支持也是十分明显的，不管阿里巴巴的战略转型引起了多么大的反应，江浙政府始终非常支持。

5. 深圳。"软硬兼施 + 宽严相济"是其主攻方向，"企业群落 + 产业链条"是其科技创新的特点，在产业规模、创新能力、企业培育、市场拓展、创新文化等方面形成了较强综合竞争力。主要特点是形成了良好的创新文化，竞争机制的引入也有利于深圳信息技术创新，如华为和中兴的竞争等；深圳科技院所和国有企业较少，但中小企业数量较多，并且企业兼并很多，能够提供充足的机会；珠三角地区也为深圳信息技术创新提供了较有利的支撑配套环境。2009 年珠江在全国率先出台互联网产业发展规划和配套政策，连续 7 年每年由市财政投入 5 亿元支持互联网产业；市知识产权专项资金每年安排不低于 300 万元，用于资助专利池建设；2012 年底深圳创投机构管理的基金规模已超过 3000

亿元，占全国创投机构管理基金规模的1/3。

通过对美国硅谷、印度班加罗尔和我国上海、杭州、深圳等地比较研究，我们可以得出以下经验及启示：一是从当地实际出发，结合各个国家或地区的不同情况，因地制宜加以组织引导和规划，产业集聚才能真正发挥其作用。二是突出企业主体地位，注重发挥市场的作用，以企业为主体，密切与大学和科研机构之间的联系，发挥中介组织的平台和桥梁作用，激发各创新主体的良性互动。三是注重风险投资，重点建设投资融资体系，大力发展风险投资，充分利用多元化的投资资金建立风险投资公司，支持企业多渠道融资。对于一个值得投资的企业或项目，风险投资能迅速跟进。四是政府作为公平有效，政府要找准定位，制定普适性的政策，创新资金使用方式，引导建立创新平台和体系，建设规则和制度体系，推动人力物力高效配置，营造创新激励环境。五是塑造宽容合作的文化氛围，要大力鼓励创新精神和创新文化，吸引敢于创新的人集聚在一起创新创业，对创新和创业失败持一种宽容态度，创造相互学习、相互合作、信息共享的氛围。

表1   国内外有关地区信息技术创新对比

城市	发展方向	主要特点	发展趋势	政策措施
硅谷	从基础研究到应用研究和试验发展并重，原始创新为主	资本+创意	在新兴产业领域继续占据全球产业高端环节和技术领先地位	1. 对人才培养引进和激励； 2. 发达的投融资体制； 3. 独特的区域创新网络； 4. 完善的专业化服务与孵化功能； 5. 良好的环境与创新文化
班加罗尔	以软件编码、软件外包和出口加工为主	人才+环境	逐渐向高附加值的环节转移	1. 合理定位逐步发展； 2. 依托园区打造集群； 注重培养专业人才； 政府有效的政策引导
上海	软件服务、网络游戏、贸易信息、金融信息服务等新业态	政策推动+服务平台	探索新业态、新模式、新技术和新产业	1. 制定一系列支持政策； 2. 注重公共服务体系建设； 3. 宣传交流提升产业影响力

续表

城市	发展方向	主要特点	发展趋势	政策措施
杭州	以电子商务为主要特色，强化软件产业基地、电子交易服务平台和交易支撑服务平台建设	领军人才＋产业生态	逐步形成电子商务衍生服务业生态体系与创新群落	1. 规划引领，强化产业发展支撑； 2. 宽容失败，培养产业领军人才； 3. 加大宣传，吸收社会资源集聚； 4. 强化信用，优化电子商务生态
深圳	以通讯装备的软硬件兼顾"一核多园"产业布局	企业群落＋产业链条	持续优化软件和信息技术服务业创新环境	1. 良好的创新文化； 2. 完善管理服务机制； 3. 培育和引进人才； 4. 金融与产业结合

四　北京市信息技术创新政策建议

　　北京市正处于信息技术创新的转型期、瓶颈期和突破期，加快信息技术创新体系构建、完善信息技术创新各项政策，是北京市今后较长一段时期突破发展、跨越发展的关键和保证。为此，特提出如下政策建议：

　　1. 建立国际一流的创新特区。中关村地处高校、科研院所和高科技企业密集地区，经过 20 多年的发展建设，在海内外具有一定影响力。目前，中关村已进入一个全新的发展阶段，正在从试点试验向示范引领全面转型，从过去以招商引资和产业集聚为主向多功能的创新综合体转变。中关村建设要抓住机遇、解放思想，借助优势、开拓创新，在推动中关村国家自主创新示范区全面建设与发展的同时，探索建设"中关村国家创新特区"。创新特区以中关村示范区为核心，京津冀为腹地，构建新的信息技术创新发展格局。实施"1＋5"创新特区建设战略，设立中关村国家创新特区，建立科技自贸区、人才特区、科技金融示范区、海关特别监管区、特殊行政管辖区，通过深化改革和扩大开放，把中关村打造成为创新要素自由流动、创新体系更加完善、创新服务综合配套，更具自由度和便利化的国际创新集聚区和自由商务区。实施"3＋X"产业发展战略，坚持依据现有产业规模和优势，着重发展移动互联网、软件和信息服务业态、集成电路（芯片）国产化等 3 个关键领域，积极培育新技术、新产业、新模式、新业态，编制重点产业领域技术创新路线图，组织产业联盟联合攻关，提升核心部件制造自主生产能力，建设开放创新引领区、高端要素聚合区、创新创业集聚地、战略性新兴产业策源地。实施"总部＋基地"区域发展战略，以京津冀一体化发展为契机，把北京中关村核心区建设成为总部基地、研发基地、国际交流中心和信息中心，引导总部企业在京津冀规划建设若干生产基地，通过构建、填补产业链条，打造集聚全球创新要素的主要窗口、引领我国参与全球创新竞争的前沿阵地、促进京津冀发展的重要增长极。

2. 完善市场导向的激励机制。信息技术具有产业特征新、产业多样、创新要求高等特点，要特别注意引导创新主体和企业结合自身条件慎重选择信息技术创新方向，建立有利于创新成果转化的机制。一是探索企业与科研院所的双向流动机制。鼓励科研院所积极参与企业的技术创新活动，与企业形成合力，形成共同"挖掘、策划、遴选"重点科技成果产业化的工作机制，而非竞争关系，实现创新发展的"大循环"。二是建设信息技术创新平台。搭建产业联盟和创新联盟是建立企业联盟之间研发设计生产制造产业链带动产业链上下游协作创新的关键。支持龙头企业主导开展创新合作，建立产业技术创新、标准、服务等各类产业联盟组织，加快培养高素质的中介和载体。深入实施"中关村开放实验室"工程，鼓励开放实验室主动挖掘企业发展需求，积极开展合作。三是大力发展为科技创业服务的中介组织。通过设立专门的企业孵化器机构提供物业、平台与服务，给一些刚刚起步的科技型小公司提供研发支持，孵化器通过评估研发项目、联系政府或市场，推进成熟项目走向市场。

3. 构建相容共生的创新网络。科技创新的主体是企业，要加快建设有利于企业创新活力充分涌流的机制和网络，促进众多企业间、企业同其他创新主体间的相互交融和相互作用。一是建立国有企业技术创新激励机制。北京央企集中、国有企业多，要发挥国企人才集中、资金宽裕的优势，研究加强央企技术成果在考核内容中的比重，建立技术成果评价、考核、激励机制，重点在战略性新兴产业和高新技术产业领域建设一批具有显著带动作用的重大科技成果产业化基地。二是扶持引导民营资本创新成果转化。民营资本是新兴信息服务业态的主力军，要坚持权利平等、机会平等、规则平等，以宽容的心态看待民营企业的创新，鼓励成功也允许失败，对创新性领军人才高看一眼、厚爱一份，支持他们在创新领域施展宏图，加快培育形成一批千亿元级、百亿元级和十亿元级规模企业，探索支持企业创新发展、做强做大的有效模式。三是优化科技型中小企业发展环境。借鉴美国小企业创新研究计划（SBIR）项目的经验，按照技术创新生命周期对高技术中小企业采取分阶段、竞争性和差异化的扶持，选择一批专业性强、特色鲜明、速度快、前景好的中小微企业，探索促进其快速发展的有效模式和措施，推出一批细分市场占有率高、在国内外具有较强影响力的知名品牌。

4. 鼓励慧眼识金的风险投资。信息产业属于高科技、高投入、高收益、高风险的产业，要进一步扩大融资渠道，建设风险投资体系。一是完善政府创业基金投资机制。发挥政府在风险投资初创时期的重要作用，建立政府、企业、科研单位共同承担风险的高科技风险投资机制，发行种子基金、风险投资基金、集群基金、产业链基金等，组建多种形式的信息技术风险投资基金。政府引导资金应立足于引导，激发社会资本进入基金的动力。根据国际经验，投资收益周期一般需要 7—10 年。对创业期的重点项目和科技型项目政府基金可适当延长投资期限，对于到期的投资项目，应按时清算、及时退出，让利于社会资本。二是完善社会风险投资机制。在信息技术产业发展重点领域创设投资专项基金，引导风险投资、社会资金的投入，构建相对稳定的融资渠道和多元化的服务创新能力投入体制。设立政府风险补偿准备金，建立相应的法律保护、税收保护、环境保护、知识产权保护、政府担保、风险评估等保障机制来促进风险投资，尽可能减少创新风险的发生概率。三是扩大企业融资渠道。充分利用中关村新三板、风险投资、股权投资、信用保险、融资租赁等金融工具，创新融资方式，鼓励金融创新，完善融资担保体系，帮助企业多渠道融资。深入推进高新技术企业科技保险试点，全面开展知识产权投融资服务试点，促进知识产权的市场转化和金融服务创新。建立北京信息技术企业信用信息平台，加强政策引导和信用监督，建立相应的信用激励和惩戒机制。

5. 保护规范共享的知识产权。知识产权作为一项激励创新的机制，是保障创新主体积极性、创造性的重要手段。一是积极推动开放式专利池建设。借鉴国外的先进做法，研究设立专利战略基金，引导信息技术领域知名企业与国内高端的知识产权运营公司一起，有选择、有重点地购买部分核心技术专利，建设开放式的专利池，一方面对内部成员无偿提供，增加池内成员的团结、促进技术转化；另一方面对外有偿提供，所有收入可以按比例共享，增强运行收益。二是加大知识产权创造、运用、保护和管理力度。规范信息技术相关产品和技术所涉及知识产权的登记制度，鼓励对相关知识产权进行登记或备案，并依据法律对已经登记的信息技术知识产权予以重点保护。加快建设信息技术知识产权预警、海外纠纷仲裁与信息服务机制，对侵害知识产权的行为人或组织，要严厉追究其相关责任。三是促进知识产权交易和保护。要加快推进知识产品的市场化步伐，建立与国际惯例接轨的技术交易市场，在丰富知识产权交易品种、创新知识产权交易模式等方面积极探索。鼓励企业将自身具有良好发展前景的技术方法、商业模式申请国际专利，重视保护知识产权。

6. 注重不拘一格的延揽人才。信息技术创新是一个具有应变能力的柔性系统，其中最重要影响因子是信息与人才，要大力培养和引进信息技术产业人才。一是引进培养高层次人才。引导北京的优秀企业和重点研发机构，加强与全球的项目、人才对接，吸引全球创新人才加盟，吸引国内外高水平创业者，尤其是连续创业家、跨区域创业者团队集聚，真正把北京打造成为世界领先的创业中心。特别是像创新能力强的百度、小米、京东等企业高管，要跟踪培养，择天下英才而用之。二是创新培养模式。制定人才培养计划，采取与高校联合培训、定向培养、合作共建研发机构等办法，开展高层次创新人才培养、中青年创新领军人才培养、创新团队培养，推动创新人才向企业集聚，培养多层次科技创新人才。鼓励高校院所的科研人员开展科技成果转化，建立人才在企业、高校院所之间的双向流动机制，支持优秀人才进入产业技术联盟等新型产业组织。三是完善人才激励制度。建立和完善科学的用人制度、合理的分配制度和奖励制度，鼓励实行技术入股和股票期权；对于领军人物的考核兼顾创新团队成果的考核，注重团队各梯度人才的成长考核。探索留住优秀人才的政策，解决各类人才户籍、家属就业、子女入学等问题，免除人才的后顾之忧，统一规划、集中建设一批面向创新创业人才的公共租赁住房。

7. 提升面向全球的开放水平。信息技术创新必须要有全球化思维，要推动北京信息技术在全球竞争中抢占先机、争取主动。一是充分整合利用全球创新资源。吸引微软、三星、苹果、IBM、思科等跨国公司、国际知名研究机构和实验室、国际学术组织和产业组织在北京设立总部、研发中心和分支机构，推动跨国公司技术成果实施产业化，探索建立 2—3 个世界顶级实验室和创新中心。积极推动有条件的企业在主流国际资本市场和新兴资本市场上市融资；鼓励龙头企业开展海外布局，在欧美日等发达国家和地区建立研发基地和分支机构。二是拓宽国际化发展渠道。依托产业技术创新联盟，推动 TD - SCDMA 标准、地面数字电视（DTMB）标准、移动多媒体广播（CM-MB）标准等自主知识产权技术和标准开展海外商用项目推广。建设国际研发转移交付平台，鼓励面向全球市场的软件服务外包、生物技术研发外包等先进服务贸易。三是积极参与国际信息技术标准制定。在移动通讯等有相对优势以及局部可跨越的领域、云计算等急需占领的领域、IT 融合等领域注重国际标准的研发，促进以我国标准为基础制定国际标准。

8. 培育宽容合作的创新生态。产业的竞争最深层的是文化的竞争。一是市场化理念是建立创新生态系统的基础。信息技术创新特别是新一代信息技术的典型特征就是市场化，互联网时代的很多创新都是"草根逆袭"，今天一个名不见经传的小企业，凭着一个颠覆性创新，可以跨越发展。小米的传奇经历就证明了这一点。区域创新生态建设，不是比拼谁有多少政策，而是比拼谁有多市场化、谁有多宽容。二是要素之间的紧密联系和合作是创新生态系统的本质特征。硅谷代表了当今最成功的创新生态系统，其成功大部分来源于众多企业间，以及企业同其他创新主体间的相互交融和相互作用。北京信息技术创新发展，必须打破传统思维定式，把中介服务组织的发展放在重要位置，推动创新由竞争走向竞合。三是开放包容的文化是创新生态系统形成的沃土。中关村有很多咖啡店，里面坐着名牌大学的博士生、博士后、青年教师、还有年轻的民营企业家，他们在谈创意、创新、创业、专利转让及应用，已发展成为创投平台，应大力扶持和发展。

9. 实行一视同仁的扶持政策。实行共同但有差别的政策措施。一是完善税收政策体系。按照行业发展特点设定差别化的高新技术企业认定标准，将成长性好、具有发展潜力的信息技术创新企业纳入高新技术领域，同时简化研发费用加计扣除政策审核程序，扩大优惠政策受益面。二是完善政府投入和科研经费使用机制。借鉴发达国家经验，创新政府资金投入方向，通过政府利用基金、贴息和担保等财政资金的杠杆作用，把重点放在支持中介组织实施协同创新、联盟创新上，把更多的资金用于支持公共研发平台、产业联盟的协同创新，用于共性关键技术的研发上，通过创投基金等扶持创业型中小企业发展上。创新科研资金使用机制，开展科研经费管理改革试点，在科技计划项目中扩大间接费用列支范围和比例，开展分阶段拨付经费和后补助试点，支持创新型信息技术企业更多参与国家和地方科技项目。三是完善政府采购政策。坚持以应用促发展，以智慧北京建设为牵引，围绕城市应急、轨道交通、环境治理、社区医疗等城市管理和首都经济社会发展关键问题，组织开展具有标志性和影响力的信息技术应用和示范工程；对北京市企业开发具有自主知识产权的信息技术新产品，优先进入政府采购自主创新产品目录，加大政府采购力度。

加快生物技术产业发展

郗永义

一 我国发展生物技术产业的重要性

生物技术产业是以现代生命科技理论和生物技术为核心要素的新兴产业。我国当前正处在"全面建成小康社会"的决定性阶段，寻找新经济增长点，优化产业结构，保持经济稳定增长，改善人民生活水平是当前党和国家的主要工作方向，这为以生物技术产业为代表的新兴产业提供了广阔的市场和发展前景。大力发展生物技术产业，即有助于培育新经济增长点，拉动经济增长，也有助于解决民生问题，实现人和自然和谐发展；同时，对我国抢占世界新科技革命战略制高点，实现"十八大"提出的宏伟目标，尤其具有特殊的重要意义。

首先，发展生物技术产业有助于实现经济结构优化升级和平稳增长。

在"三期叠加"的形势下，我国经济发展进入新常态，调结构、稳增长是我国当前及今后一段时间内的主要工作目标。生物技术产业属于知识技术密集型产业，对物质资源依赖小，成长潜力大，其产品如生物医药、保健品、生物材料、生物能源等都蕴藏着巨大的消费市场，附加值较高，因此，发展生物技术产业，对于实现资源枯竭型城市的经济转型，拉动内需，促进消费，稳定经济增长具有积极作用。

其次，发展生物技术产业，对于保障粮食和食品安全，提高医疗卫生水平和满足人民健康需求，维护国家和社会稳定等具有重要意义。在党和国家一系列政策的引导下，我国粮食产量连续十一年实现稳定增长，年产粮食已突破 6 亿吨，但鉴于耕地质量下降、数量渐少，农业生态环境恶化等不良因素，粮食安全问题始终是我党和国家关心的头等大事，而通过生物技术培育高产、优质、多抗的粮食种子，用生物农药、生物肥料代替化学农药，化学肥料是解决粮食安全和农业污染的重要途径。在医疗卫生方面，我国正加速进入老龄化社会，老年性疾病、各类慢性疾病、和流行性传染病等发病率逐年上升，为降低疾病发生，提高医疗水平，近年来提出了许多新的医疗理念，如基因治疗，转化医学、4P 医学，个体化治疗、精准医疗等等，而这些新理念的核心本质均是要借助最新的生命科学研究成果，用于疾病诊断和防治，提升个体健康水平。

第三，大力发展生物制造、生物能源和生物环保产业，加强生物制造工艺开发应用、研制高性能生物环保材料和制剂、加大非粮乙醇和生物柴油的研发生产，积极开展生物环保修复研究，对于保护自然资源和生态环境，实现人和自然和谐发展亦具有重要意义。

二　我国生物技术产业发展现状

从发展现状看，我国无疑是生物技术产业的大国，但尚不是强国。因为我国在这一领域仍存在众多不足之处。

（一）我国生物技术产业现状概述

我国是世界生物物种最丰富的国家之一，拥有 26 万种生物物种、32 万份农业种质资源。此外，我国 56 个民族、13 多亿人口孕育了极其丰富的民族遗传资源、家系遗传资源和典型疾病遗传资源，是人类遗传资源最丰富的国家。我国自建国伊始就非常重视生物技术产业的发展，特别是改革开放以来，在党和国家一系列政策的引导下，我国生物技术产业获得了较快发展，取得了显著的成绩。在人力资源方面，我国已培养了一大批优秀的生物学毕业生，每年有大批人员出国学习深造，大批优秀人员学成归来，目前已成为大众创业，万众创新的主体力量。在科学研究方面，我国生命科学基础理论和技术研究紧跟国际前沿，生命科技论文发表数量逐年攀升，目前已占国际论文总量的 10％，位居全球第二，论文质量也在不断提升。在专利申请方面，我国生物技术专利申请量、授权量和占国际比例均在逐年增加，目前已位于全球第二，仅次于美国，国际 PCT 专利申请量也在逐年增加。在产业发展布局方面，国家发展改革委，科技部，工信部在全国已批准 41 个生物产业基地（35 个城市），形成了珠江片区（广州、深圳等）、长江沿线片区（覆盖长江经济带 11 个省市）、华北片区（北京、天津、河北、山东、河南等省市）和东北片区（东北三省）等产业集聚区，这些地区在生物基础研究、技术开发、产品研发等方面已具备了一定的规模和实力。在市场规模方面，预计到 2020 年，我国广义的生物产业市场规模将达 6 万亿元，其中广义生物医药市场规模 4 万亿元，生物制造 1 万亿元，生物农业 5000 亿元，生物能源 3000 亿元，生物环保 1000 亿元左右，生物服务业 1000 亿元左右。在政策引导方面，我国在"十一五规划"中就明确提出要培育生物产业并努力实现生物产业关键技术和重要产品研制的新突破；在《国家中长期科学技术发展规划纲要》中明确提出要将生物产业作为我国高新技术产业发展迎头赶上的重点领域；国家发展改革委先后制定了生物产业"十一五"和"十二五"发展规划，对生物产业发展的基本思路、原则和目标做了具体部署，成为我国生物产业发展遵循的准绳和行动的纲领。此外，国家相关部委和省市各级政府也都制定了加快生物产业发展的规划及扶持政策，如实施生物产业发展重大专项、建立促进生物技术产业发展的财税体系框架、促进生物产业集聚化发展规划等。目前，我国已孵化出一批具有创新力的生物技术公司，其中一些已具有一定的国际影响力和竞争力。

（二）我国生物技术产业的不足的表现

与美欧日相比，我国生物技术产业的不足主要表现在以下几个方面。

一是创新不足。自 20 世纪 50 年代基因结构被解析以来，生命科学已成为当前科技发展最迅速的领域之一，特别是当生命科技与物理、材料、化学、信息等技术交叉融合后，其发展更为迅猛，美国将生物经济描述为依靠生命科学研究和创新为燃料的经济活动，而欧盟将生物经济称为基于知识的生物经济（knowledge – based bio – economy，KBBE），显示出知识和创新在生物技术产业发展中的重要性。而在我国，由于教育模式、科技体制、财税政策、政府监管、市场环境等方面的一些制度障碍，我们国家整体上创新能力比较弱，生物技术产业中的"中国创造"也比较少，我国目前在生物技术领域还没有创造出颠覆性技术和革命性产品，大多数生物技术企业处于产业价值链的中低端环节，普遍缺少核心技术与自主原创产品，如我国医药产品90%以上为仿制药，产品附加值较低。

二是科研成果向市场应用转化比例较低，转化速度较慢。伴随着生命科技研究的蓬勃发展，生物技术产品更新、升级换代如信息技术产品一样，正在以摩尔和超摩尔定律发生变化。今天的创新性发明，很有可能在明天就黯然失色。此外，由于生物技术成果转化往往要进行严谨的安全性评价，生物技术成果转化周期和转化速度又较一般产品慢。譬如许多生物技术药物专利虽然有长达15年的保护期，但在经历了严格的审批准许上市后往往保护期限已所剩无几。因此，生物技术成果从大学和科研机构向企业和市场的快速推进，对于加快生物技术产业发展具有非常重要的意义。美国等发达国家已建立一套较为系统完整的促进科技成果转化的机制和法律体系，其科技成果往往能得以快速开发上市。而在我国，由于大学、科研机构和企业之间衔接不密切，科技体制不健全，缺乏成果转化平台、企业研发实力弱等原因，科技研发与应用脱节现象比较明显，美国的科技成果转化率达80%，而我国生命科技成果转化率只有10—20%，严重影响了我国生物技术产业的快速发展。

三是生物技术企业规模小，难以在国际竞争中占据有利地位。生物技术产业投资具有高科技、高投入、长周期、高风险和高回报等特征，如研发一个创新药一般需要8—10亿美元投入，耗时长达10—15年，而成功概率尚不到1%，但如果成功上市往往能得到十倍乃至百倍的利润回报。生物技术行业的高门槛决定了只有实力雄厚的大公司才能进入。如美国辉瑞、瑞士罗氏等公司固定资产达上千亿美元，每年在研发方面的投入达百亿美元，可同时开展数十个原创性生物技术药物的研发和开发，而我国目前最具实力的生物技术公司资产亦不过百亿元人民币，虽然近年来涌现出像复兴医药、华大基因等一批研发实力较强的生物技术企业。但是和罗氏、孟山都等国际生物技术公司相比，我国生物技术企业规模小、品种少、研发实力和竞争能力弱的状况依然没有改善。如我国的种业龙头企业隆平高科和国际农业巨头孟山都公司相比，该公司营业收入、利润、资产及研发投入分别只占孟山都公司的 2%、10%、3% 和 1%。美国《制药经理人》（Pharmaceutical Executive）按照处方药销售额（该指标更能体现制药企业的硬实力）整理的"2014全球制药 50 强"排行榜中，我国没有一家入围，而我们的近邻印度有2 家入围。当前，生物技术产业发展已由萌芽期进入快速发展期，许多掌握高精尖科技的生物技术企业正如雨后春笋般的出现，而传统的国际大公司已意识到生物科技的巨大前景，通过入股合作、兼并收购等方式进驻生物技术产业领域。我国作为世界第二大生物产业消费市场，自然也是跨国生物企业巨头重点关注的对象，罗氏、孟山都等生物技术公司纷纷通过投资建厂、科研合作、企业并购等方式加大在华布局。

四是相关政策法规制定不完善或落实不到位。生物技术产业是一新兴产业，与其他产业不同之处在于其产品与人类生活更为密切相关，如转基因食品、生物医药等，因此对生物技术产业的监管政策需更加规范严谨，需要全过程监督和精细化管理。但和美国和欧盟相比，我国针对生物技术产业的相关政策法规还不完善，对诸如基因诊断等这些生物技术新产品还没有建立科学有效的监管指导方案。许多有关生物技术产业的相关政策执行落实也不到位，如 2006 年发布的《国家中长期科学和技术发展规划纲要（2006—2020 年）》的配套政策中，关于税收减免、政府采购、研发及工资税前抵扣、融资方面等方面的优惠政策，生物技术企业都可以享受，但由于国家尚未颁布实施细则，目前生物技术企业并未真正享受到实惠。

三　加快我国生物技术产业发展的若干思考

生物技术产业形成于 20 世纪七八十年代，历经四十多年的培育，目前已进入快速成长阶段，对经济和社会发展的强大驱动效应正在显现。美日欧等生物技术发达国家意识到生物技术产业发展将对世界和人类发展带来不可估量的影响，纷纷将生物科技作为新经济增长点，通过制定国家战略，设置专门机构，修订政策法规，加大财税扶持等手段，促进生物技术产业发展。许多国际大企业集团业也纷纷投巨资进行生物技术开发和商品化生产，以期在国际竞争中占据制高点，把握发展主动权，专利购买、企业收购、联合研发是这些大公司在生物技术产业领域进行战略布局的主要手段。面对世界生物技术革命的风云变幻和生物产业领域的激烈竞争，我们必须认清我国生物技术产业发展现状，借鉴发达国家发展生物技术产业的经验，以发展的思维做好生物技术产业的顶层设计和总体规划，改革一切阻碍生物技术产业的不合理政策，优化产业布局，增强产业发展的内生动力，促进我国生物技术产业的快速健康发展。

首先，要大力实施创新驱动战略，提升我国生物技术产业自主创新能力。

人才是驱动创新的核心要素，要加快教育体制改革，改变传统教育模式，加强"启发教育"和"互动教育"，培养广大学生的创新思维和创新能力，为生物科技创新发展提供源源不断的人才供应。加大对生命科技基础研究、特别是具有前瞻性、先导性和探索性的重大前沿技术的支持力度。加强科技体制改革力度，科技成果评价要更加注重研究质量、原创价值和实际贡献，要尊重科研规律，宽容科研失败，为科技人员提供良好的科研环境，激发科技人员的创新活力和创业激情。鉴于我国当前生物技术产业化进程较美欧日等发达国家差距较大，可参考中国高铁发展模式，采取"技术和关键设备引进消化吸收再创新"的方法，积极引进能加速我国生物技术产业发展的、目前还未能实现国产化替代的关键技术和设备，加以积极研究和开发，寻找创新改进突破口，形成新的创新和专利，改变我国生物技术产业发展受制于人的困境。综合运用知识产权保护、金融税收、进出口贸易、政府采购等政策措施，积极保护和推进我国生物技术产业健康快速发展。加大《中共中央国务院关于深化体制机制改革加快实施创新驱动发展战略的若干意见》中相关政策的执行速度和力度。

其次，加快生命科研成果向市场化应用的快速转化。

创新性科学发现和技术发明是驱动生物技术产业革命的重要引擎，而科技发明成果能否迅速实现市场化应用则是加快生物技术产业发展的关键所在。针对我国当前科技成果转化率低、转化速度慢，科研成果与企业应用"两张皮"现象突出等问题，我们应该借鉴欧、美、日、韩等国家加快科技成果转化方面的有益经验，加强大学、科研院所、企业和政府之间的有效沟通，建立有效畅通的科技成果转化机制。赋予大学和科研机构对所属成果专利的处置权和收益权，提高项目研究人员对成果专利获益的分配比例，可将科技成果转化列为大学和科研院所考核的重要指标，以激发大学和科研机构转化科研成果的动力。科技研究应与市场需求相结合，发挥市场对技术研发方向、路线选择和创新资源配置的导向作用。确立企业在技术创新决策、研发投入、科研组织和成果转化中的主体地位。建立由法律、商业和技术专门人才组成的成果转化中介机构，建立科学的成果评估体系和标准。制定加快成果转化的金融税收政策，建立完善的风险投资体系，加大对科技成果转化环节的支持力度。完善科技成果转化的政策法规体系，加大知识产权保护力度。

第三，增强我国生物技术企业的竞争力。

在国家相关政策的扶持下，我国近年来生物技术产业发展迅速，出现了一批规模较大，具有一定自主创新能力的生物技术公司，但总体上看，我国生物技术产业"小、散、低、乱"的状况还没有得到明显改善。整合有效资源、培育具有国际竞争力的领导型生物大公司，是壮大我国生物技术产业的关键环节。为此，可通过并购重组等方式组建一批大型生物技术公司，以在激烈的国际竞争中能站稳脚跟，占据更多市场份额。要利用好国有生物技术企业的既有优势，积极推进国企改革，鼓励民营企业参与国有企业的改制重组，增强企业的管理和运营能力。执行企业员工持股计划，构建企业—员工利益共同体，提高企业运行效率。通过金融税收政策促进企业增加研发投入，加强与国内、国际一流研究机构的合作交流，充分利用国际生物技术资源，壮大企业自身研发创新能力。要积极鼓励生物技术企业之间的合作交流，提倡竞争前合作，通过建立研发联盟，企业联盟、行业联盟等方式解决产业发展的关键共性问题，促进企业共同发展。

第四，培育适合生物技术产业发展的市场环境。

产业的良性发展离不开良好的市场环境，作为一项新兴产业，生物技术产业在发展过程中需要提供一个良好的市场环境，包括市场准入环境、竞争环境、创新环境、需求环境、投融资环境、法律和伦理保障等。当前，我国生物技术产业发展环境还有待进一步优化，还存在诸如审批程序欠科学，行业统一标准不明确，知识产权保护力度不够，价格形成机制欠完善，消费环境不友好，法律保障体系不完善等问题。为此，需要着重做好以下几方面工作，一要健全生物技术产品进入市场的高效审查机制和监督机制，完善产品上市准入标准。二要构建公平竞争的市场环境，为生物技术企业开拓市场创造良好条件，如生物技术药物和诊治技术应纳入医保目录等。三要努力解决生物技术企业发展面临的资金短缺问题，加快落实国家各项金融税收政策，积极引导各类社会资本对生物技术产业进行投资。四要加大对生物技术产品的正确舆论宣传，引导民众对生命科技新理论、新技术、新产品、新服务的科学正确认识，为生物产业的发展营造较为宽松的外部环境。五要加快制定生物技术产业发展的相关法律法规，规避生命科技和产业发展的负面效应，促进生物技术产业健康持续发展。

四 结论与展望

生物技术产业是新兴高技术产业，对自然资源索取少，对生态环境破坏小，而且产业市场巨大。发展生物技术产业，不仅有助于解决人类面临的医疗问题和饮食安全问题，而且有助于实现经济转型升级和持续稳定增长，同时也可以成为我国对外交流的一项重要载体。基于当前国际国内生物技术产业发展现状，我们要以"四个全面"和"创新驱动战略"为契机，作好生物技术产业发展的顶层设计和战略规划，破除影响生物技术产业发展的一切障碍，增强生物技术产业的核心竞争力，利用好国际、国内各种优秀资源，完善生物技术全产业链，优化价值链，实现生物技术产业的快速转型升级和稳定发展。

天然气价格机制改革：构建共享性
公共物品价值补偿机制

张　英

一　引言

（一）问题的提出

党的十八届三中全会通过的《中共中央关于全面深化改革重大问题的决定》和国务院印发的《能源发展战略行动计划（2014—2020）》，强调要通过价格改革来优化能源结构，实现经济、环境的可持续发展。当前我国环境问题突出，能源消费带来的环境负外部性不断加重，特别是全国性"雾霾"问题成为社会关注的焦点。环保部发布的《2014 中国环境状况公报》显示，大气污染仍然影响全国大部分地区，全国开展空气质量新标准检测的 161 个城市中，145 个城市空气质量超标，重污染天气频发的势头没有根本改善，治"霾"之路依然任重道远。

天然气作为洁净环保、成本可行的清洁能源，是推进我国能源消费清洁化的重要选择。不同能源消费的污染排放差异较大，优化能源消费结构存在环境治理产生显著影响。大规模燃煤形成的污染排放是造成空气污染的主要原因，环境污染会产生巨大的经济成本。根据 2014 年 7 月环保部环境规划研究院发布的《煤炭环境外部成本核算及内部化方案研究》报告显示，2010 年煤炭消费的外部总成本为 5555.4 亿元，相当于当年全国公共财政环保支出的 2.3 倍，超过 2004 年全国污染经济损失的总量。① 相对而言，我国天然气产业发展不足且供需矛盾日益加深。截止到 2013 年，我国一次能源消费中煤炭、石油占比 66% 和 19%，天然气仅为 5.6%，远低于同期亚太地区 11.2% 和世界 23.7% 的平均水平。

2013 年国务院发布的《大气污染防治行动计划》和 2014 年能源"十三五"规划明确提出要加快调整能源结构和增加清洁能源供应，着力提高我国天然气供给利用率。价格是调节供需和优化资源配置的手段，天然气价格形成机制的不合理是导致供给不足的深层次原因。从价格形成机制的有效性来看，目前我国天然气价格并未包含环境保护等内容，清洁能源的环境效益没有得到合理补偿，造成要素价格和资源使用的扭曲效应。因此，探究当前我国天然气价格形成机制对推动产业快速发展，兼顾经济、社会和环境的可持续发展具有现实意义。

（二）理论与文献综述

1. 外部性的经济学阐释与解决方式

传统的西方经济学认为公共物品的外部性导致市场定价失灵，征税和产权交易是早期解决外部性的主要方式。新古典经济学家马歇尔（Marshall，1890）首次提出了外部经济的概念，随后庇古（Pigou，1920）对外部性进行了系统阐述，形成了较为完整的外部性理论，认为外部性是指在双方当事人缺乏相关经济交易的情况下，由一方当事人向另一方当事人提供的物品束，即商品生产的私人成本与社会成本的差距为外部性。1962 年，布坎南（Buchanan）等对外部性作了如下定义：只要个人效应函数或厂商生产函数所包含的变量在另一主体的控制之下则存在外部性。根据外部性的影响效应可分为负外部性和正外部性。外部性的存在具有不可分割性，任何私人均不能排他性地

---

① 依据 2006 年国家环保局和国家统计局首次发布的《中国绿色国民经济核算研究报告》显示，2004 年全国因环境污染造成的经济损失为 5118 亿元，环保支出为 2874 亿元。

消费公共物品（Olson，2011）。[1]

庇古基于"公共物品"角度，认为外部性问题仅依赖市场力量配置资源无法达到帕累托最优，提出在私人成本与社会成本相等的假设前提下，依靠政府的强制性征税手段可解决外部的不经济性。科斯（Coase，1960）从产权角度探讨了负外部性问题，认为在交易成本可以忽略的前提下，通过私人谈判和产权界定达到最优资源配置效果。诺斯（North，1991）则从"搭便车"角度分析了正外部性问题，着重提出产权的不清晰是导致外部性问题的关键因素，而有效率的组织可以通过某种制度安排，依托市场作用实现正外部性的供给。庇古税是解决外部性的有效经济手段，明晰产权也为解决外部性问题提供了思路，对实现外部成本的内部化提供了理论基础。就能源消费而言，由于部分能源消费过程会对外部环境造成破坏而形成负外部性，除非采取有效政策手段，否则消费者很难有承担外部成本的主动性。胡宗义（2007）运用可计算的一般均衡（CGE）方法研究认为，通过征收能源税可以显著的降低能源消费的负外部性。

2. "公共物品"的价值补偿问题

萨谬尔森（Samuelson）首先提出了公共物品理论，认为"公共物品"具有很强的正外部性，其消费、占有具有竞争性和非排他性。正外部性问题导致"市场失灵"，[2]但不同学者对由此引起的资源配置效率问题存在分歧。部分学者认为单纯市场机制的作用无法解决外部性问题，需要依赖政府的干预性措施，而持不同观点的认为只要改变所谓市场失灵的条件，市场失灵的问题即可通过市场机制自动矫正。

市场机制难以实现"公共物品"供给均衡。"公共物品"的供给在市场条件下无法得到确切的均衡。正外部性供给者的生产收益一部分

---

　　① 不可分割性是指私人在对一种物品未付费的情况下难以被阻止享受该物品所带来的好处。包括两个方面：一方面是搭便车问题，即在市场化条件下，由于享受公共物品不需要支付费用，所以无法获得优化资源配置的收益指标；另一方面是偏好显示的不真实，即公共物品的消费不愿真实表达其内在的主观需求。

　　② 1958年，巴托（F·M·Bator）在《市场失灵的剖析》中首次提出了"市场失灵"的概念，认为市场失灵是指价格—市场制度无法维持合乎需要的活动或无法阻止不合需要活动的状态，这与人们对"最大福利函数"的价值判断有关。

"发散"成为社会收益，使私人均衡点低于社会均衡点。庇古从效率和公平角度评价了市场机制的功能与缺陷，认为外部性引起的市场失灵会导致边际私人纯产值不等于边际社会纯产值，萨谬尔森（1954）、巴托尔（Bator，1958）运用传统的均衡分析方法论证了"公共物品"的供给在市场机制的作用下不能得到确切均衡的结论，由此成为政府干预的理论基础。公共物品自身性质决定了其供给机制，即供给机制的作用边界由私人供给向政府供给过渡。

但一些学者认为从经济学原理上，外部性引发的资源配置不能最优的原因不是市场机制本身的问题，而是未能进行有效的产权界定，且外部效应恰是市场趋利避害和市场效率的体现（张五常，2014）。只要产权清晰且可交易转让，通过讨价还价方式实现外部成本的内部化，市场机制能够克服这种外部性问题（布坎南，1989）。蒙哥马利（Montgomery，1972）从排污权交易角度进一步从理论上证明了市场均衡的存在。然而，正如科斯理论的前提假定提到的，在交易成本可以忽略的条件下，"科斯市场"是成立的，针对一些单向的正外部性的交易成本太高，很难通过明确产权的市场方式解决。当产边际成本不等于边际价格，初始分配将偏离市场均衡点，进而影响市场效率（Cason，2003）。

市场机制能够实现"公共物品"的有效供给。有效率的组织通过特定的制度和产权安排对私人产生"激励相容"的制度能够解决正外部性问题。诺斯（1990）运用新制度经济学的研究方法从正外部性方面扩展了科斯的外部性理论，认为需要有效率的组织在制度上做出安排和确定所有权以便形成一种刺激，政府可以通过某种制度安排进入市场补偿正外部性提供者，使个人的经济努力变成私人收益率接近社会收益率。（李寿德，2000）。正外部性是第三方公益品，需要政府采取有效的制度安排来内化正外部性（王万山，2007）。但我国在能源价格方面的"应管未管"导致能源价格的结构性失衡，抑制了天然气等清洁能源的投资力度（王敏，2014）。

从"公共物品"的产权理论角度来看，产权形式决定了价格对真实价值的反映程度，可通过对正外部性需要对提供者实施补贴或价格方面的激励措施，借助市场机制的自动作用建立"公共物品"的补偿机制。郑新立（2014）认为建立共享性资源的市场价值的补偿机制是未来我国经济体制的难点之一。由于生态文明体制改革的滞后，使生产要素对环境治理的投入不足，导致目前严重的环境污染问题，核心问题是并未找到共享性"公共物品"的价值补偿机制，如何尽快形成环保产业的投资激励机制，吸引更广泛的社会资金投入，亟待进行市场化改革（郑新立，2013）。进一步地，他提出国家可通过全面深化财税改革，构建现代财政制度以形成"公共物品"的价值补偿机制（郑新立，2014）。

环境所固有的外部性和公共物品特征，导致完全依赖市场机制的作用无法达到环境治理的改善，需要政府依靠强制性手段以征税或补贴来解决外部性问题。近几年来，虽然国家已将征税等经济手段引入到环境治理中，然而经济产出带来的短期利益导向弱化了企业的减排激励，政策实施并未取得实质性进展。十八届三中全会提出要建立系统、完整的生态文明制度体系，以制度性手段保护生态环境，生态文明制度的建立需要寻求共享性公共物品市场价值的补偿机制。[①] 天然气供给者在获得既定报酬的同时也对外部环境具有正向影响，这需要有效率的组织进入市场对正外部性的提供者实施补偿，建立私人行为的激励相容制度安排。那么，如何构建对天然气生产者的激励机制，实现共享性"公共物品"的价值补偿是优化能源结构、改善环境治理的关键。鉴于此，本文研究着重探讨了如何构建天然气正外部性的价值补偿机制来促进作为清洁能源的天然气产业发展。[②] 从已有研究来看，环境外部性问题的解决方式侧重于探讨能源消费负外部性的惩罚机制，而对天然气等清洁能源提供"公共物品"的正向激励研究却未曾涉及。文章首先对天然气价值进行重新界定，从经济学角度对天然气正外部性价值补偿进行系统阐释，并运用马尔科夫概率分析法建立随机时序模型测算了能源结构优化对环境治理的改善作用，最后提出了相应的政策建议。

[①] 详见 2014 年 10 月中国国际经济交流中心常务副理事长郑新立在"中国经济 50 人论坛 2014 年会"的发言《经济体制改革方面五个难点》。

[②] 天然气的正外部性是相对的概念。就天然气相比煤炭、石油来说，天然气的污染排放基本可以忽略不计，倘若以天然气实现对煤炭的消费替代，则能够促进环境治理的改善，对外部环境产生正向影响效应。

二　天然气正外部性价值的重新界定

根据马克思关于产品价值的概念属性，价值包括经济价值和生态价值。自然的经济价值或资源价值，是一种"消费性价值"；而"环境价值"则是一种"非消费性价值"，这种价值是通过对自然的"保存"实现的。在价值决定价格的规律下，价格制定应当依据产品的社会平均成本和市场供求状况形成，价值则是等边际时的边际效用。

天然气价值分为经济价值、生态价值及战略价值。[①] 生态价值主要是指外部性，指厂商在从事生产经营活动过程中产生额外的社会成本，但却不需要为此支付任何费用。就天然气相对煤炭来说，若以天然气实现对煤炭的替代，则对外部环境是具有正向改善效应的。战略价值侧重于国家能源的战略储备问题，以能源的战略性储备来维护国家宏观安全的价值。依据前述对天然气价值的重新界定，天然气价值包含了环境成本、社会成本和国家宏观安全成本。

（一）煤炭消费的负外部性成本

环境成本、社会成本可从替代性能源（这里主要指煤炭）消费外来的负外部性考量。依据环保部环境规划研究院发布的《煤炭环境外部成本核算及内部化方案研究》报告（以下简称《报告》）指出：每吨煤环境外部成本 204.76 元，相当于当年煤炭价格的 28%。目前我国部分地区通过征收排污费等政策来实现环境外部成本内部化，但远远低于煤炭的环境外部成本，占比还不到 30%。

1. 环境污染治理成本

利用天然气替代石油、煤炭消费可有效缓解环境问题。煤炭的消费利用是环境的主要污染源，单位热量燃煤引起的灰分、二氧化硫、一氧化碳分别是天然气的 148 倍、700 倍、29 倍，2010 年煤炭消费的外部总成本达到了 5555.4 亿元。其中，生产、运输、使用环节的外部成本

---

① 根据中央政策研究室社会局局长李欣欣的修改建议，笔者将国家宏观安全的战略价值引入到天然气的正外部性价值含义中。

分别为 2186 亿元、714 亿元、2655 亿元。使用天然气替代煤炭能使空气中的废物排放量大幅降低，空气污染将会得到有效抑制，尤其是针对当前大城市严重的雾霾问题。据推算，未来新增 3700 亿方供气量，每年可同时减少 4.3 亿吨石油消费，10.5 亿吨原煤，帮助接纳 1.2 万亿千瓦时可再生能源，减排 25.7 亿吨二氧化碳。[①]

2. 社会医疗成本

根据环保部《报告》对煤炭外部性成本的测算，从产业链的生产环节环境污染中，上肺病患占社会生产力损失折算为吨煤成本为 14.81 元，占环境污染成本的 48%；在使用环节，燃煤造成的大气污染导致的人体健康损失成本最大，为 67.01 元/吨煤，煤炭燃烧带来的空气污染公众健康损失、矿区职工健康损失最大，分别为 2117 亿元、934 亿元，占总外部成本的 55%。

（二）国家宏观安全成本

国家宏观安全成本则是某种潜在的成本，即从未来战略发展的角度来衡量。从国家宏观角度来看，加强天然气资源的勘探开发，提高其潜在的供给和储备能力，对未来我国经济持续稳定发展具有重要战略意义。我国的能源消费结构以煤炭、石油消费为主。2013 年，煤炭、石油、天然气的消费占比分别为 66%、19% 和 5.6%，天然气消费比重明显偏低。为了更直观的比较我国煤炭与天然气储量状况，来看一下中美两国的储量与消费关系。2013 年，中国煤炭消费量居世界第一位，达到了 28260 万吨，是同期美国（煤炭消费量居第二位）的 4.2 倍，而两国的储采比分别为 266 和 31，仅为美国的 1/10 左右。与此同时，美国天然气的储采比为 13.6，但消费量占一次能源比重高于世界平均的 24.4%，而我国仅为 5.6%。[②] 因此，不难看出，当前我国能源消费存在过度依赖煤炭，而天然气开发利用不足的局面。我国天然气的新增探

---

① 中国能源网韩晓平（2014）的研究表明，2006 年到 2012 年，美国 6 年中每增加 1 方天然气，可同时减少 1.18 公斤石油、2.86 公斤原煤，帮助接纳可再生能源电力 3.255kWh，减排二氧化碳 6.95 公斤。

② 资料来源：《BP 世界能源统计年鉴 2014》，中国石油经济技术研究院《2013 年国内外油气行业发展报告》。

明储量增速高于产量增速，新增探明储量已连续 3 年超过 6000 亿立方米，但市场供给能力明显不足。未来需要增加天然气资源供给和储备能力，从宏观战略角度保障国家能源安全和实现经济的持续稳定发展。

从公共物品的产权理论角度下，能源消费会对外部环境造成破坏形成很强的负外部性，明晰产权为定价构成实现外部成本内部化提供了理论基础。依据产权理论对能源价格形成方面的研究已经引起广泛关注，但在完善价格形成机制的过程中仍存在诸多问题。煤炭、石油的负外部性量化存在困难，最终因过高的交易成本难以实现均衡，并且实行煤炭消费征税的结果可能不是帕累托改进，而是等同于零和博弈。尽管庇古税和科斯定理会扭曲市场机制的作用而难以实施，但为解决外部性问题提供了理论指导。政府以强制性手段修正外部性问题具有风险，如果采取制度设计或措施不恰当，会进一步扭曲市场而放大外部性。因此，在修正外部性问题时政策手段显得尤为重要，政府应依靠相对市场化的手段来缓解市场配置资源失灵的问题。对此，可通过构建激励性机制来完善天然气价格形成机制，凸显天然气提供清洁空气的正外部性，增加天然气的市场供给和实现资源替代和优化配置。

三　天然气正外部性价值补偿的经济学分析

环境（清洁空气）对社会全体成员而言属于公共物品，在产权无法界定的条件下，存在着过度利用和治理中的"搭便车"问题。国家在面对经济增长和环境污染问题时陷入两难，在工业化加速发展获得巨大的经济利益的同时，也造成了许多负面影响（比如环境污染问题突出），而污染源的制造者却未能付出相应的代价。基于外部性问题的存在，边际私人成本与边际社会成本以及边际私人收益与边际社会收益不相等，此时完全依赖市场力量配置资源无法达到帕累托最优。

庇古税和科斯市场因过高的交易成本难以实现均衡，而制度经济学家诺斯从正外部性层面对外部性理论的扩展则为修正外部性问题提供了理论支持。即政府规制并不是解决正外部性"供给短缺"的唯一手段，也可通过有效率的经济组织通过制度安排使制度和个人行为达到"激励相容"来实现。天然气相比煤炭而言，其消费过程存在显著的正外部性，环境治理的目标是以清洁高效的天然气替代燃煤。政府可通过制度创新使生产者获益的方式建立正外部性的价值补偿机制，促进天然气作为"清洁空气"这一公共物品的有效供给。

1. "公共物品"价值补偿的理论基础

"公共物品"的正外部性是指个人利益同社会利益之间存在差异，没有任何分散的定价系统能够最优地决定集体消费的水平（Samuelson，1954），即存在多个共同消费者同时使用同一产品，而产品提供者获得的私人收益小于社会收益。假定市场中的两个主体 i、j，主体 j 的效用不仅受自身行为的影响，同时也受另一主体 i 行为的影响。那么：

$$U_j = U(x_j, y_i) \tag{1}$$

针对正外部性内部化问题，传统经济学主要以庇古的征税和科斯的重新界定产权的市场解决方式为代表。然而，作为"公共物品"提供者是很难向享受者收费的，并且面对广大的收益群体，通过"科斯市场"方式界定产权显然也行不通。为此，制度经济学家道格拉斯·诺斯从正外部性方面扩展了科斯的外部性理论。诺斯认为：通过某种制度性安排和确定所有权建立激励相容机制，使个人的经济努力产生私人收益率接近社会收益的活动。依据帕累托边际最优求解条件，"公共物品"提供者的边际成本与社会整体获得的边际收益相等，此时萨缪尔森条件等式成立：

$$MC_i = MR_i + MR_s = MR_i + \sum_{j=1, j \neq i}^{n} MR_j \tag{2}$$

式中，MC_i 表示产生正外部性的边际成本，MR_i 表示企业获得的边际收益，$\sum_{j=1, j \neq i}^{n} MR_j$ 则是社会正外部性收益的总和。通常情况下，生产企业根据自身收益作为生产行为的预算约束线。

如图 a 所示，既定约束条件下，企业生产按照利润最大化原则确定的最优均衡解为：$MC_i = MR_i$。此时，由此产生的社会正外部性收益为 $MR_s = AB = CD$，市场供给量为 Q_1，低于帕累托最优均衡时的产量。倘若政府采取价值补偿的激励措施，比如，政府采取提高投资回报率或财政支持等激励性措施，使边际收益上涨 k（如图 b 显示），政府将初次外部性收益 $P_1ABP'_2$ 对企业实施转移支付，使外部效应内部化，则新的帕累托均衡点达到 D 点，市场供给量增长至 Q_2，带来的社会正外部性收益为 P'_1CDP_2。其中，生产者、消费者的净福利分别增加 P_1ADP_2 和 P'_1CAP_1。那么，社会净福利增加为：

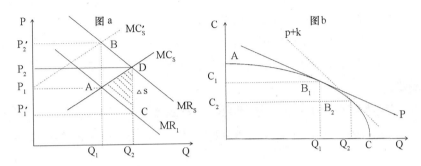

图 1　正外部性的成本与收益

$$\pi_\triangle = S_{P_1ADP_2} + S_{P'_1CAP_1} - S_{P_1ABP'_2} = \triangle ADC \qquad (3)$$

因此，政府通过特定的制度安排建立正外部性的价值补偿机制，使外部效应内部化有利于生产者提供更多的产品，在市场机制的作用下实现帕累托改进，促进社会总福利的改善。

2. 正外部性价值补偿的理论分析

天然气正外部性的价值补偿机制需要优先考虑市场机制自身的作用。诺斯外部性理论的重要前提假设是市场机制在普遍发生作用，私人收益与社会收益的区分、计算由市场来完成。天然气生产者与消费者之间存在双向互动效应，可以通过市场的作用实现双方的正向作用。天然气生产者是清洁能源的提供者，用户通过对清洁能源的消费实现了天然气的正外部性价值，同时在激励相容的机制下，达到了能源替代和成本节约（减少污染税等），满足了国家关于环境治理的要求，生产者也从规模扩张中获得最佳收益。因此，从博弈均衡角度看，双方在愿意从市场交易中获得外部收益。

从图 1 可以看出，政府可以通过部分转移支付的方式，促进企业生产更多地天然气，在此基础上，倘若建立某种与产量相挂钩的激励机制，则能够实现在市场的作用下，刺激生产规模的进一步扩大。假定生产企业的经营活动带来两方面的效益：经济效益和环境效益，两者分别与市场规模的扩张、环境正外部性直接相关联，表达式为：

$$\pi_1 = y_1\,\alpha_1 + \varepsilon_1,\ \pi_2 = y_2\,\alpha_2 + \varepsilon_2 \tag{4}$$

其中，y_1、y_2 是分别与努力水平 α_1、α_2 有关的产出因子，且 y_1、y_2 $\gg 0$，ε_1、ε_2 均值为 0. 方差为 σ^2 的随机误差项。设定 c_1、c_2 分别为经济效益和环境效益的成本系数，同时，为了达到某一初期水平 y'_2，政府的转移支付为 β，并假设在超过 y'_2 产出水平后，每增加一单位产出给予企业的激励系数为 γ，在企业和社会效用最大化的前提下，满足以下函数关系：

$$MaxE(S) = (1 - \gamma)y_2\,\alpha_2 + (\beta - \gamma)y'_2 \tag{5}$$

$$s.t.\ (IR)\ y_1\,\alpha_1 + \gamma\,y_2\,\alpha_2 + \beta - c_1^{\ 2}\,\alpha_1^{\ 2}/2 - c_2^{\ 2}\,\alpha_2^{\ 2}/2 - \rho\,\gamma^2\,\sigma^2/2 \gg \overline{w} \tag{6}$$

$$(IC)\ MaxE(C) = y_1\,\alpha_1 + \gamma\,y_2\,\alpha_2 + \beta - c_1^{\ 2}\,\alpha_1^{\ 2}/2 - c_2^{\ 2}\,\alpha_2^{\ 2}/2 - \rho\,\gamma^2\,\sigma^2/2 \tag{7}$$

其中，$\overline{w}$、ρ 分别表示企业的保留效用和风险规避系数。与此同时，天然气的价值补偿机制需要综合考虑用户特征的差异。[①] 天然气消费者主要包括居民、公共服务业和工业用户，其价格的制定应在各自的价格承受力范围内，不能由此导致能源的逆替代性。通过求解上述目标函数后可以得到政府对正外部性的最优激励系数 γ。为此，政府通过建立对正外部性的激励机制来完善价值补偿机制，在市场机制的作用下增加了天然气供给的经济效率，使天然气供给潜力得到充分发掘，以此优化能源消费结构和促使外部环境的显著改善，最终实现社会总福利的帕累托改进。

国家在推进天然气领域的市场化改革的前提下，可以通过完善天然气价格形成机制来建立激励性机制，提高天然气行业的投资水平和基础设施建设。根据对正外部性提供者的激励或补偿理论，政府可通过科学制定天然气行业的投资回报率，辅以财税优惠等政策措施，探索建立共享性"公共物品"市场价值的补偿机制，使天然气价格包括厂商成本、

---

① 从我国燃气使用情况来看，居民用户和公共服务业基本实现了以燃气替代煤炭的工程改造，所以这两类用户对天然气消费存在刚性，在分析激励相容机制时，主要考虑价格制定对用户承受能力的影响。

环境成本和投资者的合理回报率，促进投资主体的多元化和投资总水平的提高，保证天然气供给的稳定增长和生态环境的改善。

四　优化能源结构对环境质量的改善作用

根据国务院发展研究中心《2014 年中国气体清洁能源发展报告》和国家能源局会议提出的"十三五"能源利用规划，在 2020 年我国天然气消费比重要达到 10% 左右，消费总量实现 4100 亿立方米。同时，2012 年，中共十八大提出 2020 年实现经济增长翻一番的宏伟目标，以此为基础计算得出我国能源消费总量，并深入分析在不同的能源消费规划下，对比我国环境质量的不同变化。[①]

本文用马尔科夫概率分析法建立随机时序模型，基于不同规划目标来预测我国能源消费结构变化。假设初始状态为 $S(0)$，经过 k 步转移概率为 P^k 次后的状态为 $S(k)$，以 2009 年为基期年份，那么：

$$S(2009 + k) = S(2009)P^k \tag{8}$$

其中，P^k 为转移概率矩阵。假设天然气及其他清洁能源向其余能源的转移概率为零，运用 Lingo 软件回归结果如下：

$$\begin{vmatrix} 0.99386 & 0 & 0.00293 & 0.00138 \\ 0 & 0.99597 & 0.00403 & 0 \\ 0 & 0 & 1 & 0 \\ 0 & 0 & 0 & 1 \end{vmatrix}$$

结合 2013 年我国能源消费结构数据，得到无能源约束目标和有能源约束目标两种情形下的能源消费结构：

根据国家"十三五"规划的目标要求，2020 年我国天然气消费总量约为 4100 亿立方米，占一次能源消费比重 10% 左右，那么一次能源消费总量大约为 545300 万吨标准煤。相比有能源规划约束条件下，我国煤炭、

---

　　① 国内外研究多采用二氧化碳、二氧化硫表征环境污染水平。二氧化硫是造成大气污染的主要原因，不同能源的二氧化硫排放水平差异很大，以单位热值计算煤炭、石油、天然气的二氧化硫排放比值为 700∶400∶1，在此为衡量能源结构变化对环境影响选取二氧化硫作为指标。

石油消耗增加约为 18922 万吨和 709 万吨。根据表 1 中三种能源的排污量对比，若以一吨标准煤约排放二氧化硫 8.5 千克标准测算，有能源规划约束可以减少二氧化硫排放量 164 万吨，约占 2013 年二氧化硫排放总量的 8% 以上。因此，减少煤炭消耗比重，提高天然气等清洁能源利用水平，对未来改善雾霾天气和提高我国环境质量水平起到重要作用。

表 1　　　　　　　未来一段时期内我国的能源消费结构预测

时间＼项目	无能源消费规划目标约束				有能源消费规划目标约束			
	煤炭	石油	天然气	其他	煤炭	石油	天然气	其他
2013 年	66.00	18.40	5.60	9.80	66.00	18.40	5.60	9.80
2015 年	65.19	18.25	6.33	10.22	64.15	18.22	7.16	10.48
2018 年	64.00	18.03	7.12	10.85	61.46	17.94	9.12	11.47
2020 年	63.21	17.89	7.64	11.25	59.74	17.76	10.39	12.11

价格机制是引导供求的有效手段，是促进能源结构优化的根本途径。天然气是保障环境可持续发展的重要清洁能源，加大天然气资源的开发力度能够实现环境治理的改善。目前，能源消费结构的变化未能对污染排放产生实质影响。过去一段时期我国经济实现了快速发展，而以煤炭为主的能源结构对经济发展起到了巨大的支撑作用。2013 年，我国煤炭消费总量达到了 24.75 亿吨标准煤，同期天然气消费量仅为 2.18 亿吨标准煤。因此，未来需要进一步完善价格形成机制推动天然气产业发展。

五　结论与建议

建立天然气正外部性的价值补偿机制或将成为价格改革的重要内容。本文通过梳理"公共物品"的相关理论，认为以制度创新构建天然气正外部性的价值补偿机制，是优化能源结构和促进环境治理改善的有效途径。根据"公共物品"正外部性的相关理论，政府应对天然气的正外部性价值进行重新界定，通过制度安排使正外部性收益成为天然气生产者收益的组成部分，形成供给者的私人收益与社会收益相等的有效激励，建立"公共物品"市场价值的补偿机制，刺激天然气产业发展和保证供给稳定。

本文研究的政策含义体现在天然气价格改革需要综合考量社会整体效益，在推进天然气领域的市场化改革中，以对"公共物品"产权的重新界定来完善价格形成机制，使市场价格包含生产运营成本、环境成本、社会成本、战略价值及合理投资回报率，[①] 促进投资主体的多元化和投资总水平的提高，培育天然气领域的产业发展和技术进步，以能源结构的优化来改善雾霾天气和提高环境质量。

1. 完善天然气价格形成机制，以市场机制实现资源的优化配置

科学制定天然气的价格水平，使生产运营企业获得公平、合理的投资收益，并发挥市场机制对资源配置的决定性作用，促进天然气产业的有序发展。在天然气价格存在政府规制的条件下，价格制定应以天然气运营厂商的生产成本为基础，参照行业的平均利润水平加环境正外部性价值的方法计算，以此建立对共享性"公共物品"提供者的激励机制，通过发挥市场机制对资源的优化配置作用，实现优化能源结构和环境改善的发展目标。

2. 健全财税优惠等政策措施，完善"公共物品"市场价值的补偿机制

政府应通过健全财税优惠等政策强化对天然气产业的支持力度，作为"公共物品"价值补偿的辅助手段，引导更广泛的社会资源对天然气领域的进行投资，实现天然气产业的快速发展和生态文明体系建设。根据马斯格雷夫和罗斯托的经济发展阶段论，进入经济发展的成熟阶段，政府财政对基础设施建设的支出的增长应快于 GDP 增长速度。在我国市场化改革尚未成熟的条件下，应当注重以财税优惠等方式来完善天然气正外部性的价值补偿机制，促进社会资源更多地投向天然气产业，逐步推动天然气领域的技术进步和产业的快速发展，形成兼顾经济发展与环境改善的良好局面。

---

① 基于张英（2015）应用投入产出分析技术对当前天然气理论价格与实际价格的对比研究显示，政府的价格规制措施导致天然气价格制定水平不尽合理，投资回报率水平明显偏低（约为3.9%）。

国际油价走势分析及建议

肖 英

2014 年，国际原油价格震荡走跌，BRENT 和 WTI 整体下行且波动幅度逐渐加大。上半年因伊拉克、伊朗、俄罗斯、乌克兰和利比亚等地缘政治因素影响，油价一路震荡走升，BRENT 年中最高达 114.81 美元/桶，较年初上涨 6.5%；WTI 达 107.26 美元/桶，较年初上涨 12.5%。下半年，受世界经济复苏缓慢、石油需求不足等因素影响，国际油价连续大幅下跌，BRENT 最低跌至 59.45 美元/桶，较年内最高价下跌约 48.21%，跌幅近 55.36 美元/桶；WTI 最低跌至 54.73 美元/桶，较年

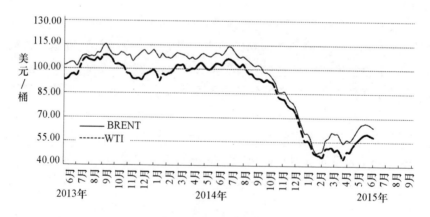

图 1 近两年原油价格走势

内最高价下跌约48.97%，跌幅近52.53美元/桶。^① 当前，国际油价已从谷底缓慢上升，基本在50美元/桶—70美元/桶间低位徘徊（见图1）。

一 国际油价影响因素及走势分析

（一）美国经济持续复苏，但全球经济增速放缓，国际金融市场存在变数

美国2014年消费、投资、出口和就业形势出现不同程度好转，主要经济指标向好，且三季度美联储退出量化宽松（QE）后，美元升息预期强烈，美元走强趋势明显。此外，由于油气价格具有比较优势，有利于美国实体经济回流和创新发展，推动经济持续复苏。除美国外，发达经济体和新兴经济体经济发展表现不佳，全球经济增长放缓，国际货币基金组织（IMF）连续下调全球经济增长预期，其中，欧洲投资、出口持续下滑，失业率居高不下，面临衰退和通缩等风险，复苏尤为脆弱。^② 今年一季度，欧洲启动新一轮定量宽松政策，可能吸引国际资本流入，支持欧元走强，影响美元地位，预计美国会采取应对措施维护美元霸权，国际金融市场存在不确定性。值得关注的是，低油价导致高收益能源债违约风险飙升，由此带来融资成本大幅走高，超过三分之一的能源公司可能面临破产（重组）风险。

（二）石油供需维持宽松态势

未来国际石油市场供应增加，需求减弱，供需宽松。从供应来看，一是大规模油气勘探使得油气探明储量不断增加。截至2013年底，世界石油探明储量1.6879万亿桶，可满足全球53.3年的生产需要。^③ 其

---

① 商务部研究院：《2014年原油价格走势分析》，http：//www. mofcom. gov. cn/article/fyqr/maoyi/201502/20150200888895. shtml［EB/OL］，2015年6月8日访问。

② IMF：《世界经济展望》，http：//www. imf. org/external/ns/loe/cs. aspx？id＝91，2015年6月8日访问。

③ BP：《BP世界能源统计》（2014），http：//www. bp. com/zh_ cn/china/reports – and – publications/bp_ 2014. html，2015年6月8日访问。

中，美国已探明石油储量增至 365 亿桶，是近 40 年峰值。[①] 二是技术进步使得油气产量上升很快。页岩油水平井和水压裂技术的应用使得美国石油产量大幅提高，石油产量从 2005—2011 年间的 500—550 万桶/天逐步增加至 2014 年底的约 900 万桶/天，近日产量更高达 921.3 万桶/天，为 1983 年以来的最高水平。加拿大重油和油砂增产势头强劲。预计 2015 年非 OPEC 国家石油供给增幅约 130 万桶/天，而 OPEC 还有剩余产能 269 万桶/天，世界石油供应充裕。从需求来看，受经济增速减缓影响，全球石油需求增长乏力，IEA 下调 2015 年全球石油需求增长 23 万桶/天至 90 万桶/天，其中对 OPEC 石油需求下调 30 万桶/天至 2890 万桶/天。OPEC 下调全球原油需求增量 7 万桶/天至 112 万桶/天，对其原油需求下调约 30 万桶/天至 2890 万桶/天，为逾十年来最低水平。国际石油库存也在不断增加。[②][③]

（三）国际能源格局正经历变革

得益于页岩气技术革命等因素，近年来美国油气产量大幅提高，"能源独立"迈出实质性步伐，石油对外依存度从最高 60% 降到约 30%，带来国际能源格局重塑。全球石油供需"美洲贸易圈供需一体"、"中东—亚洲贸易圈供需分离"、"苏联—欧洲贸易圈供需分离"的"三圈两系"新格局正在逐步形成。美洲贸易圈供需一体，需求旺盛，油气资源丰富，原油管网发达；中东—亚洲贸易圈供需分离，需求方增长迅速但资源匮乏，供应方地缘纷争不断，运输通道安全系数低，同时双方意识形态和整体差异较大；苏联—欧洲贸易圈供需分离，双方文化相近，但分歧尚存，偶有摩擦，都在寻求多元化。在"三圈两系"新格局的调整与形成期，我国提出在中亚和欧洲之间打造"丝绸之路经济带"，并通过南中国海和印度洋的海上航道开辟一条"21 世纪海上丝绸之路"，旨在将深化与沿途各国的经济，特别是能源合作，最终实

---

① EIA, http：//www.eia.gov/naturalgas/crudeoilreserves/，2015 年 6 月 8 日访问。

② IEA, Oil Market Report. https：//www.iea.org/oilmarketreport/omrpublic/currentreport/，2015 年 6 月 8 日访问。

③ OPEC, Monthly Oil Market Report. http：//www.opec.org/opec_web/en/publications/338.htm，2015 年 6 月 8 日访问。

现共同发展、共同繁荣的目标。"一带一路"战略的实施，有利于保障我国能源安全，并在构建新的国际能源格局中发挥更大作用。

（四）地缘政治持续发挥影响

欧美、俄罗斯、OPEC 之间的博弈不断。2014 年 3 月以来，由于乌克兰问题，欧美对俄罗斯实行了多轮经济制裁，而油价暴跌更令其高度依赖石油进口的经济状况不断恶化，俄罗斯资本大量外流，卢布相对美元年内下跌达 50%，可用外汇储备急剧下降，经济可能陷入衰退，维持低油价符合欧美打压俄罗斯的政治目的。由于北美地区（北美页岩油、加拿大油砂、重油）、非洲、拉美、俄罗斯、哈萨克斯坦等非OPEC 国家石油产量增加很快，一定程度上抢占了 OPEC 国家市场份额，OPEC 近几年占世界石油输出份额明显下降，对油价影响力下降。为保住市场份额，以沙特为首的 OPEC 国家内部意见并不统一，难以达成减产协议，沙特更希望借机以低成本优势重创美国页岩油行业，不会轻易大幅减产。美国页岩油实体产业虽受低油价影响，但每年近 2000万亿美元的货币交易量为美国金融资本带来巨大利益，不排除美国以金融市场利润补实体产业亏损，借低油价甚至挑动欧洲周边地缘危机升级等，防止"石油欧元"出现。

（五）其他因素

本轮油价下跌中，OPEC 虽然决定维持原油产量不变，并下调原油供应价格，但低油价对其成员国财政冲击极大。受油价暴跌影响，海湾国家股市全线下跌。若后期国际油价持续下跌且维持在 40 美元/桶左右，不排除 OPEC 采取减产措施。此外，2014 年下半年开始，受美联储退出量化宽松政策，美元升值预期等因素影响，国际游资大幅撤离国际原油和商品期货市场，转向其他资产配置方案，推动油价下跌。尽管如此，仍有一些不可预测的突发性事件被借题炒作，如局部冲突、灾害天气等。

综上，预计影响国际油价持续走低的因素在 2015 年很难有实质性转变，国际油价将进入 1—2 年的下跌窗口，主要运行区间为 60—70 美元/桶。

二　低油价对油气资源国能源政策的影响

相对宽松的石油供需格局决定了国际油价在今后较长一段时期将低位徘徊，大国之间的政治博弈可以在一定程度引起油价波动，但不会改变油价走向基本趋势。低油价将使页岩油、油砂等高成本非常规油气资源及替代能源和可再生能源暂时失去相对经济性和竞争优势，影响其发展。从中长期看，低油价将削弱勘探、开发和生产等方面的投资，对石油产量的抑制作用将逐步显现，未来可能引起油价反弹。低油价将影响全球石油贸易格局。亚太地区将继续引领世界石油需求增长，在产油国市场份额竞争加剧情况下，作为世界石油需求增长主要来源的中国将成为争夺对象，亚洲国家的战略买家地位将提升，中国在国际石油市场的影响力和话语权将有所提高。低油价在对原油出口国带来沉重打击的同时，减轻了美国、中国、印度等主要石油消费国经济运行成本，总体利好全球经济复苏。值得注意的是，由于油价下跌，将使廉价劳动力比较优势下降，廉价石油将成为新的全球竞争重点，并将重塑新增投资格局，可能促使制造业回流美国，逐步改变全球经济版图。

为适应低油价带来的新变化，世界主要油气资源国或扶持油气行业发展，或抢占市场，或发展可再生能源，纷纷出台能源新政策。①

（一）通过立法和调节税收等增加油气行业投资吸引力

墨西哥为配合能源改革过渡性法案的顺利实施，通过了能源改革二级法案，在保持自然资源公共属性的同时，允许国内、国际资本通过招标，参与墨西哥油气勘探、开采、炼化、运输、存储、销售等各个环节，以此吸引大型跨国能源企业的投资，增强本国油气行业活力及国内供应能力。阿根廷通过了《碳氢化合物法》，针对不同能源行业分别制定了较长的特许经营期限以保障政策稳定性，出台了油气开发投资的激励机制，吸引投资开发非常规油气及近海油气资源，强化能源自给能

---

①　陈嘉茹、江河、陈建荣：《2014 年世界主要国家油气及相关能源政策分析》，《国际石油经济》2015 年第 2 期。

力，对地方政府征收的油气生产企业特许经营税做出限制。哈萨克斯坦修改了投资环境相关法案，扩大投资优惠，拟大规模招标颁发矿产勘探许可证。俄罗斯政府自 2015 年开始调整石油税制，大幅降低石油出口税，提高矿产资源开采税，计划 3 年内降低原油出口关税 41%，石油产品出口关税 40%—80%，天然气凝析液出口关税 84.5%，以此降低俄财政对石油出口税的依赖及受国际油价的影响。此外，美国、英国等国为鼓励油气资源有效开发利用也出台政策，对低品位资源、非常规资源、超高压高温油气田、深水油田、三次采油和提高采收率项目等减免生产税或所得税。

（二）调整油气出口政策

美国继续批准 LNG 出口项目，放松原油出口管制。在能源独立政策和页岩技术革命的共同作用下，美国国内油气供应大幅增加，对外依存度下降，油气生产商出口意愿增强。为顺应这一形势需要，美国政府调整了油气出口政策，2014 年先后批准了 Jordan Cove 和 Freeport LNG 项目，同时增加颁发原油出口许可证的数量。2014 年 7 月，美国首批凝析油出口到韩国和日本。尽管美国商务部称，凝析油是一种石油产品而不是原油，且出口不受原油出口禁令的限制，不代表取消原油出口禁令，但这种表态不被市场接受，原油出口禁令或将松动。俄罗斯实施油气出口多元化战略，将亚太作为目标市场。自乌克兰危机以来，传统的欧洲市场进口俄罗斯天然气数量不断下降，迫使俄罗斯寻求新的出口市场，降低对欧洲市场的依赖。2014 年 2 月，俄罗斯能源部发布了 2035 年前能源战略草案，将加速进入亚太能源市场作为俄能源战略的首要任务，计划到 2035 年，将能源出口总量的 23%，即所产 32% 的原油和 31% 的天然气运往亚太地区。

（三）发展可再生能源，提高伴生气利用程度

在油价大幅下跌的环境下，传统油气资源国提出了加大支持可再生能源发展的投资规划及相关政策，如印度尼西亚积极推动水电、地热的发展，削减燃料补贴。伊朗则优先利用太阳能和风能，将天然气发电厂变为混合循环发电厂。俄罗斯则着手解决伴生气浪费、环境污染严重等

问题，将"综合提炼及利用伴生气"纳入其天然气工业发展战略。以上新计划和战略的调整意味着油气资源国将加大进入可再生能源领域的力度，这不仅会促进可再生能源的发展，也将吸引更多投资。

2015年，主要油气资源国的政策将继续调整，进一步改变国际贸易格局。传统产油国之间、非欧佩克与欧佩克市场份额竞争日益加剧，油气资源国将加大对外合作优惠力度。

三 相关建议

对世界各国能源需求与GDP的关系的研究表明，发达工业化国家人均能源需求与人均GDP之间有"S"规律，当人均GDP达到20000—22000美元时，能源需求达到峰值。[①] 据预测，我国到2030年能源总需求达到峰值，约40亿吨油当量，届时石油需求约6.5亿吨，占总能源消费的比重约16.2%，对外依存度约68%，而我国石油目前剩余技术可采储量仅33.67亿吨。因此，从长远看，我国对国际石油市场的依赖将不断增强，石油安全面临着严峻考验。

当前国际油价下跌，为我国石油安全发展提供了良好的战略机遇期，按照中央十八届三中、四中全会和习近平同志在中央财经领导小组第六次、第九次会议上的讲话精神，"加强油气储备设施建设"，"密切跟踪当前国际能源市场出现的新情况新变化，趋利避害，加快完善石油战略储备制度"，保障国家石油安全，建议：

（一）加快扩大战略石油储备规模。我国从2004年开始建设国家石油储备，据国家统计局2014年11月发布的数据，国家石油储备一期工程的4个基地，共储备原油1243万吨，储油总量仅相当于大约9天的消费量，远低于IEA提出的90天储备规模标准，应对供应中断风险能力不足。而从美国经验来看，从1977年完成第一个储油库建设并购进第一批约40万桶战略储备原油开始，石油储备量迅速上升，1980年突破1亿桶，1981年迅速增加到2.3亿桶，1985年接近5亿桶，相当

---

① 王安建：《认识资源消费规律 把握国家资源需求》，http://www.sciencenet.cn/skht-mlnews/2012/2/1680.html.2015年6月8日访问。

于 114 天进口量的最高储备天数。① 当前国际油价大幅下跌，正是加快扩大我国战略石油储备规模的大好机遇。建议一方面加快国家石油储备二期项目建设，建成一个，投入使用一个。另一方面按照市场规律，租用符合安全环保标准、配套设施比较完善的社会闲置库容，快速扩大国家战略石油储备规模。

（二）加快增强战略石油储备能力。目前，已建成的国家石油储备一期项目四个基地 1640 万立方米已全部储满。按照国务院批准的《国家石油储备中长期规划（2008—2020 年）》，2020 年以前，将陆续建设国家石油储备第二期、第三期项目，形成相当于 100 天石油净进口量的储备总规模。为把握当前国际油价持续下跌的机遇，建议在加快推进国家石油储备基地二期项目建设，争取早日具备储油能力的同时，抓紧启动国家石油储备基地三期项目建设。此外，探索除国家投资，鼓励民间资本参与国家石油储备建设的多元化融资方式，探索利用地下、海上空间等多种方式建设国家石油储备库的可行性，切实增强我国战略石油储备能力。

（三）加快出台石油储备法律法规。为了保证石油战略储备工作规范顺利的进行，主要石油消费大国进行了专门立法。例如，1975 年美国就制定了《能源政策与储备法》，并以此为基础建立了一套全面完善的石油储备法律法规体系，详细规定了战略石油储备的目标、管理机构、管理体制、动用条件、动用程序等问题。另外，德国有《石油及石油制品储备法》、法国有《石油能源供应安全法》、日本有《石油储备法》等法律。建议加快推进《国家石油储备条例》出台，对储备主体、储备品种、储备标准、管理体制、储备油动用等做出法律规定，使国家战略石油储备的建设、管理、运营有法可依；建立石油数据统计制度；建立完善石油安全预警预测和信息发布机制；明确企业承担石油储备义务，利用低油价机遇期，逐步建立企业义务储备，并制定有利于储备发展的政策和标准规范。

（四）提高战略石油储备轮换与应急保障能力。目前，我国虽已建立一定规模的战略石油储备，但原油储备的轮换和应急动用尚未运作和

---

① 陈柳钦：《美国战略石油储备之路》，《决策咨询》2012 年第 4 期。

演练过，轮换和应急动用的条件、方式、流程等没有明确，实施过程中可能存在不确定因素和风险，一旦发生石油供应中断，如何确保及时有效地释放储备，保障石油供应安全还需实践检验。建议适时进行国储油轮换和应急动用，可借鉴国外经验，探索紧急释放、非紧急动用、测试性动用、轮库等相对灵活的方式方法，提高实战能力，更好发挥国家石油储备作用。

（五）逐步放开石油市场，发展商业石油储备。美国除政府直接管理的 6.9 亿桶战略石油储备外，还有相对独立的商业石油储备约 10 亿桶，可影响国际油价，保障美国能源安全。美国政府主要通过减免税费鼓励企业建立商业石油储备，并通过公布石油供求信息进行引导。随着国际石油市场供需格局的转变，从长远考虑，我们应把握时机，打破垄断，逐步放开原油进口资质，实施"藏油于民"，提升国内商业石油库存，并支持原油期货市场发展，以增加在未来国际能源格局中的话语权。

运用 PPP 模式助推中医药
健康服务发展研究

梁云凤

近日出台的《中医药健康服务发展规划（2015—2020 年)》和《国务院办公厅转发财政部发展改革委人民银行关于在公共服务领域推广政府和社会资本合作模式指导意见的通知》为运用 PPP 模式复兴中医药文明指明了方向。

一 中医药是中华民族的瑰宝，对人类文明做出了卓越贡献

中医药植根于中华文化的沃土，是中华民族的宝贵财富，是中华传统文化的精髓，是中国独具特色的健康服务资源。"中国对世界是有大贡献的，中医是一项"。这是毛泽东主席在 1953 年讲的一段话。"中医药学凝集着深邃的哲学智慧和中华民族几千年的健康养生理念及其实践经验，是中国古代科学的瑰宝，也是打开中华文明宝库的钥匙。"这是习近平主席在 2010 年 6 月 20 日在南京出席"中医孔子学院"揭牌仪式上讲的一段话。

中医药学已经有 3500 年以上的历史，是迄今为止世界上传统医学中理论最系统、内涵最丰富、应用最广泛、保留最完整的典型代表，是中国各族人民在长期的生产生活实践和与疾病做斗争的过程中逐步形成并不断丰富发展起来的医学科学，为中华民族的繁衍昌盛和人类健康做出了不可磨灭的贡献。中医药健康服务是运用中医药理念、方法、技术

维护和增进人民群众身心健康的活动，主要包括中医药养生、保健、医疗、康复服务，涉及健康养老、中医药文化、健康旅游等相关服务。

中医药文化把中华文明传播到世界，对人类文明进步产生了积极影响。据史料记载，早在公元前 2 世纪，中医学就已传入朝鲜。大约公元 5 世纪从朝鲜传入日本，到 15 世纪日本在学术、临床及行政管理等环节全面接受中医药，后来形成了独立体系的日本汉方医学。中药最早传入美国是在 18 世纪中期，其作为一门学科比较系统地传入美国是在 19 世纪 40 年代末开始的。1683 年荷兰医生的《论关节炎》介绍了针灸法，使包括德国在内的欧洲国家认识了中医学和针灸学，现在中医的针灸已被世界医学界认可和推崇，并得到了传承和发扬。截至目前，中医药已经传播到世界上 171 个国家。据世界卫生组织统计，中医已先后在澳大利亚、加拿大、奥地利、新加坡、越南、泰国、阿联酋和南非等 29 个国家和地区以国家或地方政府立法形式得到承认，18 个国家和地区将中医药纳入医疗保险。

二　中医药健康服务发展遭遇"五大瓶颈"

近年来，中医药步入快速发展轨道，形成了中医药医疗、保健、教育、科研、文化、产业全面发展的新格局，在促进实现医改目标、维护人民群众健康发挥了重要作用。但是，中医药健康服务发展并不是一帆风顺，遭遇了诸多困难，陷入了发展困境。表现在：

（一）中医药健康服务的药材瓶颈。目前，我国野生动植物中药材资源出现严重短缺，过度开发使中药材资源濒临枯竭。我国赛加羚羊、野马、厦门文昌鱼等野生动物几近绝迹，药用动物林麝、黑熊、马鹿等 40 个种类的资源显著减少，其中麝香资源比 20 世纪 50 年代减少 70%，已经影响了近 30 种动物药材的市场供应；冬虫夏草、川贝母、川黄连等资源破坏严重，野生甘草蕴含量减少了 80%，常用药材人参、三七的野生个体已经很难发现。中药材生产质量管理规范（Good Agriculture Practice，GAP）种植面积有限，中药材的病虫害防治和化肥、农药残留污染等问题严重。对种质资源的保护和研究力度不足，造成中药材质量的不稳定和品种的混乱，使中药材资源远远没有做到优质供应和可持续利用。①

（二）中医药健康服务的成药瓶颈。我国从"中医药发祥地、中药材资源大国"沦落为"原料药基地"。在全球中药市场，我国中药仅占约 3%—5%。韩国和日本占领了国际中药市场份额 90%（日本占到80%，韩国占 10%）以上，而他们所用的中药材的 80% 是从中国进口。据统计，我国中药市场的 30% 已经被"洋中药"占领。大批"洋中药"频频抢占中国市场，日本、韩国、德国等国家的药品企业利用中药方和从中国进口的中药材生产"洋中药"并销往中国市场。

我国的"土中药"出口受阻。欧盟 2004 年生效的《传统植物药指令》，从 2011 年 5 月 1 日起，凡是未经注册的植物药将不得在欧盟市场上作为药品销售和使用，我国"土中药"出口欧盟受阻。"洋中药"在大举进军国内市场的同时还抢占知识产权。近年来，外资药企利用中国在知识产权管理上的缺陷，通过合作、收购、兼并来获得中国中药知识产权，禁止中国企业生产和销售。外商还在加紧收集研究民间的中药秘方、偏方并申请专利。

（三）中医药健康服务的人才瓶颈。中医药人才陷入传承危机。中医最大的危机是后继无人，我国的著名中医人数已从 20 世纪 80 年代的5000 余名骤减至目前的不足 500 名。中医医师、医生、在校的中医药大学生和从事中医药事业的人才等人才发展呈萎缩态势。2012 年全国中医基本情况调查显示，全国每万人中，中医执业医师数量仅有约 3人，每万人中医医院床位数不到 4 张。

（四）中医药健康服务的体制瓶颈。中医药管理体制呈现"多头管理"局面。中医和中药实行分开管理，医疗部分由卫生部管，中药材的种植由农业部和林业局管，中药材扶持专项资金由工信部管，中成药的标准和规范由中医药管理局管。另外，涉及管理中药产业发展的还有：发展改革委、科技部、社保部、国家食品药品监督管理局等部门。多头管理使得责权利难以厘清，政策难以形成合力。

---

① 种质资源，又称遗传资源。种质系指农作物亲代传递给子代的遗传物质，它往往存在于特定品种之中。如古老的地方品种、新培育的推广品种、重要的遗传材料以及野生近缘植物，都属于种质资源的范围。

中医药管理机构不健全，地级市和县级中医药管理力量薄弱，导致相关政策措施难以贯彻落实到基层。全国只有 15 个省区市设立了副厅级中医药管理局，全国 280 多个地级市中仅有 54 个成立了中医药管理局，不少地级市没有中医科，许多县甚至没有专人负责中医药工作。

（五）中医药健康服务的法制瓶颈。《中医药法》未能出台。专门针对中医药制定的《中药品种保护条例》和《中医药条例》法律层级低，内容有待完善。《执业医师法》、《药品管理法》等相关法规制定的依据都是西医标准，不利于中医药发展。《专利法》、《商标法》和《著作权法》等知识产权法律对于中药复方、民间秘方等无法提供有效保护。

在现行的中医药保护法规体系中，"法律"层面有《执业医师法》、《药品管理法》，"行政法规"方面有《中药品种条例》、《医疗机构管理条例》、《药品管理法实施条例》、《医疗事故处理条例》、《中医药条例》，以及卫生部和中医药管理局发布的"部门规章"。其中，仅《中药品种保护条例》和《中医药条例》是专门针对中医药制定的，法律级次低，难以发挥保护中医药的作用，内容也有待充实完善。作为保障中医药事业及产业发展重要基础的《中医药法》，拟定修改了多年，仍未能出台。

从法规内容上看，西医行业垄断的色彩较浓。尽管有《中药品种保护条例》，但主要针对品种保护，而非权利保护，难以有效激励竞争和创新。相关法规制定的依据都是西医标准，不利于中医药发展。如《执业医师法》第 11 条规定："以师承方式学习传统医学满 3 年或者经多年实践医术确有专长的"经推荐可以参加执业医师资格考试，而《医师资格考试暂行办法》第 3 条又将中医与中西医结合划归同一考试类别。使那些有高超医术但因学徒出身、未受过正规西医教育的民间中医难以通过考试取得执业资格，造成许多有高超医术的民间中医非法行医的状况。没有执业医师资格行医，按照《执业医师法》规定就是非法行医，从某种程度上说，是对我国中医药传统师徒传承制度的实质性否定。其他法律如《专利法》、《商标法》和《著作权法》等知识产权法律对于中药复方、散于民间的秘方验方等也很难提供有效的保护。

三　运用 PPP 模式助推中医药健康服务发展

近日出台的《中医药健康服务发展规划（2015—2020 年）》和《国务院办公厅转发财政部发展改革委人民银行关于在公共服务领域推广政府和社会资本合作模式指导意见的通知》为运用政府和社会资本合作（Public－Private Partnership，PPP）模式助推中医药健康服务发展指明了方向。

2015 年 5 月 19 日《国务院办公厅转发财政部发展改革委人民银行关于在公共服务领域推广政府和社会资本合作模式指导意见的通知》，首次从国务院层面，以转发部委文件的形式为 PPP 模式的核心理念及原则定调，并把其意义上升到"稳增长、促改革、调结构、惠民生、防风险"的战略高度。明确在公共服务领域推广政府和社会资本合作模式，是转变政府职能、激发市场活力、打造经济新增长点的重要改革举措。要求在能源、交通运输、水利、环境保护、农业、林业、科技、保障性安居工程、医疗、卫生、养老、教育、文化等公共服务领域，广泛采用政府和社会资本合作模式，在改善民生中培育经济增长新动力。

中国政府非常重视中医药发展。近年来，出台了一系列规划、政策措施支持其发展。包括 1993 年的《中药品种保护条例》，2006 年的《国家中长期科学和技术发展规划纲要（2006—2020 年）》，2007 年的《中医药创新发展规划纲要》，2009 年 4 月 21 日出台的《国务院关于扶持和促进中医药事业发展的若干意见》，2013 年 9 月 28 日出台的《国务院关于促进健康服务业发展的若干意见》，以及 2015 年 4 月 24 日国务院印发的《中医药健康服务发展规划（2015—2020 年）》（以下简称《规划》）。这是贯彻落实《国务院关于促进健康服务业发展的若干意见》制定的专项规划，也是我国第一个关于中医药健康服务发展的国家级规划。为发展中医药健康服务指明了方向，中医药健康服务迎来了大发展的历史机遇。

加快发展中医药健康服务是促进健康服务业发展、推动构建中国特色健康服务体系、提升中医药对国民经济和社会发展贡献率的重要任务。中医药健康服务在适应市场经济的基本要求、符合中医药发展规律的基础上，向社会提供增进人类健康和治疗疾病的产品和服务，涉及农业、林业、科技、医疗、卫生、养老、教育、文化等多个公共服务领域，其发展壮大具有巨大的经济效益、社会效益和生态效益。《规划》强调"两个凡是"："凡是法律法规没有明令禁入的中医药健康服务领域，都要向社会资本开放，并不断扩大开放领域；凡是对本地资本开放的中医药健康服务领域，都要向外地资本开放。"这就为在中医药健康服务领域广泛采用 PPP 模式提供了广阔空间。

我国中医药健康服务发展的总体目标是运用 PPP 模式，在传承中医药优良传统基础上，充分利用信息网络技术，通过创新驱动提高中医药健康服务发展水平。丰富和发展中医药学理论体系，健全并完善中医药的科技创新体系，依据中医药的丰富科学成果，建立完善的中医药产业技术支撑体系，构建中医药创新体系和中医药基础研究、应用开发和产业化技术支撑平台，建立产、学、研紧密结合的现代中医药研发体系。建立中医药的标准和规范体系，并逐步成为国际标准。在理论、技术、标准化的基础上形成中医药全产业链发展格局，生产防病、治病、养生、保健的系列健康产品。提高我国医疗保健和疾病防治水平，满足广大民众的健康生活需求。促进中医药现代化和国际化，提高我国中医药在医药和健康领域的国际地位，为人类健康做出更大贡献。

四　提高认识改革创新营造政策环境

当前，中医药健康服务迎来了重大发展机遇，巨大的市场份额将吸引众多的资源和资本进入，需要通过政策创新引导市场、整合产业。

（一）财政资金撬动社会资金和金融资本。财政出资引导金融和民间资本设立中医药健康服务发展基金，作为社会资本方参与 PPP 项目，或者在国家 PPP 引导基金下设立中医药健康服务专项基金。中医药健康服务 PPP 项目按规定享受相关税收优惠政策。高新技术中药企业，按照《高新技术企业认定管理办法》享受高新技术企业税收优惠。对涉及资源综合利用、环境保护、节能节水和安全生产等领域的生物医药企业，纳入企业所得税优惠目录的产品或设备，享受企业所得税"减计收入，或投资抵免"。

（二）鼓励中医药企业拓宽融资渠道。积极支持符合条件的中医药健康服务企业上市融资和发行债券。扶持发展中医药健康服务创业投资企业，规范发展股权投资企业。加大对中医药服务贸易的外汇管理支持力度，促进海关通关便利化。鼓励各类创业投资机构和融资担保机构对中医药健康服务领域创新型新业态、小微企业开展业务。

（三）按照优先原则扩大中医药健康服务用地供给。加大保护野生中药材力度，加快建设一批道地药材 GAP 种植基地，鼓励野生变家种试验，大力发展订单种植。对利用集体荒山造林种植中药材的，优先签订土地使用权租赁承包合同；对退耕还药、林药间作的，实行谁退耕，谁造林种药，谁经营，谁受益。支持以划拨方式或协议出让方式办理中医药健康服务用地手续。

（四）实施中医药健康服务人才战略。创新中医药人才培养模式，引进高素质人才，完善用人机制，加快构建中医药发展所需的专业人才支撑体系。建立师承教育制度，加大对名老中医传承技艺的支持力度。废除中医执业必须通过西医和英语考试的相关要求。

（五）健全法制，有效治理。尽快制定《中医药法》，对中药新药审批制度、程序和标准进行修订，加快制定中医药标准，包括中医药术语、中药材质量标准、中药制品（中成药、炮制药）标准等，加快制定中医药健康服务规范。

整合构建有利于中医药健康服务发展的指导、监督、管理机构，优化管理职能，健全上下联动的管理体系，按照产业链管理办法，对中医药健康服务实行"集约、规模、统筹"管理。

五　加快试点示范强化实践发展

全面贯彻落实《规划》要求，加快国家级中医药健康旅游示范区、中医药服务贸易基地等示范基地建设，赋予其先行先试权。

（一）中医药健康旅游示范区。全面贯彻落实《规划》提出的"发挥中医药健康旅游资源优势，整合区域内医疗机构、中医养生保健机构、养生保健产品生产企业等资源，引入社会力量，打造以中医养生保健服务为核心，融中药材种植、中医医疗服务、中医药健康养老服务为一体的中医药健康旅游示范区"。可选择在中药资源优势、生态环境优势、地理区位优势、立体交通优势、产业资源优势及中医药文化优势明显的区域，由中医药管理局牵头规划布局建设一批国家级中医药健康旅游示范区。

作为示范区的落地支撑项目，研究探索中医药健康旅游小镇发展模式，建构全产业链中医药健康服务平台。打造以中药农业科技与资源优化配置一体化、中医药生产制造集群一体化、中医药商业物流服务一体化、健康养生旅游与医疗文化一体化为主体的产业集聚、集群发展的新模式。小镇重点建设集中药材标准化种植园、国家现代中医药实验中心、国家中药材储备中心、中国医药人才创业园、中国医药教育培训基地等项目。对于现行中医药产业基础好、旅游资源优势明显的地区，经过转型升级发展，上升为国家级中医药健康旅游小镇。

为了全面贯彻落实《规划》提出的"中医药参与'一带一路'建设。遴选可持续发展项目，与丝绸之路经济带、21世纪海上丝绸之路沿线国家开展中医药交流与合作，提升中医药健康服务国际影响力。"把中医药健康旅游小镇凝练成一种可复制的商业模式，顺着一带一路走出去，在沿带沿路65个国家，每个国家布局一个，作为中医药健康服务国际交流与合作的平台模式。

（二）中医药服务贸易基地。全面贯彻落实《规划》提出的"中医药服务贸易先行先试。扶持一批市场优势明显、具有发展前景的中医药服务贸易重点项目，建设一批特色突出、能够发挥引领辐射作用的中医药服务贸易骨干企业（机构），创建若干个综合实力强、国际影响力突出的中医药服务贸易重点区域。发展中医药医疗保健、教育培训、科技研发等服务贸易，开发国际市场。"建设若干中医药服务贸易基地，设立国家级中医药出口加工区和国家中医药保税港口，加快全球中医药产业要素在基地聚集。开发一批具有自主知识产权、市场竞争力强的中医药健康服务品牌，培育建设一批具有国际竞争力的企业。发挥交通枢纽地理区位优势，利用现代信息技术手段，大力发展电子商务，迅速建设销售网络覆盖全国、国际影响力大、一流的中医药商贸流通中心，使之成为面向国际的中医药贸易大通道、大物流，提高中医药经济的国际交换能力。

西柏坡地区农民增收问题研究

胡　笳

小康不小康，关键看老乡。当前是我国进入全面建成小康社会的决定性阶段，"三农"问题让中央关切、让百姓关心。农村发展需要怎样的牵引力和助推力，才能和全国同步走向全面小康、迈入现代化？笔者利用近一年时间在西柏坡考察调研，形成了对西柏坡地区农村发展和农民收入问题的思考，以期为当前革命老区的新农村建设和农民增收问题提供些实证研究。西柏坡作为中国革命最后一个指挥所在中国历史上留下了浓墨重彩的一页。现在建设得如何，村民过得如何，还存在什么问题，以及老区如何在新农村建设和城镇化建设中焕发生机，这些都是本文研究的重点。

一　西柏坡自然情况概述

西柏坡镇位于河北省平山县中部，距离省会石家庄市区 80 公里，居太行山东麓，滹沱河北岸，属低山丘陵区。地表土壤以薄层沙砾轻壤褐土为主，分布在 207 国道两侧，土层厚度 30 厘米左右。年平均气温 12.5℃，无霜期 185 天，镇域自然资源匮乏，只有少量花岗石矿。毗邻岗南水库，是石家庄的饮用水源地，北京的备用水源地，对于当地产业项目的环保要求很高。

西柏坡始建于唐代，原称柏卜。抗日战争和解放战争期间是一个以农业为主的小村庄，因具有良好的群众基础、物质基础和地理优势，于 1947 年 7 月被中共中央选择为中央工委驻地，在此指挥赢得了三大战役。当时的西柏坡土地肥沃，田丰水美，农作物以小麦、水稻、玉米为主，山间盛产柿子、核桃、花椒，民间富庶，全村 85 户，325 人，耕地 686 亩，粮食产量 13.5 万公斤，被誉为晋察冀的"乌克兰"。

目前西柏坡镇辖 16 个行政村，人口以从事农业生产的农民为主，据 2010 年统计全镇 2306 户，6678 人，人口自然增长率 9.5‰。因 1958 年修建岗南水库，村民集体搬迁到离水库不远的山坡居住，1971 年和 1977 年修建西柏坡纪念馆，东、西柏坡村民又再次搬迁，是河北省少有的全民移民乡镇，搬迁后村民依山而居自然地形成一个个村落，土壤条件、耕地面积、居住环境与搬迁前差距较大，很多村民因搬迁返贫。

二　西柏坡主要产业及特点

1. 西柏坡农业面临着从传统农业向现代农业转型的关键期，农民增收主要依靠家庭经营性收入和外出劳务收入。全镇总面积 5.5 万亩，宜林山场 4.4 万亩，耕地 2784 亩。农作物以小麦、玉米、花生为主，多为自用。农业生产方式以旱地（坡地）耕作为主，每户耕地在 0.3 至 0.5 亩之间，没有大规模经济作物。由于受到地理位置偏僻、耕地等级差、交通落后、水源地保护等因素的影响，镇内大部分青壮年劳动力走向了城市，以打工来维持家庭生活。特别是较为贫困的燕尾沟、通家口、窑上、西沟等村选择外出务工的比例更大，约占青壮年劳动力的 80% 以上。由此带来的问题是，外出务工虽然解决了个别家庭经济困难的现状，增加了农民收入，但没有给当地带来明显的经济增长，村内留守的多是老人、妇女和儿童。如何利用当地自然环境的特点培育新的经济发展模式，激发农村的内生动力脱贫致富，是值得研究和解决的问题。

2. 旅游业是西柏坡农民收入的支柱产业，深化生态旅游产业链将进一步拓展增收空间。西柏坡之所以闻名全国，更多的是其在中国革命史上的突出地位，20 世纪 40 年代末，中共中央进驻这里，召开了全国土地会议，通过《中国土地法大纲》，成立华北人民政府，指挥了辽沈、淮海、平津三大战役；召开了中共七届二中全会，打出了"西柏坡——新中国从这里走来"这一响亮品牌。西柏坡也因此成为国内最著名的红色旅游镇之一，村民依托红色资源提供住宿、餐饮等景区服务增收较快。总体上看，西柏坡旅游业呈现如下特征：一是旅游业对于农民增收贡献率大，地区间发展不平衡。镇内有招待所、宾馆、度假村、接待中心等高中档饭店宾馆70家，形成了梁家沟、西柏坡、东柏坡等旅游专业服务村，这些村外出打工者较少。西柏坡镇的旅游业多集中在西柏坡纪念馆周边，村民以在纪念馆门口销售纪念品、驾驶观光游览车、开设农家饭店、家庭旅馆为主，每户月收入3000—5000元，算是镇内较高收入。相比而言，纪念馆辐射不到的村子，虽然也有开发旅游产业的想法，但对于生态保护、特色旅游规划、景区改造升级、农副产品开发与销售的办法不多，收入很少。二是红色旅游特点突出，但统筹规划和精细化管理不够。红色资源丰富、教育意义突出是西柏坡最突出的旅游资源。1978年中共中央旧址和西柏坡纪念馆同时对外开放，成为国家"AAAA"级旅游景区，主要展现了1947年至1949年中央工委在西柏坡工作和生活情况，承载了宣传弘扬"两个务必"和"西柏坡精神"的重要任务。镇内还建有西柏坡中华民俗博物馆、西柏坡国防教育馆、平山县革命斗争陈列馆等。从接待能力看，西柏坡纪念馆和中央部委旧址区每年接待约50万人，日接待1.5到3万人。但因旅游内容单一，游客2/3为有组织的学习考察团，大多当天往返，周边村民自办的民宿、餐饮条件相对较差，接待能力有限。从基础设施情况看，纪念馆主体建筑、中央部委旧址群基础设施较好，交通便利，管理规范，政府投入很大。距馆群直线距离不到3公里的燕尾沟、窑上等村，路面没有硬化、给排水条件较差，一旦下雨村内无法行走，饮用水是机井水，每天仅在早晨7：00之后的40分钟内供水，村民生活条件和收入水平与纪念馆周边的东、西柏坡村相差很大。三是缺少资金和政策支持是当地旅游业发展滞后的主要原因。除"西柏坡精神"的社会教育功能外，镇内度假、休闲、生态观光等旅游功能尚没有得到有效开发。纪念馆以东的西沟、通家口、窑上、燕尾沟和纪念馆以西的霍家沟、讲里等村，因缺少资金和政策支持，一些项目只处于洽谈和谋划阶段，大多数青壮年外出打工，发展本地旅游业的劳动力严重不足。

3. 特种养殖业优势不再，农户缺乏技术指导和转型致富的前沿信息。西柏坡高速入口处有一个世代信奉天主教的古朴村落讲里村，全村

300 人，其中50%以上是教徒，人均收入刚刚达到国家贫困线。村里办
有小型养殖场，饲养狐狸、貉子、水貂等。2013 年以前，皮毛动物养
殖业是该村主导致富的产业项目，对于带动经济起了很大作用，发展出
一条绿色的生物链。貂、貉和狐狸的养殖促进了当地玉米、鸡、蛋、奶
的销售，而这些动物的粪便又是农业和果园绿色的有机肥，促进了果业
和农业的发展。2014 年后受国际市场冲击，玉米价格（特种动物以玉
米为主要饲料）上涨，皮毛收购价格走低，农户缺乏抵御市场波动风
险的能力且转型困难，收益比以往锐减，仅够维持日常生活。

三　村经济体制改革和生产关系变化对农民收入的影响

自 1978 年以来，西柏坡的农村经济体制改革与国家的经济体制改
革同步。大体经历了三个阶段：

第一阶段为 1978 年至 1998 年，农村经济体制改革和家庭联产承包
责任制的实行，解放了农村生产力，同时也带来了农民收入的持续增长
与收入结构的变动。20 世纪 70 年代末到 80 年代中期农民收入快速增
长，这主要是由于村集体和农户签订了联产承包合同，形成了土地所有
权和使用权分离的双层经营承包责任制，农民家庭经营性收入快速增
长。到 20 世纪 80 年代中后期，农民收入增速减缓，并呈现波浪式增长
的特点，这主要是由于农村经济制度变革对农民收入的影响逐渐减弱，
在实际执行政策时土地分割过于零散，农民种地费时、费工、费力，再
加上人口的增减，农民之间使用土地数量的不平衡和负担悬殊，以农业
为主的家庭经营收入无法维持高速增长。20 世纪 80 年代末到 90 年代，
西柏坡进行新一轮土地调整，按照《关于完善农村双层经营体制实行
土地有偿承包的意见》由村委会作为土地法人代表与农户签订承包合
同，至 1991 年基本完成了统一形式、统一承包年限的双层经营体制，
承包年限为 15 年，把农民从土地上解放出来。随着农民市场意识的逐
步提高，农民家庭劳动力非农就业机会的增加以及农村非农产业的发
展，使得农民收入又开始了新一轮的恢复性增长。

第二阶段为 1998 年至 2009 年，家庭联产承包为主的责任制和统分

结合的双层经营体制成为农村集体经济的基本制度，土地家庭联产承包期限延长至30年，非农收入逐渐成为农民收入增长的重要推动力量。2002年西柏坡实行税费改革，2003年《农村土地承包法》颁布实施，确定了30年土地承包期，规范了土地使用权流转。截至2010年平山县农民减负总量达到938万元，减负率43.71%，人均减负22.74元，亩均减负25.8元。经过第二轮土地延包，农村以家庭联产承包为主的双层经营体制更加规范，解除了农民的后顾之忧，促进了剩余劳动力转移和其他行业发展，这一时期城乡收入差距明显拉大。

第三阶段为2009年至今，农民科技服务和社会保障体系逐步建立，农民稳步增收。西柏坡农民新农合参保率达99%以上，养老保险参保率达90%以上，最低社会保障覆盖面达3%。2009年平山县选取温塘镇、南甸镇试点农村土地经营权流转，随后西柏坡镇建立了流转管理服务中心，县、乡、村三级土地流转管理服务网络初步建立。据农村100户家庭抽样调查结果显示：2010年全县农民年人均纯收入3680元，比1992年增加3166元，是1992年的7.16倍；比2005年增加1250元，是2005年的1.51倍。

从平山县农村居民收入调查情况看，1992年，农民收入中家庭经营收入（包括家庭经营的农林牧渔业、工业、建筑业、交通运输业、批发零售贸易业、餐饮业以及各种服务行业）占全部收入的87.99%，占据绝对主导地位，收入渠道单一。到2005年，农民家庭经营收入占全部收入的57.06%，农民工资性收入占到全部收入的37.01%。财产性收入、转移性收入所占比重逐步上升，二者所占比重为5.93%。2010年，农民家庭经营收入占全部收入的47.36%，农民工资性收入占到全部收入的46.28%。同时随着多种所有制经济的发展和多种经营方式出现，财产性收入、转移性收入所占比重逐步上升，二者所占比重为6.4%。由此可见，从收入结构上看家庭经营收入和外出劳务收入始终是农民收入的主要构成部分，但收入增长的源泉发生明显变化，即农民收入的增长由过去主要依靠家庭经营性收入逐步转变为依赖外出劳务收入，家庭经营性收入对收入增长的贡献主要归因于家庭经营中非农产业收入的贡献。

自此，农民增收问题的性质也发生了变化，即它不再是一个单纯的农业问题，也不仅仅是农民自身的问题，更是一个越来越多地和农村制度创新、区域经济发展、市场发育以及非农就业机会等相关联的问题，农民收入增长呈现出了明显的非农拉动型和市场驱动型特征。

四　实现农民持续增收的几点思考

当前我国经济发展进入新常态，正从高速增长转向中高速增长，如何在经济增速放缓背景下继续强化农业基础地位、促进农民持续增收，是必须破解的重大课题。

1. 西柏坡农民增收问题特点突出，机遇与挑战并存

进入新世纪以来，中央出台的"三农"政策有效调动了农民积极性，推动了农业农村发展，为战胜各种困难和风险、保持社会大局稳定奠定了坚实基础，这是农村发展、农民增收的机遇。同时也要看到农业还是"四化同步"的短腿，农村还是全面建成小康社会的短板，改革开放 30 多年经济增长和农民收入增长的回归分析结果显示，两者的弹性系数为 0.65，说明农民收入增长对经济增长具有较强的依附性。具体到西柏坡，一是农民收入增速缓慢，农民年均收入长期在国家贫困线上徘徊。与工资性收入增长速度相比，家庭经营性收入增长速度低；与第二产业、第三产业相比，第一产业增长速度低。二是城乡居民结构收入差距明显。据 2010 年统计西柏坡农民人均纯收入 2330 元，与同期平山县农民人均纯收入 3680 元相比有一定差距，与平山县城镇居民人均可支配收入 15948 元相比差距更大。城镇居民的消费水平高出农民130%，城镇居民在住房配套设施和现代化主要耐用消费品每百户拥有量方面均远高于农村。三是农民工资性收入来源不稳，农村剩余劳动力转移组织性有待加强。近几年来，虽然政府部门和劳动培训单位组织外出务工成效显著，但镇内剩余劳动力转移还有近 2/3 靠亲戚朋友介绍，从事保姆、建筑等行业，处于自发、无序状态。这种自发组织形式的输出分布零散、发展后劲不足，具有很大的局限性。

2. 发挥区位优势，坚持把城郊型农业作为主攻方向

从地域角度看，西柏坡具有发展城郊型农业两大便利市场：一是以环京津唐都市为代表的消费市场空间大和石家庄、北京货物集装运输条

件及省际铁路交通网络强。二是京津唐辐射带及周边晋、内蒙古、辽等地城市群和重点城市，区域内农产品供应丰富，供给市场稳定。具有以城市消费市场需求为依托，生产就近安排鲜活副食品为主的商品性农业和集旅游度假休闲于一体的生态观光农业区位优势。从政策结构上讲，目前正值我国推行集体林权改革和适度的土地流转政策，中共中央、国务院印发了《关于加大改革创新力度加快农业现代化建设的若干意见》文件，鼓励通过延长农业产业链、提高农业附加值。这些都为打造项目型、园区式城郊型农业（都市农业）提供了政策支持。可以考虑帮助西柏坡利用城郊区位优势，进一步扩大消费市场，发展地域特色品牌，建立"农户+超市"或"城市+农民"的直供体系；帮助村民依托西柏坡纪念馆，进一步打造具有历史、地域、民族特点的特色景观，发展形式多样、特色鲜明的乡村旅游休闲产品；帮助村民增强线上线下营销能力，提高管理水平和服务质量。

3. 优化产业结构，以政策帮扶和基础性投入刺激新的经济增长点

西柏坡为中国革命胜利作出了巨大贡献，镇内 16 个行政村紧邻岗南水库，是北京备用水源地和石家庄饮用水源地，属于水源二级保护区。在资源环境硬约束下保障农产品有效供给，提升农业可持续发展能力，缩小城乡居民收入差距是西柏坡必须应对的挑战。近年来各级党委、政府高度重视对西柏坡的投入扶持力度，1986 年西柏坡所在的平山县被确定为国家重点贫困县；1998 年被确定为国家扶贫开发重点县；2002 年因旅游资源特点突出被国家列为旅游扶贫试验区。2010 年河北省投资 86.3 亿元建设西柏坡高速公路，从省会石家庄到西柏坡的时间由过去的 3 个小时缩短至 40 分钟，西柏坡纳入了省会 1 小时经济圈，迎来了新的发展机遇。今年，西柏坡镇预计每村投资 100 万元，完成包括环境整治工程、饮水安全工程、照明工程在内的路面硬化、道路亮化、环境美化、村庄绿化等基础设施建设。由于西柏坡资源条件有限，产业结构单一，很大程度上限制了农民增收的速度和幅度。在政策制度层面有必要借鉴国家对西部地区和老少边穷地区开发扶贫的政策优惠，继续加大基础设施建设，探索工业反哺农业，城市反哺老区农村的制度性措施，健全耕地保护补偿、生态补偿等制度，拓宽农民增收渠道。在产业结构层面，可以考虑通过用地减免政策、税收优惠政策、财政金融

扶持计划等调整优化西柏坡"农村产业结构"和"农业产业结构"。利用当地红色革命资源突出的特点，因地制宜引进家庭手工业，帮助新兴科技产业、文化创意产业、休闲度假产业、旅游会展产业等到西柏坡落地，打造西柏坡新的经济增长点。

4. 拓宽农村外部增收渠道，激活农村要素资源

从全国范围来看，城乡资源要素流动加快，城乡互动联系增强，西柏坡镇平均每人只占有半亩耕地，仅靠这点土地提高他们的生活和生产设施并不现实。"中央要粮食、地方要财政、农民要收入"的不同利益诉求协调难度增大，小规模分散经营模式无法适应现代农业要求。在城镇化深入发展的大背景下，西柏坡要实现持续发展和农民增收，就要进一步拓宽农村外部增收渠道，培育新的经营体系。一是深化户籍制度、医疗制度、社会保障制度等城乡二元体制改革，建立城乡统一的劳动力市场，促进农民转移就业和创业。二是建立适合农业农村特点的金融体系和农村产权交易市场，成立粮农风险基金防止"谷贱伤农"。三是探索激活农村要素资源，推进农村集体经济组织产权制度改革和农村承包土地抵押融资，增加农民财产性收入。

5. 提高农民素质，培养造就新型农民队伍

据统计，西柏坡共有 500 名义务教育阶段适龄学生，两所小学、一所初中，没有高中，义务教育入学率100%，考入县内高中的升学率达50%，其他分流学生进入中等职业技术学校或外出打工，教育水平相对较低。城乡在教育资源和条件上的差异对劳动力水平和剩余劳动力转移造成很大影响。为培育新的农业经营主体可以考虑在西柏坡制定大中专院校特别是农业院校毕业生到农村经营农业的政策措施，通过职业培训和跟踪指导构建职业农民队伍，切实提高农村劳动力水平。

构建"增长三角":实现赣东北一体化发展的路径研究①

叶 剑

"增长三角"(Growth Triangle)作为一种新型的国际经济地域类型和区域经济合作模式,自从 20 世纪 80 年代出现就获得了迅速发展,引起了国际区域之间和国内城市之间的广泛关注和运用。上饶、鹰潭和景德镇 3 市地处江西东北部,被称为"赣东北",近年来虽已取得很大的发展成就,但相比中部地区其他城市和江西省部分地市,三市经济社会发展水平仍显不足。同时,也面临着武汉经济圈、"3 + 5"长株潭经济区、皖江城市带和昌九一体化、海西经济圈等城市群的竞争,有被边缘化的危险。因此,鹰潭、上饶和景德镇作为鄱阳湖生态经济区的主战场之一,想要在未来的区域竞争中取得主动权,并加速融入长江经济带发展,必须有所创新、有所作为。正是基于这种背景,出于培育新的经济增长板块和完善全省区域经济发展格局的这种目的和战略意义,本文提出了构建赣东北"增长三角",加快三市一体化发展的构想。

一 "增长三角"的理论与实践

(一)"增长三角"的概念

"增长三角"(Growth Triangle),是指由若干个在地理位置上相近

---

① 本文系江西省人民政府发展研究中心 2014 年度特约研究员立项课题的最新研究成果,仅代表该项目课题的学术性观点。另因篇幅要求所限,对三市近年取得的重要成就及相关问题在文中做了大量删减,挂一漏万处敬请谅解。

311

便利、生产要素上具有互补优势的国家、地区或城市为取得比较利益构成的综合性经济合作开发区，在形成的"增长三角"区域内，国家、地区或城市通过开展以吸引外资、扩展对外贸易为主的外向型经济活动，以及包括生产、贸易、旅游、科技、交通运输、能源环保、通讯以及人力资源开发等各类活动在内的协同合作，达到互惠互利、共同发展的目的。"增长三角"适用于不同的区域范围内，是促进国家、地区或城市之间达成协调互利关系的一种有效合作形式。现主要有跨国经济区、"次区域经济区"、"扩大的都市地区"、小范围的经济合作等多种发展模式。

（二）"增长三角"在国内外区域发展中的运用

目前，许多国家都认可"增长三角"这种区域合作模式，并在积极地推动其形成和发展。在众多的"增长三角"中，印度尼西亚——马来西亚——新加坡"增长三角"、图们江地区、珠——港——澳次区域合作区、澜沧江——湄公河次区域、上莱茵河边境区最为典型、影响最大。尤其是我国的"增长三角"模式如珠港澳增长三角、徐连临增长三角的区域经济发展已取得了令人瞩目的成绩。

从国内外典型"增长三角"案例的形成发展过程看，虽然各自都有独特的发展背景和突出特征。但是，总体而言，仍然存在着一些共性特征，特别是其形成发展机制方面，至少要具备地理上的邻近性、经济上的互补性、一体化的基础设施和政府间相互协调的可能性等。在能够考虑到的诸多因素中，有三点显得尤为重要：一是该增长三角地区的对外资金的吸引力；二是各点腹地对增长三角地区的潜在与现实的支持程度，三是参与各方利益协调机制的建立。

二 构建赣东北"增长三角"设想的提出及论证分析

为策应江西省委十三届七次全体（扩大）会议提出"龙头昂起、两翼齐飞、苏区振兴、绿色崛起"的区域发展战略布局和江西省委、省政府关于支持赣东北扩大开放合作加快发展战略，抢抓赣东北地区独特区位优势带来的良好发展机遇，打造新"经济增长极"以缓解全省区域发展不平衡压力,推动赣东北地区加速融入海西经济区和长江经济带,力争在鄱阳湖生态经济区和生态文明先行示范区建设中有更大作为,构建赣东北"增长三角"实现一体化发展有极强的理论及现实意义。

赣东北"增长三角"的区域范围是指江西省东北部的三个地级市:上饶、鹰潭、景德镇。三市总面积、人口、生产总值均在全省占有一定比重。赣东北"增长三角"地处赣浙闽皖四省结合部,是内地通往东部沿海的重要通道,是江西省对接长三角和海西经济区的前沿阵地,是鄱阳湖生态经济区的重要组成部分。该地区交通网络发达,皖赣铁路、浙赣铁路、鹰厦铁路、合福高铁、沪昆高铁、九景衢铁路都从此经过;公路交通也非常发达,沪昆高速、济广高速、杭瑞高速、320国道、206国道将三地紧密相连,具有得天独厚的区位优势。近年来,赣东北三市在经济和社会各项事业均取得了可喜成就,但也面临着国际国内宏观发展环境深刻变化带来的挑战和发展转型升级的困境。

(一)构建赣东北"增长三角",实现一体化发展的必要性在于1.缓解区域发展不平衡压力,完善全省区域经济发展格局的战略需要;2.区位优势带来的良好发展机遇;3.赣东北地区经济发展战略合作的迫切要求;4.策应省委省政府对赣东北地区密切合作加快发展的高度重视等。

(二)构建赣东北"增长三角",实现一体化发展的可行性主要体现在三市1.有着历史悠久且深厚密切的经济社会与文化联系;2.区位、政策优势突出,宏观概念利好明显;3.产业发展各具特色且具互补性;4.具备充分的可开发利用资源等优越条件。

(三)构建赣东北"增长三角",实现一体化发展的障碍有1.体制性障碍问题;2.主要城市辐射带动作用弱;3.产业的战略合作不够密切;4.区域定位同质化;5.缺乏有效的政府间协调机制等。

三 构建赣东北"增长三角",实现一体化发展的路径

赣东北三市要构建"增长三角"实现一体化发展,需破除狭隘的区域观念,紧紧抓住国家推进长江经济带、长江中游城市群、一带一路

建设等重大战略机遇，从发展战略、城市规划、基础设施、区域创新、市场体系、产业结构、社会管理、环境保护、资源保障、城市文化等十个方面进行对接，打造成开放度高、辐射力强的经济合作区域。从而推进赣东北"增长三角"经济、社会和生态协调发展，提高赣东北整体竞争力和辐射带动力。

（一）强化规划引领，实施赣东北一体化发展战略

构建赣东北地区一体化发展战略新格局，必须从打造"增长三角"的角度，学习长株潭等城市群发展经验，按照"总体规划引导，基础设施先行，重大项目跟进"的总体思路，把握赣东北"增长三角"的发展重点，深入推进区域合作发展。

1. 突出实施赣东北一体化整体规划

要实现赣东北地区一体化发展，就必须主动融入长江中游城市群和长江经济带发展大局，促进区域深度协作，编制区域合作发展规划，在三地市发展规划间形成统一协调、协调互补的规划体系。结合赣东北拥有的赣南等原中央苏区振兴发展和鄱阳湖生态经济区"两大国家级战略"重大机遇，以及同属于闽浙赣皖九方经济协作区、海西经济区的区位优势，明确区域经济、社会和环境的综合发展目标，构筑以区域产业合理布局为前提、核心区城市功能互补为基础、外围产业生态系统为补充、基础设施建设一体化为支撑的整体规划，大力推进一体化进程。

2. 共同推动以交通为先导的基础设施一体化

从发达地区来看，普遍存在"一小时经济圈"，各成员城市在交通一小时可通达的范围内，能够形成一个具有明显聚集效应、具备竞争优势的区域。而赣东北三市，景德镇至鹰潭157公里，至上饶更是达到207公里，三地之间虽然都属于赣东北，但各主要城市之间间隔较远，且缺乏快速便捷的城际交通联系，不利于发挥主要城市的辐射带动作用，同时也导致缺乏能够统领这一地区经济发展的中心城市。按照适度超前、合理布局、共建共享的原则，加快基础产业和设施的联网建设，为赣东北一体化构筑开放、畅通、高效的现代化基础设施平台实为当务之急。基础设施建设要立足于为赣东北网状城市群的形成和一体化发展服务，对内三市共用、共享，引导城市和产业有序发展，对外发挥三市的经济核心作用，增强经济辐射力和吸引力，带动区域发展。重点编制实施交通、电力、金融、信息、环保等网络规划，尽快形成三市交通同环、金融同城、电力同网、信息同享、环境同治，推动基础设施互联互通取得较大进展，初步形成赣东北一体化发展的基础设施硬环境。

从全局着眼，从建设入手，从运输着力，加快赣东北增长三角交通项目对接，加强客货运输一体化建设。组建"赣东北公交股份有限公司"，实现三市市民无障碍出行、轻松出行。全力打造内外畅通、快速便捷的现代化交通枢纽。与此同时，在形成稳定安全的一体化能源供应体系方面，主要城市初步形成智能化电网；区域内油、气、电基本实现同类型同网同价。还要初步建立协商联动的一体化水资源保护开发格局，建立统筹、高效、安全的水资源开发利用和保护体系；在赣东北增长三角率先建成数字化高速信息传输网络，打造赣东北增长三角公共信息网络平台，加快推进信息化。积极推进电子政务等公共系统互联互通和资源共享，加强信息数据标准化建设，推动建设基础信息库工程、社会信用体系工程、电子商务工程、文化信息资源共享工程等工程，基本实现集约共享的一体化信息化格局，区域内信息化整体水平进入全省先进行列。整合三市电信、移动、联通等信息资源，实施有关线网、基站及其他设施改造，分步实施三市通信同费和区号统一，实现通信同城。构成基础设施网络发达、各类空间协调、生态友好的网络型一体化区域。

3. 建立健全区域合作发展协调机制

多年来，赣东北三市之间各自为政，相互之间争资源、争项目、争投资等过度竞争和封闭竞争严重，导致重复建设、产业结构趋同，带来了大量的经济损失和浪费。这种缺乏有效的沟通与协调，缺少区域间分工协作的现状，最终使区域发展陷入困境。要使得不同设区市之间顺利合作，提升区域互动合作水平，必须尽快创新区域协调合作机制，打破设区市的行政区划限制；既要发挥市场机制的作用，推动区域之间的合作、协作、产业对接，实现互利共赢。同时也需要建立一个有实质"权力"和实际协调效果的协调机构，需要完善有效的联系机制和合理的组织协调机制。建议赣东北"增长三角"抓紧建立城市战略合作联盟，推进各市主要领导参加的党政联席会议制度的常态化，研究建立不同层级和领域的合作协调机制，推进和完善区域合作机制，定期研究和推动区域一体化建设中的重大工作，建立健全部门对口联系机制，建立争议协调解决机制，探索建立法律保障机制。可以成立专门的组织协调机构，负责区际经济合作在研究策划、统筹规划、联系沟通、指导实施、信息服务、政策法规咨询等方面的工作，做到对内协调各行政区域主体的资源优化配置，实现区域间优势互补和共同发展，对外提升区域整体竞争力，并"以一个声音说话"。以期加速推动赣东北三市在产业园区、文化旅游、生态建设等方面深化合作，推动产业、项目、交通等方面对接，促进人流、物流、资金流、信息流等要素和资源充分共享、高效流动、优化配置，从而推动和引导三市全方位、多层次和有效益的全面合作共建。作为长江经济带上的欠发达地区，赣东北增长三角还必须强化与长江流域其他城市的合作，加强与长三角、长江中游城市群的合作，加强与长江流域主要城市的深度融合发展。

（二）以提升产业集群竞争力为核心，实施产业集群跨区域融合发展，推进区域产业转型升级

权威调查发现，江西县域经济发展面临的种种不足归根结底是产业集群程度不高、带动力不强，赣东北亦然。实践证明，江浙经济实力主要强在县域经济，根本强在产业集群。那么如何在一体化经济中壮大产业集群，提升产业集群核心竞争力，从而提升赣东北增长三角的经济实力呢？

我们知道，全球化的分工体系和新技术革命的冲击必将打破"小而全"的地方产业组织体系。随着国际竞争的进一步加剧以及受一个区域内资源要素的限制，各地区分散的单个集群不可能像以往那样依靠单个地区独立地构造经济体系来获得地方优势，而必须更多地依赖多个区域的整体功能来增强竞争优势。地域是产业集群的重要表征，但这种地域特性与行政属性并无必然联系。产业集群成长到一定阶段后，只有打破行政阻隔，在竞争中合作，才能促进产业的集聚、渗透和提升。跨区域产业集群整合发展极具必要性。大量事实表明，成功的集群都是在社会化生产推动下，从集群内的产品联盟、技术联盟扩展到了地区间的产业联盟，直至在更大范围内形成和强化产业链。在未来发展格局中，如何将分散的地区产业整合成整体产业链或大产业群，并通过对具有上下游供应关系的产业集群进行有效的跨区域联结，从而提升集群产业话语权与国际竞争力，将是下一轮产业竞争的关键。

1. 突破区划限制，打造产业群跨区域合作发展格局

本来，产业集群是在同一行政区划内成长还是跨区域发展，都是由市场规律决定的。国家宏观经济研究院常务院长王一鸣认为，生产要素总是朝向收益率高的领域、地区和产业流动的，之所以出现产业集群中的行政阻隔，关键还在于行政干预。日本专家对我国长三角调查表明，中国的地区经济具有强烈的行政经济属性，行政区经济对资源有效配置的阻碍作用不断加大。早稻田大学还拿出具体数字，由于产业链的条块割裂，我国建材行业和房地产间消耗的流通成本达到26.8%。

为推动区域产业集群可持续发展，则一定要突破区划限制促动生产要素跨区整合，构建产业集群开放的生产网络。要从区域发展的层面出发，按照区域"组群"式发展的思路，探索赣东北各产业集群之间以及赣东北产业集群与周边地区同类型产业集群之间的价值链整合、优势资源共享和分工协作。充分发挥区域产业集群效应，尽可能解决集群的同质化、低层次竞争问题，引导产业集群走上高端道路。

由于赣东北三地市在产业发展上缺乏有效的配合，特别是在产业布局上，没有注重从提高产业关联度上增强产业互补性。而且在铜精深加工、照明、汽车等多个产业领域存在较强的同构性，企业之间缺乏产业链上的配合，甚至出现了互为竞争对手的现象。因此，当务之急是要立足赣东北一体化发展规划，重新审视三地的产业布局。推动赣东北铜精深加工、照明、汽车等同类型产业集群间的资源整合共享，编制推动传统产业集群向现代产业集群转型升级的实施方案，加强同类型产业集群之间的跨区网络建设。抱团打造跨区域铜精深加工、照明、汽车等具有国际竞争力的现代产业集群"航母"。在制定和实施相关方案的过程中，要充分考虑各方利益，谋求赣东北三市的合作共赢，站在赣东北"增长三角"协调发展的高度，统一规划，相互补充，协调发展，调动各方联手打造新材料、新能源、航空制造、文化暨创意、节能环保等战略性新兴产业特色产业集群，推进特色产业集群转型升级的积极性。同类型产业集群要敢于打破行政区划制约，按照经济规律错位发展，"产

业共树、品牌共护、质量共创、平台共享",从竞争走向竞合,尤其应增强区域内企业关联度和异质度,拉长产业价值链,提高产品附加值和产业竞争力。形成地区间专业化分工协作且功能完善的产业联盟。甚至可借鉴台湾和澳门等地的生产力促进中心的成功经验,建立跨行政区域的产业集群发展促进中心(准政府性质的企业化运作机构),通过向集群企业提供各类援助,加速跨区域产业集群的整合与发展。如此也有利于赣东北地区经济产业实现五个转变,即经济结构由外源依赖向内外源并重转变、发展方式由资源消耗向低碳环保转变、产业结构由加工为主向产业链高端转变、产业组织形态由分散布局向集约发展转变、企业经营由粗放经营向集约经营转变;更有利于实现"产业规模、自主创新能力、品牌效应、产业集聚度、产业根植性"的五个提升。

2. 注重承接东部产业群转移,助推本地经济发展

抓住东部地区经济转型、产业转移的战略机遇,开展承接东部地区产业带规划建设,在有条件的地方合作建设产业转移示范基地,支持当地形成独具特色的产城融合发展模式,减少同质化竞争和恶性竞争。加强赣东北对外招商协调,所有大型招商引资活动,均以一个整体联合组团参加。建立赣东北招商局长联席会议制度和对口联络机制,建设赣东北招商引资信息化平台,建立招商专业人才培训交流制度。依据本地资源优势和产业基础,对产业一体化发展中跨区域合作的产业集群、重点产业、重要工业园区给予重点推介,支持开展全产业链招商。联合有关部门积极落实发展飞地经济的相关配套政策,"积极对接长三角,坚持主攻台资,加大央企引进力度,坚持放大特色",鼓励赣东北建设赣浙、赣沪、赣闽、赣台等飞地园区,创新思路,重点发力,积极谋划承接东部地区产业群的转移。

3. 深入推进旅游产业集群有效整合,加快赣东北"增长三角"旅游一体化发展

全省 6 个国家 5A 级旅游景区中,赣东北地区拥有 4 个,占 66.7%;55 个国家 4A 级旅游景区中,赣东北地区拥有 20 个,占 36.4%。区域内绿色、红色、古色旅游资源优势突出又互为补充,如龙虎山和龟峰的丹霞地貌、三清山的山岳景观、万年仙人洞的岩溶景观、鄱阳湖的水域风光;上饶集中营军事遗址、方志敏名人遗址、千年瓷都

景德镇、龙虎山道教文化、婺源生态乡村等自然旅游资源和人文旅游资源交相辉映。景点开发状况良好，生态环境保护得力，具备长期可持续开发利用的潜力。然而三地拥有各具特色的旅游资源，却未形成区域性的旅游发展合作机制，很多游客仅仅会选择三地市中较具名气的三清山、龙虎山作为旅游目的地，滞留时间也不长，对旅游消费的贡献不大。导致这一问题的原因，实际上就是三地在核心景区发展上没有打联手，旅游规模效应没有扩散到周边附属景点，进而出现了游客走马观花、甚至一日游的情况。建议以加快赣东北"增长三角"旅游一体化为主题，以加快整合、发展和创新赣东北"增长三角"旅游资源、旅游产品、运营方式和管理体制为主线，遵循"多产联动、交叉融合、优势聚集"的理念，按照泛旅游产业带动区域综合发展的整合原则，逐步消除区域内旅游产业要素流动壁垒，深入推进三市旅游产业集群有效整合，全面推进三清山、龙虎山、景德镇、婺源、龟峰、神农源、鄱阳湖湿地公园为重点的赣东北旅游资源的管理、旅游产品开发、旅游集聚区建设、旅游产业体系建设以及旅游集散中心、旅游信息服务综合平台、旅游交通网络、旅游服务标准化等一体化建设。把赣东北增长三角建设成为充满生机活力的魅力旅游区和无障碍旅游区，基本实现旅游一体化。

（三）产城互动，促进产业群和城市群深度融合发展，构建区域核心竞争力

随着建立在市场化基础之上的经济全球化和区域经济一体化程度日益加深，在一个区域内，资本、信息、资源、技术等逐渐形成一个相互依赖、相互作用的网络，城市便是支撑这个网络系统的关键节点。加快城市化进程，通过构建城市群，带动本国或区域经济发展，提升经济竞争力，成为一个国家和地区社会经济发展的必然选择。作为一种重要的空间组织形式，城市群的出现有利于解决行政区划分割造成的区域经济联系松散、产业分工不合理、生态环境治理缺乏整体性等问题。正因如此，通过产业群与城市群的耦合发展以提升经济的整体竞争力，并带动本国或本区域经济发展，已经成为世界各个国家和地区经济发展的一个大趋势。从竞争力的动态演进来看，产业集群和城市群的发展日益决定着国家或地区在未来的竞争力，而且两者的互动发展联系越来越密切，共同促进，共同发展。产业集群的发展是增强竞争力的原动力，而城市群的发展是更加决定性和长远性的力量。绝不能忽视的是任何城市群的发展都是以一定的产业为支撑的，从经济学角度看，产业集群是城市群的增长极核，对城市群的形成和发展起着巨大作用；在城市群中，产业集群实质上又是以城市网络为基础的产业体系。因此，城市群与产业集群有着密切的联系，简单来说就是，产业集群的发展可以使城市群整体竞争力得到提升，城市群的发展与完善为产业集群提供了必要的基础。

赣东北三市山水相连、地缘相邻，历史渊源深厚，具有相同的文化、方言和风俗习惯，一直以来就有着广泛的文化交流、频繁的民间交往、紧密的政府合作。赣东北三市有着深厚的渊源，鹰潭市于1983年才从上饶地区划出，景德镇乐平市曾经也是上饶地区的辖区。构建三地长期、全面、稳定、互惠的经济社会合作伙伴关系，实现资源共享、优势互补、协作发展，符合三地政府和人民的共同愿望，也是三地加快发展、科学发展、跨越发展的迫切要求。

赣东北"增长三角"发展要整合区域优势资源，以产业集聚促进城市扩张，以城市升级带动产业繁荣，着力推动形成以产兴城、以城促产、产城互动的城市群发展新格局，通过产业集群和城市群深度融合发展来构建区域核心竞争力，驱动经济实现可持续发展，激发振兴发展活力。特别应注意在一体化进程中，坚持推进错位发展，突出优势和特色；培植支柱产业，做大做强中心城镇；坚持协同发展道路，大力提高城市群品位。着力加快城区相向发展，共同推进城市功能一体化，构建城市发展新格局；共同推进公共服务一体化，加强公共服务对接共享，充分发挥基本公共服务资源的效用，支持各类教育跨区域合作办学和交流，推进医疗资源跨区域共享，促进各市医疗卫生资源联系协作，在公共服务的各个方面实现区域内异地自由流转、异地待遇互认、异地流转顺畅，打造优质都市生活圈；推进社会发展一体化，构建繁荣、和谐的新型城市群。共同推进生态环保一体化，打造优美和谐的人居环境，生态与环保一体化应着眼于区域发展的可持续性，有力的促进赣东北"增长三角"内的循环经济建设，保护和合理开发利用水源、森林、湿地等重要资源，共建安全的生态环境体系，通过一体化的环境治理，共促三市人居环境的改善和经济结构的升级。把推进城镇化进程与建设社会主义新农村结合起来，以城市群发展为龙头，吸纳农村人口，支持和带动农村地区发展。

（四）加大一体化发展配套服务的创新性，打造区域性服务业中心，优化共同发展环境

加大一体化发展配套服务的创新性，打造区域性服务业中心，必须把服务业发展放在更加突出的位置。三市现代服务业发展的重点是稳固发展传统商贸流通业，壮大文化、旅游等优势服务业，积极发展信息服务业、金融保险业、现代物流等生产性服务业，提升房地产、商贸等生活性服务业，逐步形成结构合理、功能完善、辐射全省及周边地区的现代服务业体系。

生产性服务业是推动产业发展的重要支撑，同时也具有在中心城市及产业园区域高度集聚的特征。因此，要打造赣东北"增长三角"实施一体化发展，就必须以高新技术园区为载体和平台，促进生产性服务业与当地优势工业的互动，形成生产性服务业规模效应和集聚效应，实现生产性服务业的集群发展。

本着优化产业发展环境为目标，以上饶市物流园区、鹰潭现代物流园区为重点，打造集货运枢纽型物流园区、商贸服务型物流园区、生产服务型物流园区、口岸服务型物流园区、综合服务型物流园区等为一体的赣东北物流中心，为三地产业发展提供便捷高效的物流产业支撑。大力建设物流业所需的基础设施和公共信息平台，强化物流标准化体系建设，包括物流硬件与物流软件的建设，迅速提高物流代理经营管理水平、服务水平和信息化水平，推进各类物流装备的现代化。引导三市高效整合、合理分工、有序发展。明确三市政府在促进物流发展中的分工，制定物流业具体的发展规划，为各类企业参与竞争创造良好的外部环境。大力发展第三方、第四方物流，全面改造城市与企业物流系统，把赣东北建设成为区域性现代物流中心。

以金融市场发展为重点推进区域市场建设。建立多层次的资本市场体系，加快推进三市产权交易市场的统一互联、电子化、网络化，统一建设征信体系；引导发展三市商业银行相互参股的紧密型地方商业银行

集团；发展金融租赁公司，培育产业投资基金；探索建立一体化的存取款体系、支付与资金结算体系；积极发展知识型、创意型商务服务业。

（五）坚持深化改革开放，增强赣东北"增长三角"发展活力

随着改革开放的不断深入、市场秩序的逐步规范和经济社会加速转型，地方政府可利用的资源优势、政策优势将越来越少，区域竞争更多地将在发展环境特别是软环境上展开。面对新形势，进一步深化改革，突破一体化发展的难点领域和环节，尝试打破行政区划界限，对国土、环保、质监、海关、金融、城建、规划、教育、劳动和社会保障等职能，按一体化的思路推进区域性协调管理，通过改革释放一体化发展的能量。

1. 促进市场要素的无障碍流动

赣东北"增长三角"一体化发展，应将整合市场资源、推动要素有效流动作为重中之重。赣东北三地市应遵循市场规律，通过加强设施和制度两大建设，进一步突破影响生产力发展的体制性障碍，在区域内部消除行政区壁垒，使要素和商品自由流动，共同构筑统一、开放的区域性商品、资本、人才、劳动力、科技成果及知识产权交易等市场。商品市场方面，要取消商品流通、市场准入等限制，推进商品、生产资料等市场一体化，要统一市场准入标准，加快推动诸如食品安全认证、产品标准制订等市场准入制度和质量互认制度的对接；鼓励建立区域性行业协会；人才、劳动力、科技成果及知识产权交易市场方面，应强化信息合作。完善劳动力和人才市场，建设三市统一的市场和公平的就业制度。完善人才评价体系和就业管理服务网络，对人才、劳动力、科技成果及知识产权数据库实现联网共享，推进培训和鉴定结果以及专业技术职务任职资格互认，促进人力资源跨区域流动。鼓励三市在国企改组时相互进入，建立跨地区、跨所有制的新企业。

2. 构建区域创新体系

坚持把科技教育放在更加突出的位置，创新驱动促进产业转型升级，着力建设创新型、智慧型城市群。在推进科技体制改革的同时，加大对科研院所和大学的支持，形成为当地经济和社会发展目标服务的、稳定精干的科技力量。培育有竞争力的、有创新活力的企业主体，积极

为广大中小企业特别是高新技术企业提供服务。尤其要确立企业在技术创新方面的主体地位，鼓励企业增加研究开发投入，加强企业开发机构的建设。因此，培育和建设完善的创新环境，要以市场为导向，充分发挥政府的引导和调控作用，发挥地方政府贴近企业、贴近市场的优势，把地区有限的人力、物力、财力集中起来，形成一个局部优化的产业创新环境。

3. 提升地区软实力

区域综合竞争力还包含文化建设和制度建设等软实力，要提升区域内软实力，必须不断改善民生，提升全社会文明程度。建设城市精神，建立法治政府、责任政府。坚持开放带动，继续实施"全域开放"战略，通过优化开放合作环境，拓展开放合作格局，改进开放合作方式，尽快融入长江中游城市群和长江经济带发展，提升赣东北增长三角的开放程度，形成开放新局面。加大对外宣传力度，不断提高赣东北地区的知名度、美誉度。

中国对外直接投资的理论解释与战略思考

盛思鑫

一 中国对外直接投资的现状分析

尽管以过去三十多年的经济增长为基础，中国正在成为对外直接投资（OFDI）的重要国家。但相对美欧等西方国家，我国 OFDI 的规模和影响力仍旧比较有限。截至 2013 年末，中国 OFDI 的存量达到 6604.8 亿美元，仅占全球外国直接投资存量的 7.6%，位居全球第 11 位。[①]

总的来看，我国的 OFDI 长期以来一直保持在较低水平，直到 2003 年才开始出现较为明显的增长（参见图 1）。2014 年我国全年非金融领域 OFDI 的流量创下 1029 亿美元的最高纪录，比上年增长 14.1%。一方面，这种增长反映了我国自 2001 年 12 月加入 WTO 之后经济继续快速发展、加速融入全球经济体系的成果。根据邓宁的投资发展周期理论（Dunning，1982）发展中国家引入的外资和对外投资的增减在较大程度上取决于根据人均 GDP 来衡量的经济发展水平[②]。以此判断，我国当前

---

① 参见《2013 年度中国对外直接投资统计公报》第 3—4 页。

② 邓宁描述了发展中国家对外投资增减变化的四个阶段：在第一个阶段，即人均 GDP 低于 400 美金的时候，流入的外资和流出的投资都非常有限，因为国家在这一阶段缺乏所有权优势、内部化优势以及区位优势；在第二个阶段，即人均 GDP 在 400—1500 美金的时候，流入的外资随着日益增加的区位优势也迅速增长，但是流出的投资仍旧较为有限，因为国家在这一阶段缺乏所有权优势和内部化优势；在第三个阶段，即人均 GDP 在 2000—5000 美金的时候，流入的外资由于区位优势的弱化开始减少，但是流出的投资开始增加，因为所有权优势和内部化优势日益增长；在第四个阶段，即人均 GDP 超过 5000 美金的时候，流入的外资进一步削减，而流出的投资更快地增加。

的情况大体上符合邓宁投资发展周期理论所描述的最后一个阶段①，即外商直接投资虽继续增长，但外资流入的净额呈下行态势，OFDI 开始以高于以前的速度增长。

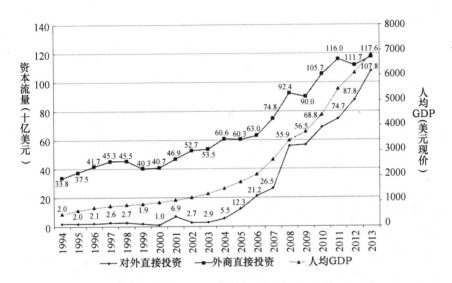

图 1　我国对外直接投资、外商直接投资与人均 GDP，1994—2013

数据来源：2002—2013 年度《中国对外直接投资统计公报》；联合国贸易与发展会议（UNCTAD）《World Investment Report 2014》；《2014 年中国统计年鉴》；世界银行数据库 ht-tp：//data. worldbank. org/indicator/NY. GDP. PCAP. CD。

另一方面，近些年我国对外直接投资的增长，很大程度上也应归结于国家开放战略的有效实施。开放战略作为我国过去三十多年来的一项基本国策，包括两个方面："引进来"和"走出去"。前者强调引入外资、先进技术和管理经验；而后者则强调通过对外直接投资实现我国企业的国际化。前一个战略是后一个战略的基础，因为我国企业在能够走出国门进一步开拓业务之前，需要从外国对华投资中获得足够的知识与经验。我国政府一直提倡将这两个战略结合起来运用，并在实践中收到了较好的效果。

① 根据世界银行公布的数据，2011 年底我国的人均 GDP 已经达到 5430 美元，参见如下网页：http：//data. worldbank. org/indicator/NY. GDP. PCAP. CD

从地域分布来看，我国当前的 OFDI 依旧还很难称得上是真正"走出去"了，大部分的对外直接投资仍集中于少数国家和地区（见表1）。截至 2013 年底，中国 OFDI 存量的 57.1% 集中在香港，其次是开曼群岛（6.4%）和英属维京群岛（5.1%）。除此之外，没有任何一个国家或地区占到了我国 OFDI 存量的 5% 或以上。特别明显的是，我国对发达国家或地区的逆向投资不足，其中的根本原因在于我国在产业发展过程中没有注重积累自身的比较优势，尤其在自身技术的提升方面严重不足。

表1　　　　2013 年末中国对外直接投资存量前十位的国家（地区）

排名	国家/地区	存量（亿美元）	占全部对外直接投资资本的比例
1	香港	3770.93	57.1%
2	开曼群岛	423.24	6.4%
3	英属维京群岛	339.03	5.1%
4	美国	219.00	3.3%
5	澳大利亚	174.50	2.6%
6	新加坡	147.51	2.2%
7	英国	117.98	1.8%
8	卢森堡	104.24	1.6%
9	俄罗斯联邦	75.82	1.1%
10	哈萨克斯坦	69.57	1.1%
总计	5441.82	82.30%	

数据来源：商务部等《2013 年度中国对外直接投资统计公报》，第20页。

从对外直接投资的行业来看，我国 2005—2014 年间的 OFDI 主要集中在四大行业：能源和电力（2476 亿美元）、金属矿业（1134 亿美元）、房地产和建筑（509 亿美元）、金融（446 亿美元），总计共 4565 亿美元，占到我国 OFDI 流量总和的 81.6%。[①] 这种以能源资源获取为

————————

① 根据 China Global Investment Tracker 数据库的资料计算得来，其中 OFDI 数据是每年的流量加总。之所以没有采用《中国对外直接投资统计公报》的数据，是因为其产业划分的类别比较模糊。

主要特点的 OFDI 模式，正是让国际社会对中国的投资存有忧虑的重要原因之一，但同时也反映了我国 OFDI 的产业与大多数投资对象国的产业相比，缺乏明显的比较优势。考虑到我国一带一路的发展大战略、金砖国家开发银行与亚洲基础设施投资银行等新兴金融机构的成立以及人民币国际化的大趋势，未来我国在能源、电力、交通、建筑、金融等领域的基础设施投资应会持续增多。

从投资主体来看，中国 OFDI 广受诟病的另一个特点是国有企业占主导。不过，近年来国有企业在 OFDI 存量中的比重一直在持续下降。根据《中国对外直接投资统计公报》相关年份的数据，2010 年末，国有企业在我国非金融类 OFDI 存量中占比 66.2%，2013 年末这一比重下降至 55.2%。[①] 从投资金额来看，国有企业（包括中央企业和地方国企）当前仍是 OFDI 的主力，但主要流向了发展中国家和不发达国家的能源资源领域（Shi，2014）。相比之下，私营企业在我国对发达国家的投资中扮演的角色日益吃重。近几年来参与对外直接投资的我国私营企业数量增长较快，在 2013 年已达到 1282 家，第一次超过在境外投资的国有企业数量。

二　中国对外直接投资的理论解释：特殊论与普遍论之辩

当前较多的西方学者认为中国的 OFDI 十分特殊，以至于现有的理论无法对其进行解释，由此也在国际学术界和舆论界产生了有关中国投资威胁论的各种版本，如"中国买下全世界"（Rosen & Hanemann，2009）、新殖民主义和掠夺者（Zhao，2014）、海外殖民（French，2014）、全球帝国（Yan & Sautman，2013）。从已有的研究来看，中国OFDI 的特殊性被认为主要体现在如下三个方面：

首先，许多研究（如 Hurst，2011；Kolstad & Wiig，2012；许可、王瑛，2014；Globerman & Shapiro，2009；Sutherland，2009）认为，中国国

---

① 这一数字只计算了国有独资与国有控股企业的 OFDI，不包括含有国有股的有限责任公司以及其他类型企业的 OFDI 数额。

企和私营企业的 OFDI，尤其在发达国家的投资动机在很大程度上是为了寻求战略资源，如获取先进技术和著名品牌，其目的在于克服竞争劣势。在这个意义上，中国国企似乎不同于西方的跨国公司，因为后者的海外扩张主要源自开拓新市场与扩大竞争优势的需要。

其次，相较于西方国家产业十分多元化的 OFDI，中国的 OFDI 近些年更多地集中于能源和原材料，如石油、矿产和其他资源等领域（Deng，2007；Yang et al.，2009）。在这种情况下，中国国企的跨国并购行为常常具有政治敏感性（Zhao，2008），并经常被认为是中国国家战略的一部分，这与国外单纯受商业利益驱动的私人投资者的投资偏好有着明显的不同。

再次，不少研究（如 Child & Rodrigues，2005；Buckley et al.，2007）指出：西方的私人企业是跨国并购的主角，并且其并购行为在很大程度上是自发的；而中国跨国并购的主体是国有企业，而且其对外投资的决策似乎主要是由政府力量和政府意图来驱动的。事实上，很多对中国 OFDI 的研究（如 Cui & Jiang，2009；Deng，2004；Lien，2009）都强调政府对中国企业的影响，中国国有企业的 OFDI 经常被解释为政府行为而非普通的企业行为，而这也是某些东道国强烈抵制中国 OFDI 的主要原因之一。①

根据本文开篇对我国 OFDI 现状所做的分析，上述三个方面的确在一定程度上反映了我国 OFDI 的某些特点。但是这些特点并不是我国所独有的。第一，中国与其他发达国家在 OFDI 方面的主要差异只是所处的投资发展阶段不同。从 OFDI 的经验上来说，中国远不如西方国家，甚至和新加坡以及韩国等国家相比仍有不小的差距。因此，将中国目前的对外直接投资状况与西方的情况直接对比，然后据此主张中国的一些对外投资现象是特殊的，明显有失客观公允。正如邓宁（Dunning，1982）已经指出的，OFDI 与一国的发展阶段和经济需要密切相关。在此意义上，中国只是 OFDI 的后来者，而并非是一个例外。

第二，中国的 OFDI 集中在能源资源领域也不是一个新现象，发达

---

① 如 2005 年中海油竞购美国的优尼科公司受阻，2009 年中国铝业收购英澳合资的力拓集团失败。

国家的 OFDI 曾经也呈现类似特点。例如，日本自 20 世纪 50 年代开始海外投资，其 OFDI 开始时也是集中于寻求能源资源（Yang et al.，2009）。与此相同，在 20 世纪 50—60 年代，美国产生了大量通过 OFDI 积极开拓全球市场和资源的跨国公司（Kim & Lyn，1990）。从 20 世纪 80 年代初到 90 年代末，发达国家的国有跨国公司在全球国企的 OFDI 中发挥着最重要的作用。自 2000 年之后，发展中国家的国有企业才开始逐渐崭露头角。[①]

第三，中国政府对其国有企业实施对外投资的支持也并非是独一无二的。一般来说，我国政府提供的支持主要包括与东道国建立良好的国际关系以及给予国有企业财税方面的优惠（Gao，2009）。但是给予 OFDI 这样的支持在日本、美国、韩国、新加坡等国政府中也较为常见（Tan，2005；Rosen & Hanemann，2011）。当前发达国家和发展中国家都大量存在着由政府主导或政府控制的公司，他们实施着各种跨国并购行动。例如，2010 年，世界范围内这样的跨国并购交易额超过 1，460 亿美元，占到了全球跨国并购交易额的 11% 左右[②]。Karolyi & Liao（2010）的实证分析甚至指出，在财务制约、市场时机把握以及公司治理方面，政府控制和私有公司主导的并购之间并没有显著差别。

既然中国的 OFDI 并没有如此特殊，那么现有理论或许也能提供足够的解释。事实上，邓宁的进化折衷理论（Dunning & Lundan，2008a；2008b）不仅能够解释发达国家的 OFDI，也能解释包括中国在内的发展中国家的 OFDI。该理论主张从所有权优势、区位优势、内部化优势三个不同的角度来分析企业的对外投资行为，并考虑相关的制度因素对这三种优势可能的影响。其中所有权优势指的是企业因排他性的占有一系列有形和无形的战略资源而享有的独特竞争优势和交易优势。区位优势指的是东道国相对于跨国公司母国在地域上所具有的优势，如较低的劳动力成本、税收减免、较容易得到产品原料等。内部化优势是指，企业能够通过对外投资和海外生产来减少相关的交易成本，而不必求助于外

---

① UNCTAD《2011 年世界投资报告》第 32 页。

② 数据来源：Thomason Reuter 的 Security Data Corporation's Platinum Mergers and Corporate Transactions Database；UNCTAD《2011 年世界投资报告》第 32 页。

部市场。

就中国 OFDI 的情况而言，国有企业在中国的垄断地位以及中国政府对它们的大力支持①可以看成是制度因素加强了所有权优势。这一优势的加强使得中国的国有企业能够在全球市场上与其他的跨国公司竞争。此外，和其他发展中国家的很多企业相比，如今的中国企业在制造业等行业也拥有一定的比较技术优势（Sheng, 2006）。在这一点上，西方国家过去对中国制造业的投资和中国当前在一些发展中国家的制造业投资（如一些东南亚国家）区别甚微。就像西方国家的跨国企业在很多发展中国家的投资一样，中国公司也正在那些相对更不发达的国家中发挥自己的所有权优势并追求区位优势。而且，中国在亚洲地区的密集投资可由如下事实得到解释：跟其他地区相比，这些国家能够提供更大的区位优势。另外，中国的国有企业在全球金融危机之后大规模展开跨国并购，实质上是在发挥所有权优势以抓住全球资产价格大幅下降的购买时机，这也是一个很理性的商业决策。②

对于中国的 OFDI 在发达国家获取战略资源（Globerman & Shapiro, 2009）的跨国并购行为，内部化优势的论点可以提供合理的解释：中国的企业已经认识到，通过市场来获取战略资源的方法往往成本很高，并且在很多情况下也不一定有效，所以他们试图通过跨国并购将其他公司的战略资源"内部化"，以赶超竞争对手（Duysters et al., 2009）并扩大所有权优势。2005 年联想收购 IBM 的个人电脑部门便是一个较好的例子。至于中国在全世界内寻求能源资源的行为，也可以解释为企业在追求区位优势与内部化优势的结合（Kumar & Chadha, 2009）：一方面，世界的自然资源地理分布不均，中国企业和其他国家的公司一样，需要在资源丰富的地区获得生产所需的资源；另一方面，中国对许多大宗商品的全球市场价格影响极小，所以中国的企业试图通过在资源领域

---

① 这些支持包括财务支持、政策支持，以及政府支持。例如，中国政府援建了非洲一系列的公共工程项目，因此可以使得中国的国有企业在非洲获得宝贵的商业机会。尽管有时候中国政府的公开支持有可能会妨碍其国有企业的海外投资，但是这些支持是可以通过各种手段和办法来加以合法化的。

② 在全球金融危机爆发之后，中国大规模的对外投资部分地也是为了弥补过去在海外投资方面的损失。

的跨国并购来弥补这一劣势。

由上可见，中国投资威胁论的立论基础，即认为中国 OFDI 非常特殊的观点，是有很大问题的。那些强调中国 OFDI 和中国国企跨国并购独特性的研究，可能有意或无意地促进了其他国家对中国海外投资的反对，因为这些研究或多或少都暗示了反对者的抵制是合理的。事实上，对中国 OFDI 最强烈的抵制主要来自发达国家，尤其当中国的国有企业并购海外的战略性资源和资产时。中国不断增长的实力无疑已经威胁到了很多西方国家的竞争优势，因此会令他们感到不安。这种不安部分地也来自于中国与西方国家的意识形态差异，而这又进一步地妨碍了中国的对外直接投资。所以，中国以跨国并购形式在西方国家进行的 OFDI，经常因政治障碍、市场歧视、甚至是公众抵制而无法实现。

三 有关中国对外投资的战略思考

在当前对外开放的新时期，我国不仅面临着加快培育国际合作和竞争新优势的紧迫任务，还需要努力做好将我经济实力转化为国际政治、安全、文化影响力的这篇大文章。为适应新时期我国对外开放的这些新要求，推进走出去战略对于构建我国开放型经济的新体系的重要性不言而喻。考虑到上述我国 OFDI 的实际情况并结合相关的理论解释，本文主张从三个角度战略性的推进我国的对外投资工作。

（一）运用国内和国际两个相互联系的视角看待对外投资

目前我国对外投资中存在的一些问题，如在环境、劳工管理和社会风险关注不足，应从国内和国际两个方面来认识。在一定程度上，我们在对外投资中出现的一些问题，也是我们国内经济发展中的问题的反映。例如，我们过去在经济发展中对环境问题重视不够，没有形成较高的环保意识，那么又如何能指望我们的企业在对发展中国家和不发达国家对外投资时能够充分重视当地的环境保护呢？另外，国有企业为主导的对外投资形态实质上也是我们国内经济结构的一种现实反映。只有让我们的私营企业有一个相对较为公平的市场竞争环境，从而让他们可在国内更多的行业和市场上积累经验和实力，这样我们的私营企业才有可能更好的走出去。否则大谈特谈鼓励私营企业走出去便只能是一句响亮的口号。

从国际视角看国内发展，对外直接投资也的确有可能促进国内的市场变革，对此我们也要小心谨慎的应对。例如，自中国加入 WTO 以来，由于开放倒逼国内的改革，的确也给我们的经济增长带来了较大的活力，人们的思想观念和市场观念都发生了巨大的变化。同理，随着我国 OFDI 的增多，那些在国外经营发展得好的中国企业，反过来也会对国内市场造成一定的影响。但是中国也有自己的国情，在适应国际市场规则的同时，也要需要充分结合自身发展的需要，不能盲目地求新追高。因此，良好的国内改革有助于我国的对外投资稳步发展，同时稳健的对外投资反过来也能使国内的发展和改革更好的受益。唯有这种国内国际相互结合的视角，方能帮助我们把握住更科学的政策方向。下面仅就两点举例进行说明：

第一，短中期内，我国的对外直接投资不宜以生产能力的海外转移为主，我国应继续巩固制造业的优势并逐渐在制造业的全球产业链中占据主导地位，做大做强实体经济。当前我国的制造业优势主要体现在成本优势和规模优势上，但是这些优势都呈下降态势。此外，相比制造业强国（如德国和日本），我国制造业的技术优势也不明显。不过，我国的制造业目前已具备一定的产业集聚优势。在对外投资中，当前我国应该继续发挥和巩固制造业的集聚优势，利用制造业转移所存在的空间粘性来防止出现制造业的大规模迁移。我国应充分借鉴和吸取全球金融危机欧美等一些国家的经验和教训，警惕在产业转型、产业升级与淘汰落后产能的过程中，出现产业空心化（吴海民，2012）的情况。这要求中西部在承接东部沿海等地区的产业转移时，加强竞争与服务意识。在国家层面上，也应给予相应的支持和鼓励，防止产业大规模转移至国外，尤其是迁移至中国周边的发展中国家或地区。

第二，结合当前国内混合所有制改革以及推广使用 PPP 模式的发展方向，我们在操作较大规模和较为敏感的对外直接投资项目时，应该特别重视国企（尤其是地方国企）与国内外私人资本的联合的作用，进一步改变央企在某些对外投资领域中的"垄断"地位，努力构建对外投资中的自由平等竞争机制。一般来说，地方国企和私营企业没有中央国企那样的政治敏感性，因此它们的对外直接投资活动在外界看来更可能不受中央政府意愿的左右，这有利于我们在推进对外直接投资项目时减少外部抵制。同时，与国内外私人资本的联合也可以更好的帮助我国国企的对外投资清障引路。有鉴于此，我国应重点鼓励和扶持地方国企以及少数私营企业的大力发展，特别是为它们创造一个更为统一和更为强大的国内市场平台（Meyer，2008），以支撑它们当下和未来的对外直接投资。

（二）促进以资源整合为核心的对外直接投资

当前我国企业在"走出去"时，存在着盲目追求国际化的倾向，片面强调在海外设立分支机构和拓展海外市场，从而使得我国在海外的投资利益面临较高风险。国有企业在发展中国家和不发达国家的不少能源资源投资项目，往往也存在较大风险。在人力资源方面，我国的国际化人才培养能力与资源储备严重不足，企业在对外直接投资的过程中普遍不重视当地人才与国际职业经理人在公司管理中所能发挥的重大作用，绝大部分倾向于雇佣中国人做海外公司的高管层。这也给企业的海外经营带来了较大风险。对外投资的风险较高和失败率较高是我国当前对外投资中存在的重要问题，而造成问题的最根本原因在于对"走出去"战略的理解与贯彻还不到位，在实践中企业忽略了走出去是否能够实现资源最优配置这个最基本的要求。

基于此一问题，我们应进一步明确"走出去"战略的实施要求，对企业国际化的理解应定位于全球范围内的最佳资源配置，而不是单纯追求海外分支机构和海外业务的数量。在当前形势下，中国的走出去战略理应肩负着我国产业转型升级的艰巨任务，并且对外定向投资的确也可以在一定程度上给予帮助。但是从历史和现实的情况来看，我国的产业转型升级主要还是应该依靠自主创新才能实现，因为先进技术这一重要的生产要素很难通过跨国并购来完全实现。有鉴于此，有关部门应加强对我国企业走出去的引导，在对外直接投资方面的决策中重点考察具体的项目或者计划是否有利于加强我方在全球范围内的资源整合能力。在此前提下，我国企业国际化的形式完全可以多样化，包括海外兼并购、和海外企业实施战略联盟、设立海外分支机构、拓展海外市场以及参与全球性的国际分工协作等等。对企业国际化的衡量和考核标准也应据此做出相应的调整。

与此同时，除少数具有战略性意义的对外直接投资项目之外，我国应多引导和鼓励企业自主开展"价值链延伸型"（姚枝仲，李众敏，2011）的对外直接投资。价值链延伸应包括两个方面，即价值链的空间延伸与价值链上的功能或环节升级。前一个方面主要依靠海外生产和经营活动的拓展，而后一个方面主要依靠技术与跨国管理经验的提升。我国的走出去战略，尽管有着很强的国家计划色彩，但是我们也应尊重企业发展与市场本身的规律，不能急躁冒进，缺乏风险意识和风险控制。从西方国家企业的全球化历程来看，主要还是一个企业自主、自生、自然发展的过程，追求的还是生产要素在更大范围内的最优配置，着眼于加强自身在资源整合方面的核心竞争力。

（三）从加强国家治理能力的高度推进对外投资

当前我国的 OFDI，尤其是国企的对外投资，其目标主要定位于国有资产的保值增值，这个目标当然没有问题，但却也只能是一个浅层次的管理目标。和我国对混合所有制的探索一样，我们也应将推进对外投资的工作和中国自身的发展史联系起来看，从而更深刻的理解我国 OF-DI 的战略意义。在这方面，哈佛大学著名企业史学家钱德勒教授的研究极具启发。他通过长时期对美国大企业发展历程的深入考察，发现这些企业在治理结构和组织形式方面的创新极大地影响了它们在国内市场乃至国际市场上的竞争力。在很大程度上，美国之所以能够成为大国，与其早期的大企业乃至后来跨国公司的发展是密不可分的。简而言之，美国大企业的发展与强盛是美国国家实力的重要基础，同时也促进了美国整个国家的管治能力及其在全球的影响力。

站在这一高度来看待我国的 OFDI，其更深层次的目标应在于探索有中国特色社会主义的高效治理结构与组织形式，这种结构与形式必然是与中国的历史和文化密切联系在一起的，因而必定是独特和难以被他国所模仿的。通过我国 OFDI 所探索出的政府与企业的组织形式和互动模式，不仅会对中国公共部门和私营部门的国内治理结构产生深刻影响，而且势必对中国在全球范围内的影响力带来重大影响。而这种高效的治理结构与组织形式不仅将提高中国企业的国际竞争力，同时也构成国家治理体系的一个重要方面，是中国推进国家治理能力现代化的重要基础，对于推动中国国家治理能力的现代化具有非常重要的意义。

从具体的方面来看，当前政府与企业在对外投资方面应有更好的配合。例如，应让我国的一带一路等外交战略与我国的 OFDI 更好的相互促进，从而实现我国硬实力与软实力的良性互动和同步增长。就政府来说，应努力搞好对外直接投资方面的服务和监管工作，为我国 OFDI 的实施创造更好的软环境：首先，我国政府在与别国签订政治经济方面的协定时，应注重对中国海外投资利益的保护，并会同相关的企业与主管部门就相关的条款制定细则；其次，应将我国的金融改革以及金融开放与走出去战略统筹起来考虑，如大力发展我国的海外投资保险业务，为我国企业的海外投资保驾护航；再次，加强对于全球政治、经济、安全以及国际关系方面的研究，为我国企业的对外直接投资提供科学的决策参考；最后，应尽快着手考虑建立起科学的海外国有资产监管体系，改善我国国有资产在海外的风险管理。

中国古代货币和通货膨胀研究

张亚彬

通货膨胀总是和货币联系在一起，一般认为通货膨胀只有在信用货币情况下才会发生。金属货币由于拥有贮藏职能，不会发生通货膨胀。但在中国古代长期使用金属货币的情况下，通货膨胀却屡屡发生。

一 中国古代使用货币的情况

中国是世界上最早拥有货币的国家，早在 2000 多年的商朝就有海贝的出现，后来又出现了铜质的仿贝。在经历过战国时期的各国的分散发行后，秦朝终于用秦半两统一了货币。在此之后，五铢钱流通上千年的时间，直至唐朝铸造开元通宝，一直沿用到清代末期。

中国的货币发展和其他国家和地区的情况有所不同。货币是固定充当一般等价物的商品，其他国家的货币通常是金银充当一般等价物，贵金属具备贮藏职能。中国从贝币发展到仿贝币，并没有出现金银作为标准货币的情况。中国的货币几乎是从一开始就不建立在贵金属的基础上，没有经历过价值贮藏职能到支付手段的过渡，而是直接过渡成为支付手段。①

贝币、珠玉、龟甲、金银都充当过交换媒介，《管子》中提到周代是"以珠玉为上币，黄金为中币，刀布为下币。"春秋战国时期，各国的货币体系虽然不同，基本还是以铜币为主，只有楚国除了用铜币外还

---

① ［英］约翰·希克斯：《经济史理论》，商务印书馆 1987 年版，第 63 页。

用小金块作为货币。

在秦以后，国家的货币逐渐统一。规定黄金为上币，半两钱为下币。汉朝基本接受了秦朝的货币制度，同时使用黄金和半两，后来用五铢钱代替半两。虽然秦汉规定黄金是货币，但在民间基本使用的是铜钱，粮食和布帛也起到了货币的作用。收支巨大的才用黄金，主要是用于赏赐、进贡、助祭、平贾、算赋、买卖官爵、对外交往、窖藏等。[①]民间很少用黄金的原因之一是钱币价值很高，没必要用黄金进行。从民众最基本的食品看，一石米不过几十文。司马迁在货殖列传中写到：籴米二十文则病农，九十文则病商。几十文可以买 120 斤米，一人一年在食品上的支出相对有限。即使加上其他的日常开支，支出也并不是很高。当时能够拥有十金即拥有十万钱之财富，就可以成为中等之家。而一个农民一年之中的花费，包括闾社、尝新及春秋之祀，300 钱已足够；一人一年之衣着费用 300 钱已足够。[②]

唐朝以后，白银开始与钱币并行流通。在此时期，粮食和布帛依旧充当货币使用，金银仍被视为财富宝藏。甚至将绢帛和通宝钱都作为法定货币，至宋代宋仁宗时期收税用银，才将白银定为法定货币，明清开始实行银两制。但银本位的确立已经到了清朝灭亡的前夜，1910 年才有《国币条例》，正式确立银本位。此时英国的金本位制度已经实行了一百年了。

二　中国古代通货膨胀的表现

在封建社会，历代都出现过程度不同的通货膨胀，恶性通货膨胀更是屡屡发生，这些通货膨胀往往是在朝代末期更为严重。

1. 汉朝的通货膨胀

在汉武帝之前，货币的重量极为混乱，政府甚至没有统一货币的铸造权。秦半两轻重不一的主要原因是半两太重，允许民间自行铸造半两钱，于是地方势力在铸钱时大肆消减重量，半两钱形同榆荚，被称为荚

---

① 郭彦岗：《中国历代货币》，商务印书馆 1998 年版，第 20 页。
② 钱穆：《中国经济史》，北京联合出版公司 2014 年版，第 42 页。

钱，民间称为榆荚钱。汉朝货币计算是以铢为单位，12 铢等于半两。汉初铸造的榆荚钱往往只有一铢或三铢，却依旧当半两使用。

榆荚钱的大量使用，加上奸商囤积居奇，造成流通混乱，物价高涨。每石米高达万钱，一匹马价值百金。这是汉朝第一次出现通货膨胀。

吕后当政时期，钱币再次减重，铸造钱文为半两的"五分钱"，虽然也是半两钱，但仅重二铢四，是半两的五分之一。到了汉文帝初年，再次发生通货膨胀。

汉武帝初期，由于对外频繁用兵，国家财政紧张，开始铸造钱文为三铢的三铢钱，由于货币减重，再加上民间私铸，又形成了第三次通货膨胀。

东汉末年，由于天下大乱，董卓曾搜集洛阳和长安的铜人铜器以铸造小钱，钱币质量极为低劣，甚至没有文字。从而造成物价飞涨，每石米甚至高达五六万乃至更高。"献帝初平元年，董卓坏五铢钱，更铸小钱，大五分。尽取洛阳及长安铜人飞廉之属，充鼓铸。其钱无轮廓文章，不便时人，由是货贱物贵，谷一斛至万钱，曹公罢之，还用五铢。"[①] 这是东汉末年的一次通货膨胀，由于董卓之乱平定之后，五铢钱恢复流通，问题才得以解决。

2. 魏晋南北朝时期的通货膨胀

三国时期，魏国的经济实力较强，货币相对稳定，而蜀和吴的情况相对较差。蜀和吴由于经济实力较弱，更加之战争不断，从而造成货币变动频繁，形式多样，往往因为财政困难而铸造大钱。即使强行推行，民间也坚决反对和拒绝使用。

西晋时期，由于八王之乱引起五胡乱华，社会极为混乱，民间已经极少使用钱币，恢复了以物易物的交换方式，主要谷、帛作为交换手段。东晋时期，经济有所恢复，但社会奢靡之风日盛。虽然铸造过仅重一克的沈郎钱，但不敢铸造大钱加剧通货膨胀。民间多用吴国时期的小钱，同时也使用谷、帛，因此通货膨胀并不很严重，甚至主张通货紧缩，这一观点对后世影响深远。

---

① 钱穆：《中国经济史》，北京联合出版公司 2014 年版，第 104 页。

南朝时期有过两次严重的通货膨胀，但也出现了三次较为严重的通货紧缩。由于统治者已经从两晋的通货膨胀中看到了货币混乱的教训，因此并不敢肆意铸造大钱，以避免通货膨胀。但由于并非是统一的时期，各国之间的战争消耗巨大，而各国领土面积不大，人口也相对较少，经济发展相对缓慢。在这种困境之下，也难免在钱币的重量、成色上打主意。刘宋之初曾有元嘉之治，这一时期的钱币铸造质量相对较好，货币流通相对平稳。但在元嘉后期，钱币开始减重，民间私铸也开始增多，货币流通开始出现问题。孝武帝时期铸造的四铢钱只有 1.2克[①]，物价开始飞涨。随后铸造的孝建、永光、景和三种有二铢钱，制造工艺极为低劣。民间私铸更甚，质量更差，往往不磨光亦无边，被称为鹅眼钱。更有线环钱，入水即可漂浮，空手即可以捏碎。从而造成了一次长达二十多年的通货膨胀。南齐时期，由于内部争权，外部战争，国库空虚，只有依赖钱币减重对付，最后专用铁钱流通。由于官方禁止使用铜钱，大量铸造铁五铢，造成铁钱堆积，民间私铸，通货膨胀加剧。由于钱制混乱，形成了一次长达数十年的恶性通货膨胀。北朝的情况相对较好，只有北齐由于宫廷只顾享受，官员贪污腐败，横征暴敛，民间私铸盛行，私铸的材料不仅有铜，还有铅、锡，甚至生铁，从而发生过较为严重的通货膨胀。

3. 隋唐时期的通货膨胀

隋朝初期经济情况较好，加之继承了南朝时期的通货紧缩的思想，钱币长期较为稳定。但在隋朝末期，隋炀帝在军事、建筑上花费巨大，虽然国库积累丰厚，但也被挥霍一空。只有滥发货币，铸造坏钱，重量逐渐减轻。起初千钱重两斤，已经比政府法定减重一半，后又减至一斤，后来甚至剪铁鍱裁皮糊纸当钱用。从而造成物价飞涨，一斛米万钱。[②]

唐朝铸造开元通宝，在贞观时期币值稳定。但到了高宗时期，因为与高丽的战争，铸造乾封泉宝，之比开元通宝略重却要以一当十使用，从而造成通货膨胀。不到一年就停止使用，但民间依旧有私铸的情况。

---

① 郭彦岗：《中国历代货币》，商务印书馆1998年版，第38页。
② 钱穆：《中国经济史》，北京联合出版公司2014年版，第187页。

唐肃宗时期，因为安史之乱，因而铸造乾元重宝，和乾封泉宝重量相当，也要当十使用。后来又铸造新的乾元重宝，又名重轮钱，只是略微增加重量，却要当五十枚开元通宝使用。这样大幅的货币贬值造成物价飞涨，每斗米达到 7000 文，造成"饿死者相枕于道"。① 安史之乱平定之后，由于生产恢复缓慢，物价依旧很高，每斗米在 1000 文以上。和贞观时的三四文，开元时期的一二十文相比，对人们的生活影响甚大。

经过恢复和发展，唐朝的物价逐渐稳定。但到了唐朝末年，由于中央权力日益削弱，物资相对匮乏，时常发生通货膨胀，到光启年间，每斗米已达 30 多万文，人们不再使用钱币，有些地区开始用白银进行交易，民间又恢复了实物贸易。

4. 宋元时期的通货膨胀

两宋的前期社会发展较好，货币也较为稳定，但在末期情况相对较差，问题频出。北宋时期由于军事上的失败，对辽、西夏、金、蒙古都曾有岁贡，这些支出加重了社会的负担。这一时期主要是货币材质引起的通货膨胀，由于钱币的含铜量逐渐减少，成色极差，铁钱流通出现问题。在宋徽宗时期，币制混乱，引起长达数十年的通货膨胀。

由于铁钱体大值小钱重，开始使用纸币。宋朝开始使用纸币后，通货膨胀的更为严重。由于中国人早已普遍接受货币作为支付手段，而不是贮藏手段，中国也成为世界上最早使用纸币的国家。最初发行的交子还规定了发行的限量，并规定用铁钱作为"钞本"，建立了发行准备金制度。但很快就出现了滥发的情况，地方不断申请增加，从而引发纸币的贬值。宋哲宗时期，新钞兑换旧钞的比价已经变成一比五，民间的比率更低。宋徽宗时期，在 1105 年试图改变滥发的情况，将交子改名为钱引。但随即大量发行钱引，1109 年钱引发行数量已经达到 2000 万缗，是最初制定的交子发行限量的 20 多倍。官方的发行依旧不减，以至民间出现了恶性通货膨胀。

元朝时期由于战争不断，统治阶级只顾贪图享乐，以至出现长期的财政赤字。虽然建立了相关的制定，但基本依靠发钞应对财政赤字。到

---

① 《旧唐书·食货志》。

了元朝末期，透支严重，支出竟为收入的 400 多倍，财政支出的 99%以上要靠发钞供应①。这样滥发纸钞形成了严重的通货膨胀，纸币已成废纸，民间自制代用货币，甚至回到以物易物的状态。

5. 明清时期的通货膨胀

明朝前期的货币相对稳定，到了末期，由于朝廷肆意征收矿税，加之平定倭寇、北方战事不断，军费开支骤增，财政陷入困境。明世宗以后，恶钱盛行，无论官方还是民间争相铸造恶钱，不仅钱越来越轻，含铜量也越来越低。肆意的滥铸印发恶性通货膨胀数十年。

清朝前期借鉴了历史的经验，纸币发行基本停止，只在顺治时期曾因为战事短暂发行过，所以货币基本稳定。但到了咸丰时期，为了应对太平天国起义以及战备需要，财政紧张。官方发行官票，面额越发越大，也不兑现，没有钞本。与此同时，还铸造大钱使用，从一当五到一当千。官票和大钱的滥发又一次形成恶性通货膨胀，民间甚至罢市拒用。

三　古代通货膨胀的原因分析

1. 货币铸造不统一、货币轻重不一

在秦朝统一天下的货币之后，将其他各国的货币废除，统一用一种货币。《汉书·食货志》记载："秦兼并天下，币为二等，黄金以镒为名，上币；铜钱质如周钱，文曰'半两'，重如其文。而珠玉龟贝银锡之属为器饰宝藏，然各随时而轻重无常。"然而实际上，秦半两的重量相差极为悬殊。从进来出土的文物看，秦半两有的重达 27 克以上，轻的仅有五、六克。

汉武帝以前，民间私铸货币极为盛行，尤其是汉文帝取消盗铸钱令，放任民间私铸货币，加剧了货币的混乱现象。贾谊虽然上书汉文帝，要求国家统一货币的铸造权，将铜收为国有，使民间不能私自铸币，但并未被采纳。到汉武帝试图禁止私铸货币时，民间私铸货币已经非常猖獗，难以制止，因为私铸而受死刑者数以万计。由于民间私铸货

---

① 郭彦岗：《中国历代货币》，商务印书馆 1998 年版，第 121 页。

币用于谋利，货币轻重不一，扰乱了正常的市场交易。再加上汉朝重新实行分封制，藩王的权力很大，有的藩王因为拥有铜矿，更可以大量铸钱。吴王刘濞拥有的安徽铜矿所铸造的钱被称为吴王钱，让吴王一时富甲天下。即使官方的铸钱也是重量标准不一，有八铢钱、三铢钱、也有四铢钱。但是直到汉武帝元鼎四年，才下令禁止私自铸钱，将铸币权收归中央政府，并专令中央政府的水衡都尉属下的上林三官铸造标准的五铢钱。从此五铢钱才开始定型，并流通了上千年的时间。

官方铸造更大面值的货币，但是却往往造成了通货膨胀。唐高宗时期曾经铸造乾封泉宝，要以一当十使用，但由于实际重量只比开元通宝略重一点，结果造成物价上涨，政府不得不停止铸造。唐肃宗时期，曾两次铸造乾元重宝，规定以一当十，甚至以一当五十使用。

2. 越来越轻、与重量脱钩

从秦半两开始，货币的重量越来越轻。秦半两相当于 12 铢，从汉代到隋代使用的五铢钱只有秦半两的一般重。

唐朝初年，开始铸造新的货币，不再使用五铢钱，由此开创了新的铸币体质。唐高祖四年开始铸造开元通宝，依旧以上林三官的五铢钱为样本。重二铢四，从形式上看只有五铢钱的一半重。

唐朝初年开始铸造开元通宝不再以重量为货币名称，由此改成通宝、重宝等。这样的货币从此和货币脱钩，虽然省去了和重量不相等的麻烦，但也为后来的减重提供了便利。

宋朝开始使用纸币，在全世界是最早的，因为人们早已经接受了货币和重量相分离的事实，只在意使用的方便。纸币的使用让货币完全和重量分离，开始进入信用货币时期，更为通货膨胀开了方便之门。

3. 贵金属并没有被真正当作货币使用

虽然中国很早就开始使用黄金作为货币，但民间并没有普遍使用黄金，并不像西方那样用金币作为流通的货币。从考古发掘看，夏、商、周时期就已经有制作黄金的器物，三星堆遗址中的金饰物证明中国使用黄金的时间是非常早的。在夏商周时期，黄金和龟贝珠玉都曾被当作货币使用。

西汉时期政府储备的黄金数量非常多，但黄金的主要用途是赏赐。汉高祖就曾给陈平四万金令实行反间计，离间项羽和钟离眛的关系。对功臣也大加赏赐，如汉高祖定都关中和汉文帝平定诸吕后都曾赏赐功臣。

黄金基本用于佛教或赏赐。西汉时，黄金被大量用于赏赐，但到了东汉时期赏赐就大为减少。金银饰物大为流行，黄金开始用于制作器物。汉明帝以后，佛教开始在中国盛行，庙宇道观多用黄金。自此之后，黄金大量用于装饰之用，而并非用于货币铸造。从汉明帝到魏晋南北朝时期，佛教用金越来越多，黄金的计算单位已经由斤改为两。

中国古代长期使用贱金属作为主要的货币制造材质，这样虽然是金属货币，但货币的储藏价值难以得到体现。出现通货膨胀后，贱金属不能被民众储藏。尤其是后世大量使用铁、锡等作为金属作为制造钱币的材料，更加剧了通货膨胀的发生。

4. 政府额外支出的增加、战争费用的需要

从中国古代通货膨胀的发生来看，货币的贬值最主要的原因是政府的支出增加，例如贪图享乐以及战争的需要。通货膨胀往往发生在朝代末期，或战乱时期，例如安史之乱的影响。由于生活日益奢靡、战争的发生，这些都会打破原有的财政收支平衡。政府没有多余的积蓄应对，也没有现代的国家债券等形式筹措资金，只有从货币上打主意。在我国古代实行金属货币的制度下，货币的发行并不能像纸币情况下那样随意，所以往往采取减重的方法发行货币。这样就出现了管子轻重论中所说的币重而万物轻，币轻而万物重。这样形成了恶性循环，由于战争导致通货膨胀，通货膨胀使得人们的生活急剧恶化，加剧了社会的不稳定因素，从而导致朝代的更替。

四　通货膨胀的治理思想

1. 《管子》轻重论的思想

中国是世界上最早产生货币的国家，也产生了最早的货币理论。《管子》在货币理论方面已经有了相当系统的分析。在应对通货膨胀方面，《管子》最早提出了货币数量论。认为"币重而万物轻，币轻而万物重。"认为流通中货币数量的多少与货币购买力的大小成反比，与商品价格的高低成正比。这样，国家就要根据实际情况进行调节，通过货

币数量的调整调节物价，使得物价能够控制在一个合理的范围之内，从而避免通货膨胀。

南北朝时，孔觊也曾提出："铸钱之弊，在轻重屡更，重钱患难用，而难用为无累。轻钱弊盗铸，而盗铸为祸深。"① 因此他主张规范使用五铢钱，原因在于此钱不轻不重。

2. 宋朝的称提理论

宋朝出现了世界上最早的纸币，也有最早的纸币管理思想。南宋时期，称提一词经常出现，"称提之术"可以广义的理解为纸币发行和流通的管理原则和方法。"称提"主要通过兑现的措施维持纸币币值的稳定，稳定的含义包括或恢复到原来的币值水平，或提高已经贬值的纸币币值。② 称提理论的具体做法包括健全钞法，如统一货币发行权，规定发钞限额，以及建立钞本即发行保证金制度；也有实行货币回笼，减少流通中纸币的数量，甚至公开卖官鬻爵，以此回收货币。

3. 对通货膨胀原因的认识

在出现通货膨胀的情况下，国家时常铸造大钱，但在物资较为缺乏的情况下，铸造大钱根本无济于事。已经有人认识到通货膨胀并不是货币本身的问题，而是物资匮乏造成的。

在东汉末年，汉桓帝延熹元年，曾有人提议铸造大钱流通。颍川人刘陶劝阻此议不可行。提出：当今之忧患，不再货币问题，而在乎民饥。惟有粮食乃国之所宝，民之所贵。而近年来禾苗为蝗螟所尽，故所急朝夕之餐，与钱货之厚薄、铢两之轻重毫无关系。即使沙砾化为黄金，瓦石变为宝玉，而百姓渴无所饮，饥无所食，即使纯德如羲皇，贤明如唐虞，亦对安国济民无所补益，故铸钱而齐一货币，犹养鱼沸鼎中，栖鸟烈火之上。故建议皇上"宽锲薄之禁，后冶铸之议。"③

五　古代通货膨胀的启示

现代社会对通货膨胀的解释往往从货币数量上解释，中国古代几乎

---

① 钱穆：《中国经济史》，北京联合出版公司2014年版，第159页。
② 马涛、宋丹：《论中国古代货币范畴的特点》，《财经研究》2009年第11期。
③ 《后汉书·刘陶传》。

每个朝代都出现过的通货膨胀，却和发行的数量并没有太多的联系，主要是钱币的重量和材质，这和现代的通货膨胀还有所不同。现代社会由于是信用货币，在现代金融体制中有信用创造机制，通货膨胀的原因也更为复杂。

出现通货膨胀的根本原因还是在于物资的相对缺乏，过多的货币追逐较少的物资。古代的社会生产力相对低下，经济发展速度相对缓慢，货币增加必然造成物价上涨。

在货币数量论的发展中，基本上还是认为货币发行的数量影响着物价的水平，从货币供给的变动来研究对物价的影响，并增加了货币流通速度的研究，认为物价水平是由流通中的货币以及其流通速度所决定的。

马克思在提到货币数量论时则指出，"流通手段量决定于待实现的商品价格总额。"① 这一说法对于流行的货币数量论进行了反驳，认为不是流通的数量决定了价格，事实是正相反。"流通手段量决定于流通商品的价格总额和货币流通的平均速度，还可以表述如下，已知商品价值总额和商品形态变化的平均速度，流通的货币或货币材料的量决定于货币本身的价值。有一种错觉，认为情况恰恰相反，即商品价格决定于流通手段量，而流通手段量又决定于一个国家现有的货币材料量"②。

我们的运用货币数量论时也要注意到，控制货币的数量只是其中的一个方面，从根本上来说，还是经济的发展，物资的供给起决定性作用。从我国国家实际的情况来看，二千年以前的通货膨胀基本是由于供不应求造成的，物资的短缺造成了通货膨胀的屡屡发生。在进入新世纪以后，很多人认为成本的上升成为通货膨胀的主要原因，但在实际中，人们增长的物质和文化需求依旧在质量上得不到满足。我们也应该从以前的对数量的关注逐渐转移到对质量的关注，从而满足人们需求水平的提高。

---

① 马克思：《资本论》第一卷，人民出版社 1975 年版，第 138 页。
② 同上书，第 143 页。

2015 年经济形势分析与 2016 年展望

张永军

2015 年，我国经济发展面临的困难超出预期，经过各方面的努力，我国经济保持了平稳增长的态势，全年 GDP 增长 6.9%，实现了年初确定的主要目标，殊为不易。2016 年我国经济仍然面临较大的经济下行压力，宏观经济政策仍然要把稳定经济增长作为首要任务。应加快实施创新驱动发展战略，通过发展高新技术产业和现代服务业，弥补传统产业下滑的影响。应继续实施积极的财政政策和稳健的货币政策。同时还应该把防范金融风险放在更加突出的位置，在这方面货币政策要发挥较大作用，有必要保持适当力度。

一 经济下行压力有所加大，实现全年目标难能可贵

2015 年以来，面对不利的国内外环境，我国经济能够实现平稳增长，基本实现年初确定的主要预期目标，保证了"十二五"规划目标的实现。更加难能可贵的是，我国经济在调整经济结构方面取得了积极进展，培育新经济增长点也取得了一定效果，为"十三五"时期的经济社会发展打下了较好的基础。

（一）世界经济增长明显低于预期，对我国经济产生较大影响

2015 年，世界经济增长明显低于预期。从国际机构的预测来看，2014 年底国际货币基金组织（IMF）对全球经济增长的预测为 3.6%，

但在年内 4 次下调了对全球经济增长的预测值，到 10 月份下调到了 3.1%，较年初下调了 0.5 个百分点。在世界主要发达经济体中，美国经济增长 2.4%，明显低于年初 IMF 等机构所预计的 3.6%；作为世界第三大经济体的日本在本年度 2 季度环比出现了负增长，这大大超出机构和专家的预期，日本经济全年仅增长 0.4%，也低于年初 IMF 等机构所预计的 0.6%。发展中经济体增速整体下滑，前些年增长态势较强的巴西、俄罗斯经济出现 4% 左右的负增长。受欧洲、日本经济不景气等因素的影响，加上美元保持强势，2015 年国际大宗商品价格出现较大幅度的下降。在全球总需求扩张乏力的背景下，主要发达经济体采取"内向化"的经济政策，加上大宗商品价格下降的影响，导致 2015 年全球贸易总额下滑逾 14%，为金融危机大衰退以来最糟糕的一年。2015 年内美国不断放出风声将采取加息的货币政策，并最终于年底落地，造成资金从发展中国家流出并向发达国家回流。中国作为主要经济体中外贸依存度较高的国家，世界经济增长不如预期，受到的影响比较明显，表现为出口下跌，出现一定规模的资本外流，国际大宗商品价格下跌对我国形成了较大的输入性通缩压力。

（二）年中证券市场出现大幅波动，经济增速受到明显影响

上半年尤其是二季度我国经济能够实现 7% 的经济增长，与服务业的较快增长是分不开的，这其中又与金融服务业上半年高达 17.4% 的快速增长关系密切。由于 6 月下旬之后股市出现大幅度下跌，根据证监会公布的资料估计，三季度股票成交量较二季度下降约 22.4%，不过与上年同期相比仍然增长 1.3 倍左右，三季度金融业增加值增速仍然保持较快增长；但是，随着股价趋于稳定，交易回归正常水平，加上 2014 年四季度交易量已经明显放大并超过正常水平，2015 年四季度股市成交量和交易额同比增速仅为 20% 左右，金融服务业增加值增速很可能出现大幅度回落，第三产业增长的主要拉动力明显减弱，对第三产业增长将会产生很大影响，对国民经济增长的影响将明显加大。2014 年金融业增加值占服务业的 15.3%，占 GDP 的 7.3%，各季度的比例也大致相同，金融业增加值三季度实现 15% 左右的较高增速，估计四季度只能够实现 10% 左右的略高于正常水平的增速，与二季度 19% 的增速相比将分别下降 4 个和 9 个百分点左右，GDP 增速将因此分别受到 0.29 和 0.66 个百分点左右的影响。在此情况下，下半年 GDP 能够实现 6.9% 的增速，可以说相当不易。

（三）下半年国内外需求对经济的拉动作用都有所减弱，保持经济稳定增长的难度加大

从 2015 年的变化情况看，下半年国内需求对经济增长的拉动作用也有所减弱。具体表现在，社会消费品零售额增速尽管在下半年各月份连续回升，消费需求扩张的步伐有所加快、对经济的拉动作用有所增强。但固定资产投资总额的增速呈现持续下滑的态势，2015 年固定资产投资增速较上半年累计增速下降了 1.4 个百分点，较上年同期增速的下滑幅度更大，下降了 5.7 个百分点。综合考虑投资和消费和变化，国内需求对经济的拉动作用较上半年有所减弱。

下半年外需对经济的拉动作用也有所减弱。上半年，由于我国进口下降幅度较大且明显高于出口，导致外贸顺差较上年同期扩大 1.5 倍，从国民经济核算的角度看，外贸净出口对经济的拉动作用较强。但由于从 2014 年下半年开始，国际大宗商品价格开始出现快速下跌，导致我国外贸进口额出现下降，并带动外贸顺差明显增加，因此，从 2015 年下半年开始，我国贸易顺差的同比增长率较上半年明显下降，四季度与上年同期相比只增长 17.3%，外贸净出口对经济的拉动作用明显减弱。

（四）工业品价格持续下跌，对企业运营造成较大影响

2015 年以来工业品价格下跌的压力明显扩大。1—7 月份工业品生产者价格指数（PPI）降幅继续扩大，近五个月 PPI 同比降幅为 5.9%，近四个月工业品购进价格同比降幅为 6.8—6.9%，分别比 2014 年 12 月降幅扩大 2.6 和 2.9 个百分点。这其中尽管在更大程度上是受国内产能过剩和需求不足的影响，但与国际大宗商品价格出现下降关系较大。加上人民币对美元汇率基本保持稳定，输入性价格下降压力对国内价格的影响较为直接。

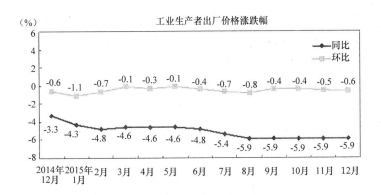

图1　工业品生产者价格变动情况

工业生产者价格和购进价格降幅的扩大，对工业企业的生产运营造成了很大的不利影响。2015 年全国规模以上工业企业实现主营业务收入同比仅增长 0.8%，实现利润总额同比下降 2.3%，国有控股企业实现利润总额同比下降幅度达 21.9%。

（五）财政收入增长低于预算目标，财政政策空间受到限制

2015 年的财政预算报告提出的全国（包括中央和地方）一般公共预算收入增长目标为 7.3%，从执行情况看，2015 年全国一般公共预算收入比上年增长 8.4%，但剔除不可比因素后同口径仅增长 5.8%。从财政收入的结构来看，全国一般公共预算收入中的税收收入同比增长 4.8%，税收收入增长明显低于预算增长目标；而非税收入 27325 亿元，增长 28.9%，同口径增长 10.6%。这些反映出财政增收的压力较大，其中经济增速放缓、工业品价格和进口额下降的影响的影响较为明显。2015 年工业增加值同比增长 6.1%，但工业品生产和购进价格分别下降5.2% 和 6.1%，工业增加值的名义增长应当在 1% 以下，这对各项税收中规模最大的增值税的增长产生较大影响。根据国家税务总局公布的数据，2015 年第二产业税收增长仅 2.1%，由于第二产业税收税收收入占全部的比重较高，对税收收入的增长影响很大。2015 年一般贸易进口（按人民币计价）下降 15.9%，受此影响，进口货物增值税、消费税和关税同比下降幅度都比较大，进口货物增值税、消费税 12517 亿元，同比下降 13.2%；关税 2555 亿元，同比下降 10.2%。下半年还因证券印花税等收入高增长态势不在，财政收入增长受到了更大压力。

二　我国经济走势呈现四个突出亮点

当前，我国经济正处于转型的关键时期，在我国经济面临较大下行压力的背景下，经济转型和结构调整取得了积极进展，实属不易。概括讲，2015 年我国经济运行呈现如下四个亮点。

（一）消费对经济增长的拉动作用明显增强

从需求结构看，全年最终消费对经济增长的贡献率达到 66.4%，较上年同期提高近 15.4 个百分点（见图 2），消费驱动增长的贡献率大幅度提高。尽管这其中有投资对经济增长的贡献相对下降的缘故，但也意味着消费对经济增长的拉动作用明显增强。与投资和净出口的宽幅波动不同，消费需求表现比较稳定。

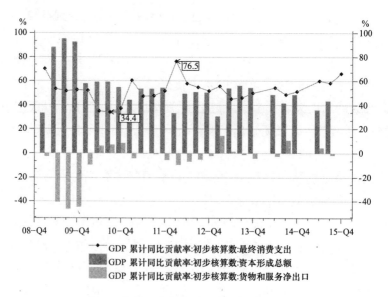

图 2　我国三大需求对经济增长的贡献率

数据来源：Wind 资讯。

2015 年社会消费品零售总额约 27.2 万亿元，同比增长 10.7%，尽管增长率较上年下滑了近 1.3 个百分点（见图 3），但扣除价格因素后，实际增长率与上年相差无几。消费结构继续升级，产品升级换代加速，在限额以上单位商品零售中通讯器材同比增速高达 29.3%，而以网络销售为主的新型消费业态亮点突出，网上实物零售额同比增速高达 31.6%，占到消费品零售总额的 10.8%。值得注意的是，我国商品消费向境外流动的规模不断扩大，虽然总体金额还不到国内社会消费品零售总额的比例还比较小，但近年来增长势头较强。随着我国开展对部分国外日用品降低关税试点和调整部分商品消费税，此政策效应的显现有望引导境外商品消费回流、拉动国内零售总额提升，消费对经济增长的贡献也将更加显著。

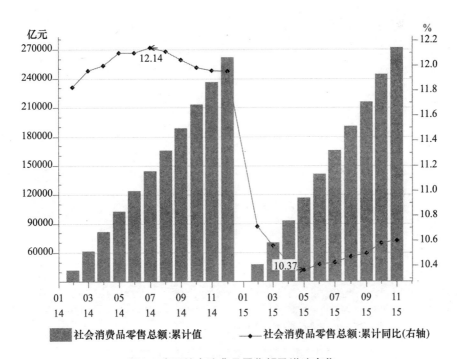

图 3　我国社会消费品零售额及增速变化

数据来源：Wind 资讯。

（二）经济增长正在降低对投资的依赖

投资增速下滑已经成为当前经济增速降至 7% 以下的主导因素。2015 年固定资产投资增速为 10.0%，较上年同期下滑了 5.7 个百分点，工业投资增速为 8.1%，较上年同期下滑 5.1 个百分点，房地产开发投资增速只有 1.0%，较上年下滑 10.5 个百分点（见图 4）。从另一角度看，经济增长正在降低对投资尤其是房地产投资的依赖。由于房地产业在国民经济中具有重要地位，过去 10 多年中国经济高速增长是建立在对房地产投资高度依赖的基础上的，表现在房地产开发投资增速与我国 GDP 增速走势趋同。值得注意的是，2015 年以来，这种趋势尽管没有发生改变，但经济增长对房地产投资的依赖正在减轻。同时这也预示着中国经济转型要经历一个阵痛期。

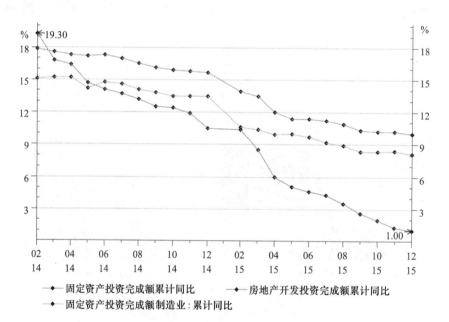

图 4　固定资产投资完成额累计同比变化

数据来源：Wind 资讯。

（三）服务业对经济增长的贡献显著扩大

从产业结构看，2015 年第三产业占 GDP 比重上升至 50.5%，比上年同期提高 2.3 个百分点，高于第二产业 10 个百分点（见图 5）。第三产业对 GDP 增长的贡献率高达 57.7%，高于第二产业 20.6 个百分点（见图 6）。这主要得益于金融服务业增长较快，金融服务业对 GDP 累计贡献率高达 16.9%，远高于 2014 年同期的贡献率（见图 7），其中资产规模超过 8 万亿元的证券行业对第三产业贡献较大，仅上半年股票交易金额累计同比增长了 543%，大幅度增加了金融服务业的增加值。尽管下半年金融服务业的增长势头减弱，但房地产交易回暖对服务业乃至整个经济增长的拉动作用增强，弥补了金融业增长放缓的影响。从长期看，金融、房地产业的增长势头较将会有所放慢，可以预计的是第三产业对经济增长的贡献不会出现大幅下滑，是因为包括信息服务、快递物流在内的新兴服务业快速增长，对第三产业将会提供新的支撑。这些结构性变化意味着我国由工业主导向服务业主导转变趋势还在延续。

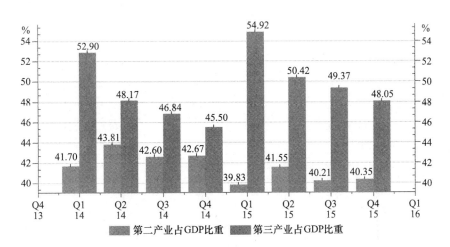

图 5　我国二、三产业增加值占 GDP 比重

数据来源：Wind 资讯。

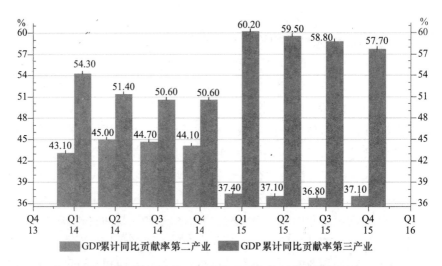

图 6　我国第二产业、第三产业对 GDP 增长累计贡献率

数据来源：Wind 资讯。

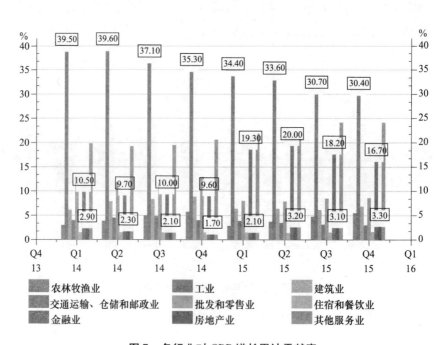

图 7　各行业对 GDP 增长累计贡献率

数据来源：Wind 资讯。

（四）居民收入增长超过 GDP 增速且城乡差距缩小

我国居民收入增长出现可喜变化。据城乡一体化住户调查，2015年全国居民人均可支配收入 21966 元，扣除价格因素实际增长 7.4%，高于同期 GDP 增速 0.5 个百分点，其中主要是农村居民人均可支配收入增长超过 GDP 增速，实际增长 7.5%，快于同期城镇居民人均可支配收入 0.9 个百分点（见图 7）。城乡居民人均收入差距进一步缩小，城乡居民人均收入倍差为 2.73，较上年同期缩小了 0.02。要在 2020 年确保全面实现小康，提高农村居民收入水平是非常关键的环节，这是民生改善并使大多数人享受到改革成果的具体体现。

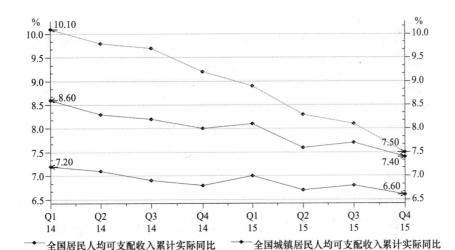

图 8　全国居民人均可支配收入累计实际同比变化

数据来源：Wind 资讯。

三　我国经济实现中高速增长得益于结构调整取得积极进展

对于 2015 年我国经济实现 7% 左右的经济增长，有的机构和专家主要从能源与经济增长、需求与产出之间的关系不符合过去的经验，从不同角度对经济增长的可靠性提出了置疑。我们认为，这样的变化主要源于结构调整的影响，不仅不能从中得出数据不可靠的结论，反而说明结构调整取得的积极进展成为我国经济实现中高速增长的重要推动因素。

（一）能源、运输指标增速偏低与工业结构调整关系密切

有的机构和专家认为，2015 年的经济增长速度与上年相比回落幅度不大，但用电量、货运量等指标增速明显回落，用电量、货运量的低速增长难以支撑 7% 的经济增长速度，经济指标之间的关系不协调。更有专家和机构认为，这说明经济增速可能有一定水分。

直观看，2014 年，我国 GDP 增长 7.3%，全社会用电量增长 3.8%，货运量增长 7.0%，货物周转量增长 10.6%；2015 年我国 GDP 增长 6.9%，全社会用电量增长 0.5%，货运量增长 4.4%，货物周转量下降 0.5%；GDP 增速与后面两者增速的变化幅度存在较大差异，上述看法似乎有一定道理。

经过分析，我们认为，观察不同种类经济指标变化之间的关系，不仅要根据经验关系，还要考虑到新情况，特别是要注意结构变化对不同种类经济指标之间关系的影响。

从全社会用电量来看，2015 年全社会用电量增长率较低，与 GDP 增长率的差距拉大，同经济结构的变化有关。因为在我国的电力消费结构中，工业生产所消耗的电量，占我国全社会用电量的 70% 以上（2014 年占 72.3%），工业部门生产每单位增加值所消耗的电量，要比服务业高得多。从三次产业的结构来看，2015 年前三季度由于第二产业尤其是工业生产的增速降低，而服务业成为拉动经济增长的主要动力，这本身会导致全社会用电量增幅的放缓。

当然，我们也注意到，2015 年我国规模以上工业增加值增速为 6.1%，与 2014 年的 8.3% 相比下降了 2.2 个百分点，这比用电量增速的下降幅度也要小不少。因此，工业电力消耗增速明显下降的原因，还需从工业生产结构变化中去寻找。在我国工业的 41 个细分行业中，电力消耗主要集中于电力热力的生产和供应业、黑色金属冶炼及压延加工业、有色金属冶炼及压延加工业、化学原料及化学制品制造业、非金属

矿物制品业、纺织业、金属制品业、煤炭开采和洗选业等八大高耗能行业。2012 年，这八个行业的用电量，占全部工业用电量的 71.4%。2013 年，这八个行业的主营业务收入，占全部工业的 39.5%。也就是说，这些行业用电量的变化对全部工业的影响要明显大于对工业销售收入和增加值的影响。2015 年生铁产量同比下降 3.5%，粗钢产量同比下降 2.3%。化工行业中，烧碱产量同比下降 1.4%。非金属矿物制品业中，水泥产量同比下降 4.9%，平板玻璃产量同比下降 8.6%。煤炭行业中，煤炭产量 36.85 亿吨，同比减少 1.85 亿吨，下降 3.5%；焦炭产量 4.48 亿吨，同比减少 0.24 亿吨，同比下降 6.5%。可以看出，除了有色金属行业的产品产量增速较上年略有加快之外，其他几个耗电强度较高的行业，主要产品的产量要么减少，要么同比增速明显下降，这是导致 2015 年工业用电量增速出现明显下降的重要原因。

与此同时，我国一些附加值高、能源消耗强度低的产业，2015 年增速明显提高。高技术产业增加值增长 10.2%，比规模以上工业企业增加值增速高 4.1 个百分点；生产集成电路 1087 亿块，同比增长 6.8%；移动通信基站设备同比增长 13.3%。这说明在国家调整产业结构相关政策的影响和市场供求关系的引导下，我国工业生产结构正在朝着降低能源消耗、提质增效的方向进行调整。

从货运量的变化情况来看，由于煤炭、钢铁、水泥等行业在进行调整，主要产品产量下降，对货运量和货物周转量产生了较大影响。根据统计数据，在我国货物运输中，煤炭、钢铁、金属矿石等产品的运输量比重大，2013 年曾占国家铁路货物运输总量 32.2 亿吨的 74.5%。但 2015 年全国铁路累计发运煤炭 20 亿吨，同比减少 2.9 亿吨，下降 12.6%；主要港口发运煤炭 6.58 亿吨，同比下降 6.2%。国内铁矿石原矿产量 13.8 亿吨，同比下降 7.7%。这些因素是导致货运量和货运周转量增速下降的重要原因，但这些因素对经济整体增速的影响相对较小。

（二）经济增长得到了需求方面的支撑

有的专家和机构认为，2015 年社会消费品零售额、固定资产投资、出口额增速与上年相比都出现了不同程度的下降，尤其是投资下降幅度较大，出口还由正增长转为负增长，说明社会总需求扩张步伐明显放缓了，经济增长也应该有明显下降才比较合理。我们认为，上述这些分析对影响总需求的因素考察得不够全面，社会总需求的扩张对经济增长7%左右给予了较强的支持。

一是从消费需求来看，尽管社会消费品零售额名义增速轻微下降，但考虑到零售价格涨幅也有所下降，社会消费品零售额实际增速大体保持平稳。其次，服务消费呈现较快增长势头。需要指出的是，社会消费品零售额只对应于商品消费的一部分，服务消费也是总消费的重要组成部分。根据现在居民和政府的消费支出结构，服务消费在总消费中至少占20%。2015年我国服务消费呈现较快增长势头，2015年中国接待国内外旅游人数超过41亿人次，旅游总收入突破4万亿元，分别比2014年增长10%和12%；电信业务总量完成23141.7亿元，同比增长27.5%，比上年提高12个百分点。这些情况意味着我国总消费增长没有减速，对经济增长的贡献较大。2015年消费对经济增长的贡献率达到66.4%，比去年同期提高了15.4个百分点，消费对经济增长的贡献大幅度提升。

二是从投资需求来看，我国固定资产投资增长率确实有所下降，对经济增长的拉动作用也有所下降。但对经济拉动作用较强的若干领域投资增速有所回升，有的保持高位增长。2015年基础设施投资同比增长17.2%，其中道路运输业投资增长16.7%；这些领域因所需产品的生产链条较长，对经济的拉动作用较强。

三是从外需来看，尽管我国出口确实出现了下降，但由于受国内需求不旺等因素的影响，我国进口的下降幅度更大，使得我国的贸易顺差明显扩大，较上年大幅度增长。2015年我国贸易顺差为3.69万亿元，比上年同期扩大56.7%，这也意味着净出口呈现大幅度增长的态势，从国民经济核算的角度看，对经济增长的贡献有所扩大。

总体来看，2015年主要经济指标的变化确实有一些不太符合过去的经验，这些变化更多是由经济结构的变化引起的，并不意味着经济数据之间的不协调。如果据此推测中国经济数据不可靠，更是站不住脚的。这些情况正好在一定程度上说明，国家引导产业结构调整、把重点放在提高经济增长质量的政策正在发挥积极作用。

四 中国为世界经济增长添加巨大正能量

最近一段时间，一些国外媒体和人士宣称，中国经济增长放缓拖累了全球经济增长。中国和世界经济的相关数据表明，这样的言论是不符合事实的，也是站不住脚的。

（一）中国对世界经济的贡献率依然高居榜首

2015 年，中国经济增长 6.9%，这项数据经中国国家统计局发布后，在世界范围内得到不少好评。但也有一些国外媒体不经过深入的分析，将此评价为"跌破7%"、"创25年最低"。笔者以为，这样的评价是肤浅的。首先，随着中国经济规模的扩大，中国经济增长速度出现一定程度的放缓，是符合许多国家和地区经济发展的规律的。其次，即便中国经济增速出现一定程度的放缓，但在全球依然名列前茅。根据现在可得到的数据，在全球规模较大的经济体中，中国经济增速仅略低于印度的 7.6%，远高于美、英、德、法等发达经济体2%左右的增速。目前国际货币基金组织（IMF）对 2015 年世界经济增长的估计值为 3.1%，中国经济增长速度是这一速度的 2 倍多。再者，随着中国经济在全球所占比重的上升，尽管中国经济略有减速，但对全球经济增长的贡献仍然较大，按照目前 IMF 对 2015 年世界经济增长 3.1% 的估计，中国经济对世界经济的贡献率接近30%，仍然高于世界第一大经济体美国的贡献率，也明显高于经济增长率略高于中国的印度的贡献率。

（二）中国需求成为稳定国际市场的重要力量

2015 年，在世界经济增长放缓的同时，国际大宗商品供大于求的态势更加严重，价格延续了下跌的势头，有些媒体和机构将原因归结到中国头上，声称由于中国经济放缓导致对大宗商品需求的减缓，是导致国际大宗商品价格下跌的重要原因。国际大宗商品价格下跌的原因是复杂的，但主要表现为需求低迷。以受关注程度较高的石油价格为例，据 IMF 估计，2015 年英国布伦特、迪拜法塔赫和美国西得克萨斯轻质原油平均价格下跌幅度达 47.1%，但应该注意的是，2015 年中国自国际市场进口的原油不仅没有下降，反而出现了 8.8% 这样较大幅度的增长。此外，2015 年中国进口的铁矿石和精矿增长了 2.2%，矿物肥料和化肥增长了 16.6%，天然和合成橡胶增长了 15.3%，主要农产品进口也都有不同程度的增长。可以肯定，如果没有来自中国需求的支撑，国际大宗商品价格的下跌幅度肯定会更大。中国需求是抑制国际大宗商品价格下跌的重要力量。由此可见，将国际大宗商品价格下跌的原因归结到中国身上，是何等的荒谬！中国在稳定国际市场方面的作用还体现在，大量居民出境旅游并在境外市场购买消费品，对所在国市场产生了直接的拉动作用。据相关方面统计，2015 年中国赴韩国旅游次数约为 611 万次，中国人占赴韩外国游客的 40%，中国游客平均在韩消费 2170 美元，主要用于住宿、交通和购物，共为韩国经济贡献了 220 亿美元，占到韩国 GDP 的 2.6%。

（三）中国对外投资为世界经济增长做出重要贡献

中国不仅通过自身的经济增长对世界经济增长做出了贡献，同时还通过对外投资拉动了世界经济的增长。根据联合国贸发会议发布的数据，2015 年全球跨国直接投资增长很快，增幅达 36%，不过主要体现在发达经济体的流入额，流入发展中国家的外商直接投资仅增长 5%，而且集中于亚洲发展中地区。除去亚洲发展中地区外，实际上其他地区发展中国家的外资流入额出现 10% 以上的负增长。但在这种情况下，中国对外直接投资尤其是对发展中国家的投资增长较快，2015 年中国对外直接投资达到 1180.2 亿美元的历史最高值，同比增长 14.7%，有相当部分投向了发展中国家。据统计，2015 年我国企业共对"一带一路"相关的 49 个国家进行了直接投资，投资额合计 148.2 亿美元，同比增长 18.2%，这其中多数是发展中国家。在不少发展中国家受外资流出困扰且对经济运行产生较大影响的情况下，中国对这些国家的直接投资有力地支持了其经济发展。

（四）人民币汇率稳中有升对国际金融市场和世界经济稳定发挥了重要作用

中国对世界经济增长发挥稳定作用还表现在，随着国际经济形势变化，特别是由于主要发达经济体货币政策的不同步并产生外溢影响，多数其他货币对作为全球主要交易和储备货币的美元出现较大幅度的贬值时，人民币没有像其他货币那样对美元明显贬值，在稳定国际金融市场方面发挥了积极作用。2015 年，欧元对美元汇率贬值 16.5%，日元对美元汇率贬值 12.5%，甚至是经济增长速度快于中国的印度，其货币卢比也对美元贬值了 3.9%。同时，由于人民币对美元汇率保持基本稳定，而多数其他货币对美元出现不同幅度的贬值，人民币实际有效汇率出现了较大幅度的升值。根据国际清算银行（BIS）公布的实际有效汇率指数，2015 年月度平均指数升值幅度达到 9.7%。在这样的情况下，即便中国的出口出现了一定幅度的下降，中国并没有像其他一些国家那样选择诱导本币贬值的政策，承担了一个大国在稳定世界经济方面的责任。

通过以上分析，我们能够看到，中国经济不仅没有拖累世界经济增长，而且为世界经济增长添加了巨大的正能量。

五　2016 年我国经济增长下行压力较大，不确定因素增多

2016 年，面临复杂严峻的国内外形势，我国经济增长承受的下行压力进一步增大，面临的不确定因素增多。

（一）2016 年的国际环境更为严峻复杂，

2015 年临近尾声，美联储启动了加息的按钮，这是美国货币政策转向的重要标志。作为全球最为重要的储备货币和讲价结算货币，美联储加息在全球市场引起了巨大影响，近期阿根廷比索等货币较大幅度的贬值，国际油价一度下跌到每桶 30 美元以下，全球主要股市市场纷纷出现下跌。这种变化究竟会在何种程度上影响全球实体经济的发展尚无法衡量，但鉴于 2015 年巴西、俄罗斯经济已经因货币贬值、油价等大宗商品价格下跌而出现 4% 左右的负增长；2016 年随着这种影响的进一步发酵，更多新兴经济体的贸易收支状况会更加恶化，资本流出的情况会延续甚至规模还会扩大，不排除有更多经济体出现负增长的可能性。

根据经济合作发展组织（OECD）最近发布的经济景气数据，由发达国家和中国、印度、印尼、巴西、俄罗斯、南非六大新兴经济体景气指数加权合成所形成的指数，近期低于长期增长趋势值，说明未来世界经济走势不容乐观。国际货币基金组织总裁拉嘉德称，2016 年全球经济增长将令人失望且不平稳，代表了国际组织对 2016 年世界经济的不乐观预期。

2015 年，我国经济已经受到国际经济环境的不利影响。一方面体现为我国外贸出口出现小幅下降的情况，另一方面体现为资本出现一定规模的外流，2015 年我国外汇储备减少 5100 多亿美元，在一定程度上就说明了其影响。2016 年，这些情况无疑会对我国经济运行继续产生影响。在美联储于 2015 年 12 月 16 日决定加息之后，人民币汇率也出现了一定幅度的下跌，12 月当月外汇储备减少逾千亿美元，尽管这其中有欧元等货币对美元贬值和国内企业结汇意愿下降等因素的影响，但也反映了汇率贬值等因素的影响有所加大。部分外汇资金从我国流出，在一定程度上会影响到外汇资金的信贷规模，进而对投资产生不利影响。

（二）传统产业将面临更大压力，去产能去库存任务艰巨

受前期形成产能规模较大和当期需求不足的影响，我国一些产业出现产能严重过剩的问题，主要表现为钢铁、有色金属、水泥、玻璃等产业和产品上。如上所述，2015 年钢铁、水泥、玻璃等产业已经在压缩产能，并取得一定进展，但由于受房地产投资增速明显下滑等因素的影响，这些产品的库存不仅没有减少，不少产品的库存还在增加。截至的 2015 年 9 月底，工业企业库存量与年初相比，钢材增加 17.2%，水泥增加 16.4%，平板玻璃增加 24.8%，而有色金属由于 2015 年产量增长较快，更是增加了 47.6%。同时，一些工业消费品库存也大幅度增加，9 月底汽车库存量较年初增加 19.8%，摩托车库存量较年初增加 32.8%，两轮脚踏自行车库存量较年初增加 48.7%。这些情况说明，传统产业去产能去库存任务非常艰巨，2016 年工业生产仍将面临较大压力。

（三）新兴产业的培育初见成效，但仍然任重道远

近年来，为加快经济转型和结构调整，国家在培育战略性新兴产业方面出台了不少鼓励性措施，而且确实收到了实效。例如，"十二五"期间战略性新兴产业增加值占 GDP 的比重明显提高，根据 2015 年的情况估计，将从 2010 年的 4% 提高到 2015 年的略微超过 8%。前面我们所列举的一些高技术产品增长也很快。

但是，总体来看，目前战略性新兴产业在我国经济中所占比重还比较低，高技术产业增加值占规模以上工业企业增加值的比重也仅仅稍微超过 10%。而我们前面所述的七大传统产业，占工业的比重近 40%。相对而言，战略性新兴产业所占比重还低得多。从进出口的情况来看，2014 年我国进口机电产品金额为 8541 亿美元，已经连续两年保持在 8000 亿美元以上，可见我国在这方面的缺口有多大，这也正反映出我国产业的短板之所在。在传统产业面临去产能的情况下，只有大力培育和发展战略性新兴产业，加大对经济增长的拉动作用，才能在更大程度上弥补传统产业减速甚至负增长的影响。

（四）股票市场波动可能会对经济运行带来不利的滞后影响

2015 年 6 月份以来，我国股票市场出现了较大幅度的波动，根据前述分析，这不仅会对 2016 服务业增加值的增长产生直接影响，还可能通过对金融市场的运行间接影响经济走势。当前，我国企业负债率较高，已经成为影响企业健康发展的瓶颈，这也是中央经济工作会议要求"去杠杆"的重要原因。降低企业杠杆率，除了减少企业负债和借贷之外，就是增加企业的资本金，这方面资本市场担负着重要责任。但当前由于资本市场存在一些制度缺陷，加上整体经济不景气，2015 年还由于市场波动幅度较大而一度停止了股市的 IPO，这些会对企业融资产生不利影响，"去杠杆"面临的困难增加。

六　稳增长措施将逐步显现效果，经济增长有望缓中趋稳

2016 年尽管经济发展面临严峻形势，但应看到我国经济运行中的积极因素，一系列稳定经济增长措施的效果将逐步显现，预计经济下行态势在未来一段时间将得到抑制。

（一）深化改革开放和实施创新驱动战略增添经济新活力

当前，我国政府正在通过简政放权和转变政府职能向社会提供更好的营商环境，同时通过市场准入、财税、国企、商事、要素价格等经济体制改革和建立开放型经济新体制为经济发展注入新的活力。一是制定了互联网＋行动计划、中国制造 2025，全面实施创新驱动战略，积极推动产业结构优化和传统制造转型升级，激发"大众创业、万众创新"热潮，涌现一批新产业、新技术、新业态。二是有序推进"一带一路"战略和开放型经济体制建设，帮助企业寻找国际合作新空间，推动中国企业"走出去"，加快优势产能、先进技术、新兴市场等的国际合作，加快推进外贸新型商业模式发展，包括加快落实促进跨境电子商务健康快速发展的指导意见，切实促进进出口的平稳增长。

（二）"稳增长"政策力度加大并逐步见效

近年来宏观调控政策的重心在于稳增长、调结构、惠民生、防风险。由于 2015 年一季度经济增速表现不及预期，2015 年 4 月 30 日中央政治局会议要求，高度重视应对经济下行压力，把稳增长放在更加重要的位置。各类刺激增长政策逐步加码。一是加大基础设施和公共服务建设的投入，其中上半年列入计划的项目，2015 年下半年进入实际建设过程中。财政部提出要加大力度推进重大项目建设，包括加快拨付重大水利工程项目资金、充分利用铁路发展基金和国家集成电路产业投资基金等，发改委提出要推出四大工程包，即战略性新兴产业、增强制造业核心竞争力、现代物流和城市轨道交通，以加强基础设施的有效投资。二是前期降准、降息等更加宽松货币政策，将进一步改善市场流动性，

使资金约束有所缓解。三是 2015 年二季度以来部分地区房产销售回暖，由此带动下半年房地产开发投资增加，以及钢铁、水泥、装饰材料等产业补库存需要。四是在地方债置换加码和支持借新还旧政策下，地方政府的债务压力减轻，投资积极性将会被带动起来，投资力度将有所加大。五是出台了稳定外贸的政策，降低部分商品关税和调整消费税，有望进一步提振进出口和消费回流，净出口和最终消费对经济增长的正向拉动作用还会增大。

（三）财政资金的使用效率有可能提高

为应对经济下行压力，中央政府提出要盘活财政存量资金，让积极财政政策有效发力，有效支持经济增长。一是财政存款余额仍有活用空间。据审计署抽查数据显示，2014 年底抽查的 22 个中央部门有存量资金 1495 亿元，18 个省本级财政有存量资金 1.19 万亿元。截止 2015 年 10 月末，我国财政资金存款余额约有 4.8 万多亿元，上半年各级财政已收回沉淀和违规资金 2500 多亿元。这些存量资金可以统筹盘活，用于急需的重大项目和公共服务建设领域，发挥财政资金四两拨千斤的撬动作用。

（四）货币回流有利加强对实体经济领域的支持

自 2014 年下半年以来，央行多次采取了降低利率和准备金率的措施，意在扩大资金供应，满足经济运行的需要尤其是支持实体经济发展。但由于上半年股市行情高涨，大量资金流入股市，分流了社会资金，加上其他因素的影响，并未明显起到支持实体经济发展的作用。不过自 2015 年 6 月份股市价格出现下降以来，进入工商企业的资金增多，以工商企业活期存款为重要组成部分的 M1 增速连续提高，从 2015 年 5 月末的 4.7% 回升到 12 月底的 15.2%，这就为扩大对工商企业的金融支持提供了基础。

七 分析与建议

根据上述两方面的分析，2016 年我国经济增速将缓中趋稳，继续保持中高速平稳经济增长的可能性较大。在国际经济不出现较严重动荡的情况下，通过加大供给侧改革提高经济运行效率，通过实施扩大需求的政策拉动经济增长，2016 年我国经济有望实现增长 6.7% 左右，经济结构持续得到改善。

（一）加大创新驱动、"互联网＋"等战略举措的落实力度

通过加快发展战略性新兴产业、高技术产业、现代服务业，使其对弥补产能过剩产业、传统产业的负增长或低速增长产生更强的作用。同时，也可推动我国发展方式转变、产业结构优化升级。应认真贯彻落实"互联网＋"、"中国制造 2025"等文件，充分发挥其积极作用，为多个领域的发展注入新动力。从短期看，建议在以下几方面采取措施：一是要加快成熟技术成果的转化力度，培育新兴产业。要加快相关制度建设，培育和完善科技成果交易市场。重视军工产业与民用产业的相互结合，用军工技术带动民用产业的发展。二是要加快相关制度改革，形成更加合理的创新激励机制。各地要制定促进科技成果转化股权和分红激励的实施办法。改进国有企业的考核体系，把创新投入、成果转化等放在更加重要的位置，适度弱化短期盈利目标的权重，鼓励企业增加研发投入。三是要鼓励协同创新，提高人才、资金的使用效率。科技部、国家自然科学基金会、国家社会科学基金会等管理机构要加强构通协调，减少科技研发项目的重复性投入，设立协同创新中心，使创新要素发挥更高的效率。

（二）细化落实供给侧改革措施，提高经济运行的效率

中央经济工作会议将推进供给侧改革作为今年经济工作的主要任务，这抓住了当前我国经济运行中的主要矛盾。根据分析，2012 年我国经济的总体增加值率为 33.5%，比美国低 22.8 个百分点，我国工业和服务业的增加值率也低于美国 10 多个百分点，与日本等发达国家相比，我国也存在较大差距。因此，通过推进供给侧改革，提高经济的运行效率，是提高我国经济发展质量、增强企业国际竞争力的重要途径。2016 年要研究落实降低工业企业的增值税率，扩大服务业"营改增"的实施范围。要适当降低企业用电的价格，继续清理针对企业和居民的

不合理收费。要加快解决过去"企业办社会"所形成的历史遗留问题，减轻企业的负担。

（三）抑制投资增速下滑势头，提高投资拉动经济增长的效果

投资增长速度下滑是造成内需扩张步伐放缓的主要因素，投资拉动经济增长的作用降低进一步减弱了其稳增长的效果。在继续实施稳健货币政策的同时，应细化定向操作的针对性，对不同种类的企业采取区别对待的政策，避免银行"一刀切"地减少对企业的信贷支持。同时，中央政府可采取财政贴息等方式，降低信贷成本；地方政府可通过召开银企见面会等形式，在银行和企业之间发挥沟通信息的桥梁作用；刺激企业的贷款需求和银行的资金供给。建议国务院召集专门会议研究固定资本形成率持续下降的原因，寻找提高固定资本形成率的有效途径，增强投资对经济的拉动作用。在投资方向上，对基础设施建设、节能减排、循环经济、新型城镇化、新兴产业及新技术、新产品、新业态和新商业模式加大力度。要结合京津冀协同发展、长江经济带建设、"一带一路"建设，发挥投资的积极作用。结合"中国制造 2025"计划、"互联网＋"行动计划、开展国际产能和装备制造合作等，通过有效投资加快产业结构优化升级。

（四）注重发挥积极财政政策的作用，适当增加赤字规模

目前我国财政政策仍有较大的操作空间。2015 年计划的财政赤字规模是 1.62 万亿元，占 GDP 比重的 2.3%，远低于 3% 的安全线，加上上年未使用的预算结余，预计年内实际财政赤字实际可用额度为 2.4 万亿元左右。2016 年稳定经济增长的任务艰巨，预算赤字还可在此基础上进一步扩大，可以考虑将赤字占 GDP 的比率提高到接近 3% 的水平。同时，可继续通过发债置换前期债务。我国政府债务尚处在安全范围之内，目前中央政府债务占 GDP 比重用广义口径来计算也不超过30%，包括地方政府债务在内也仍然在 60% 的安全线以内，各级政府仍有发债空间实现前期债务的置换。而且政府仍有大量的优质资产可以证券化。当前，各级政府依然有大量优质资产可以用来做抵押与信用担保，这将可以部分解决建设资金来源约束问题，也利于缓解短期偿债

压力。

（五）稳健货币政策在操作上可以更为积极，并注意疏通传导机制

根据中央经济工作会议精神，2016年将继续实施稳健的货币政策。我们建议，可参照2015年的经验，货币政策在操作上可以更为积极一些，并注意防范风险。可进一步降低准备金率。2015年金融管理部门取消了金融机构存贷款比率的限制，但目前大型金融机构的存款准备金率仍然处在17%的较高水平，限制了银行等机构放款能力的发挥。过去几年我国实行较高的准备金率，一方面是要对冲通过外汇占款规模较大所形成的基础货币投放，同时要控制因此形成的货币发行以减轻通货膨胀压力，但目前这些问题都已经不存在，应根据经济形势的变化，小幅多次降低准备金率，将准备金率降低到国际金融危机前10%左右的水平。2016年可考虑降低3—5个百分点，为银行扩大放款规模创造条件，以后再根据情况进行适当调整。同时，可择机适当降低利率，因一年期存款的实际利率已经降到0左右，2016年如果降低利率可考虑主要采取非对称降息的方式，将存贷款利差从目前的2.85%降低0.5个百分点。

除了保持货币供应量的适度增长外，要注意疏通货币政策的传导渠道，降低企业的融资成本。要鼓励民营企业发起设立或参股金融机构，降低中小金融机构税率，适当增加对小微金融机构的扶持

（六）稳定人民币汇率预期，必要时仍可小幅贬值

2015年下半年以来，人民币汇率贬值压力有所增大。8月中旬，人民币汇率中间价形成机制改革，因此释放了此前积累的人民币贬值压力，人民币汇率连续三天贬值，贬值幅度一度接近5%。2015年12月中旬美联储加息后，人民币兑美元汇率又出现了小幅贬值，从6.4757元/美元的水平贬值到2016年1月19日的6.5593元/美元，呈现大体稳定、小幅贬值的态势。但由于种种原因，2015年一部分外资在流出中国，一部分企业和居民留存外汇资金的意愿上升，加上其他一些货币种类的外汇资产因为美元升值而缩水，我国外汇储备连续数月下降，全年下降超过5100亿美元。外界一直担心人民币汇率可能会继续贬值。

为了稳定人民币汇率的预期，我们认为，央行应通过多种手段合理引导人民币汇率预期、化解人民币贬值的压力。

我们从不同国家汇率与人均 GDP 水平的关系这一角度进行了测算，目前人民币汇率与中国人均 GDP 水平大体上吻合，人民币兑美元汇率水平保持在 6.4—6.8 的区间内大体上是合理的。

鉴于 2015 年底美联储采取加息的政策后，美元可能继续升值。如果出现这样的情况，人民币还可以进一步小幅贬值。尽管从经济发展趋势和贸易差额两个方面看，人民币汇率在长期内不存在贬值的趋势，但同时应看到，短期内人民币确实存在一定的贬值压力。从国际清算银行等机构所编制的人民币实际有效汇率指数看，近期处于 1994 年以来的最高水平，这可能意味着人民币经过十年时间的升值，已经稍微有些升值过头，也存在适度贬值的空间。另外，当前人民币钉住的是一揽子货币，并非单单钉住美元，将人民币与欧元、日元的汇率走势进行对比，人民币汇率面临贬值的压力，对美元汇率出现调整是正常的。从减轻国际通货紧缩压力向我国国内传导的角度看，人民币汇率的短期贬值也有其经济合理性。

根据近期人民币汇率变动所产生的影响，作为世界第二大经济体，宏观经济政策的调整，事先要充分考虑其溢出效应，应加强对市场预期的引导，并加强与主要经济体的政策协调。

（七）大力推进新型城镇化和农业现代化，促进城乡协调发展

认真贯彻落实 2015 年中央城市工作会议精神和《中共中央、国务院关于落实发展新理念加快农业现代化的若干意见》，大力推进新型城镇化和农业现代化，促进城乡协调发展。在推进城镇化方面，要以加快实施居住证制度为重点，保障城镇各类居住者在义务教育等方面的权力，有关部门要加大对各城市执行此项政策的督察力度，推动城镇常驻人口基本公共服务化，加快城镇流动人口市民化进程。针对当前三、四线城市房地产库存量较大的现实情况，在促进房地产销售的同时，可利用部分房屋资源开展租赁服务。

在促进农业发展方面，要鼓励社会资本和人才进入农村和农业领域，积极培育和支持新型农业经营主体和服务主体，加快对传统农业改

造的步伐，积极发展现代农业和特色农业，补齐农业农村的短板。发挥发展多种形式农业适度规模经营的引领作用，提高农业经济的整体效率。统筹用好国际国内两个市场、两种资源，合理制定国内收购价，形成适宜的国内外比价关系，适度引入国外优质资源和产品，更好满足国内市场需要，促进农业生产结构调整，缓解资源环境压力。推动农产品加工业转型升级，提高加工深度和附加值。培育壮大农村新产业新业态，通过发展电子商务等降低农产品流通成本，促进农村服务业的发展，为农业发展增添新动力。